KB108215

전환기의 노동과제

이철수 편저

서울대학교 고용복지법센터

차　　례

≪논제≫

필 진

이철수 (서울대학교 법학전문대학원 교수, 고용복지법센터 소장)
강문대 (민변 노동위원회 위원장, 법률사무소 로그 변호사)
강성태 (한양대학교 법학전문대학원 교수)
김홍영 (성균관대학교 법학전문대학원 교수)
도재형 (이화여자대학교 법학전문대학원 교수)
안상훈 (서울대학교 사회복지학과 교수)
정진우 (서울과학기술대학교 안전공학과 교수)
조용만 (건국대학교 법학전문대학원 교수)
허재준 (한국노동연구원 선임연구위원)

책을 펴내며

갑작스레 새 정부가 시작되게 되었습니다. 우리는 준비 없는 정부가 국민에게 가져다 준 크나큰 불행과 불편을 익히 경험한 바 있습니다. 같은 실수를 반복하지 않기 위해서는 이번 새 정부가 얼마 되지 않은 시간에도 불구하고 올바른 노동정책을 펼칠 수 있도록 조언하고 권고하는 일이 필요하며, 이는 곧 노동 관련 연구자의 현재적 임무라 할 것입니다.

이에 서울대학교 고용복지법센터에서는 학계와 실무계에서 명망 있는 연구자들의 유익한 연구 성과들 중에서 전환기의 노동정책에 꼭 필요하고 시급하다고 생각한 내용들만을 엄선하여 이 책을 발간하게 되었습니다.

책은 크게 두 부분으로 구성하였습니다. 앞 부분에는 우리 사회의 노동 현안을 거시적인 관점에서 돌아보며 문제점과 원인을 진단하고, 그 해법을 모색하기 위하여 현재 학계와 실무계에서 가장 열심히 연구하시는 학자들을 모시고 의견을 나눈 내용을 실었습니다. 지난 2017. 4. 19. 서울대 고용복지법센터 이철수 소장의 사회로 약 3시간에 걸쳐 진지하면서도 자유로운 분위기 하에 많은 귀중한 이야기들이 오갔습니다. 노동법학, 노동사회학, 노동경제학, 노사관계학, 사회복지학, 경영학 등 다양한 분야의 연구자들이 함께하여 우리 노동체제의 여러 문제와 원인을 진단하였습니다. 지난 1998년 IMF 금융위기 이후 20년간 노사정위원회가 걸어온 길을 되짚으며 사회적 대화의 조건과 가능성에 대해 의견을 나누었으며, 기업별 노사관계가 여전히 주를 이루지만 노조 조직률이 급락하는 우리의 현실 속에서 근로자들의 진정한 목소리를 대변할 수 있는 새로운 방안을 모색해 보기도 하였습니다. 또한 지금까지 경제성장 만능주의가 우선했던 우리나라에서 향후 노동문제와 사회정책의 다양한 현안 해결을 위해 정부가 힘있게 나서도록 통합 노동복지부를 신설할 수는 없을지, 중장기적인 관점에서 바람직한 정부조직 개편의 방향은 어떠한 것일지에 대해서도 지혜를 모아 주신 생생한 내용을 확인할 수 있습니다.

이 책의 뒷 부분에는 각론적인 내용으로 우리 사회에서 가장 시급하게 법 개정 또는 정책적 개선이 필요하다고 생각되는 노동과제를 꼽은 뒤, 그에 대해 심층 분석과 대안을 제시한 논문들을 실었습니다: “한국의 산업구조변화와 노동법의 새로운 역할”(이철수), “노동에서의 정상을 위한 노동법의 과제”(강성태), “87년 노동체제 30년과 노동법의 과제”(도재형), "고용주도형 사회서비스 복지국가 전략의 방향성"(안상훈), “비정규직법제의 개선: 차별 해소를 위한 과제”(조용만), “최저임금제도의 개선”(허재준), “산업안전보건청의 설립 필요성과 추진방안”(정진우), “휴식제도의 개정을 통한 실근로시간 단축 방안”(강성태), “취업규칙 관련 법리의 문제점과 대안”(김홍영), “새로운 종업원대표시스템의 정립”(이철수), “노동3권 보장의 충실화를 위한 노동조합법 개선”(조용만), “쟁의행위에 대한 손해배상·가압류 제한에 관한 입법론”(강문대) 등 총 열두 편의 글을 수록하였습니다. 연구와 강의 및 변호 활동 등으로 더 없이 분주한 와중에도 이 책의 발간 취지에 공감하시고 필진에 흔쾌히 참여하여 주신 연구자들께 이 자리를 빌어 다시 감사의 말씀을 드립니다.

한편으로는 국민의 큰 기대 속에, 다른 한편으로는 숱한 난제와 어려움 속에 출범하는 새 정부가 귀한 시간을 낭비하지 않고 올바른 노동정책을 펴 나가는 데에 이 책이 작으나마 단단한 기여를 할 수 있다면, 필자들에게는 그보다 큰 보람이 없을 것입니다. 독자 여러분의 많은 성원과 질책을 머리 숙여 기다립니다.

서울대 고용복지법센터장

이 철 수 배상

제 1 부

'전환기의 노동과제' 전문가 간담회

일시: 2017. 4. 19. 오후 7:00 ~
장소: 서울대학교 교수회관 제7회의실
주관: 서울대 고용복지법센터

사회:
이철수 (서울대 법학전문대학원, 고용복지법센터 소장)

좌담:
강성태 (한양대학교 법학전문대학원)
권현지 (서울대학교 사회학과)
김유선 (한국노동사회연구소)
배규식 (한국노동연구원)
안상훈 (서울대학교 사회복지학과)
장홍근 (한국노동연구원)
최영기 (한림대학교 경영학과)

차 례

1. 논의의 취지와 배경

이철수: 저희 서울대 고용복지법센터에서는 법제 연구를 주로 하고 있는데, 오늘 노동 각 분야의 전문가 여러분을 모시고 차기정부의 노동정책에 대한 이야기들을 듣고자 한다.

차기정부의 노동정책에 대하여 법제도의 내용적인 부분은 현재 노동법학에서 연구자들이 관심있는 최대 현안으로 꼽은 주제들에 대해 원고를 준비 중이며, 비정규직 보호법의 개선과 정비, 최저임금제도의 개선, 실근로시간 단축, 노동3권의 실질적 보장, 산재 예방을 위한 법제정비 등에 관한 것이 주요 과제로 꼽혔다. 오늘 이 자리에 함께하신 선생님들께서는 노동법학에서 관심을 갖고 있는 이러한 부분들에 대해 여러분의 촌평을 바란다. 보다 큰 관점에서 새 정부 노동정책의 기본 방향 혹은 철학에 대해서 의견을 주시길 부탁드린다.

크게 세 가지 방향으로 논의하고자 하는데, 첫 번째로는 거시적 차원의 사회적 대화, 두 번째로는 사업장 차원의 의사결정시스템의 재정비, 세 번째로는 노동복지정책 개선을 위한 정부조직 개편 문제 등에 대해 이야기를 듣고자 한다. 사회적 대화의 거시적 차원에서는 우리 노사정위원회에 대한 진단과 평가 및 개선방안에 대해서 논의해야 하며, 사업장 차원에서의 대화는 기존 노동조합의 한계를 딛고 새로운 노사관계 시스템을 어떻게 정립할지를 고민하고자 한다. 또한 노동정책을 제대로 추진하기 위한 국가기구 개편 문제도 논의가 필요하다. 수많은 노동 과제의 효과적인 해결을 위해서 지금의 정부조직으로는 어렵다는 지적이 많기 때문에, 노동부와 복지부를 합쳐 노동복지부를 신설하고, 그 장관을 사회부총리로 격상시키자는 제안이 있다. 이러한 정부 운용 측면에서의 개선방안에 대한 고견 또한 부탁드린다.

최근 많은 논자들이 노동체제 또는 노사관계 시스템이 전환기를 맞았다고 한다. 정치적 요인을 배제하더라도, 노사관계의 큰 변화가 온 것이 사실이다. 노동체제가 왜 전환해야 하며, 앞으로 어떻게 전환해야 하는가? 전체적인 맥락을 짚어보는 것이 필요하다. 주지하다시피 노동체제는 노동시장, 노동과정 등의 구조적 요인과 행위주체의 전략적 선택이 상호작용하여 변화, 발전하기 때문이다. 오늘 모이신 여러분의 전공이 다르기 때문에 영역별로 모든 논의를 하기는 어렵겠지만 행위자들의 전략적 선택과 국가와의 관계 속에서 노동정책을 어떻게 펼칠 것인가, 이것에 초점을 맞춰 보자. 물론 구조적 요인에 대한 이해가 공유되어야 하고, 그것이 전제되어야 전략적 의미가 부각될 것이다.

지금부터 차기 정부에서 어떤 일들이 일어났으면 좋겠는지 편하게 말씀해 주셨으면 한다.

2. 시스템의 실패인가?: 우리나라 노동체제의 문제 진단과 해법의 모색

강성태: 노동법 연구자들의 경우 가장 중요하게 생각하는 것이 취업규칙 체제의 개선이라고 본다. 일본식 취업규칙 체제를 계속 따라가서는 사업장 단위의 개혁은 불가능하다는 생각이다. 취업규칙은 사용자가 일방적으로 작성하고 여기에 법이 규범성을 인정하는 체제이다. 이런 일방적 지배 복종 시스템이 남아 있는 한, 상층부에서 노사정합의가 이루어져도 사업장 차원에서는 협치나 산업민주주의가 이루어지지 못한다. 또한 사용자가 일방적으로 규칙을 제정할 수 있는 시스템으로는 노사의 협치도 불가능하다. 그래서 노동법 연구자들은 취업규칙 체제의 변경이 중요하다고 생각하고 있다.

배규식: 87년 이후 큰 환경변화가 있었다고 본다. 거기에 우리 노사관계와 시스템의 정합성이 많이 떨어져서 역기능이나 여러 가지 문제점이 드러났다고 진단한다. 큰 변화의 요체는 첫째, 저성장이다. 2011년부터 2016년까지 평균 성장률 2.9%밖에 되지 않는다. 고성장시대에 고성장을 전제로 만들어진 우리 고용시스템에는 여러 가지 문제가 발생한다. 가령 저성장시대에는 그동안의 승진속도, 호봉제, 연공주의의 기울기 등이 다 문제가 될 수 있다. 저성장시대에는 승진기회가 크게 줄어들기 때문에 대졸자들이 모두 부장이나 이사까지 승진할 수 있도록 개방되어 있는 인사제도가 지속가능하지 않다. 직원들의 승진과 경력경로가 이원화되어 일부 리더그룹에 속한 직원들은 최고경영자까지 승진할 수 있도록 되어 있고 승진이 빠를 수 있으나 능력이 부족하면 언제든 중간에 탈락하여 퇴직할 수 있는 길을 따라야 하고. 다른 일반 직원들은 승진을 할 수 있는 정도가 과장이나 많이 올라가야 차장선까지만 승진할 수 있으며, 주로 전문성 경로를 따르는 것으로 대신 가능하면 정년직까지 고용은 보장한다. 승진이 매우 느리고 제한되기 때문에 중간에 얼마든지 입사 후배가 상사가 되는 경우가 많으며 그런 후배상사 밑에서 일하고 정년퇴직까지 현업에서 일하는 경우가 많게 될 것이다. 변화되는 환경에서 요구되는 이런 요건에 비추어 현재의 고용시스템이 개혁될 필요가 있다.

둘째, 고령화 등 인구학적 변동이다. 고령화에 따라 정년연장도 이루어져야 하고 정년까지 근무하려면 기존의 고성장 시대의 '굵고 짧은 근로생애'가 저성장과 고령화 시대에는 '가늘고 길게'가는 것을 전제로 설계될 수밖에 없다. 또한 기성세대 노후 준비가 제대로 되지 않은 선배세대의 고령화의 부담을 현재 일하는 사람들이 져야 하기 때문에 향후 연금, 의료보험 등을 더욱 부담해야 할 것이다. 또한 고령화에 따라 정년이 연장된다고 하더라도 전일제로 정년퇴직하기 전에 가장 높은 지위에서 일하는 것이 아니라 정년이 가까워옴에 따라 점차 근로시간이나 근무일수를 줄이는 단계적인 정년퇴직 절차를 밟게 되고 정년이 가까워 올수록 기존 지위를 내려놓고 현업 등에서 일을 할 것이 요구된다. 이런 요구에 적응하지 못하는 중고령자는 기업이나 조직에서 퇴출될 수밖에 없다. 이런 고령화라는 사회인구학적 변화에 맞추어 우리 고용시스템이 바뀌어야 하는데 여전히 기존 시스템이 강하게 남아 있다.

셋째, 경제구조의 서비스화다. 제조업 일자리는 거의 400만개 수준에 머물러 있고 새로 늘어나는 일자리는 서비스업 일자리이다. 그런데 서비스업 일자리가 대체로 일자리 질이 좋지 않고 노동집약적이거나 저임금인 경우가 많다. 청년 대졸자들이 요구하는 일자리는 현재 경제가 서비스화되는 환경에서는 쉽게 만들어지기 쉽지 않다.

넷째, 과거 외벌이모델에서 맞벌이로 전환이 이루어지고 있다. 그럼에도 불구하고 여전히 우리 고용시스템은 남성 외벌이 모델을 전제로 한 고용관행이 지배적이다. 출산휴가를 아직도 제대로 사용하지 못하고 퇴직을 해야 하는 여성들이 적지 않으며, 엄마, 아빠가 직장 내 분위기 때문에 육아휴직을 사용하기 힘들다. 장시간 노동문화도 일생활균형을 어렵게 하고 있다. 과거 외벌이 전업 주부 남녀분업 모델에서는 문제가 되지 않았던 자녀양육, 돌봄, 가사노동 등에서 가정 내 남녀성별분업의 재조정과 일생활 균형이 새로운 사회적 문제로 등장하고 있다. 다섯째, 대기업들이 지배하고 독점하고 있는 경제구조 때문에 산업의 독점과 양극화가 갑을 관계로 노동시장의 양극화로 나타나고 있다. 여섯째, 디지털 기술 등 신기술의 빠른 도입과 확산으로 과거 대량생산기술에 근거한 현 고용시스템의 근간이 흔들리면서 고용형태와 일하는 방식이 다양화되면서 고용관계가 점차 복잡화되고 있다.

마지막으로 노동시장의 이중구조화 문제인데, 이것은 노동시장 환경이기도 하며, 노동시장적 결과이기도 하다. 외부경제환경, 사회환경, 기술환경 변화에 맞춰 현재 우리의 고용이나 노사관계 시스템이 적절하게 대응하면서 변화하지 못했다. 그 결과로 노동시장에서의 성차별, 고령자 차별, 이중구조 문제 등으로 나타나기도 하고, 문제가 더 심화됐다. 우리 고용시스템이 변화된 외부환경과 정합성을 상실하면서 순기능보다는 역기능적인 결과를 점점 더 많이 낳고 있다는 생각이 든다. 간략하게 말하면 그렇다.

그래서 앞으로 전환기의 중요한 과제는 첫 번째가 우리 고용시스템을 변화된 환경에 맞도록 개혁하는 것인데 그 핵심은 노동시장 이중구조를 개혁하는 일이다. 그리고 동시에 좋은 일자리를 좀 더 많이 만드는 것이다. 이것이 핵심적이다. 두 번째는 고령화나 맞벌이에 어떻게 대응해야 할지인데, 아직까지 우리 정부가 여기에 대응을 못하고 있다. 세 번째는 우리나라 노동자 이익에 대한 대표성의 불균형이 심각하다. 이는 노동권 문제이기도 하다. 법적으로 노동권이 보장돼 있다 해도 노동시장에서의 기능하는 모습을 보면 균형적이지 못하다.

그 외의 문제로 근로시간 문제를 들 수 있는데, 근로시간은 아직도 과거 노동체제의 연장선상에서 벗어나지 못했다. 노동시장에서 지금까지 가장 덜 바뀐 영역이다. 또한 새롭게 등장한 이슈로 개별 근로자의 보호 부분에 문제가 많다. 노동3권은 물론이지만, 성희롱이라든지, 불이익, 그리고 구조조정할 때 감시라든지, 책상 치우고 그러지 않는가? 사업장 굉장히 심각한 인권 문제고 매우 중요한 문제인데 대기업의 집단적 문제 등에 가려져 있다.

이런 것들이 다음 정부에서 제대로 해결해야 하는 문제다. 이명박, 박근혜 정부에서 이런 숙제를 제대로 했어야 하는데 못한 부분들이다. 법 개정이 되지 못한 부분도 있고 숙제가 밀린 상태다. 법이라든지, 노동시장정책, 국가기구 편성 등을 통해 효과적인 수단을 찾아 해결해야 한다.

권현지: 배박사님의 진단에 기본적으로 인식을 같이하며 몇가지 더 덧붙이고 싶다. 첫째, 노동법과 노동정책이 아직 표준고용관계(Standard Employment Relationship) 에 주로 고정되어 있다는

점은 문제다. 즉 노동관련 제도가 현재 진행되는 변화에 조응하지 못하고 있다. ICT 기술의 고도화가 빠르게 진행됨에 따라 특수형태근로종사자, 통계에 잘 잡히지 못하는 1인 자영업자 등 기존의 고용관계에 포섭되지 못하는 근로자의 비중이 늘고 있으며, 이들의 비중은 앞으로 크게 증가할 것으로 생각된다. 이미 북미, 유럽 등에서 진행되고 있는 현상이다. 기존의 표준근로관계에 준거를 둔 노동법은 이들의 일부를 특수고용관계라는 잔여 범주에 분류하며 제한적인 임시방편에 의존하고 있는데, 이에 따라 노동권 보호에 광범한 사각지대가 만들어지고 있다. 현실의 변화를 따라가지 못하는 제도의 측면에서 한 가지 더 중요하게 거론할 문제는 사업장의 경계(boundary)와 관련된다. 최근 자본주의의 전개에 있어 중요한 변화는 기업과 사업장의 경계가 모호해지고, 사업을 중심으로 한 조직간 통합과 분화가 끊임없이 일어나고 있다는 점이다. 이에 따라 법제도상 사용자의 의무를 수행해야 할 주체에 대해서도 논란이 계속되고 있다. 앞으로 프로젝트 기반 노동의 증가로 사업장을 중심으로 한 노동 제도의 무력화가 더욱 빠르게 진전될 수 있다는 점을 고려하면, 노동법과 노동정책이 포괄해야 할 대상에 대한 정의와 단위에 대한 논의를 본격화해야 할 시점이다. 경우에 따라서는 노동정책과 사회정책 간의 간극을 크게 좁힌다거나 노동정책의 영역에 사회정책을, 사회정책의 영역에 노동정책을 끌어들이는 노력을 가속화해야 한다고 생각한다. 이는 자연스럽게 정부 정책 거버넌스의 문제와 연결된다.

새 정부에서 이루어질 가능성이 거의 없어 보이기는 하지만, 노동정책과 사회정책의 결합을 주도할 기구간 통합 혹은 역할조정이 긴요한 상황이라고 본다. 지금 고용정책으로 보호받지 못하는 사람이 많은데, 이런 사람들이 증가하고 있다는 것은 노동정책과 사회정책에 대한 통합적 사고가 필요하다는 점을 역설한다. 예컨대 최근 불거진 기본소득 관련 논의는 기술, 경제의 변화에 따라 노동과 비노동의 경계를 들락날락하는 생산가능인구와 이들의 비중이 늘어날 사회의 지속가능성을 정책적으로 여하히 담보할 것인가 하는 근본적인 문제의식이 필요하다는 것을 보여준다. 이는 노동과 사회 어느 일방이 아니라 양자간의 통합 정책을 추구해야할 영역이 늘고 있음을 의미한다. 그런데 현재 목소리를 키워야 할 사회분야의 개개 부처가 각자의 이익을 키우기 위해 경계 다툼하는 양상은 문제다. 고용부, 복지부, 여성부 간 통합체계를 구축할 필요가 있다. 부처간 통합일수도 있고, 과도적으로 책임과 권한이 있는 위원회의 조정일 수도 있겠다.

한 가지 더 강조할 것은 보육, 유연고용 등에 주로 초점을 맞춰온 여성 고용문제나 저출산 문제를 젠더불평등 문제로 더 근본적으로 인식할 필요가 있다는 점이며, 이에 대한 법제도 및 정책의 정비가 필요하다는 점이다. 젠더 평등한 노동시장제도를 지닌 나라일수록 여성의 노동시장참여가 높을 뿐 아니라 출산률도 높다. 우리의 중장기적 제도개편 역시 이러한 인과관계를 염두에 둔 것이어야 한다. 오늘 여기서 가족 등 젠더 불평등 전반을 말할 필요는 없지만, 적어도 노동시장에서의 불평등, 즉 차별 문제에 대해 우리 법체계가 굉장히 무력하다는 것은 꼭 짚어야 한다고 생각한다. 여성과 비정규 고용형태가 교차하는, 노동시장에 만연한 불평등을 바로잡는데 차별에 대한 제도적 정의(definition)와 규제가 핵심적인 역할을 해야 하는데 우리 법은 실질적 역할을 하지 못하고 있다. 2007년 비정규직법 시행 전 차별규제가 어떻게 작동할지 긴장어린 눈으로 지켜보았으나, 결과는 참담한 실패다. 이 문제를 해결하는 것이 매우 중요한데, 지금 차별을 어떻게 규제할지에 대해 어느 대선 주자의 공약에서도 제대로 된 정책을 찾아보기 어렵다.

한 가지 더 짚자면, 노동시장 활성화(labor market activation) 정책에 대해서도 정리가 필요하다. 우리나라에 천여 명에 불과한 근로감독관의 태부족이 노동규제를 활성화하는데 중요한 제약이라는 인식은 널리 퍼져 있다. 하지만, 노동시장 활성화를 담당할 공공 서비스 전문 인력이 전무하다시피 하며, 따라서 노동시장의 변화에 공공정책이 얼마나 적극적으로, 그리고 실질적으로 개입할 수 있을지 의문이다. 고용 훈련에 있어서도 그렇고, 매칭 측면 있어서도 그렇다. 규제에 있어서도, 서비스에 있어서도 국가의 작동, 즉 제도의 실행을 실질화할 수 있는 인력의 실질적 확보와 전문화, 배치가 긴요한데, 이에 대한 인식이 너무 낮다. 그냥 공무원 증원이 아니라 어떤 공무원이 어떤 부문에서 얼마나 필요하다는 구체적인 인식과 공유가 필요하다. 적극적 노동시장 제도와 실행만의 문제는 아니다. OECD의 추세에 발맞춰 훈련정책을 강조하지만, 더 근본적인 문제는 낮은 훈련 투자에 있는 것이 아니라 저임금 저숙련에 맞춰져 있는 생산체제의 문제다. 이런 문제를 타개할 만한 방법이 지금 모색되고 있나? 노사정 간 한국의 생산체제를 어떻게 구축할지에 대한 고민과 합의가 추구되고 있나? 현재 문제를 전반적으로 논의하고 그 문제해결에 대한 사회적 지혜를 모으는 사회적 논의 내지는 합의제도의 재정비가 필요하다.

안상훈: 대한민국에서 복지국가의 의미는 무엇일까? 저는 복지국가를 자본주의에 대한 수정이라는 관점에서 폭넓게 봐야한다고 생각한다. 고용, 노동, 여성, 교육, 복지 등은 모두 맞물려 있는 문제라서 한꺼번에 해결하지 않으면 풀기 힘든 상황이다.

박근혜 정부가 여러 가지 문제를 해결하지 못한 채로 끝나 버렸다. 사실 공약인 인수위 국정과제 등 출범 초기에 나왔던 담론들을 보면 시대변화를 굉장히 많이 의식했었는데 이런 것을 해결 못한 것이 지난 정부의 원죄로 남을 것이다. 경제민주화, 복지국가, 대타협 등 박근혜정부에서 이런 얘기까지 하다니 싶을 정도의 진일보한 담론들이 많았다. 문제는 단 하나도 제대로 실천된 것이 없다는 점이다. 이런 문제를 정부가 고칠 수 있는 마지막 기회가 아닌가 하는 생각이었는데 시대적 과제를 죄다 놓쳐버렸다. 골든타임을 놓쳤다는 의미에서 어쩌면 최순실 국정농단보다 더 큰 죄과라고 여겨진다. 지금의 시대정신은 여전히 경제민주화, 복지국가, 대타협이라는 미해결 과제의 연장선상에 있다. 디테일보다 더 중요한 것은 패러다임 전환에 대한 초석을 놓아주는 것이라 본다. 환경변화에 따른 시스템상의 미스매치 등 여러분이 이야기를 하셨는데 시스템 전환과 관련되어 풀리지 않은 문제가 한 두개가 아니다.

먼저, 대한민국 사회보장제도의 전환과제와 관련해서 대단히 중요한 특징은 독일 혹은 유럽 대륙식 사회보험제도를 따르고 있어 상대적으로 살만한 노동시장 A팀에 오히려 유리한 형국이라는 점이다. 모든 시스템이 '근로자성'을 따지는 것에만 매몰되어 있고 자영업이나 특수고용부문에 사각지대가 만연한데도 제대로 대응하지 못한다. 이것이 대한민국 복지국가의 가장 큰 문제요 시스템실패의 현황이다. 이제 4차 산업혁명으로 가면 1인 기업이나 플랫폼 노동 등 근로자성 자체가 허물어지는 시대가 올 것이고, 따라서 시스템 전환에 대한 준비를 하는 것이 중요하다. 대한민국에서 노동이 취약하다는 얘기를 하는데, 정작 보호는 조직노동 부문인 노동시장 A팀이 독식한다. 비정규직 등 노동시장 B팀에 해당하는, 국가가 정말로 보호해야 하는 불쌍한 사람들은 따로 있는데 이들을 제대로 대표하는 조직이 없어서 이에 대한 대책과 시각의 전환이 필요하다.

다음으로, 일-가정 균형문제, 근로시간 문제에 대해 얘기하자면 한국은 남녀차별과 관련된 후진적인 기업문화에 더불어 근로시간의 질을 관리하는 시스템이 제대로 없어서 많은 문제를 낳는 상황이라 할 수 있다. 개인적으로 스웨덴에 꽤 오래 살아 본 경험에 따르면, 스웨덴이 근로자 보호를 잘하는 측면도 물론 있지만 기업에서 근로자들의 역량을 효율적으로 조직하는 직무관리 시스템에 힘쓰는 걸 볼 수 있었다. 스웨덴 달력을 보면 우리와는 다른 특징이 보인다. 매년 1주부터 맨 끝까지 몇 주차인지가 표시되어있고, 연단위 업무가 주차별로 세분되어 엄청나게 체계적인 직무관리를 한다. 1년치 일거리를 대상으로 미리 체계적으로 업무분장을 짜 놓고 일을 하기 때문에 언제 누가 무슨 일을 할지에 관한 총체적인 시간관리가 가능하다. 장기 휴가도 가능하고 그 날 해야 할 일을 정확히 하기만 하면 일찍 퇴근해서 육아와 가사를 영위하고 개인 여가를 즐길 수 있는 배경이 된다. 우리는 직무 및 시간에 관한 관리 시스템이 기업경영문화에 거의 없다시피 하다. 직장에서 윗사람이 무계획하게 던지는 일감들을 소화하느라 장시간 근로하는 게 우리 기업의 자화상이다. 할 일도 없는데 눈치 보면서 쓸 데 없이 퇴근도 못하고 휴가도 눈치보는 문화, 바꿔야 하지 않겠는가?

김유선: 아까 배규식 박사가 얘기한 환경 변화 다섯 가지 중에, 앞의 4가지(저성장, 고령화, 서비스화, 일가정 양립)는 우리가 사실 어찌할 수 없는 불가항력적인 것이다. 하지만 마지막 다섯 번째 이중구조 문제는, 노동시장과 노사관계 양자로 나누어 보면, 먼저 노동시장 같은 경우는 그동안 정부가 일관되게 노동시장 유연화를 추진한 데서 비롯된 문제가 크다. 방식은 주로 아웃소싱과 비정규직이었고.

그 다음 노사관계 부분을 보면 기업 수준에서 다룰 수 있는 영역은 갈수록 줄어들고 있는데, 정부는 초기업수준의 노사관계를 계속 틀어 막아왔다. 노사정위원회를 만들고, 산별체제로 전환하려 했지만, 제대로 작동되지 않았다. 즉 이중구조 문제는 정부 주도의 노동시장 유연화와 기업수준 노사관계 강제, 이 두 가지가 맞물린 데서 비롯된 측면이 크다. 요즘 4차 산업혁명 등 미래의 과제를 많이 얘기합니다만, 우리는 밀린 숙제부터 해결해야 한다. 노동시장에서 지나친 유연화를 되돌리고, 노사관계에서 초기업수준의 노사관계를 진전시키는 것. 이 두 가지가 필요하다.

한 가지 더 얘기하자면, 지금 이 간담회를 법돌이들이 주최해서인지 주로 법 개정 얘기를 한다. 물론 차기정부에서 법 개정이 되면 좋지만, 그러다 날 새버릴 수 있다. 참여정부도 비정규직 보호법 하나 하다가 끝나버렸다. 원래는 그것만 할 계획이 아니었는데. 법 개정에 매달리면 안 된다. 법 개정을 추진은 하되, 그와 별개로 할 수 있고 해야 할 과제들을 추진하는 것이 더 중요하다.

이철수: 지금 성차별적 얘기가 나왔는데, 여기 법돌이만 있는게 아니라 법순이도 있다(웃음). 저도 비슷한 생각을 하고 있다. 사실 노동부만 제대로 해도 현안의 상당부분이 풀린다. 법개정에만 치중하다가는 오히려 골든타임 놓칠 수 있다는 문제의식에 동의한다.

장홍근: 최근 노동연구원에서 노동리뷰 4월호에 "전환기의 고용노동정책"을 특집으로 구성했는데, 총론 부분에서 조성재 본부장이 '시스템 실패'라는 표현을 썼다. 그런데 저는 그 중에서 '노동정치의 실패'에 주목할 필요가 있다고 본다. 특히 9.15 대타협 전후한 일련의 과정에 있어서 방금 최교수님처럼 노동개혁을 위한 대타협을 위해 혼신의 힘을 다해 노력했던 분들이 적잖이 계셨음에도 불구하고 합의가 파기되는 사상초유의 일이 있어났던 것이다.

왜 이런 사태가 발생한 것인가? 지난 박근혜 정부는 대선 때 공약으로 경제민주화를 내걸기도 했고, 당시 민주당과 거의 차별화가 되지 않을 정도의 그럴듯한 공약이 많았다. 그래서 일각에서는 보수정부 하에서의 개혁을 기대하기도 하며 나름대로 도움을 주신 분들도 많았다. 그러나 지난 정부의 고용노동정책은 결과적으로 실패했다. 그런 기대는 사실상 배반당했고, 대통령 탄핵과 파면이라고 하는 되풀이되어선 안될 역사가 생긴 것이다. 그 원인은 지난 정부의 핵심에 있던 사람, 그 사람이 대통령이든 대통령을 대신한 사람이든간에, 이 사람들이 국정의제를 정략적으로 이용할 줄만 알았지 그것의 시대적인 의미는 거의 몰랐던 것이 아닌가 한다. 정략적인 노름에만 능수능란했던 것이다. 지난 정부의 '고용률 70%' 국정목표, 이런 이야기는 신선하게 다가왔고, 일전에 최영기 교수님도 우리 시대의 문제를 적확하게 관통한 문제의식으로 높이 평가하신 바 있다.

그리고 소위 노동시장 3대 현안(통상임금, 근로시간, 정년연장)

문제를 해결하기 위해 취한 지난 정부의 행태와 접근방식을 보면 무엇보다도 차기정부에선 고용노동 문제의 구조와 본질을 아는 것이 중요한 것이라는 생각이 든다. 그것을 바탕으로 구체적인 의제별로, 예컨대 최저임금 등등에 대한 해법을 찾아야 한다고 기대한다. 그런 나름대로의 시대를 읽을 줄 아는 철학과 혜안을 가진 사람들이 정책 핵심부에서 포진하고 방향을 잡아가기를 기대해 본다.

배규식: 우리나라 최대 화두인 이중구조 해결문제가 제일 중요하다. 일자리 해결하기 위해서도 이것이 가장 중요하고, 그러려면 매우 다양한 정책 패키지가 필요하다고 본다. 정부정책만으로 안되니까 노사관계, 노사 조율로 공동의 목표를 통해 나아가야 한다. 그런 측면에서 우리는 아직도 노사가 제대로 연대의 정신을 보여주지 못하고 기업별로 자기이익에만 몰입해 있다.

87년 체제는 경제성장의 성과를 기업별 수준에서 분배하는 구조였다. 90년대 전까지는 그것이 잘 기능했는데, 이것이 IMF 이후에는 역기능이 되면서 시스템의 실패처럼 이어졌다. 우리나라가 기업별 노사관계라고는 하지만, 우리는 기업이 자기 행동의 사회적 경과에 별로 신경쓰지 않는다. 외국의 경우는 산별교섭이 굉장히 중요하다. 자신의 임금 결정이 산업단위, 전국단위로 어떻게 확산되는지를 보고 규율한다. 우리는 별로 걱정하지 않는다. 기업별 노사관계가 중심이다 보니 나라나 다른 기업들이야 어떻게 되든 관심이 없어서 조율이 전혀 이루어지지 않는다. 일본의 경우는 기업별 노사관례를 하면서도 나름대로 조율이 잘 되고 있어 사회적 차원에서도 같이 갈 수 있도록 한다. 그런데 우리는 기업별 노사관계나 의사결정 시스템이 노동시장 이중구조를 계속 벌어지게 하고 있다.

이런 부분을 뒷받침하고 있는 것이 바로 산업구조의 양극화나 독점 문제다. 이런 것이 규율이 안 되니까 거꾸로 이것이 이중구조를 양산하는 면도 있고, 아웃소싱이 강화된다. 대기업은 계속 자기들 생각만 하니 좋은 일자리가 모자라다. 우리의 낡은 고용시스템이 시간이 흘러갈수록 역기능은 강화되고 이중구조가 심화된다. 이것은 개인이 아니라 시스템과 구조의 문제기 때문에 정부가 제대로 해결했어야 하는데 대응을 못했다. 노사관계로 규율이 안되면 정부가 규율해야 하는데, 정부가 이것을 해결은커녕 거꾸로 이 문제에 오히려 편승을 해 왔고 현재 이중구조문제, 청년일자리 문제와 관련된다. 청년일자리는 갈 수 있는 좋은 일자리가 너무 적어서 생기는 문제다. 차라리 일자리간 격차가 적으면 청년들은 갈 것이다. 좋은 일자리가 너무 적고, 안 좋은 일자리가 밑에 쏠려있는 것이 문제다.

이철수: 이중구조 문제는 결국 노사관계, 임금구조, 사회보험 등 전 분야에 걸쳐있는 것 아니겠는가. 김유선 박사님께서 노동시장, 노사관계 측면에서 이야기를 좀 들려주시면 어떨까.

김유선: 방금 배규식 박사는 정부가 양극화나 불평등에 '편승'했다고 했는데, 저는 정부가 '조장'했다고 본다, 의도했든 아니든 간에. 노동시장 유연화는 정부가 조장해온 것이고, 초기업수준 노사관계는 정부가 틀어막아 왔다.

그리고 아까 양극화나 불평등이 전세계적 현상이라고 했는데, 한국은 워낙 다이나믹한 사회여서 그런지 다른 어느 나라보다 빠른 속도로 양극화와 불평등이 진전되었다는 점을 놓쳐서는 안 된다. 우리 사회에서 대기업과 중소기업, 정규직과 비정규직 문제는 단순한 이중화가 아니라 신분적 질서로까지 고착화되고 있다.

3. 사회적 대화의 조건과 가능성: 노사정위원회를 중심으로?

김유선: 노사정위원회에 대해 말씀드리자면, 대부분 중앙 수준이

나 거시 수준에서 사회적 합의에 관심을 갖는 것 같다. 하지만 노사정위원회가 지난 20년간 굴러오면서 작동이 잘 안되었고, 지금은 사실상 기능이 마비된 상태인데, 합심해서 잘해보자 한다고 잘되고, 구성 조금 바꾼다고 하루아침에 나아질 것 같지도 않다. 우선 의제별, 산업별, 지역별 노사정 협의체에서 모범을 만들고, 그 다음에 중앙수준에서 어떻게 바뀌어야 할지 그림을 그려보는 게 필요하다고 본다. 지금 대선 후보들마다 노사정 대화를 얘기 하는데 구체적으로 어떤 그림인지 모르겠다. 워낙 지난 이십년 동안 이것저것 시도해보았기 때문에 지금 새로 구성한다 해도 예전 것에서 크게 벗어날 것 같지도 않다.

최영기: 노사정위원회 관련해서는, 김유선 박사님과 여러 번 논쟁도 하고 대립도 했었는데 이번에는 의견이 비슷하다. 항상 정권 초에 정치적 성과, 국민들에게 보여주기 식의 타협 이벤트가 많았다. 우리가 진정으로 노사정 대타협이 필요했던 것은 98년 IMF 때였다. 그 당시 「경제위기 극복을 위한 사회협약」은 내용도 충실하고 진정성도 있었고 국민적 지지 내지는 합의도 있었다. 그런데 그 성공 경험이 정권 초마다 한 번씩 보여주기 식으로 변질되었다. 그렇다고 해서 의미가 아예 없었던 것은 아니다. 그 정권에서 해야 할 고용, 노동 정책들을 그 속에 담아서 사회적 합의라는 형식을 빌려 추진해가는 효과가 있었기 때문에 전혀 의미가 없다고 보기는 어렵다. 그러나 이후로는 정부에서 꼭 이행해야 할 과제들을 왜 굳이 사회적 타협이라는 형식을 취하나하는 의문이 제기되기 시작한 것 같다.

골치 아픈 노동법 개정 과제, 근로시간 단축, 비정규직 보호법 제정 등 노동부 혼자 감당이 어려운 난제가 있을 때 사회적 대화기구로서의 노사정위원회 논의에 부쳐서 숙성을 시키는 형식이이다. 때로는 기대치도 낮추고, 어느 정도 포기하게도 하는 것이다. 완전한 합의는 아니지만 이런 방식을 통해 협의기구로서의 기능은 했다고 본다.

지난 9.15 대타협은 내가 직접 참여했던 과정이어서 내 개인적 소견을 잠깐 밝히면 나는 그 때가 사회적 합의로 뭔가를 해결해볼 수 있는 마지막 기회라고 생각했다. 개인적으로 열정을 가지고 에너지를 소진해 가며 노력했었다. 그러나 합의 이후 기간제와 파견법 개정을 비롯한 정부의 합의이행 과정에서 보였던 청와대와 고용노동부의 행태를 도저히 이해할 수 없었다. 대통령 탄핵 사태를 거치며 빠진 고리들이 연결되면서 비로소 정부의 행동을 해석할 수 있었다. 그 일련의 과정을 겪고 나서는, 사회적 타협 방식으로 누적된 사회정책적 과제를 일거에 해결하려 하는 것이 더 이상은 어렵겠구나 하고 생각하게 되었다. 전문가나 개혁가(reformers)들이 진정성을 갖고 아무리 노력하더라도, 국가의 주요 의사결정권자들이 사회적 타협에 대한 의지가 그렇게 절박하지 않다. 정치적이고 의례적이다. 이런 행태가 지난 9.15 타협에서 적나라하게 드러났던 것이다. 이런 방식의 사회적 타협은 폐기해야 한다. '타협'이라는 것은 자기가 가지고 있는 무언가를 내려놔야 기본적으로 타협이 되는 것인데, 애초에 그럴 생각 없는 사람들이 타협하는 것은 의미가 없다.

노동 분야 전문가들이 사회적 대화를 다시 실질화하기 위한 노력을 한다면 유력한 방안이 의제별, 업종별, 지역별 대화를 강화하는 것이다. 그런데 과연 무엇을 위해 대화해야 하는가를 먼저 분명히 해야 한다. 무엇을 위해 사회적 합의기구를 만들며, 어떤 미션을 위해 지역, 업종별 채널을 만들 것인가? 내실을 다지고, 노동 분야에서 문제되는 것을 실질적으로 축적해 나가는 시간을 가질 필요가 있다.

그리고 근로감독청 신설 문제 등이 강조되고 있다. 근로자들이 노무제공 형태의 다양화로 인하여 기존 노동법, 기존 노사관계 시스템이 이들을 다 규율하지 못하고 있다. 당분간은 이들을 기존의 틀에 다시 넣어줄 방법이 안보이기 때문에, 접근할 수 있는 방식은 법을 개정하기보다는 행정을 강화하고, 개별 노동자들의 인권을 강화하는 접근이 당분간 필요하다고 생각한다. 이런 필요성 때문에 근로감독 강화 논의도 있었고, 이재명 시장의 경우 근로검찰 제안까지 했던 것이라고 본다.

장홍근: 노사정위원회에 대해서는 나름 고민이 많다. 노사정위원회에서 저는 대화가 결렬되고 교착상태에 있던 2015년 7월에 나왔지만, 당시 제일 우려했던 것이 4월 초 1차 합의가 결렬되는 일련의 과정을 보면서, 나름대로 혼신의 힘을 하는데 실패하면 다시는 사회적 대화의 '사'자도 꺼내기 어렵게 되지 않을까, 당시 진정성을 가지고 참여했던 사람들이 자괴감을 느끼게 되는 상황이 가장 걱정되었다. 지금 상황이 바로 그렇다. 김대환 위원장을 필두로 해서 노사 관계자와 많은 전문가들이 나름대로 혼신의 힘을 다했는데 완전히 이용당하고 농락당했다는 생각이 들 것이다. 과연 이런 방식으로 정권이 사회적 대화를 이용한다면 앞으로 무엇을 어떻게 할 수 있겠는가? 당분간은 불가피하게 냉각기를 가질 수밖에 없겠다는 생각이다. 정말 어렵다. 사회적 대화와 타협의 선행조건이 갖춰지지 않은 상태에서 억지로 20년 끌어온 것이 거의 한계상황에 부딪혔고, 이제는 근본적인 대안을 모색해야 할 때라는 생각이다.

하지만 다른 한편으로는, 이것도 하나의 시행착오의 시간이며 한걸음 더 나아가야 하는 상황이 아닌가 싶다. 이런 기구를 새로 만드는 것이 어렵지 않다고 볼 수도 있겠지만, 지난 경험도 값진 경험이고 노사정위원회라는 이미 갖고 있는 인프라를 완전히 허물고 새로 짓는다고 해서 얼마나 차별화될 것인가 싶기도 하다.

따라서 김유선 박사님 발언처럼 운영방식의 유연화를 도모하고, 다층적이고 다채널인 사회적 대화의 플랫폼으로 기능하도록 노사정위원회를 정의한다면 어떨까. 지금 노사정위는 예산과 인력, 조직적으로 고용노동부에 사실상 종속되어 있는 거나 다름없다. 이런 비정상적인 종속성을 탈피해야 한다.

이런 구조 하에서 노사정위는 외부압력으로 합의를 종용당하는 상황이다. 앞으로는 합의를 하되 협의가 기본이 되면서. 업종별, 지역별 논제도 함께 논의할 수 있는 장이 될 수 있다면, 명칭을 바꾸고 나름의 재편을 거쳐서 제 위상을 찾아가도록 하는 것도 나쁜 선택지는 아니다. 그 과정에서 노사 입장이 충실하게 반영되고 경청이 되도록 해야 한다. 지금 당장 무엇을 해 보자는 것은 섣부른 감이 있고, 일정한 냉각기는 불가피해 보인다. 당분간 냉각하고 성찰하면서 지난 20년을 반면교사 삼아 이제 어떻게 나아가야 할지를 고민하고 새롭게 출발해야 하지 않나 싶다.

이철수: 노사정위원회에 관해 최영기, 장홍근 두 분께서 정치적 및 행태적 측면에 대해 주로 말씀해 주셨는데, 노사정위원회 논의를 보면 거시적 차원, 중위적 차원, 의제의 다양화, 참여 구성원 범위, 조직의 제도적 위상, 법제도적 정비 등 다양한 문제점들이 지적되고 있다. 장홍근 박사와 배규식 박사가 지적하듯 노사정 대화가 정부의 책임을 면하기 위한 도피처로 기능하지 않기 위해 노사정위원회의 제도적 위상과 관련하여 많은 제안들이 쏟아지는데 이에 관해 한 말씀 듣고 싶다

배규식: 작년에 국회에서 공무원연금 개혁을 하지 않았나. 노사정 다 들어가서 통과를 시켰다. 국회에서 했고, 절실함의 정도 차이는 좀 있었겠지만 여야 양쪽 다 합의했고, 양측 대변하는 전문가들이 다 가서 조율을 계속 했다. 그런데 공무원연금은 기득권이라서 굉장히 어려운 문제라 과연 할 수 있을까 싶었는데, 사실 그것도 해냈다. 그런 것을 보면 노사정합의를 통해서 타협과 개혁을 할 수도 있다는 생각이 든다.

그런 면에서 보면 박근혜 정부의 노동개혁이라는 화두가 우리 사회에서 노동시장 이중구조 문제에 대해 노사정을 넘어 충분한 국민적 합의가 이루어졌는지, 의심스럽다. 만약 국민들 전체가 공감하고 국회까지 참여한다면 물줄기를 바꿀 수 있었을 것이다. 고용시스템 개혁의 물줄기를 바꾸어 놓았으면 시간이 좀 걸리더라도 결국은

고용시스템은 개혁될 수 있으리라 본다. 우리 사회가 겪는 문제가 고용시스템이 변화된 환경과 안 맞는다는 것을 공감하는 전국민적인 합의 말이다. 이해당사자가 노사정만이 아니라 청년, 여성, 고령자 등 다양한 집단이 있지 않은가.

강성태: 노사정위원회 공익위원들은 국회와 어떻게 그리고 어느 정도로 연결이 되어 있죠? 아무 연결이 없는 것은 아닌지? 법원의 조정에서도 판사가 들어가면 조정이 잘된다. 사실 노사정위원회 합의내용은 상당 부분 국회에서 입법화되어야 할 것들인데, 국회에서 그걸 전혀 모르고 있다가 법안이 넘어오면 그걸 그제야 물어보니까 다시 싸우게 된다.

일부에서는 현재의 노사정위원회는 폐지하고 새로운 사회적 대화기구를 구성하는 것이 좋다는 의견도 있는데 어떻게 생각하시는지?

장홍근: 오락가락합니다. (웃음)

강성태: 일종의 애증이라고 생각한다. 좋아하면서 미워하는 그런 것이다. 지금 체제를 전제로 하는 부분적 개선책으로는, 공익위원이나 전문위원 등을 국회에서 추천하도록 하는 방안이 있다. 현재는 전문위원들의 대부분이 국회와 무관하게 정부가 선호하는 사람들로 채워진다. 그러다보니 노사정합의 또는 공익위원 의견이란 것도 국회에서 다시 논의될 수밖에 없는 것이다. 당장 고칠 필요가 있다.

이철수: 지난 1998년의 노사정대타협은 인류 역사상 유래를 찾아보기 어려울 정도의 성공적 경험인데 우리 내부에서 너무 저평가된 측면이 있다. 민주노총의 일부에서 합의가능성이 낮다는 이유 등을 들어 노사정위원회 무용론을 제기하고 있는데 제 개인적인 생각으로는 이에 동의하기 어렵다. 지금까지 노사정 대화는 일차적으로 사회적 갈등을 흡수하는 역할을 수행했다는 점이 부각되어야 할할 것이다. 그리고 최영기 교수께서 숙성이라고 표현하듯 이해관계자들

의 의견을 반영하여 정제된 정책들을 개발해 오지 않았는가? 9.15 대타협은 그 자체로 훌륭한 성과지만 정부가 이것을 자의적으로 해석 운용한 점이 문제다. 사회적 대화와 정부의 행태를 구분해서 살펴볼 필요가 있다. 그리고 합의 가능성을 모색하기 위한 진지하고 성실한 협의는 그 자체로 의미가 있다고 생각한다. 실사구시의 입장에서 제도적 실효성을 기하는 개선방안을 모색하는 것이 현실적이라 생각하는데, 여기 참석하신 분들은 실전경험이 많으니 이 부분 첨언을 부탁드린다.

강성태: 지난 정부는 의제와 결론을 미리 정한 후 노사정의 합의를 압박하였다. 좋게 말하면 '용역'이고 나쁘게 말하면 '동원'이다. 뭔가를 이루기 위해 자꾸 동원하는 시스템이었다. 새로운 기구가 자기주도적으로 의제를 정해야 할 것이다.

권현지: 비슷한 맥락에서, 이는 단순히 구성상의 문제뿐만이 아니라 노사정위원회를 도대체 '뭐 하는지 모르겠는 곳' 이런 식으로 만들어 놓는 경향이다. 백화점식으로 정부가 원하는 모든 의제를 모두 묶어놓고 패키지로 일괄합의하는 제도로 인식, 활용하는 것은 노사정위의 위상이나 실질적으로 중요한 이슈를 다루는데 도움이 되지 않는 굉장히 중요한 문제다.

장홍근: 지난번 9.15 노사정 합의와 파기에 이르는 일련의 과정들을 보면 여러 가지 실패의 원인들을 찾을 수 있다. 행태적으로는 아까 말씀드린 대로 도저히 상식적인 사람이라면 이해할 수가 없는 정부의 행동들이 있었다. 노동시장 구조개선의 원칙과 방향에 대한 기본 합의를 2014년 12월에 했는데, 바로 직후에 노동계가 극력 반대해온 기간제 사용 연장과 파견근로 허용범위 확대 등의 내용을 담은 비정규직 종합대책을 정부가 노사정위원회에 들고 와서 발표했다. 그것도 노측이 빠진 상태에서. 그리고 2015년 9.15 합의를 하고 나서는 바로 다음날 소위 노동개혁 5대 법안이라는 것을 국회에 발의

했는데, 여기에 합의하지도 않은 내용을 담은 기간제법과 파견법이라는 폭탄이 들어있었던 것이다. 도저히 이해할 수 없는 정부주도적인 행태들이었다. 결과적으로 돌이켜볼 때, 누가 보더라도 아까 강 교수님께서 말씀하신 대로 정부가 사회적 대화를 동원 내지는 사실상 짜여진 시나리오, 즉 정해진 정책 목표와 스케줄을 가지고 사회적 대화를 이용했다고밖에 말할 수 없다.

그 외에도 의제와 관련하여, 이른바 3대 현안이라고 하는 것들도 정부가 충분히 예견할 수 있는 상황이었는데도 불구하고 자기 숙제를 안 하고 계속 방치하고, 대화를 통해서 합의를 강제한 것이다. 통상임금 문제, 정년연장과 임금체계, 근로시간 단축 등등이 마치 엄청나게 일자리에 부정적 영향 주고 인건비가 가중될 것처럼 호들갑을 떨었고, 서로 장단을 맞추는 행태였다.

지난 정부의 노동개혁이라는 것이 한 축은 사회적 대화고, 또 하나는 정부의 노동행정이라는 두 축으로 움직였는데, 이 축이 제대로 원활하게 서로 기어가 맞물리듯이 돌아가면 좋았을텐데 결국은 정반대로 갔다. 정부 행정이 사회적 대화를 사실상 압도하며 이용하는 행태를 보였고, 이 두 개의 축에 동일한 아젠다를 동시에 무차별적으로 올려놓았다. 사회적 대화를 통해 풀어갈 아젠다가 있고, 노동부나 기재부 등 행정으로 처리할 과제들이 있는데, 모든 것을 다 엎어 버리니 각각의 트랙이 가지고 있는 장점은 완전히 무화되고, 오히려 단점이 극대화되면서 결국은 파국으로 이른 게 아닌가 한다.

앞으로 사회적 대화를 우리가 완전히 폐기할 것은 아니라면, 노동개혁이 필요하다고 했던 것은 여전히 유효하다. 과제들이 하나도 해결된 것이 없다. 심지어 그 3대현안이라는 것도 9.15 대타협에서 대략적으로나마 절충점을 찾아 근로기준법, 고용보험법, 산재법 개정안에 담았지만 제대로 논의도 못한 상태로 폐기되었다. 이런 문제들을 사회적 대화로 풀 것인가, 정부 행정으로 풀 것인가? 이 두 가지 선택에 봉착되어 있다고 본다. 물론 차기정부가 얼마나 의지와 역량을 가지고 헤쳐나갈지는 두고봐야 하겠지만. 노사의 최소한의 합의를 확보한 채로 시작하는 것과 그렇지 않은 것은 천지 차이라고 생각한다. 물론 초기에는 느리고 더디어 보일 수는 있겠지만, 그것이 어느 정도 합의가 있어야 입법 절차도 효율적으로 될 것이다. 저는 그것이 결국 사회적 대화의 잠재력이고, 강점이라고 생각한다.

이철수: 사회적 대화의 잠재력을 살리기 위해 법제도적으로 이를 담보하는 방안은 없을까?

최영기: 노사정위원회의 사회적대화가 안정이 되려면, 유럽식으로 합의기능과 협의기능을 분리해야 한다. 사회적 대타협이라는 것은 밖에서 노사정 대표자들끼리 하는 것이고, 정책 협의기구는 일상적 협의를 꾸준히 하는 것이다. 정보를 공유하고, 이견이 있으면 있는 대로, 합의가 있으면 있는 그대로 내용을 정부에 전달해주고, 어떤 특정사안에서 정말로 노사정 대타협이 필요하다면 밖에서 노사정 리더들이 만나면 된다. 기능적으로는 그렇게 하는 것이 좋은데 우리나라는 그런 관행이 정착되지 못 했다.

장홍근: 우리는 '형식적'으로만 협의를 하죠.

최영기: 노사정위원회는 자기들의 기능 강화를 위해, 노동계는 교섭력을 높이기 위해 노사정위원회에서 자꾸 사회적 타협을 하려고 한다. 정치권이나 정권은 자기들의 정치적 효과를 위해 협의기능은 부차적인 것이 되고, 정치적 이벤트로서의 사회적 타협이 우선시 된다. 그래서 안정적으로 가려면 노사정위원회는 그대로 운영을 하고, 타협이 필요할 때는 외부에서 4자회의나 6자회의 등으로 구성해서 타협을 하고, 노사정위원회는 합의 결과의 이행을 모니터링하는 것으로 기능을 분리하는 것이 오히려 사회적 대화를 안정시키는 방안일 수도 있다.

배규식: 거꾸로 경제사회위원회를 만들어서 협의기능을 거기서

하고, 타협은 노사정위원회에서 해도 좋겠다.

최영기: 노동계든 경영계든 노사정위원회의 불참과 탈퇴가 일상이 되어 있다. 유렵에서는 협의가 일상이고, 불참이라는 건 없다. 일상적인 협의기구에서 그냥 꾸준히 한다. 우리는 지금 너무 오랫동안 파행 운영되고 있었고, 이 경향을 어느 시점에서는 반드시 끊어야 한다.

김유선: 타협다운 타협은 저도 98년 한 번 뿐이었다고 본다, 그 이후 성과가 있었다면 관계 당사자들끼리 공부를 했다는 정도다. 참여정부 때 안타까웠던 점은, 정부 부서가 자신들이 총대 메고 처리해야 할 사안마저 노사정위원회로 가지고 오다 보니, 오만가지가 다 와 있지만 무엇 하나 해결되지 않는 일종의 블랙홀이 되어 버린 것이다. 그리고 작년 915 타협은 정부가 하려는 것을 관철시키는 일종의 통과의례일 뿐이었다는 생각이다. 행위주체들의 문제이기도 하고, 악용 내지 오용된 측면이 있다고 본다.

아까 국회에서 공무원연금은 합의를 잘 하지 않았냐는 얘기가 나왔는데, 제가 볼 때는 이슈가 분명한 사안이었기 때문에 그런 면이 있다. 노동계에서 볼 때 노사정위원회는 공익위원 중 믿을만한 사람이 잘 안 보이는데, 국회는 여야가 추천하다 보니 그래도 믿을만한 사람이 보인다, 적어도 손해는 보지 않을 것 같다, 이런 측면들이 맞물렸던 것 같다. 조선업 구조조정은 노동계가 국회에 협의 틀을 만들어달라고 제안했지만, 정부가 거부했다. 지역협의체는 잘하는 곳도 있고, 유명무실한 곳도 있다. 그리고 노조는 산업이나 부문별 협의체를 상당히 원한다.

최영기: 기록을 바로 잡기 위해서 한마디 덧붙이겠다. 9.15 대타협 때 의제로 했던 노동시장 구조개혁은 정부의제가 아니었다. 노사정위원회가 발의했고 최경환, 이기권, 안종범 등의 팀이 들어올 때 우리가 설득한 것이다. 우리 의제였기 때문에 고용노동부와 계속 갈등이 있었다. 2014년 말 기본 합의를 해놓으니까 노동부가 자기들

숙제를 들고 온 것이었다. 노동시장구조개혁이라는 밥상에 숟가락을 올렸던 것이다. 우리는 떨쳐내려 했고, 그들은 올리려 했다. 정부가 처음부터 자기 숙제로 기획한 것은 아니었다.

장홍근: 그 중에 통상해고와 취업규칙 변경이 대표적인 것이었다.

이철수: 최영기 박사께서 9.15 대타협과 관련한 뒷이야기를 다소 비장하게 토로하셨는데 감사하게 생각한다(웃음). 제 경험으로도 실업자 노조 인정문제, 공무원 노조의 설립단위 등 굵직굵직한 사안들이 행정부에 가서 굴절되거나 변형된 사례들이 있음을 기억한다. 9.15 대타협만 하더라도 보따리를 풀 때 수순을 잘 밟아야 하는데 정부가 편향적으로 처리해서 문제가 생긴 것이다. 정부가 잘 받쳐주면 위원회는 나름대로 존재의의가 있는 것 아닌가? 더 나아가 노사정위원회의 합의 내지 협의사항이 존중될 수 있도록 노사정위원회를 헌법상 기구로 만드는 방안은 어떤가?

최영기: 아니다. 프랑스도 헌법상 기구인데, 그에 따라 기능이 조금 다르다. 거기는 협의와 자문에서 끝낸다. 합의는 별도로 한다. 우리의 경우 지금 헌법기구로 대통령이 의장을 맡는 국민경제자문회의가 있다. 노사정위원회도 그렇게 하자고 하는데, 냉정하게 현실을 보면 그럴 정도로 노사단체가 우리나라에서 대표성이 없다고 본다. 그런 정도의 공익적 판단할 능력이 아직 없다.

이철수: 현행법상으로는 노사정위원장이 경제부처, 산자부 등 유관기관 수장들을 소집하여 회의를 개최할 수 있지 않은가?

최영기: 형식으로만 보면 그렇기는 한데 행정부에 휘둘리는 이유는, 우리가 처음에는 발의를 그렇게 했다 하더라도 디테일에서 계속 행정부에게 시달려서 그런 것이다. 사무처 기능을 거의 다 노동부에서 가지고 있다. 관료사회는 하나의 단일체기 때문에 굉장히 집요하고 끈질기다.

안상훈: 많은 분들이 노사를 중심으로만 얘기하시는데, 보다 큰 틀에서의 사회적 대화 및 합의기구가 필요하다. 이미 노사만으로 사회의 이해관계가 조율되는 시대는 끝났다. 바야흐로 후기산업화를 넘어 4차 산업의 시대로 진전중인데 아직도 우리는 노사문제에만 매달리고 있는 듯 보인다. 보다 광범위한 갈등조정을 위해서, 그리고 보다 긴 시간지평 상의 미래전략 마련을 위한 국민적 합의를 위해서 박근혜정부도 국민대통합위원회를 운영했었다. 그런데 노사정위원회도 병치하면서 서로 역할이 헷갈린 일이 많았던 것 같다.

저는 한국 자본주의의 수정전략 마련이라는 시대적 과제를 푸는 것이 가장 중요하다는 인식을 다음 대통령이 했으면 좋겠고 이 문제를 풀기 위해서 노사정 대화만으로는 안 된다는 것을 분명히 하길 제안한다. '노사정+알파' 의 포괄적 이익대표성이 담보되는 사회적 합의기구를 확실히 만들어야 한다. 이는 선진국 사회적 대화의 변화상을 정확히 반영하는 것이기도 할 것이다. 노사정위원회와 국민대통합위원회를 합쳐서 아예 대통령이 위원장을 하는 브라질식의 합의기구처럼 해도 될 것이다. 위원회 조직은 여러 가지 방식이 있겠지만 노사정만으로 이해관계가 대표가 안 되는 대한민국의 수많은 취약집단, 예컨대 노인, 여성, 학생, 비정규직, 농어민 등등을 노사정에 덧붙여 구성한 사회적 대화기구를 만들어야 한다. 유명무실한 기구로 전락하지 않도록 하려면, 각 부문 이익을 대표하는 전문가들이 참여하는 상설 사무국을 두어 의제를 상시논의하고, 월 2회 정도 정기 총회를 개최하여 시스템 전환에 관한 큰 주제들에 대해 난상토론을 하는 공론의 장을 만들어주는 것이 좋겠다. 다음 정부는 앞으로 5년간 시스템 전환에 관한 큰 얘기만 제대로 하면서 세월을 보내도 좋다고 본다. 디테일한 선에서 모든 정책에 관한 구체적 해법까지는 안 나오더라도, 이것저것 모든 사항을 의논하기 위해 월 2회 모이고, 거기서 논의된 내용을 제대로 정리하는 것만으로도 충분히 값어치가 있을 것이다. 지속가능한 복지국가 전략, 시대조류에 맞는 자본주의의 수정을 제대로 일군 모든 나라의 특징은 거시적인 시스템 전환문제를 충분히 오랫동안 공론화함으로써 전국민이 이해하는 가운데 타협안을 도출했다는 점이다. 우리는 모든 면에서 급하기만 한데, 공무원연금 개혁 따로 근로시간단축 따로 시시각각 시간에 쫓겨 개혁을 하다보면 마치 키메라와 같은 제도적 미스매치로 이어질 수밖에 없다. 전문가들이 종종 실패하는 장면을 보면, 자기가 아는 분야만 중요하게 보고 성급하게 단편적인 답을 낸 끝에 연관된 다른 문제들을 푸는 데 장애물을 만들어버리는 경우들이 있단 사실이 두드러진다. 부문별로 마이크로하게만 갈등조정이 이뤄질 경우 사회 전체의 이익에 부합하는 개혁에 실패하는 경우도 많다. 예컨대 지난 공무원연금개혁이 성공이라는 평가도 있지만 겨우 몇 년짜리 개혁에 그치고 말았다는 비판도 있다. 국민연금과 특수직역연금을 한 테이블에 놓고, 사회보험방식을 고수할 것인지도 논의할 정도는 되어야 4차산업시대에 대응하는 미래지향적인 전략 도출이 가능할 것이란 사실을 잊지 말았으면 한다.

4. 사업장차원의 근로자 대표방안 모색

이철수: 이제 기업 차원 의사결정 시스템에 대해 이야기해 보자. 고용형태가 다변화되고 고용불안까지 겹쳐 현재 비정규직은 노조 가입률은 1% 남짓에 불과하다. 사업장에서는 이들을 대변할 기구가 없다. 현행법에서는 근로자 이익을 대변하는 세 가지 방식이 있다. 노동조합, 노사협의회, 근기법상의 근로자대표다. 문제는 이들의 기능이 서로 착종되어 있고 특히 근로자대표의 법적 지위가 불분명하다. 무엇보다도 근로자 대표의 민주적 적통성에 관한 문제가 심각하다. 이 문제를 풀기 위해 어떤 식으로 접근해야 하는지? 이것은 사회적 대화에서 매우 중요한 부분이다.

권현지: 현존하는 노조에 노동자 전반에 대한 대표성을 기대하기 어려운 상황이다. 노조의 조직률이 너무 낮고, 구성상 취약노동자에 대해 극도로 낮은 대표성은 더더욱 문제다. 그러면 노사협의회로 갈 것인가? 잘 되면 좋지만, 노사협의회는 실질적으로 제대로 협의 내지 합의를 할 수 있는 시스템으로 구축되고 활용되어 오지 못했다. 그나마 노동조합이 작동하고 있는 곳에 노사협의회가 부가적으로 활용되고 있다는 느낌이다. 그렇다면 대표되지 못하고 있는 광범한 노동자의 목소리를 어떻게 확보할 것인가? 두 가지 방향이 있는데, 첫째 법적으로 노조 가입여부와 상관없이 작업장 수준의 공동결정 시스템을 강화하는 방안이다. 작업장 차원에서 노동자 전반을 대표할 수 있는 조직, works council (종업원협의회)를 도입하고, 작업장 차원의 논의, 교섭, 합의에 대해 일정하게 법적 지위를 확보할 수 있도록 현재의 근참법을 개정하는 방안을 생각할 수 있다. 그러나 얼마나 진지하게 추진될 수 있을지 자신은 없다. 노조를 산업별 조직 혹은 여타 초기업적 조직으로 정착시킬 필요가 있다는 전제에 대한 공감대와 정책, 제도적 의지가 필요하기 때문이다.

그게 아니라면 조금 더 초기업적 수준, 그리고 대기업 차원에서 공동협의제도를 만드는 방법이 있다. 예컨대 산업이나 직업도 중요하지만, 대기업을 중심으로 하는 가치사슬의 책임성을 부여할 수 있도록 하는 제도적 기제가 무엇인지 등 한국적 실정에 맞는 공동의 협의제도와 그 수준을 생각해 보아야 한다. 앞으로 산업의 경계가 점차 희미해지고 몇몇 핵심기업을 중심으로 융합사업의 가치사슬내 조직간 협력체계가 더욱 고도화될 전망이라면, 그리고 이 가치사슬이 재벌을 중심으로 확장되는 우리나라 경제구조를 고려한다면, 가치사슬내 핵심기업의 책임을 강조하는 협의제도의 새로운 제체를 모색해 볼 필요가 있지 않을까?

또 한가지는, 우리나라 대변기제가 취약한 것은 사실이지만, 이를 조직률로만 접근할 문제는 아니라는 점을 강조하고 싶다. 조직률로만 따지면 프랑스 같은 국가도 결코 높은 편이 아니고 우리가 자주 언급하곤 하는 독일의 조직률도 상당이 낮아졌다. 그렇다고 이들 국가 노조의 조직력이 그에 맞게 떨어졌다고 보기 어렵다. 문제는 협약의 확장가능성이다. 초기업적 수준으로 협약을 확대하는 방식도 깊이 고민해보아야 할 것이다. 그런데 이건 다 노사관계상 어느정도 힘의 균형이 있어야 가능한 것이다. 지금 우리나라는 노사관계가 취약하기 때문에 어떤 제도적 뒷받침이 필요한지 생각해야 한다.

장홍근: 그렇다면, 결국 취약하기 때문에 정부가 역할을 해야 하는 것 아닐까?

권현지: 그와 관련하여 한 가지 덧붙이자면, 최근에 민족국가의 힘이 점차 강화되고 있다는 느낌을 받는다. EU가 흔들리고 있고, 미국에 귀환한 보호무역주의도 그렇고, 개별 정부의 역할이 강조되는 경향이다. 독일의 노동 4.0이 전개되는 양상 역시 정부가 전면에 나서 이 국가적 의제에 독일의 방식으로 사회적 파트너를 불러 모아 머리를 맞대 대응해 가자는 쪽으로 정부가 적극적인 역할을 수행하고 있다는 느낌이다. 그런데 어찌 보면 우리는 정부 주도의 제도적 기반과 관성이 강한 나라다. 문제는 어떻게 정부가 일관성있고 책임있게 일을 중장기계획을 추진할 수 있도록 중심을 잡을 거냐 하는 문제다. 사회적 합의기제를 합의를 위한 합의가 아닌, 정책의 방향을 어떻게 잡을 거냐 하는 의제에 대한 끝없는 토론과, 정부정책에 대한 견제의 장으로 개편하는 것도 합의의 수준을 높이고 그에 맞는 정부기구로서의 위상을 갖게 하는 문제만큼이나 중요할 수 있다. 아까 말씀들하신 노사정위원회도 정부가 편승해서 흐려놓은 부분도 있지만, 거꾸로 생각하면 오히려 정부가 더 많은 책임을 지도록 적극적으로 고려할 부분도 있다.

배규식: 저도 사업장협의회(works councils) 만들자고 주장한 바 있다. 기존에 우리 법에 있는 것은 노사협의회인데 이것은 근로자대표

조직이 아니라 노사공동 조직으로서 사용자에게 이용되어 온 측면이 크다. 그런 면을 방지할 수 있는 사업장협의회를 만들 수 없는가?

특히 지금 취약한 사람들이 중소기업, 비정규직, 사내하청 근로자들인데, 이들을 같이 대변할 수 있는 조직을 짜야 한다. 정부가 교육을 강화하고, 권리와 의무를 부여해야 한다. 노조에서도 사업장협의회를 중시 및 지원하고, 사업장협의회가 해야 할 일에 대해 매뉴얼도 만드는 등 사업장협의회 근로자 대표들과 다양한 연계를 맺고 도와주는 식으로 활동하면 사업장협의회가 특히 무노조 사업장에서 근로자 대표제로서 역할을 할 수 있다. 그렇게 하지 않으면 사업장 한 30명 되는 규모에서는 사업장협의회가 사용자에게 휘둘릴 수밖에 없다. 투표도 제대로 하는지 마는지 알 수 없다.

원래 독일의 경우는 사업장협의회가 노조의 오른팔 아닌가? 노조와 긴밀한 협력이 없는 사업장협의회는 무력할 수 있다. 한국에서 만약 사업장협의회가 도입되어 활동하다가 부족함을 느끼게 된다면, 사업장협의회가 중심이 되어 노조를 만들 수 있다. 또한 전혀 새로운 제도를 들여오는 것보다 기존의 노사협의회를 제대로 개편하는 것이 그나마 저항도 적을 것이라고 본다. 완전히 새로 만드는 것은 아니니까.

사업장협의회를 잘 활용하면 아까 말한 노동시장 이중구조 문제도 해결할 수 있고. 기존의 정규직 뿐 아니라 비정규직이나 사내하청도 반드시 포함하는 방식으로 하면 문제의 상당부분을 해결할 수 있지 않을까 싶다. 또한 현재 근로기준법 등에서 매우 애매하게 나와 있는 근로자대표의 역할을 사업장협의회 근로자대표들이 행사할 수 있게 함으로써 주체를 확실하게 하여 취업규칙 불이익변경 등의 문제 등에 대해 근로자들의 입장에서 대응할 것이다.

권현지: 그런데 문제는 사업장의 경계를 어떻게 할지는 좀 더 고민해봐야 한다. 합의의 구조 말이다. 합의할 거리는 있어도 합의할 여지가 없으면 어떻게 하나?

이철수: 그래도 우리는 아주 예외적인 경우이긴 하지만, 법적으로 집단협정의 방식으로 근로기준법상의 근로자 대표에게 근로조건 결정권한을 일정부분 부여하고 있다.

권현지: 독자적 의사결정권에 노사가 모두 제약이 있는 종속적 하청 사업장이나 소규모 사업장에 대해 대표체제와 노동자 참여를 실질화할 수 있는 조금 더 세심한 고려가 필요하다.

이철수: 입법정책으로 해결할 문제다. 사업장에서의 대표문제에 대해 또 다른 의견들 없으신가?

장홍근: 법적으로 조직화를 가로막는 것은 해소된 것으로 보인다. 그런데 복수노조 허용과 교섭창구단일화, 노조전임자 임금 지급 금지와 근로시간면제제도 도입 등의 제도적 딜을 하면서 그 부분이 실질적으로 노조 작동의 장애물로 등장했다. 복수노조 허용 취지와는 다른 우려했던 부작용들이 일어나고 있다. 거기에 대한 법제도적 보완이 있어야 한다. 이와 함께 노조에 대한 부당노동행위는 반드시 엄벌해야 한다. 부당노동행위 처벌이 너무 솜방망이다 보니까 지난 번에 창조컨설팅 사건과 같은 노조 파괴 공작이 일어난 것 아닌가?

그리고 중요한 것이, 미조직노동자의 이익은 어떻게 대변할 것인가? 현재로서는 근로자참여및 협력증진에 관한 법률상 노사협의회가 그나마 미조직 노동자의 이익을 대변하는 기제이다. 법상으로는 협의 사항, 의결 사항, 보고 사항 등이 자세하게 규정되어 있는 등 그럴 듯하다. 하지만 제가 작년에 고용부 용역을 받아 노사협의회 운영실태 조사연구를 해 보니, 여태까지 정부가 발표해왔던 노사협의회 설치율보다 훨씬 낮게 나왔다. 일부 업종이 체계적으로 배제되긴 했지만 조사의 대표성이 있는지 고민이 될 정도였다. 근참법에서는 30명 이상은 의무적으로 설치하도록 하는데, 의무대상 기업도 미설치 상태인 경우가 많고, 설치되어 있어도 사실상 유명무실하게 운영되는 경우가 태반이다. 노사협의회가 미조직 노동자의 이익을 제대로 대변한다고 보기 어렵다. 노사협의회가 미조직 노동자의 목소리를 제대로 대변하려면 단순한 협의기구가 아니라, 교섭까지는 아니더라도 현행법의 노사협의회 기능을 제대로 수행하기 위한 근로자대표기구로 위상을 갖도록 법과 정책을 바꾸어야 한다. 근로자위원의 선출방식도 손질해야 한다.

이철수: 지금 장 박사님 말씀에 대해 김유선 박사님 의견을 여쭙고 싶다. 우리는 종업원협의회 또는 위원회를 법정화하면, 노조가 반대할 것 같다는 선입견이 있다. 그런데 거꾸로 생각하면 조직전략적 측면에서 독일처럼 종업원위원회를 잘 키워서 활용하는 일종의 역발상이 필요하지 않은가?

김유선: 교섭창구단일화는 이미 작동하고 있기 때문에 전면적으로 손질하긴 어렵다. 하지만 적어도 초기업수준 교섭은 창구단일화 대상에서 제외해야 할 것이다. 미조직 근로자는 산업수준에서 체결한 단체협약의 효력 확장이 강조될 필요가 있다. 노사협의회 근로자대표는 선출 절차도 없고 비상근에 무보수로 활동이 보장되지 않는다. 근로자대표의 선출 절차와 활동을 보장하고, 종업원평의회 구성을 의무화 하는 것은 저도 바람직하다고 본다.

그리고 노동계가 종업원평의회를 반대할지 모른다고 말씀 하셨는데, 노사협의회를 도입한 80년대 초에는 노조들이 노사협의회를 반대했다. 그러나 90년대 중반 민주노총 조직들은 노사협의회를 단체교섭 보완기구로 생각하고 제대로 활용하고 있었다. 역기능이 있는 경우는 이미 노조부터 형편없는 상태라서 그런 것이다. 독일도 똑같다. 종업원평의회가 처음 도입될 때는 노조가 반대했지만 지금은 노조운동을 활성화하는 지렛대로 인식하고 있다.

얼마 전 한국노총 토론회에서 얘기를 나누다보니 그곳은 기업별 노조 중심이라 그런지 종업원평의회를 우려하면서, 노동회의소는 솔깃해 하는 사람도 있더라. 그런데 저는 노동회의소는 말이 안 된다고 본다. 사업장 단위 종업원대표제가 활성화되어야 한다는 것에 저는 기본적으로 동의하는 바다.

5. 정부조직 개편: 통합 '노동복지부' 신설은 가능한가?

안상훈: 정부조직개편 관련해서는 사회부처에 힘을 실어주는 개혁이 필요함을 강조하고 싶다. 우리나라 정부 부처들에서 사회정책 관련 일을 조금이라도 일해보신 분들은 다 아시겠지만 우리나라는 '기재부'와 '기타 부처'로 정부조직이 나뉘는 나라다. (웃음)

차기정부에는 인수위가 없지만 정부 출범과 동시에 해결해야 할 것이다. 거의 모든 후보들이 사회정책에 힘을 쏟겠다고 하고 있지만 사회부처에 힘 실어주는 조직개편이 없다면 또다시 빌 공(空)자 공약으로 귀결될 것이기 때문이다. 어쩌면 이 문제는 인수위가 있고 없고의 문제가 아니며, 겨우 두 달 동안의 인수위에서 조직개편안을 처음부터 만드는 경우도 원래 없다. 이미 행자부와 관련 부처 등에서 이미 잘 짜여진 복수의 안을 만들어 두고 있다. 힘의 균형을 위해서라도, 경제부총리를 둘 것이면 사회부총리도 반드시 두어야 한다. 고용노동부와 보건복지부를 합쳐서 '사회보장부'로 하건 '사회부'로 하건, 그 장관을 부총리로 만들어 주고 예산배분권도 주어야 한다. 그 휘하에 사회부처 관련 조직들을 쭉 두어 협업이 가능하도록 병렬적으로 관리해야 한다.

권현지 교수님께서도 비슷한 말씀을 하신 것 같은데, 노무현 정부 때 빈부격차 시정위원회가 있었다. 여성가족부로 억지로 존치할 것이 아니라, 가장 중요한 차별문제 해결을 위해서라도 여성부와 인권위를 합쳐서 차별시정위원회로 따로 가야 한다. 노무현 정권 당시는 빈부격차 관련하여 복지를 다루는 것이었는데, 차별 문제 대응을 위해 차별시정위원회를 만들고, 여성부를 존치하기 위해 갖다 붙인

정책들은 사회부로 이관하는 것이 옳다. 지금 이대로의 여성부는 옥상옥이거나 고용, 복지 등과의 정책협업에서 칸막이로 작동하는 경우가 많은데 이제는 고쳐야 한다.

보건의료 같은 경우에는 메르스 등 긴급대응은 전권을 가진 의료전문가 위원회로 컨트롤타워를 설치하고 일상적인 보건의료 관리는 '청' 개념으로 가면 될 것 같다. 고용서비스나 복지서비스는 지자체까지 내려보내는 것도 필요하다. 다양한 사회서비스와 관련해서, 저는 아직은 지방자치 수준에서 노동, 고용, 복지 문제를 다룰 능력이 없다고 본다. 물론 소수의 예외는 있지만 일반적으로는 그렇게 본다. 그래서 당분간은 사회보장법에서 규정하는 다양한 종류의 사회서비스가 지역 차원까지 우선순위에 맞춰 착실히 전달되도록 사회서비스청과 지청을 두어 관리하는 것이 필요하다고 본다. 그리고 노동 쪽은 제가 과문해서 잘은 모르지만, 노동법원을 만들고 장관급으로 확실히 힘을 실어주도록 하자는 논의도 있었다는 점을 말씀드린다.

김유선: 노동정책과 사회정책이 같이 가야 한다는 점에는 원칙적으로 동의하는데, 그렇다고 해서 노동부와 복지부를 합치는 것이 과연 바람직한지는 잘 모르겠다. 아닐 것 같다는 생각이 든다. 왜냐면 복지와 노동은 작동 방식이 상당히 다르기 때문이다. 복지는 정부 주도로 제도 개선에 집중하는 반면, 노동은 노사라는 행위주체(actor)의 행위를 중시한다. 그 점에서 양쪽의 사고 패턴부터 다른데 이걸 한 지붕아래 둔다 하여 반드시 좋은 결과가 나올까? 오히려 필요한 영역이 있다면 분야별로 위원회 제도를 통해 씨줄, 날줄로 묶어주는 것이 더 현실적일수도 있다. 청와대 노동복지수석을 보면, 항상 복지가 대장을 하고 노동은 밀린다. 노동과 복지를 묶어버리면 또 그렇게 되어버릴 수도 있다. 청와대도 노동, 복지를 나누는 것이 나을지도 모른다.

최영기: 복지와 노동을 합치는 것은 행정의 완결성이나 아까 말씀드린 노동자 구성, 노무공급자 구성변화, 이런 입장으로 보아도 그

렇고, 그 사람들의 행정수요 등으로 볼 때도 그렇고, 궁극적으로 결합되는 것이 맞다. OECD 국가들의 노동과 복지부서는 대부분 합쳐져 있고, 우리도 결국은 그 방향으로 갈 것이라 본다. 그런데 새 정부가 그것을 추진할 수 있을 정도로 사회적 논의나 준비가 되어 있는지가 문제다. 과거 정부에서도 매번 출범 당시 인수위 때마다 언급은 됐는데, 인수위 끝나면 늘 잊혀졌다. 이것을 중요한 정책과제로 꾸준히 논의해야 한다고 본다. 갑작스럽게 '과감한 통폐합' 이런 식의 논의로는 안 된다. 실질적으로 행정의 발전, 노동시장, 복지수요의 변화를 감안하여 행정체계를 바꿔야 하고, 이 공감대를 형성하여 제대로 된 개편방안을 마련했을 때 정권 중간에라도 받아들일 수 있는 것이다. 지금 상황으로서는, 사회적 논의의 진도를 봤을 때 당선 직후에는 쉽지 않아 보인다.

장홍근: 고용노동정책의 유기성 내지는 파워를 확장하기 위한 차원에서 고용부와 복지부 통합은 생각해볼만 하다. 그러나 지금 상태에서 1+1의 단순 통합은 아니다. 양쪽 부처의 기능들 가운데 시너지 효과를 내는데 도움이 수 있는 바탕 위에서 통합해야 한다. 시너지를 낼 수 없는 부분은 슬림화해야 할 것이다. 고용노동부의 노정 부분을 어떻게 할 것이며, 한편 복지부의 의료행정은 어떻게 할 것인가가 쟁점이다. 그런 부분을 해결한다면 고용부와 복지부의 통합도 괜찮을 것으로 본다. 고용복지부 장관은 사회부총리를 하도록 하면 좋겠다.

정부 조직 개편과 관련해서 드릴 말씀은 우리나라 정부 부처들이 다같은 부처가 아니라는 사실이다. 기재부라는 압도적인 부처가 상위에 있고 그 밑에 나머지 부처들이 있는 기형적 정부 조직 내지는 관행이 있다. 기재부가 지금처럼 예산을 장악하고 예산권을 휘두르는 구조가 계속된다면 시장주의적 정책행정이 계속될 확률이 크다. 우선적으로는 기재부의 기능분화가 중요한 과제이며, 고용부와 복지부 통합은 기능을 약간 슬림화하면서 가야 한다고 생각한다.

이철수: 국민경제자문회의는 헌법기구로 있는데, 그렇다면 사회적 자문회의 같은 건 없는지?

안상훈: 그러려면 개헌을 해야 한다.

이철수: 우리에게 경제적 부분은 헌법적 기구가 있는데, 사회정책적 부분은 빠져있지 않은가? 그 부분을 실질적으로 보충하는 방법을 노사정위원회가 어떻게 할 수 없을지?

안상훈: 지난 박근혜정부 초반의 국민경제자문위원회는 분과위원회 4개 중 민생경제위원회를 따로 두어 고용, 복지, 여성 등등 사회이슈를 진지하게 다루도록 했었다. 박근혜정부 정책기조의 변화는 아까 최영기 교수께서 얘기하신 것처럼 최경환, 안종범 팀이 들어오면서 공약했던 경제민주화나 복지국가 확대는 싹 지워버리고 재벌중심 성장위주로 확 바뀌었는데, 안종범 수석 주도로 국민경제자문위원회에서도 민생경제분과를 아예 지워버리는 퇴행을 보이기도 했다. 이렇게 보면 개헌을 하지 않더라도 고용, 복지 등 사회분야를 위원회에 포함시키고 힘을 주는 방식으로 운영의 묘를 살리면서 하는 방법이 없진 않다. 다만, 기재부를 비롯한 우리 정부 주류의 왜곡된 인식을 넘어설 정도로 대통령이 확실한 중심을 잡느냐의 문제가 중요하다고 여겨진다.

이철수: 경제부처와 사회부처 간 힘의 균형을 기할 필요가 있다는 점은 모두가 인정하는 바이다. 이는 사회적 문제 해결, 사회통합을 위해 국가정책의 우선 순위를 같이 올리자는 것이다. 경제적 효율성 못지않게 사회적 형평성과 절차적 정의도 중요하다. 개헌 문제가 걸려있기 때문에 어렵다고는 하지만, 실질적으로 그렇게 할 수 있다면 좋겠다.

최영기: 명칭에 관해 얘기하자면, 개헌도 어차피 예정은 되어 있는 것이고. 국민경제자문회의를 '국민경제사회자문회의'로 이름을 바꾸어도 된다. 지금 있는 것에 '사회'자를 넣어주면 된다. 일종의 social economy 개념으로 하는 것이다. 재정이나 경제 쪽 전문가만

중심이 아니라, 복지, 고용, 노사관계 전문가와 그 시각이 들어가서 균형을 그 속에서 취하도록 하는 방법도 있다.

김유선: 방금 말씀하신 것은, 핵심이 거의 인사권과 예산권 문제 아닌가?

최영기: 이런 방법도 있다. 다들 위상을 높인다고 자꾸 대통령 자문위원회를 하는데, 더 실질적인 독립성을 취하는 방법은 노사정위원회가 총리실로 가는 방법도 있다. 총리실로 가면 총리 지휘 하에 들어가기 때문에 노동행정으로부터 단절될 수는 있다. 그 득실은 따져봐야 할 것이다.

이철수: 지금도 노동부 소속은 아니지 않은가? 이것은 사실상의 문제고. 제도적인 해결책을 묻는 것이다.

최영기: 그렇긴 하다. 그런데 사람 파견할 때 원래 노동부에서 파견받아야 한다는 조건은 없다. 그런데 법과 예산이 노동부가 관할하도록 되어 있다.

이철수: 인사와 예산의 문제를 개선하는 방향으로 가닥을 잡아가면서 독립성과 공공성 담보하면 되지 않나?

안상훈: 제가 보기에는 대통령 중심제를 취하는 한, 앞에 '대통령'을 붙이는 것과 그렇지 않은 것은 전혀 다르다. 다들 그래서 앞에 '대통령'을 달려고 하는 것이다.

이철수: 시간이 많이 지났으니 이제 다음 주제로 넘어가자. 아까 노동부 복지부 통합과 관련하여, 예컨대 보건 분야 등은 별도로 분리하고 양 부처를 통합하자는 '정비 후 통합' 이야기가 나왔다. 김유선 박사님은 전략적 분리, 최영기 교수님은 단계적 접근으로 현실적 가능성을 염두에 두신 것 같다.

그런데 최근 기본소득을 둘러싼 논의에서 간취되듯 노동과 복지의 일원적 연계(workfare)를 경계하는 등 이론적 측면에서도 검토할 부분은 있다고 생각한다. 그러나 한편으로는 부처를 통합해서 나올 수 있는 새로운 시너지는 없을지? 안상훈 교수님은 합치는 것에 원론적으로 찬성해 왔는데 이에 관한 고견을 듣고 싶다.

안상훈: 노동시장의 문제만 봐도 전통적으로 우리가 아는 노동관련 정책을 통해 해결할 수 있는 문제는 점점 줄고 있다. 오늘 여러분이 '이중구조를 푼다'고 말씀하셨는데, 노사합의만 되면 이 문제가 과연 풀릴까? 이중구조의 아랫단, 노동시장 취약계층이라고 하면 복지의 제공 대상이기도 한데, 현실에서 정책 시행되는 것을 보면 고용노동부와 보건복지부를 따로 존치할 경우 잘 굴러갈 정책이 하나라도 있을지 의문이다.

정부의 역할에 대해서 생각해보자면, 제가 얼마 전에 고용보험위원회 가니까 간만에 노동자와 사용자 사이에 의견 일치되는 이슈가 있었다. 고용보험에서 정부는 손 떼고, 노사자율에 맡기자는 점에서 양측이 적극 동의하더라. 그렇게 죽이 잘 맞는 것을 처음 봤다(웃음). 현재 우리 고용보험은 실질적으로 노동시장 A팀의 전유물이 되다시피 하고 있고 이중구조가 극명하게 드러나는 부분인데, 비정규직 등 노동시장 하단으로의 재분배나 여성을 위한 정책에 비용이 드는 부분에 노사가 목소리를 합쳐 반대하는 형국이다. 지금 한국 노동시장의 문제는 노동시장의 A팀에 대한 보호조치 강화보다도 취약계층인 노동시장 B, C팀 쪽의 시장실패가 더 급박하고 정부역할이 우선되어야 한다. 이 점에서 정부의 역할이 필요하고 고용과 복지의 통합은 이중구조 해결의 선결과제라고도 여겨진다. 현재 고용부 모드에서는 노동시장 취약계층에 대한 복지제공에서 별로 할 수 있는 일이 없기도 하다.

전반적으로, 저는 이중구조 해결 가능성 대해서는 상당히 비관적으로 본다. 낙관적으로 전망하는 사람도 별로 없고, 있다 해도 설득되어 본 적도 없다. 문제는 이런 상황이 계속 전개된다면 고용과 복지 연계되는 부분이 매우 많아질 수밖에 없을 것이고 어차피 많아질 것이라면, 두 부처를 붙여서 가는 것이 좋을 수도 있다.

경제부총리에 필적할 파워를 갖는 사회부총리가 필요해 보이는데, 특히 대통령제를 계속 한다면 더 그렇다. 예산은 아까 나온 얘기처럼 경제 쪽에서 떼서 청와대에서 따로 관리하는 것이 낫겠다. 미국 백악관처럼. 그러면 예산 관리까지 전반적으로 관장하고, 사회 쪽의 문제를 총괄하는 부총리 부처로 가야 하는데, 그것을 그냥 복지부에 줄 것인가? 같이 안 갈 것이면 어느 쪽으로 줄지 정해야 하는데, 노동부에 줄 것인가? 아마 복지부로 갈 것이다. 그러면 아까 김 박사님 말씀하신 것보다도 노동전문가들이 우려하시는 '복지패권주의'가 더욱 강화될 확률이 높다. 예산을 나누는 기능을 부총리가 한다면 양쪽이 합쳐지는 게 오히려 노동, 고용 쪽에도 장기적으로 유리할 것으로 본다.

강성태: 사실 노동법 연구자들은 오랫동안 정부조직 개편에는 별다른 관심이 없었다. 그러다가 '노동복지부'에 관한 문제의식을 갖게 된 계기는 2014년경부터가 아닌가 생각된다. 그간에는 개선과제라고 할까 현안이라고 할까 주로 내용적인 것들만 계속 논의하다가 노동의 실천적 측면을 살펴보자고 하면서 처음 기획한 것이 '노동법의 사각지대' 시리즈였다. 여기서 이중구조, 이중화, 돌봄노동 등의 질문이 나왔다.

앞으로 일자리는 과연 계속 늘어날 수 있을까? 그것도 의문이지만, 만일 늘어난다면 그것은 돌봄이나 사회적 일자리일 가능성이 높다. 그런데 이런 일자리에서 가장 큰 문제는 수요자와 공급자 사이에 시장가격이 형성되기 어렵다는 점이다. 예를 들어 돌봄을 필요로 하는 사람들은 지불 능력이 없고, 돌봄 공급자들은 수요자가 지급할 수 있는 금액으로는 서비스를 제공할 수 없다는 점이다. 국가나 정부가 정책적으로 개입하지 않으면 이런 문제는 해결이 어렵다. 그리고 이런 문제는 그 성격상 노동부나 복지부가 단독으로 해결할 수 없다. 중증장애인 문제를 두고 양 부처가 서로 떠밀었던 일도 있었다. 미래에 생길 일자리 또는 우리 사회가 필요로 하는 일자리를 만들려면 정부의 일상적이고 제도적인 개입과 관여가 필요하다. 이런 일이 기획하고 집행하려면 일시적인 기구 즉 때때로 생겨나는 위원회라는 방식으로는 안 되고, 예산 가지고 정책을 집행할 수 있는 기구가 있어야 한다. 이런 고민은 몇 년전부터 나온 것으로 이번에 즉흥적으로 나온 이야기는 아니다.

안상훈: 예전에는 저도 부처 통합이 아니라 부처 연계, 조정 정도로 생각했었다. 대표적인 사례가 부처 간 칸막이를 넘는 조정자 역할을 강화하기 위해서 사회보장기본법을 전부개정한 것이다. '사회보장심의위원회'를 '사회보장위원회'로 격상시켜 국무위원 15인이 참석하고, 민간인 15인이 참여해서 고용 복지 등등을 조정하는 것을 우선적 기능으로 해 두었었다. 그 때 총리가 위원장, 복지부장관이 부위원장을 했는데, 이렇게 하니까 이 위원회에서 제일 '삐딱선' 타는 것이 고용노동부 장관이었다(웃음). 하나도 합의를 안 해주고 두 부처가 부딪히는 안건이 나오면 차관 보내고, 이런 식이었다. 그런 경험을 통해서 저는 연계가 중요하긴 하지만 이런 식의 연계라면 절대 안 된다는 것을 알았다. 우리나라 정부 부처간의 파워게임 방지, 부처간 칸막이를 넘어선 조정이라는 문제는 학자들의 탁상공론 정도로는 해결할 수 없는 문제다.

최영기: 4대 사회보험의 경우에는 통합이 맞다. 근로자 입장에서나 회사 차원에서나, 따로 관리하는 게 어려운 일이다. 그런데 실제 학자들도 그렇고 연구가 이루어지는 것을 보면 고용과 복지를 통합적으로 연구하고 정책을 구사하지 못했다. 이런 기반이 없는데 행정조직만 붙여 놨을 때 문제가 있을 수 있다. 일본이 그랬다. 붙여는 놨는데 쌍둥이 빌딩처럼 후생과 노동이 조직적으로 분할이 되어 있었다. 통합의 경우, 유럽처럼 통합행정으로 잘 세팅될까 하는 걱정은 있다. 그럼에도 불구하고 언제일지는 모르지만 결국은 통합하는 방향

으로 가는 것이 맞다.

안상훈: 저도 예전에는 연계였다가 지금은 통합으로 입장을 전환했는데, 일본에 대해 말씀드리자면 얼마 전에 가보니 5년 전과 지금은 전혀 다르다. 후생노동성 통합이후 채용된 직원들이 이제 과장급 정도 되니 지금은 매우 잘 하고 있다. 젊은 관료들의 정체성은 처음부터 고용-복지 통합형으로 형성되었기 때문이다. 통합 후 시간이 필요한 문제라면, 차라리 빨리 통합을 해버리는 것이 좋지 않나 싶다.

이철수: 이제 마무리해야 할 것 같다. 중요한 논의는 대부분 짚은 것 같다. 오늘 나온 얘기 중에 흥미로웠던 것이 국가기능의 강화 부분이다. 그런데 어찌 보면 이 얘기는 새로운 것이 아니다. 지금까지 국가의 권력이 강하지 않은 적이 있었나? 사회문제를 해결하기 위해 국가는 당연히 규제를 강화하고 이에 관여하여야 한다. 시장 우선이냐 규제냐의 이분법적 논의는 허구에 불과하다. 시장만능론자들 때문에 착시현상이 있었을 뿐이다. 시장도 축구시합처럼 하나의 제도이고 경제학 원론에서 강의하는 그 자유시장은 현실적으로 존재한 적도 없고 우리나라의 경우 시장실패는 고약하게 존재하고 있다. 미국 노동부 장관이었던 라이시(Robert Reich) 교수가 적확하게 지적하듯, 자본주의를 구하려면, 국가가 경제적· 사회적 문제를 해결하기 위해 집단지혜를 최대한 발휘하도록 여건을 조성해 주어야 하고 필요하다면 이에 직접적으로 개입하여야 한다고 생각한다.

우리나라는 전세계적으로 심화된 부의 양극화 문제에다, 고령화와 청년실업문제, 노동시장과 노사관계에 광범위하고 철저하게 고착되어 있는 이중구조가 덧씌워져 있기 때문에 그야말로 한국식 해법이 필요하다. 선진제국의 경험을 추수하고 모방만 하는 안이한 자세로는 풀 수 없는 구조적 모순이 산적해 있다. 그 한복판에 노동문제가 있다는 점이 오늘 논의의 전제였다고 평가하고 싶다. 오늘은 거시적 차원의 사회적 대화, 사업장 차원의 종업원 대표제도, 부처간 헤

게모니 조정을 중심으로 살펴보았는데, 통치권자의 발상의 전환과 획기적 결단이 필요한 시점이라는 점에 대해 대부분 공감하고 있음을 확인할 수 있다.

마지막으로 작은 이야기 같지만 모두에 강성태 교수가 제기한 취업규칙제도의 전면적 개정은, 사회적 협치를 위해 매우 시급한 과제라는 점을 환기시키고자 한다. 취업규칙제도의 뿌리는 나찌시대로 거슬러 올라가고, 사용자가 일방적으로 작성한 문건에 그 자체로 규범력을 부여하는 발상법은 법치주의에서 상상할 수 없는 일이다. 사업장 차원의 의사결정시스템의 재정비를 오늘 화두로 올린 이유 중 하나이다. 풀뿌리 협치가 없이는 전국적 지역적 차원의 사회적 대화가 무의미함은 다언을 요치 않는다.

오늘 쉽지 않은 주제를 놓고 다소 걱정도 되었는데, 긴 시간 좋은 논의를 해주신 여러분께 감사드린다.

제 2 부

노동과제 분야별 심층 분석과 대안

《요 약》

● 한국의 산업구조변화와 노동법의 새로운 역할 (이철수)

1. 노동법은 경제적, 정치적, 사회적 맥락의 복합적 산물인바, 급격한 경제발전 및 민주화의 요청을 동시에 이루어낸 한편 글로벌 경제의 변화에 대응하며 발전해 온 우리 노동법은 곧 한국 자본주의 발전사를 고스란히 담고 있다. 대내적으로는 전후 압축적 경제성장을 이뤄내는 과정에서 과거 노동집약적·수출 주도형 산업구조로부터 서비스 중심적인 산업구조로의 변동, IMF 구제금융 이후 더욱 심화된 양극화 현상과 비정규 고용의 심화로 인한 일터에서의 위험의 외주화 문제, 가부장적 인습을 청산하지 못한 데에서 비롯되는 일·가정 양립의 극심한 어려움과 일터에서 소위 '갑질'의 만연 등, 한국 사회가 겪어온 제반 문제들이 곧 노동법제에 녹아들어 있다 해도 과언이 아니다.

전반적으로 신자유주의적 사조가 우세했던 1990년대 전후에는 우리나라에서도 기업에 대한 규제완화, 전통적인 노동보호법에 대한 회의를 골자로 하는 소위 '노동유연화' 논의가 변화된 환경에 대한 해법인 양 회자되기도 하였다. 1997년의 IMF 구제금융과 그로 인한 대대적 법개정은 노사정대타협의 괄목할 만한 성과는 별론으로 하더라도, 결국 신자유주의적 정책기조에 직접적인 영향을 받아 실제로 우리 노동법제의 보호적 역할이 여러 측면에서 약화되기도 하였다. 그러나 2007년 미국발 금융위기를 계기로 세계적 차원에서는 시장 만능주의에 대한 반성론이 본격화되기 시작하였으며, 우리 노동체제에서도 심화된 불평등과 양극화 문제로 인해 노동보호의 관념과 규범으로서의 노동법의 중요성이 새롭게 부각되고 있다.

2. 해방 직후인 1953년 최초의 노동법이 제정된 후, 우리 노동법이 걸어온 길은 '효율성과 형평성 사이의 변증법적 지양'으로 표현할 수 있다. 크게 4시기로 나누어 보면 명목적 생성기(1953~1960), 경제적 효율성을 강조한 시기(1961~1986), 민주화와 사회적 형평성을 모색한 시기(1987~1997), 사회적 형평성과 경제적 효율성의 조화를 모색한 시기(1998년 이후)로 대별될 수 있다. 특히 1997년 IMF 구제금융과 뒤이은 1998년 노사정대타협 이후로는 정리해고 법제화, 임금채권 보장, 고용에서 양성평등 보장, 파견 및 기간제근로자 등 비정규직법의 제정, 복수노조 허용 등 노동기본권과 노동유연성을 동시에 모색하는 방향으로 다수의 법개정이 이루어져 지금까지의 노동체제에 심대한 영향을 미치고 있다.

이러한 일련의 과정에서 1990년대에는 신자유주의적 정책기조가 노동법 및 노동정책에 많은 영향을 끼쳐 유연안정성(flexicurity)담론 및 근로계약법제 도입 논의가 활발하였다. 2000년대 이후로는 종래 기업별 노조가 강제되었던 우리 노사관계의 한계를 극복하고자 산별노조 체제로의 전환이 큰 흐름이 되어 하부조직의 교섭 당사자성, 조직형태의 변경 등 따른 다양한 법적 쟁점이 발생하였다. 또한 비정규직이 점차 확산되어 가는 과정에서 사용자가 파견규제를 회피하기 위해 전형적인 도급계약과는 다른 탈법적 형태의 사내하도급이 문제되고 있다. 한편 임금체계의 복잡성과 기본급의 비중이 매우 낮고 상여금을 비롯한 다양한 종류의 수당이 존재하는 우리 급여체계에서 통상임금의 확정 문제가 수많은 분쟁을 야기해 왔으며, 통상임금이 소정근로의 가치를 제대로 반영하지 못해 우리 노동현실의 큰 문제인 장시간근로를 조장하는 측면이 있다. 대법원의 2013년 전원합의체 판결 이후에도 여전히 입법론적 해결이 필요한 상태이다.

다른 한편으로, 산업구조의 변화와 기술혁신, 저출산 고령화의 인구학적 변동 등으로 인해 종래 노동법학에서 주요하게 다루어지지 못했으나 노동법의 21세기적 과제로서 새로이 부상하는 문제들이 있다. 기존의 노동법은 임금노동을 중심으로 설계되어 가정에서의 재상산 영역, 즉 돌봄노동(care work)부분을 간과하여 왔는데, 이는 여성을 노동시장으로 이끌어내는 차별 문제에만 주목하게 하고 반대로 남성이 가정에서 돌봄노동을 함께 분담할 수 있는 방안은 고려하지 않은 것이다. 노동시장에서의 성평등 뿐 아니라 일가정 양립, 재생산이 가능한 사회를 구축하려면 노동법은 돌봄노동을 적극 포섭할 수 있어야 한다. 또한 내국인 인력부족 문제와 인구학적 변동으로 인해 외국인 근로자들이 우리 산업구조의 상당부분을 뒷받침하고 있으나, 현행 고용허가제는 이들의 노동권 보장에 미흡한 측면이 있어 적극적인 대책이 필요하다. 최근 4차 산업혁명, 노동 4.0 등으로 회자되는 기술혁신과 공유경제의 확산, 어플리케이션을 통해 이루어지는 플랫폼 노동의 등장은 종속성을 기초로 한 전통적 근로자성 판단 법리에서 예상치 못했던 새로운 형태의 법적 문제를 야기하고 있어, 근로자 개념에 대한 전면적인 재검토를 요하고 있다.

3. 한국 자본주의 발전과 불가분의 관계에 있는 우리 노동법의 변천 과정을 총평하면 전반적으로 국제기준에 부합하는 방향으로 진화해 왔다고 볼 수 있으나, 대외적으로 글로벌 불평등, 대내적으로는 양극화 및 세대갈등 심화라는 도전 속에서 변화된 조건과 새로운 필요에 부응하고 있는지에 대해서는 전면적인 재검토 및 올바른 방향의 설정이 필요하다. 신자유주의적 사조에 강한 영향을 받았던 1990년대에는 노동법의 경직성을 우려하는 담론이 우세한 적이 있었으나, 환경의 변화로 인한 위기의식이 곧 노동법 자체에 대한 의문으로 치환되는 것은 경계해야 한다. 노동법의 근본적 존재의의는 헌법에서 천명하듯이 노동하는 인격의 존엄성 보호에 있으며, 장기적으로 개별적 노동보호의 강화, 집단적 민주성의 제고, 근로시간 단축, 일가정 양립의 적극 지원 등을 통해 근로자의 생활조건 보장은 물론 사회적 양극화와 세대갈등 해소에 적극 기여하는 방향으로의 개혁을 도모하는 것이 우리 노동법의 21세기적 과제이다.

● 노동에서의 정상을 위한 노동법의 과제 (강성태)

1. 기본 방향: 노동에서의 정상 구축

우리 노동의 현황을 한 마디로 요약하면 '비정상 노동의 일상화'이다. 즉 노동법이 예정하는 노동과 괴리된 노동이 작은 상점부터 대기업에 이르기까지 존재한다. 더 큰 문제는 근로자 그룹별(또는 계층별)로 비정상의 정도에 차이가 크다는 점이다. 그러므로 우리 사회의 중요한 과제 중 하나는 노동과 노동법에서 정상 상태의 건설이다. 특히 비정규직이나 비공식고용 등 취약 근로자에게 더욱 시급하고 절실하다. 여기서 정상이란 빠른 경제성장을 위해 그동안 뒤에 두었던 것을 복원시키는 일 즉 '상시 보편적으로 적용되는 원칙'을 확립하는 것을 말한다.

2. 노동법의 사각지대 해소: 비공식 고용

비공식 고용이 발생하는 원인은 세 가지이다. 첫째, 명시적 배제로서 가사근로자처럼 어떤 노동법의 적용도 받지 않는 경우나 5인 미만 사업장의 근로자나 관리직 같이 일부 규정이 적용되지 않는 경우이다. 둘째, 애매한 배제로서 특수형태근로종사자와 같이 법적 지위가 불명확하여 보호를 받지 못하는 경우이다. 셋째, 법집행(감독 행정)의 불충분성이나 결함에 따른 사실상의 배제로서 근로감독이 미치지 않고 있는 영세 사업장 근로자, 아르바이트, 불법체류 외국인 근로자 등이다.

비공식 고용의 해결을 위해서는 특히 두 가지가 시급하다. 하나는 근로감독의 개선이다. 이를 위해 근로감독관의 업무는 임금 그 밖의 근로조건과 산업안전의 준수만을 감독하도록 하고, 노동조합 업무는 배제하는 것이 타당하다. 다른 하나는 정부가 앞장서는 근로자 찾기이다. 즉 가짜 자영인의 발견이다. 근로자 찾기는 개인의 권리 구제와 관련된 사적인 문제가 아니라 국가 재정과 관련된 중요한 공적인 문제로서 세금이나 사회보험료 징수의 책임이 있는 정부, 공단 그 밖의 국가기관이 적극적으로 나서야 한다.

3. 비정규직 정책의 변화

현행법상 비정규직 규율의 기본 방향은 [사용은 자유롭게, 차별은 금지]이다. 그런데 기간제법 등은 시행 후 2년 동안은 일부 비정규직의 정규직으로의 전환 등 고용상 일정한 효과가 있었지만 최근에는 별다른 효과가 사라지고, 차별 시정 역시 애초의 우려대로 지금까지 별다른 성과를 내지 못하고 있다. 도리어 비정규직의 상황을 개선하는 가시적 효과는 법원의 판례를 통해 이루어지고 있다.

비정규직 규율과 관련한 개선 방안은 크게 세 가지이다. 첫째, 비정규직 규율의 기본 방향을 전환해야 한다. 비정규직의 사용 규제가 1차적이고 주된 수단이 되고, 차별금지가 2차적이고 보조적인 수단이 되어야 한다. 또한 비정규직 사용에 대한 사회와 기업의 경제적 부담을 조화시키고 조정할 필요가 있다. 둘째, 최저임금을 획기적으로 인상해야 하며, 이를 위해 최저임금의 결정 방식을 현행 최저임금위원회 방식에서 정치적 책임을 질 수 있는 헌법기관(대통령, 정부, 국회)이 직접 결정하는 방식으로 바꿀 필요가 있다. 셋째, 균열고용에 대한 적절한 법적 대응책 마련해야 한다. 이를 위해 안전업무의 직영화와 정규직화, 노동권과 사회보장권 보호에서 원청 즉 대기업의 책임을 강화 등이 필요하다.

4. 실근로시간의 단축

우리나라 연간 근로시간은 OECD 국가들 중에서 가장 긴

국가들에 속한다. 2014년 기준 연간근로시간은 2,124시간으로 독일(1,371시간)보다 753시간, OECD 평균 1,770시간보다는 연간 354시간 길다. 장시간 노동의 법 내부적 원인으로는 최대 시간을 특정하기 어려운 체제, 근로시간 규율의 핵심을 가산임금제에 맡김, 휴식과 금전의 교환을 허용함 및 포괄임금제의 방임이 거론된다.

실근로시간을 단축하는 방안으로서 가장 현실성이 있는 것은 휴식제도의 개선이다. 이를 위해 일간휴식 시간의 설정 즉 1일에 11시간 이상의 휴식시간 보장, 주휴일 근로의 금지(6일의 근로 이후에는 반드시 24시간 이상의 휴식시간 보장), 연장근로와 야간근로에 대해서는 연간 한도를 설정, 연차휴가 부여의 의무화(모든 근로자에게 부여, 사용자가 의무적으로 부여하는 체제로 전환) 등이 필요하다.

5. 구조조정에서 근로자의 참여 보장

현행 판례는 구조조정에서 근로자의 침묵을 강요한다. 단체교섭과 쟁의행위 대상에서 구조조정 문제를 원칙적으로 배제한다. 즉 판례는 구조 조정과 관련된 이슈들은 노동조합이 단체교섭을 요구할 수 있는 사항이 아니고, 따라서 요구 사항의 관철을 위한 파업 등 쟁의행위는 불법이라는 한다. 나아가 근로기준법 제24조상 경영해고 정당화 요건을 '부실하게' 적용한다. 즉 일부 요건을 충족하지 못한 경우에도 해당 경영해고를 무효로 보지 않는다.

개선 방안의 핵심은 구조조정에의 노동조합 등 근로자대표의 참여를 보장하고 판례로 확인해야 한다. 한편으로는 현행 근로기준법 제24조 요건을 엄격하게 적용하면서, 중장기적으로는 경영해고시 고용안정조치와 사회적 고려를 의무화할 필요가 있다. 또한 입법을 통해 구조조정 등에 대한 단체교섭 및 쟁의행위가 합법적임을 확인할 필요가 있다.

6. 노동조합의 강화

노동조합의 조직률은 OECD 주요 국가 중 최하위로서 2011년의 조직률은 9.9%이다. 조직률 하락은 거의 모든 국가에서 보이는 현상이지만, 우리나라의 하락 속도와 폭은 매우 빠르고 큰 편이다. 또한 노동조합의 실질적 대표성을 보여주는 단체협약 적용률도 매우 낮아, 우리나라 전체 근로자 중 단체협약이 적용되는 근로자의 비율은 12%로서, 주요 국가들(OECD 국가들 포함) 중에서 최하위이다. 주요 원인으로는 노동법 제정 이후 노동조합의 조직과 활동에 대한 법적 제약, 노동조합 아닌 근로자 대표시스템의 존재: 1997년 도입된 '근로자대표', 교섭창구 단일화를 통한 소수노조의 약화 등이 거론된다.

개선 방안은 당연히 노동조합의 근로자 대표성을 제고하는 것이다. 이를 위해 잡다한 근로자 대표를 노동조합과 종업원대표기구(노사협의회 등)라는 2원적 체제로 단순화: 근로기준법상 근로자대표 제도는 폐지하고 현재 그것이 담당하는 근로조건은 그 성격에 따라 노동조합(가령 경영상 해고)이나 종업원대표기구(가령 탄력적 근로시간제의 도입)에게 맡겨야 한다. 또한 취업규칙은 사업장협정으로 전환하고, 제반 입법에서 노동조합의 조직과 영향력 및 대표성이 확대될 수 있도록 직·간접적으로 조력해야 한다. 마지막으로 파업 등 쟁의행위에 대한 민사, 형사 책임의 제한할 필요가 있다.

7. 결 론

현대 복지국가에서는 시장이란 사회 정의에 복무해야 한다. 이를 위해서는 공평한 취업 기회, 적정한 임금과 시민적 생활이 가능한 근로시간, 안전하고 인격적인 근로환경, 고용보장에 기초한 고생산성 직장환경, 노동3권에 기초한 노사 협력과 상생 등이 보장되도록 해야 한다.

이와 함께 사회권의 새로운 모색도 필요하다. 현재 우리 노동시장의 근본 문제는 노동시장의 양극화와 함께 노동빈곤이다. 국민의 일부가 아니라 노인이나 청년과 같은 계층 전반이 그래서 사실상 국민 일반이 빈곤과 경제적 불안에 노출되어 있다면, 이는 두 가지 기능 즉 노동시장의 소득분배기능과 조세·사회보장제도의 소득재분배기능이 각각 그리고 함께 원활하게 작동하지 않고 있다는 증거이다. 이런 문제들을 해결하기 위해서는 노동정책과 사회보장정책을 종합, 포괄하는 정책과 기구가 필요하다.

● 87년 노동체제 30년과 노동법의 과제 (도재형)

87년 노동체제 30년의 기간 동안, 특히 1990년대 중반 이후 한국의 사회적 양극화는 심화되었다. 이 기간의 두드러진 현상은 저소득층의 상황이 악화되고, 단기적 현상으로 치부하기 어려운 지속성이 나타났다는 점이다. 어떤 지표로 측정하든 최근의 소득불평등은 외환위기 이전보다 높게 나타난다. 그리고 이러한 소득불평등 증가의 주된 요인은 노동시장에서의 근로소득 불평등의 확대인 것으로 분석된다.

소득계층별 시장소득 점유율의 추이는 저소득층으로 귀속되는 비중이 지속적으로 감소하고 있다는 것을 보여주는데, 노동소득분배율의 변화 추이에서도 동일한 현상이 목격된다. 노동소득분배율은 1996년 73.4%였다가 이후 지속적으로 하락하여 2010년에는 64.2%까지 하락했다. 이렇게 노동소득분배율은 외환위기 이후 약 9%p 감소했는데, 그 영향은 전적으로 하위 집단에 집중되었다. 1995년부터 2012년 사이에 임금 상위 10~20% 집단의 노동소득분배율은 9.3%에서 11.0%로 상승했고, 임금 상위 20~30% 집단의 노동소득분배율도 7.3%에서 7.8%로 약간 상승했다. 그러나 임금 하위 70% 집단의 노동소득분배율은 1995년 23.9%에서 2012년 13.9%로 10%p 하락했다. 즉, 노동소득분배율이 하락한 것은 임금 하위 70% 집단이 가져가는 몫이 줄었기 때문이다.

기업 규모별, 고용 형태별, 성별 고용구조의 분절성도 심화되고 있다. 공공 부문, 대기업 정규직 근로자들은 안정된 고용과 상대적 고임금을 구가하는 반면 민간의 중소기업 비정규직, 사내하청 근로자들은 불안정 고용과 저임금의 덫에 빠져 있다. 최저임금 미만율도 2015년 현재 11.5%(222만 명)에 이른다. 고용

불안정성 문제도 심각하다. 6개월 이하 단기 고용 근로자의 비율, 10년 이상 장기 근속자의 비율, 근로자 평균근속연수 등 지표에서 우리나라는 OECD 회원국 중 바닥 수준이다.

위 상황이 한국 경제의 성장과 함께 일어났다는 점이 모든 사람을 당혹하게 했다. 외환위기 이후 진행된 구조조정의 결과로서 2000년대 초반 이후 한국 경제는 안정적인 단계로 복귀했다. 그러나 한국의 고용은 이전 단계로 복귀하지 못했다. 오히려 경제가 회복된 2000년대 초에 비정규 근로의 규모는 폭발적으로 증가했다. 이는 당초 법원이 신자유주의적 구조조정 정책에 대해 가졌던 전제와 상반되는 것이었다. 법원은 "경영권과 노동3권이 서로 충돌하는 경우 […] 기업의 경쟁력을 강화하는 방향으로 해결책을 찾아야" 한다며 공기업 민영화 조치에 반대한 파업을 불법이라고 판단하며 그 전제로서 "기업이 쇠퇴하고 투자가 줄어들면 근로의 기회가 감소하고 실업이 증가하게 되는 반면, 기업이 잘 되고 새로운 투자가 일어나면 근로자의 지위도 향상되고 새로운 고용도 창출되어 결과적으로 기업과 근로자가 다 함께 승자가 되기 때문"이라는 점을 들었으나(대법원 2003. 7. 22. 선고 2002도7225 판결), 한국에서 그런 일은 일어나지 않았다. 외환위기를 거치면서 기업은 승자가 되었으나, 근로자는 패자로 남겨졌다.

1990년대 이래 추진된 고용 유연화 정책의 결과 고용관계의 안정성, 사회성, 공공성 등이 크게 저하되고, 노동시장의 이중 구조가 심화됨으로써 노동법의 보호 범위에 포섭되지 못하는 사각지대의 규모가 지나치게 확장되었다. 이렇게 왜곡된 고용 유연화는 노동체제의 지속가능성을 저해하는 요인으로 작동한다. 이 상황을 해결하기 위해서는 어느 곳에서 87년 노동체제의 부작용이 일어나는지를 살필 필요가 있다. 그리고 그 곳은 우리 모두가 알듯이 비정규 근로이다. 노동법은 87년 노동체제의 부수적 피해자이자 우리 사회에서 가장 약한 경간(徑間)인 비정규 근로에 주목해야 한다. 비정규 근로와 관련하여 지금 노동법이 해결해야 할 과제는 아래와 같다.

첫째, 자본주의적 고용 모델인 '종속(경제적 종속, 인적 종속)과 보장의 결합' 원칙은 비정규 근로 영역에서도 관철되어야 한다. 설령 그것이 비정규 근로라 하더라도, 타인의 노동을 사용하여 이익을 얻는 자는 그에 부합하는 노동법적 책임을 부담해야 한다.

기업에서 '사회적 신분'으로 작동하는 비정규 근로자의 근로조건을 향상할 수 있도록 동일노동 동일임금 원칙의 헌법적 기초를 마련하여야 한다. 그리고 이 원칙과 관련된 개별 법령의 내용을 더욱 구체화함으로써 개별 기업에서 고착화되고 있는 비정규 근로자에 대한 차별적 근로조건을 입법적·사법적 방법으로 개선하는 노력을 기울여야 할 것이다. 특수형태근로종사자 및 새로운 기업의 노무 관리 기법에 의해 출현하는 다양한 노무제공자 유형과 관련해서도, 사회보험법적 권리를 부여하고 그들이 자주적 단결체를 만들 수 있는 법제도를 마련할 필요가 있다.

기업 내 근로자 대표 제도를 정비하여 비정규 근로자들이 자신의 이익을 보호받을 수 있는 기반을 마련해야 한다. 지금 노동조합 제도에서 비정규 근로자들 대부분은 배제되고, 그들의 근로조건은 사용자와의 근로계약에 의해 규율된다. 사업장에서 사용자의 단독 결정을 제어한다는 노동법의 정신은 비정규 근로 영역에서 전혀 작동하지 않는 것이다. 이런 현실은 비정규 근로자의 근로조건 악화와 고용 불안정으로 이어진다. 과거 87년 노동체제에서 작동된 기업 내 근로자 대표 체제를 지금의 고용 상황에 맞게 재정비하고, 이것이 비정규 근로자의 근로조건을 향상시키는 계기가 되어야 한다.

둘째, 비정규 근로의 확대라는 고용 현실을 반영하여 노동법의 이행력을 확보하는 방안을 마련해야 한다. 전통적인 노동법은 정규직 풀타임 근로자를 전제해서 노동분쟁을 바라보고, 그에 맞춰 노동법의 이행 확보 수단을 마련했다. 그런데 이러한 접근 방식은 1990년대 이후 비정규 근로와 간접고용의 확대 등과 같은 변화된 노동분쟁의 실태를 과소평가하는 착각을 야기했다. 나아가 노동법의 사법화(私法化)는 근로감독과 형사제재를 노동법에서 밀어내고 민사법원을 노동분쟁 해결의 주요한 메커니즘으로 만들어버렸다. 이는 민사법이 노동의 법제였던 자본주의 초기로 회귀하는 것과 같은 결과를 초래했다. 그로 인해 자본주의 초기 노동자와 같은 처지에 놓인, 비정규 근로자들은 노동법적 보호에서 배제되었다.

1990년대 중반 이후 우리나라의 노동분쟁 해결 제도 또는 노동법 이행 확보 수단은 제 역할을 수행하지 못했다. 법원은 신자유주의적 구조조정 정책에 협력하며 노동법의 보호 범위를 확대하는 데에 소극적이었다. 기업에 우호적인 정부 역시 근로감독 기능을 형해화시켰다. 이렇게 노동법의 이행 확보 메커니즘이 작동하지 않는 상황에서 기업의 자율적 이행은 윤리적 측면에서 권장되는 것에 불과하다고 인식되곤 했다. 이런 상황을 개선하고 기업이 노동법을 자율적으로 이행하는 풍토가 정착되기 위해서는 노동법의 이행력을 제고하는 것이 요청된다. 이를 위해서는 비정규 근로의 확대 등과 같은 노동분쟁의 새로운 경향에 맞춰 근로감독 기능을 강화하고, 노동·사회보장법원의 설치 및 노동위원회의 독립성 제도 등을 통해 노동법의 이행 확보 제도를 개선함으로써 근로자들이 자신의 권리를 제대로 행사할 수 있도록 하는 것이 필요하다.

● 고용주도형 사회서비스 복지국가 전략의 방향성 (안상훈)

사회서비스 강화전략이 새로운 한국형 복지국가의 기본방향이 되어야 한다. 연구의 분석에서 살펴본 것처럼 복지에 동일한 크기의 재원을 투입하더라도 그 경제적·사회적 효과는 매우 다르게 나타날 수 있다. 가장 기본적인 차원에서는 현금 위주로 복지혜택을 주는 전략보다는 사회서비스를 강화하여 구조적 균형을 확보하는 전략이 더 우월하다는 점이 확인된다. 이렇게 보면, 앞으로의 복지국가 확대과정에서는 기존의 현금급여 관성을 넘어서서 사회서비스를 강화하는 생활보장전략을 통해 경제와 복지를 견고하게 결합하고 한국 복지국가의 장기적 지속가능성을 높여야 할 것이다. 요컨대, 추후 한국 복지국가의 발전전략에서 우선시 하여야 할 것은 사회서비스를 중심으로 한 복지국가 구조 개혁이라 할 수 있고, 고용을 매개로 생산과 복지가 결합될 수 있는 혹은 결합되어야 하는 이유들을 다시 정리하자면 다음과 같다.

첫째, 사회서비스는 전통적으로 여성이 가정에서 담당하던 일들을 국가 혹은 사회가 대신 떠맡아주는 것을 의미하는데, 이를 통해 교육받은 여성의 사회진출을 용이하게 해줌으로써 여성고용률을 증대시키는데 기여할 것으로 예상된다. 교육받은 여성이 노동시장에 차별 없이 참여하게 될 경우, 사회전체의 생산성은 그 만큼 제고될 것이며 이는 직접적으로 복지가 생산에 기여하는 선순환의 첫째 고리로 작동하게 될 것이다.

둘째, 노동시장에서의 문제를 해결하기 위한 활성화(activation) 정책과 관련해서도 특히 취약계층을 위한 관련 프로그램의 경우 노동시장적 접근에 더해 다양한 복지의 상호결합적 접근이 요긴하다는 점을 강조해야 한다. 특히 근로빈곤층의 경우 다양한 문제와 결부된 경우가 적지 않은데, 예컨대 적절한 현금급여와 더불어 가족생활을 위한 다양한 부가적 사회복지서비스, 예컨대 약물남용상담, 건강서비스, 자녀교육서비스 등이 있어야 직업훈련이나 근로시간 확보 등이 용이해질 수 있기 때문이다.

셋째, 복지와 노동이 결합되어야 하는 이유로는 자칫 복지가 줄 수 있는 해악으로서 빈곤의 함정과 같은 근로동기 침해를 막기 위해서이다. 예컨대 공공부조나 사각지대 해소방책과 근로장려세제를 결합하는 경우, 일을 하는 것이 복지급여를 삭감시키는 것이 아니라 일정부분 증대시키게 되어 근로의욕을 증진시킬 수 있게 된다. 보육서비스의 내용을 양육수당과 같이 전업주부에게 낭비적으로 제공되는 부분을 줄이고, 보육시설 이용에서 맞벌이 부부 혹은 일하는 여성에게 유리한 방향으로 재조직할 경우, 여성고용 제고에 보탬이 될 수도 있을 것이다.

무엇보다 중요한 사실은, 어떠한 방식의 복지를 추구하건 간에 재정적으로 지속가능한 공정복지의 기본원칙을 망각해서는 안 된다는 점이다. 그것은 바로 복지수준에 걸맞은 방식으로 복지비용을 적절하고 공정하게 분담하는 일이다. 비록 여기서 이 문제를 주로 다루지는 않았지만, 되도록 많은 사람이 이러한 부담에 동참하도록, 능력에 따라 공평하게 분담되도록 부담에 관한 제도를 개혁하는 것, 그리고 그러한 부담의 약속이 잘 지켜지도록 하는 것에서 좋은 복지국가의 첫걸음이 시작되어야 함을 잊지 말아야 한다. 결국, 좋은 복지, 공정한 복지, 지속가능한 복지는 우리사회가 기본적인 권리와 의무를 조화롭게 구성해낼 경우에만 약속되는 합리성의 선물이라 할 수 있을 것이다.

전략적 방향성이 확인되었다고 하더라도 이를 실천하기 위한 과정에서 가장 중요한 과제가 하나 남겨진다. 그것은 전략에 관한 충분한 공론화와 합의의 과정이다. 사회적 합의가 없이 이루어진 복지국가의 확장이 무분별한 복지의 확대와 그로인한 국가적 경쟁력의 저하로 이어졌음을 보면, 한국형 복지국가의 원칙에 관한 사회적 합의를 서둘러 이룰 필요가 있고 그를 위한 합의기구의 창설이 시급하며, 이에 한국에서도 상당한 규모와 권한을 가진 가칭 '복지국가전략위원회'를 창설할 것을 제안한다.

사회적 합의를 성공적으로 이끈 첫 번째 특성을 보면, 20세기형 조합주의(corporatism)의 노사정에 기반한 합의제는 최근으로 오면서 노사 양자, 노사정 삼자의 틀을 넘어서는 이해관계 참여집단의 다양화를 통한 새로운 합의당사자의 발견으로 특징지워진다.

사회적 합의를 성공적으로 이끈 최근 경향의 두 번째 특성은 하르츠개혁이나 영국 블레어 연금개혁 등에서 나타나듯 전문가 중심의 개혁안 논의와 합의안 도출이 점점 중요해지고 있다는 점이다. 최근 이루어지고 있는 개혁의 정책내용은 복잡하기가 이를 데가 없다. 이런 상황에서 비전문가 중심의 노사 대표성의 보장은 개혁의 합의로 귀결되기 힘들게 된다. 정책을 제대로 이해하는 공익대표가 다양한 이해관계를 조정하는 일이 더욱 중요해지고 있는 상황인 것이다.

국가 행정 수반 직속으로 가칭 '복지국가전략위원회'를 설치하여 상설운영하고 그 산하에 전문연구자들이 의제를 조율하는 연구소 기능의 사무국을 두며 사무총장은 장관급으로 두어야 한다.

● 비정규직법제의 개선: 차별 해소를 위한 과제 (조용만)

1. 현황과 문제점

2007년 7월 1일 시행된 비정규직 차별시정제도에 따라 2015년까지 노동위원회에 접수된 신청건수는 총 3,532건으로 2007-2008년 2,752건을 제외하면 연 평균 136건에 불과하다. 차별시정 판정사건(구제·기각·각하사건) 중 차별을 인정한 비율은 19.8%로 부당해고 및 부당노동행위 판정사건의 구제 비율 31.9%에 비해 현저히 낮은 결과를 보이고 있다.

차별시정제도의 활성화를 위해 2012년에서 2014년까지 3차례에 걸쳐 여러 가지 제도개선이 이루어졌다. 즉 고용노동부 장관에 의한 차별적 처우 시정요구제도의 신설, 차별시정 신청기간의 연장, 차별금지 영역의 구체화, 고의적 또는 반복적 차별에 대한 3배 배상명령제도의 도입, 확정된 시정명령의 효력확대 제도의 마련 등이다. 그럼에도 불구하고 차별시정제도의 활성화를 확인할 수 있는 자료 내지 근거를 찾아보기 어려운 상황이다.

비정규직 차별해소를 위한 현행 제도는 이미 발생한 차별적 처우의 사후적 시정에 초점을 두고 있기 때문에 차별을 예방하기 위한 제도적 장치는 미흡하다. 또한 비정규직 근로자는 고용의 불안정성 때문에 차별시정의 신청에 적극적으로 나서기 곤란한 처지에 있다. 그리고 엄격하고 경직적인 차별판단기준은 실효적인 차별시정을 저해하는 요인으로 작용하고 있다. 한편, 사용사업주의 우월적 지위 및 파견사업주의 영세성 등을 고려할 때 파견사업주만에 의한 임금차별의 효과적 시정을 현실적으로 기대하기 어렵다. 따라서 이러한 문제점을 해결하기 위한 제도의 개선이 필요하다.

2. 개선과제

비정규직 근로자에 대한 법적 보호가 취약하면 비정규직 규모가 증가하고 정규직과 비정규직 간 근로조건의 차이에 따른 차별이 발생할 가능성이 더 커지게 된다. 따라서 정규직과 비정규직 간 제도적 격차를 줄여 차별을 예방하기 위해서는 비정규직 근로자의 지위 및 보호를 강화하는 제도개선이 우선될 필요가 있다. 이와 관련하여, ① 초단기간 계약(이른바 쪼개기 계약)에 따른 고용불안정의 심화를 방지하기 위해 기간제 계약의 갱신 가능한 횟수의 제한, ② 일정 기간을 초과하는 기간제 사용사유의 제한, ③ 무기계약으로의 전환 없는 기간제 계약의 종료에 대한 특별금전보상(계약종료수당), ④ 기간제 등 비정규직 사용금지 사유의 설정, ⑤ 단시간(파트타임) 근로에서 초과근로의 남용 방지(실근로시간의 증가에 따른 소정근로시간의 변경) 및 최저근로시간제도(소정근로시간의 최저한도 설정)의 도입, ⑥ 정규직과 비정규직 간 임금체계의 합리화 촉진(근속기간에 따른 불합리한 임금격차의 규제), ⑦ 교섭대표노조와 사용자의 공정대표의무 위반에 대한 시정 신청권자의 범위 확대(비정규직 근로자를 대표하는 노동조합이 없는 경우에는 비정규직 근로자 개인에 대한 신청권의 부여), ⑧ 비정규직 대표자의 노사협의회 참여 보장 등이 마련되어야 한다.

위와 같은 제도개선 외에도 개별적·집단적 노사관계 측면에서 정규직과 비정규직 간 업무의 명확한 구분과 비정규직 업무의 구체적 명문화, 차별 예방적 임금제도의 수립과 관리(임금격차의 합리성 입증자료의 구비), 노사의 공동 참여와 협력을 통한 비정규직 해법의 자율적 모색 활성화(노사협의회를 통한 자율적·적극적 해결) 등이 필요하다.

3. 차별의 시정을 위한 개선

차별시정제도의 실효성을 제고하기 위해서는 ① 노동위원회에 차별의 시정을 신청할 수 있는 자의 확대, ② 차별 여부를 판단하는 기준의 하나로 삼고 있는 비교 대상 근로자의 확대, ③ 파견근로자에 대한 임금차별을 시정하여야 할 책임이 있는 사업주의 확대 등과 같은 제도의 개선이 요구된다.

차별시정 신청권자의 범위 확대와 관련하여 노동조합(특히 비정규직 근로자를 대표하는 지위에 있는 노동조합)에게 차별시정 신청의 당사자 지위를 인정하는 것이 바람직하다. 이 방안은 차별시정 신청에 따른 불이익(계약갱신 내지 무기계약전환의 거부 등)을 우려한 비정규 근로자의 신청 소극성, 고용노동부장관에 의한 차별시정요구제도 집행의 한계(근로감독행정의 한계) 등을 극복할 수 있는 이점을 가진다.

비교 대상 근로자의 확대와 관련하여서는 동종 내지 유사한 업무에 종사하였던 비정규직 근로자의 전임자가 비교 대상 근로자에 포함될 수 있도록 하여야 한다. 이 방안은 정규직을 비정규직으로 완전 대체하여 불합리하게 차별하는 행위를 금지·시행할 수 있게 한다. 그리고 업무의 성격, 내용 등과 같이 관계없이 정규직 모두에게 일률적으로 지급 내지 제공되는 금품이나 복리후생의 경우에는 비교 대상 근로자의 존부 판단에서 업무의 동종 내지 유사성이 요구되지 않는 것으로 할 필요가 있다.

파견근로자에 대한 임금차별의 시정과 관련하여 사용사업주에게 연대책임을 물을 수 있는 법적 근거를 마련하여야 한다. 이 방안은 경제적으로 우월한 지위에서 파견근로자를 사용하고 있는 사용사업주를 배제하고 파견사업주에게 대해서만 임금차별에 대한 시정책임을 지우는 현행 제도의 한계를 극복할 수 있게 한다.

위와 같은 제도개선 외에도 개별적·집단적 노사관계 측면에서 차별 문제에 대한 노사의 인식과 자세의 전환(사용자의 차별감수성 제고, 정규직의 공동해결 노력 등)이 있어야 하고, 사내하청 근로자와의 상생 및 격차 해소를 위한 노력(실질적 영향력 내지 지배력을 행사하는 원청 사업주의 자발적 사내하도급협의체 구성과 근로조건 개선 논의)이 경주되어야 할 것이다.

● 최저임금제도의 개선 (허재준)

경제사회 환경이 급변하고 있다. 지난 수십 년간 한국 경제와 사회를 규율해 온 제반 규범과 관행들에 새 옷이 필요한 것처럼 보인다. 노동시장제도도 새 옷을 부지런히 준비하고 만들어야 하는 것은 더 말할 나위 없다. 이러한 맥락에서 노사정이 논의하고 컨센서스를 형성해야 할 사항 중에는 최저임금제도를 빠뜨릴 수 없다. 본고는 향후의 진전된 논의를 위해 지금까지 진행되었던 논의에 기초하여 개선방안을 제시해 본다.

1. 통계기준

합리적으로 최저임금 수준을 결정하고 노동법을 합리적으로 개선하기 위해서는 우선적으로 통계기반을 정비할 필요가 있다. 이는 최저임금 영향률과 미만율을 정확히 측정할 수 있도록 원천 통계자료를 개선하고 통계기준을 선정하는 것을 포함한다.

최저임금 계산을 위한 임금 자료 원천으로는 가구조사 자료보다는 사업체조사 자료가 바람직하다. 그러므로 고용형태별 근로실태조사와 같은 사업체 조사의 대상 범위를 확대하고 가중치를 조정하는 등의 통계자료 개선 노력이 필요해 보인다.

현재 최저임금의 영향률과 미만율 계산을 위해 측정하는 시간당 임금에는 근로기준법상의 주휴수당을 고려하고 있지 않다. 이는 지급된 시간당 임금 수준을 일괄적으로 과대평가함으로써 최저임금 영향률과 미만율을 실제보다 과소평가하는 결과를 낳는다. 최저임금위원회 논의에서 사용하는 시간당 임금을 계산할 때에는 유급주휴시간까지 고려해서 월임금을 소정지불근로시간으로 나눈 시간당 임금을 사용하는 것이 향후의 제도 개선에 기여하리라고 사료된다.

사실 이보다 근본적인 개혁은 근로기준법에서 무노동무임금 원칙이 구현되도록 주당 1일의 유급휴일을 무급으로 바꾸는 일이다. 지금까지 유급주휴에 기업들이 적응해왔는데 제도를 바꾸면 더 혼란스럽다는 견해도 있다. 또한 시간당 임금이 인상되어 통상임금이 인상되는데 대해 기업의 우려가 있고, 노조 또한 실질적으로 통상임금을 높이는 효과를 지님에도 불구하고 그보다는 유급을 무급으로 돌리는 데 대한 거부감을 더 갖고 있는 것처럼 보인다. 하지만 현행 최저임금수준이 갖고 있는 일반상식과의 괴리를 낳는 가장 중요한 요인 중의 하나가 유급주휴의 존재이고 계산이 어려워 근로자나 사용자도 모르게 최저임금법을 위반하게 만드는 요인 중 하나가 주급유휴의 존재라는 점을 감안할 때 장기적으로 조정해야 할 점이다.

현재 매년 최저임금위원회가 고려하는 생계비 통계는 조사를 통해 확인된 미혼 단신 임차가구 근로자의 지출 평균액이다. 그런데 모든 소비지출은 소득수준의 영향을 받는다. 현실의 미혼 단신 임차가구도 예외가 아니다. 즉 현실의 미혼 단신 임차가구근로자로부터 포착된 지출이라는 점에서 최저임금위원회가 현재 고려하는 생계비는 이론생계비가 아닌 실태생계비이다. 더군다나 예산 제약상 충분히 다양한 소득수준의 미혼 단신 임차가구 근로자를 확보하기 어려운 탓에 매번 표본수가 적어서 표본편의가 개입할 수밖에 없는 지출 표본이다. 이처럼 신뢰도가 낮으므로 매년 생계비를 고려한다고는 하지만 그다지 적극적으로 고려되지 못한다.

한편, 최저임금 수준을 결정할 때 생계비 통계를 참고하는 이유는 최저임금이 미혼 단신근로자의 최저생계비를 보장할 수 있도록 고려하기 위해서이다. 이 목적에 부합하기 위해서는 최저임금 논의에서 생계비 통계를 사용할 때 소득수준의 영향을 받지 않는 '이론적 최저생계비'를 계측하여 참고해야 한다. 구체적으로는 과거 중앙생활보장위원회가 최저생계비를 정하는 방식을 참조하되 이를 보완하여 사용하는 방법을 생각해 볼 수 있다.

그에 더하여 중장기적으로 최저임금 심의에서 참고하는 생계비 통계의 분석내용을 더 풍부하게 개선할 필요가 있다. 예컨대 가구원이 2인 이상이면서 최저임금 혹은 저임금근로자 1인 소득자만 존재하는 가구의 비중과 소득을 검토할 필요가 있다. 그 외 다양한 가구 유형별 최저생계비와 그 비중을 생계비 통계 분석 내용에 포함시킬 필요가 있다. 저소득근로자의 생계가 최저임금과 함께 근로장려금, 자녀장려금, 사회보험료 지원금, 한부모 가족 자녀양육비 등 사회보장제도에 의해서도 지원되는 점을 고려해서 생계비 통계 분석에서 사회보장제도에 의한 지원효과 분석도 포함시킬 필요가 있다.

2. 산입범위

최저임금법의 취지를 살리면서도 거래비용을 줄이고 제도 발전에도 기여하게 하기 위해서는 먼저 두 가지 사실을 확인해 둘 필요가 있다. 첫째 현행 최저임금 산입범위는 근로자, 사용자, 근로감독관 모두 판단에 어려움을 겪을 정도로 명확성이 낮아 개선 필요성이 존재한다는 점이다. 둘째 최저임금의 산입범위를 실질적으로 지급되는 임금과 부합시키고 단순·명확화하는 것이 법 준수를 용이하게 한다는 점이다. 준수율 제고는 다른 무엇보다 근로자와 사용자가 최저임금 준수여부를 손쉽게 판단할 수 있게 하는 데에 있다. 최저임금을 준수하지 않으면 형사처벌 대상이 된다. 그러므로 산입범위를 구체적이고 간명하게 하는 것이 법률 강제의 취지에 부합하고 그래야만 실효성을 높일 수 있을 것이다.

이러한 점에 입각해 볼 때 최저임금 산입범위를 간명하게 하는 하나의 기준은 '최대한 통상임금과 일치를 추구하되 1임금지급기에 지급하는 금원으로 한정하는 것'이다. 통상임금 판단은 명확성·실질성 제고를 위해 정기성·일률성·고정성에 주로 주목한다. 반면 최저임금에는 최소한의 '근로자 생활안정'을 목적으로 삼는 취지가 더해져 있다. 이 때문에 1임금지급기와 같은 기준이 필요해 보인다. 물론 이러한 기준을 정했다고 해서 쟁점이 불식되는 것은 아니다.

위와 같은 기준을 택하는 경우 고정상여금처럼 1개월 초과하는 주기로 지급되는 금품은 통상임금에는 포함되지만 최저임금에는 산입되지 않게 된다. 통상임금은 높으면서도 현행 최저임금 기준에는 미달할 수 있는 상황이 있다면 교정할 필요성이 존재한다고 볼 수 있다. 반면 최저임금근로자 중에는 단기간 근로하는 사람의 비중이 높아 상여금이 존재하는 사업장에서 근무하더라도 실질적으로는 월할(月割)이나 일할(日割)로 상여금을 받지 못하는 경우가 많다. 이러한 현실을 고려하면 1개월 초과하는 주기로 지급되는 금품을 최저임금 산입범위에서 제외하는 것이 최저임금제도의 취지에 부합한다.

이러한 제반 사항을 고려해 볼 때 최저임금 근로자 보호에 소홀하지 않도록 최저임금이나 최저임금 미만 근로자의 상여금 수령비율, 최저임금 근로자의 근속기간, 전체 임금에서의 상여금 비중 등 실태조사와 연구를 진행하고 개선안을 마련하는 것이 바람직하다고 사료된다. 물론 모든 기업이 1개월 초과하는 주기로 지급되는 금품을 매월 지급하는 방식으로 바꾼다면 '1임금지급기에 지급하는 금원'은 통상임금과 일치하고 최저임금이 통상임금과 괴리되는 현상도 없을 것이다. 그러므로 적어도 최저임금근로자에 대해서는 1임금지급주기를 넘는 상여금 지급은 고정상여금 아닌 순수성과급에 한정하도록 지도하고 고정상여금의 지급주기에 대한 실태조사를 주기적으로 실시해서 어느 시점에는 고정상여금은 최저임금에 산입하는 방식으로 제도를 개선해 나가야 할 것이다.

3. 업종별 지역별 최저임금

최저임금을 업종별 생산성을 반영하여 결정하고 차등을 두는 것은 최저임금을 말 그대로의 최저 기준으로 간주하기보다는 지급할 임금의 표준으로 간주하는 것이다. 반면 최저임금은 '국민경제 차원에서 임금의 최저한도(national minimum)'를 정하는 것이 취지이다. 그러므로 임금에 업종별 생산성 차이를 반영하는 노력은 국민경제 차원에서 임금의 최저 수준을 정한 상태에서 노사가 업종별 협의와 노력을 통해 정하는 것이 바람직해 보인다.

반면 최저임금 고려요소 중의 하나가 생계비임에 비추어 볼 때 지역별 최저임금 차등화는 생계비에 지역 간 차이가 있다면 검토해 볼 여지가 존재한다. 단일한 최저임금 수준은 지역별 불균형발전이 낳은 결과를 희석해서 결정할 수밖에 없다. 그러므로 지역별 최저임금 차등화는 지역 간 불균형을 방관하기보다는 축소하는 장치를 제공한다는 취지에서 검토될 수 있다.

다만 지역별 노동시장 개념을 갖더라도 행정구역별보다는 권역별 개념에 입각하여 접근함이 적절해 보인다. 가장 단순하게는 예컨대 수도권과 비수도권의 지역별 차등을 고려할 수 있을 것이다. 그보다 세분된 수준에서는 생계비와 상관성을 갖는다고 판단되는 지역내총생산(GRDP)의 현저한 차이를 고려할 수도 있을 것이다. 과거 최저생계비가 대도시, 중소도시, 농촌으로 나누어 발표되었던 점에 비추어서, 예컨대 수도권과 비수도권의 대도시, 중소도시, 농촌으로 나누어 최저임금을 결정하는 접근법을 검토할 수 있을 것이다.

수도권 비수도권 지역별 최저임금 차등 결정을 위해서는 과거 중앙생활보장위원회가 최저생계비를 결정하는 과정에 이용한 통계와 분석의 수준을 취지에 맞게 개선하는 작업과 병행할 필요가 있다. 권역별 최저임금 결정은 중앙에서 권역별 대표가 참여해서 일괄 결정하는 방안과 권역별로 최저임금위원회를 설치 운영하는 방안을 고려할 수 있는데 법집행의 일관성과 안정성 등을 위해서는 후자의 경우라도 결정시기는 일치시킬 필요가 있어 보인다. 다만 노사 간 합의를 전제로 하더라도 구체적으로는 향후 상승률을 차등화하는 방안을 고려할 수밖에 없을 것이다.

4. 단시간근로자

현행 근로기준법은 단시간 근로자에 대한 초과근로 규정을 통상근로자보다 엄격하게 적용하고 있다. 단시간근로자 문제는 취약근로자 처우개선 차원에서 진행되는 측면이 존재한다. '정규시간을 근무하는 전통적 범주의 통상근로자를 벗어난 각종 유형의 근로자를 어떻게 보호할 것인가'의 문제이기도 하다. 여기에는 특수형태근로종사자 등의 사회보험 가입, 교섭권 인정 등 다양한 사안이 포함된다.

2014-15년간에 진행된 노사정 협의 결과 마련한 합의문에서 단시간 근로자의 처우 개선은 최저임금 개편안 아래 위치하고 있어서 후속 최저임금 관련 논의에서 '단시간 근로자의 최저임금은 어떻게 산정하는 것이 적절한가' 라는 문제가 제기된 바 있다. 한편으로는 '유급주휴가 정규적으로 전일제로 일하는 근로자에게 휴일을 부여할 필요성에 입각해서 정의되었는데 단시간근로자에게도 유급주휴를 고려하는 것이 필요한가' 라는 문제

가 제기되고, 다른 한편으로는 '만일 주당 15시간 이상을 근로하는 경우만 유급주휴를 비례적으로 계산한다면 15시간 미만과 15시간 근로 사이에 그렇게 단절적 격차를 두는 것이 바람직한가'라는 문제가 존재하기 때문이다.

한편 단시간근로자에 관한 논의를 이처럼 최저임금 개선안의 일부로 논의하는 것은 단시간근로자를 포함한 비전형 근로자 처우개선 문제를 지나치게 협소한 범위로 축소할 우려가 있어 바람직하지 않은 측면이 있다. 그러므로 단시간 근로자의 소득보전 문제는 비전형근로자의 사회안전망 보장이라는 별도의 상위수준 틀 속에서 종합적으로 논의하는 것이 바람직해 보인다.

다만 15시간 미만 근로자의 주휴수당 제도 도입에 국한할 경우 저임금 단시간근로자부터 주휴수당 등 적용배제 항목들을 우선적으로 보장하기 시작한다는 취지에서 15시간 미만 단시간 근로자에게는 '통상적인 최저임금+알파(예컨대, 적용배제분 보상 성격의 추가분)'를 최저임금으로 설정하는 최저임금법 틀에서의 개선방안을 고려할 수는 있어 보인다. 주 15시간 이상 근로자와 15시간 미만 근로자가 근로보상에 있어 근본적인 차이를 갖는다고 보기는 어려우므로 단시간 근로자라 하더라도 비례적으로 주휴수당을 보장받는 것이 합리적이라고 판단할 수 있기 때문이다. 다만 이는 최저임금제도를 복잡하게 하는 요인이 되고 그 준수 여부를 감독하는 일에는 실질적 어려움을 제기할 것이다. 앞에서 제기한 바처럼 근로기준법에서 무노동무임금 원칙이 구현되고 주당 1일의 유급휴일도 무급으로 바뀐다면 이러한 어려움은 불식될 수 있을 것이다.

● 산업안전보건청의 설립 필요성과 추진방안 (정진우)

초창기 산업안전보건행정조직을 구축하는 단계에서는 기초적인 인프라도 형성되어 있지 않은 관계로 물량을 투입하는 것만으로도 이에 비례하여 소기의 성과를 거둘 수 있었다. 그러나 사회가 전문화되고 복잡·다양해짐에 따라 물량 위주의 행정은 한계에 부딪힐 수밖에 없고, 오히려 산업안전보건 발전에 걸림돌로 작용하는 등 점점 많은 문제점을 드러내게 된다. 다시 말해서, 산업안전보건행정의 초기에는 담당인력의 경우 성실성 중심의 범용인재를 다수 확보하는 것이 중요한 과제였지만, 유해위험요인이 고도화·전문화·복잡화됨에 따라 성실성보다 직무전문성을 갖춘 인재의 필요성이 점점 증대하게 되면서 산업안전보건행정의 제너럴리스트(generalist)적 접근은 점점 많은 부작용을 초래하게 된다. 산업안전보건행정이 산업안전보건을 둘러싼 외부환경의 변화에 부응하지 못하고 여전히 개발시대의 아마추어 행정에 머물고 있다는 비판이 제기되는 핵심적인 이유도 바로 여기에 있다고 할 수 있다.

산업안전보건행정조직은 그동안 선진화를 위한 노력이 전혀 없었던 것은 아니지만, 구조적인 부분에 대한 손질과 개선이 없었던 관계로 산업안전보건행정에 요구되는 가치(전문성, 효율성, 특수성, 독립성, 능동성)를 충족하지 못하고 재해예방선진국의 산업안전보건행정조직과 비교하여 다음과 같은 많은 문제를 여전히 안고 있다.

첫째, 현행 산업안전보건행정조직은 어느 분야보다도 높은 전문성을 요구하는 산업안전보건업무에 범용인재를 채용하여 고용노동부 내의 모든 업무를 대상으로 순환보직을 시키는 등 구조적으로 후진적인 아마추어 행정을 조장하고 있다. 채용, 교육훈련, 경력관리 어느 단계에서도 전문성이 확보되지 않고 있는 문제는 업무집행에 있어 한편으로는 소극적이고 미봉적인 행정을 초래하고, 다른 한편으로는 행정기관 면피용의 처벌을 위한 처벌과 권한남용을 불러올 가능성이 높다.

둘째, 산업안전보건행정의 전문성의 부족으로 비효율적인 업무처리가 구조화되어 있고, 능력과 성과에 따른 인사가 이루어지지 않는 등 산업안전보건행정의 효과성이 담보되고 있지 않다.

셋째, 산업안전보건업무의 특수성과 이질성이 제대로 반영되지 않아 인사·조직관리, 업무처리 등이 산업안전보건행정의 발전에 걸림돌로 작용하고 있다.

넷째, 산업안전보건행정 담당직원의 채용, 직무교육, 경력관리 등에서 독자적인 채널과 운영체제를 갖지 못하고 있고, 이는 전문성의 약화로 연결되고 있다.

다섯째, 능동적이고 선제적인 행정보다는 제재 위주의 단기적이고 미봉적인 접근이 산업안전보건행정의 주된 기조를 이루고 있다.

이상과 같은 문제를 가지고 있는 결과, 산업안전보건에 대한 이론적 지식과 경험이 없거나 일천한 자들이 산업안전보건분야에서 가장 중요한 위상을 갖는 산업안전보건행정을 책임지거나 담당하는 역할을 하는 아이러니한 현상이 벌어지고 있는 것이다. 이는 산업안전보건행정의 전문적 권위의 결여와 기업 등 산업안전보건관계자의 산업안전보건행정에 대한 깊은 불신으로 연결되고 있다.

산업안전보건은 규제행정의 비중이 큰 특징을 가지고 있기 때문에, 한 나라의 산업안전보건의 발전에 있어 산업안전보건행정이 차지하는 위상과 역할은 클 수밖에 없다. 따라서 산업안전보건행정조직의 수준 여하와 정도가 산업안전보건의 발전에 큰 영향을 미치게 되는 만큼, 이 문제를 해결하지 않고는 우리나라 산업안전보건의 전체적인 발전도 더딜 수밖에 없다는 것은 그간의 경험을 통해서도 쉽게 확인할 수 있다.

영·미, 독일, 일본 등 재해예방선진국의 경우에는 우리나라의 산업안전보건행정조직과 달리 조직형태·방법에 있어서 차이는 있지만 공통적으로 높은 수준의 전문성을 각국의 특성에 맞게 확보하고 있다. 산업안전보건행정조직을 강화하는 방안으로는 기본적으로 영·미형, 독일형, 일본형 등의 모델을 생각할 수 있지만, 어느 모델로 하든 산업안전보건행정에 전문성과 독립성이 보장되지 않는 상태에서 기존 조직을 양적으로 확대하는 방식으로는 직원의 채용, 직무교육 및 경력관리에 산업안전보건업무의 특수성을 충분히 반영하는 것은 불가능할 것이고, 따라서 그 개선효과는 낮을 수밖에 없을 것이다. 따라서 산업안전보건행정조직을 고용노동부와 독립적인 행정구조인 외청, 즉 산업안전보건청을 설립하는 것이 타당하다고 생각된다.

산업안전보건청 설립은 순환보직제도와 같은 제너럴리스트만을 양산할 뿐 직원 개개인들의 경험과 지식의 축적을 방해하고 직무전문성이 제대로 존중되지 않는 현재의 행정조직구조를 개선하는 데 크게 기여할 것이다. 즉, 산업안전보건업무의 노하우 전수체계를 갖추고 직원들이 일을 해나가면서 체계적으로 경력을 쌓아가는 환경을 조성하는 역할을 할 것이다. 그리고 직원들의 전문성 확보를 통하여 인력을 증원하는 효과를 거둘 수 있고, 기업 등 행정대상으로부터 전문적 권위를 인정받을 수 있는 토대가 마련될 것으로 생각된다.

이를 통해, 고용노동부 산업안전보건행정조직이 자체적이고 독자적인 역량을 갖출 수 있는 조직으로 거듭남으로써, 고용노동부의 산하기관인 한국산업안전보건공단 역시 고용노동부 산업안전보건업무의 보좌적인 역할이 아닌 자신들의 본연의 역할을 충실하게 수행할 수 있는 기반이 형성될 수 있을 것으로 생각된다. 또한 산업안전보건청장을 포함한 관리자들이 산업안전보건 전문가로 채워짐에 따라 조직 전체적으로 비전문가에 의한 아마추어적 판단과 지휘 등이 제거되고 전문적 리더십이 발휘될 수 있는 체제가 구축되는 만큼, 산업안전보건행정에 적극적이고 강력한 추진력이 생길 것으로 예상된다. 이에 따라 조직의 확장성도 그만큼 커지면서 명실상부한 산업안전보건행정조직의 면모를 갖출 수 있을 것이라고 판단된다.

단기적으로는, 산업안전보건청을 최소한의 규모로 설립하고, 청의 설립과 밀접한 관련이 있는 산업안전보건공단의 기능도 청의 기능이 강화되는 범위에서만 점진적으로 조정을 추진한다. 중기적으로는, 산업안전보건법에서 정부에게 요구하는 역할을 스스로 수행할 수 있는 명실상부한 전문행정체제를 갖추도록 하고, 이에 따라 산업안전보건공단은 조사·연구, 교육, 기법·자료 개발·보급 및 평가 등 인프라 조성업무 중심으로 기능을 재조정한다.

물론 산업안전보건청 설립이 선진적인 산업안전보건행정의 필요충분조건이라고는 할 수 없을 것이다. 그러나 청 설립은 선진적인 산업안전보건행정을 달성하기 위한 기반을 구축하는 것으로서, 우리나라의 산업안전보건행정과 나아가 산업안전보건 수준의 질적 발전을 위한 필요조건으로서의 위상을 갖는다. 이러한 토대를 구축하지 않고 단순히 예산과 인원을 늘리는 방식의 양적 확대는 비용효과적이지 않고 산업안전보건행정의 실질적인 발전을 기대하기도 어려울 것이다.

● 휴식제도의 개정을 통한 실근로시간 단축 방안 (강성태)

실근로시간의 단축은 시대적 과제이다. 이를 위해 법정기준시간의 단축 등 여러 방안이 제시되고 있지만, 가장 현실적인 방안은 휴식 제도의 개정이다. 휴식 제도 개정의 방향을 한 마디로 정리하자면, '근로보상에서 휴식보장으로'이다. 즉 휴식 제도를 근로자의 건강보호와 여가시간 확보라는 본래의 취지에 맞게 운영되도록 해야 한다. 특히 휴식을 금전적 보상으로 전환하는 노사의 담합을 배제하여야 한다. 이를 위해 입법적으로 개정이 필요한 사항은 다음과 같다.

첫째, 일간휴식 제도를 신설하여 원칙적으로 근로자에게 연속하는 11시간 이상의 일간휴식을 보장한다.

둘째, 휴일과 관련해서는, ① 주휴일과 그 밖의 휴일을 구별하고, ② 1주에 6일을 초과하는 근로는 원칙적으로 금지하며, ③ 주휴일은 일간휴식에 더하여 연속하는 24시간 이상으로 특정 요일에 정기적으로 부여하고, ④ 무급을 원칙으로 한다.

셋째, 연차휴가와 관련해서는 ① 권리부여의 요건을 6개월 근속으로만 하되, 그 미만의 근로자에게는 비례적으로 휴가일을 부여하고, ② 연차휴가는 근로자의 청구(시기지정)가 있을 때 부여하는 것이 아니라 사용자가 의무적으로 부여하도록 하며, ③ 미사용휴가에 대한 금전보상은 원칙적으로 금지한다.

실근로시간 단축을 위해서는 이상과 같은 휴식 제도에 관한 입법적 개선 외에 다음 세 가지 개선이 병행되어야 한다.

첫째, 야간근로, 휴일근로 및 연장근로는 단순히 가산임금 제만으로 규율할 수는 없으며, 그러한 근로를 특별히 억제할 수 있는 방안을 마련하여 시행하여야 한다. 그 방법으로는 야간근로나 휴일근로의 주간, 월간 또는 연간 총량을 직접적으로 제한하는 방법, 가산임금을 지급할 뿐더러 그에 더하여 보상휴가를 주도록 하는 방법, 할증률을 야간근로나 휴일근로의 시간에 따라 누진적으로 할증하는 방법 등이 있을 수 있다.

둘째, 포괄임금제를 금지해야 한다. 포괄임금제는 외견상으로는 특별한 임금계약인 듯이 보이지만, 실상은 근로시간 특히 자유로운 연장근로의 이용이 핵심이다. 이 계약은 연장근로에 관한 각종의 특례 제도와 적용 제외 제도와 더불어 장시간 근로를 심상한 것으로 만들고 우리 사회의 건전한 생활 리듬을 무너뜨린다.

셋째, 대기업부터 시작해야 한다. 과거 근로시간법의 개혁은 실근로시간 단축으로 연결되지 않고 오히려 연장근로의 연장을 통해 임금인상으로 연결되었다. 최소고용·최대근로이라는 기업의 욕구와 임금소득의 증대라는 근로자의 욕구가 전략적으로 거래된 것이다. 이러한 노사담합은 근로시간법 실패의 핵심적인 원인이며, 이 문화의 형성과 전파에 큰 역할을 해 온 것이 대기업 노사관계이다. 그러므로 근로시간 단축과 휴식 증대를 위한 개혁은 장시간 노동 체제를 이끌고 있는 중심적인 대기업에서 근로시간 총량의 제한부터 시작해야 한다. 연간 근로시간이 상대적으로 긴 업종에 정책 관심과 수단을 집중하는 한편, 작년 9월 15일 노사정이 근로시간 개혁의 첫 번째 과제로 합의했던 2020년까지 연간 1,800시간 체제로의 전환을 위한 실무기구부터 구성해야 할 것이다.

● 취업규칙 제도의 개편 (김홍영)

1. 현황과 문제점

사업장의 근로조건은 취업규칙으로 규율되고 있다. 취업규칙을 통해 근로조건을 일방적으로 형성하는 권한을 사용자가 갖는다(근기법 제94조 참조). 그래서 취업규칙 제도는 근로조건 대등결정 원칙(근기법 제4조)에 어긋난다.

취업규칙 제도는 근로조건을 불이익하게 변경할 때에 이르러서야 근로자들이 그 변경을 집단적으로 반대할 수 있는 권한을 인정한다(근기법 제94조 제1항 단서 참조). 판례는 근로자들의 집단적 동의를 받지 못한 취업규칙은 효력이 없다고 말한다. 그러나 취업규칙의 불이익 변경 법리에서 근기법과 판례가 근로자들의 집단적 동의를 요구하는 것조차도 근로조건 대등결정 원칙에 비추어 충분하지 못하다. 기득 이익의 변경 내지 포기에 대해 결정할 때 최후적으로라도 채택하게 되는 결정 방식일 뿐이다. 장래에 적용될 근로조건을 노사 간에 대등하게 형성한다고 평가할 수 없는 방식이다.

첫째, 근로자측은 사용자의 제안에 대한 찬반의 의사만을 가질 수 있을 뿐이다. 즉 사용자가 일방적 또는 주도적으로 제시한 변경 내용에 대해 찬성, 반대를 선택하는 방식이다. 근로자측의 의사를 반영하여 수정이 이루어지거나, 근로자측의 의사를 사전에 반영하는 방식이 아니다.

둘째, 과반수 노동조합의 동의로 결정하는 방식은 노동조합이 대표하지 않는 근로자들의 이해관계를 고려하도록 담보하지 못한다. 취업규칙의 불이익 변경에서 과반수 노동조합이 동의하면 노동조합의 가입 자격이 없는 근로자에게도 변경된 취업규칙이 통일적으로 적용된다.

셋째, 근로자 과반수의 동의로 결정하는 방식은 근로자들의 자유의사에 따른 결정을 담보하지 못한다. 판례는 사업장의 부서별로 근로자들의 찬반 의견을 취합하는 것도 가능하며, 사용자측이 동의를 강요하는 것이 아니라면 개입이나 간섭은 없다고 해석해주고 있다.

넷째, 판례는 사회통념상 합리성이 있는 변경이라면 불이익 변경이 근로자측의 동의가 없더라도 유효한 변경이라고 스스로 법리의 제약을 인정한다. 사회통념상 합리성 판단을 인정하는 판례 법리는 취업규칙의 불이익 변경에 대해 대등결정의 원칙을 완전히 포기하는 것이다.

2. 개선과제

대등결정의 원칙에 충실할 수 있는 제도개선의 방안을 모색하여야 하는데, 사용자가 종업원대표와 합의하여 취업규칙을 작성하고 변경하는 사업장협정 제도로 변경하여야 한다.

가. 종업원대표와 합의하는 '신(新) 취업규칙' 체계 구축

사업장협정을 체결하는 주체인 종업원대표로서 근로자위원회를 제안한다. 현행 근참법상의 노사협의회 근로자위원들이 모이는 회의체이며, 노사협의회 내에 설치한다. [1단계] 시기에는 임의로 설치할 수 있도록 근참법에서 가능 규정(허용 규정)을 두며, [2단계] 시기에는 대규모 사업장에서 우선하여 강제적으로 설치하도록 규정(의무 규정)을 둘 것을 제안한다.

근로자위원회는 사용자와 사업장협정을 체결할 권한을 가진다. 사업장협정으로 취업규칙을 대체하므로, 법령에서는 취업규칙의 내용을 사용자와 근로자위원회가 합의하도록 규율하는 방식도 가능하다.

사업장협정의 효력에 대해 종래의 취업규칙의 효력을 인정한다. 사업장협정은 종래의 취업규칙을 대신하여 새로운 취업규칙으로 관념될 것이다. 그리하여 취업규칙은 노사합의한 사업장협정을 의미한다는 '신(新) 취업규칙' 체계라고 불릴 수 있겠다.

나. 종업원대표의 대표성 제고방안

근로자위원회가 사용자와 합의를 통해 사업장 근로자들의 근로조건을 집단적으로 규율하는 권한을 가진다면, 그에 상응하도록 종업원대표로서의 대표성이 제고되어야 한다. [2단계] 시기에 대표성을 제고하기 위해 다음과 같이 입법개정을 한다.

첫째, 선출에서 공정한 대표성 제고방안으로 근참법 내용을 다음과 같이 개정한다. i) 근로자위원은 근로자들의 선거로 선출하도록 하며, 과반수 조직 노동조합에게 위촉권한을 부여한 것은 폐지한다. ii) 성별, 고용형태, 직종, 직급 등을 고려하여 대표성이 취약한 근로자 계층이 있는 경우 그 계층을 대표한 근로자위원을 추가로 선출할 수 있도록 허용하는 규정을 둔다. iii) 근로자위원의 수는 근로자의 규모에 따라 근로자위원의 최소 및 최대 범위를 유연하게 정하는 방식으로 규제를 완화하고(취약계층을 대표하는 근로자위원을 추가하는 경우 그 인원수는 법령이 제한하는 위원수 범위에 포함시키지 않음), 사용자위원 수는 실제 근로자위원 수와 같은 수일 필요 없이 법령에서 근로자위원 수를 정한 범위 내에서 적절히 그 수를 정할 수 있게 한다.

둘째, 활동에서 민주적 대표성 제고방안으로 근참법 내용을 다음과 같이 개정한다. i) 근로자위원회의 의결정족수를 근로자위원 재적 인원의 3분의 2 이상의 찬성으로 의결하도록 한다. ii) 근로자위원회의 운영을 위한 운영규정을 두는 것이 바람직한데, 근참법에 규정하는 형식으로는, 근로자위원회는 근참법에서 정한 노사협의회의 운영에 관한 규정들을 고려하여 자주적이고 민주적인 운영을 하여야 한다면서(원칙규정 방식), 운영에 관한 세부 사항은 근로자위원회 운영규정으로 정할 수 있다고만 규정하는 방식(허용규정 방식의 권장규정 방식)을 고려한다.

셋째, 업무수행에서 책임있는 대표성 제고방안으로 근참법 내용을 다음과 같이 개정한다. i) 근참법에서는 노사협의회가 정하거나 근로자위원회와 사용자가 합의한 경우에는 약간 명의 근로자위원을 전임으로 할 수 있도록 허용하는 규정을 둔다. ii) 노사협의회에 근로자위원회가 설치된 경우에는 근로자위원에 대한 편의제공에 관해 사용자와 근로자위원회가 합의하여 정하도록 한다.

다. 단계적 도입 고려

노사협의회 내에 근로자위원회의 설치를 제안하는 것은 종업원대표에 관한 논의가 발전적으로 진행되기 위해 그 기초가 되는 사회적 경험을 축적하기 위함이다. 기존 노사협의회 제도와의 관계를 고려하여 [1단계] 시기에는 노사협의회 내에 임의로 설치하도록 제안한다. 만약 사회적 경험의 축적 속도를 높일 필요가 있다는 정책적 배려가 노사정간에 합의된다면, 일정 규모 이상의 사업(예를 들면 300명 이상 근로자를 사용하는 사업)에 대해 노사협의회 내에 근로자위원회의 설치를 의무화하고 취업규칙의 내용을 근로자위원회와 사업장협정으로 합의로만 정할 수 있도록 의무화하는 [2단계] 시기의 제도개선 로드맵을 제시하는 것이 가능하다.

● 새로운 종업원대표시스템의 정립 (이철수)

1. 우리나라 노조조직률은 2011년 기준 9.9%로, 2004년 이후 최초로 10%대로 내려온 뒤 지속적인 하락 추세를 보이고 있으며 이는 OECD국가 중 미국과 함께 최하위권이다. 서구에서도 산업구조 변화와 비정규 고용의 증대로 인해 조직률 하락은 세계적으로 보편적인 현상이라고는 하지만, 우리나라의 경우 특히 전체 경제활동인구의 거의 절반에 육박하는 비정규직 근로자들의 조직률이 2% 대에 머물고 있어 지극히 낮고, 복수노조 시행 이후 창구단일화 제도운용에 혼란이 존재하는 등 특수한 상황 속에서 일터에서 종업원의 집단적 목소리를 효과적으로 반영하는 방법, 즉 대안적 종업원대표제(employee representation)의 모색이 필요한 상황이다.

현행법상 종업원대표에 관한 제도로는 근로기준법상의 근로자대표, 노동조합, 노사협의회를 상정하고 있는데, 이들 제도 간의 규범적 위상과 기능이 불분명하고 때로는 착종되어 있어서 법운용상 혼선을 빚고 있다. 더구나 기능적인 측면에서 노동조합의 대표성에 관해 의문이 제기되는 등 특히 사업장 차원의 노사관계에서 많은 변화가 일어나고 있다. 더구나 복수노조 시대를 맞이하여 소수노조의 발언권 보장도 중요한 쟁점이다.

근기법상의 '근로자대표'는 1990년대 후반 이후 새롭게 등장한 개념이다. 근로기준법에 이 개념이 도입되었지만 현재는 근로자퇴직급여보장법 등 여타의 법률에서 이용되고 있다. 그러나 근로자대표는 법제도적 측면에서 보면 과반수노조가 존재하지 않는 경우 대표성의 취약이라는 치명적 약점을 안고 있을 뿐만 아니라 개념의 모호성으로 인해 해석론상 다툼이 많아 법적 안정성을 훼손시키고 있다. 한편, 근참법에서는 상시근로자 30

인 이상 사업장에서 의무적으로 노사협의회제도를 설치할 것을 법적으로 강제하고 있다. 그러나 규모가 작고 노조설립의 가능성이 낮은 사업장에서는 사용자들이 노사협의회 설치를 꺼려하거나 그 운영이 다분히 형식에 치우치고 있는 실정이고, 노사협의회가 종업원 전체의 이익을 대변해야 함에도 불구하고 정규직 또는 노동조합 중심으로 운영되어 사업장내 취약근로자를 대변하지 못하고 있다.

2. 노동조합이 없거나 소수노조가 존재하는 경우 종업원 전체의 의견을 반영할 수 있는 상시적 메커니즘의 필요성이 존재한다. 그렇다면 현행의 근기법상의 근로자대표나 노사협의회가 그 대안이 될 수 있을까? 현행의 근로자대표나 노사협의회는 문제점을 노정하고 있을 뿐만 아니라 그 대표성이 의심을 받고 있어 집단적 노사자치를 담보하기가 어렵다. 이러한 이유로 상설적인 대표시스템 모델이 제시되고 있으며, 노사협의회는 노사동수의 회의체 기관으로 협의와 의결 기능을 수행하고 있으나, 여기에 참여하는 근로자위원들을 근로자대표기관으로 볼 수 있는지가 불분명하다. 근로자들의 선거 또는 과반수 노동조합의 위촉을 통해 선출된다는 점에서 대표기관으로서의 형식적 정당성은 인정될 수 있으나, 대표기관이라 함은 적어도 피대표자의 이익을 위해 그의 의사를 대신 결정하고 반영할 수 있는 절차적 시스템과 독립적 활동을 보장받아야 할 것인데, 노사협의회의 근로자대표는 그러한 독립성을 보장받지 못하고 있고, 의결절차상으로도 근로자측의 의결을 실현시키거나 사용자측의 일방적 조치를 저지시킬 법적 권한들(동의권, 거부권, 이의제기권 등)을 가지고 있지 못하다. 실제 노사협의회는 어떠한 '주체'로 상정되기보다는 법상의 경영참여 기능을 수행하기 위한 '형식'으로 관

념되어 온 면이 있으며, 근로조건결정권을 가지는 독립된 실체로 인정되기 어렵다. 반면 근기법상의 근로자대표와 사용자가 체결한 서면합의의 경우에는 직·간접적으로 당해 사업장의 근로자들의 근로조건을 결정 내지 변경하는 효력이 인정된다. 단체협약과의 규범적 위계 또는 개별 근로자의 개별적 동의 내지 취업규칙의 변경이 필요한지의 여부와 관련하여 입장의 대립이 있지만, 적어도 계약 주체로서의 실체성은 전제되어 있다고 할 수 있다.

3. 필자는 종업원들만으로 구성되는 위원회(work council) 방식을 제안한다. 새로이 구상하고자 하는 대표시스템은 경영참여의 기제로서뿐만 아니라 사업장 차원의 근로조건의 결정주체로서의 역할을 부여하고자 하기 때문에 위원회 방식이 효과적일 것으로 보인다. 요컨대 독일의 종업원위원회 내지 사업장위원회와 같이 종업원들만으로 구성되는 단체로 관념하여 강한 실체성(entity)을 부여하는 것이 필요할 것이다. 종업원대표를 제도화하기 위해서는 입법이 개입하는 것이 보편적인데, 그 정당성을 부여받기 위해서는 종업원대표가 종업원 전체를 대표하는 정통성을 가질 수 있어야 한다. 노조의 경우 이러한 정통성이 조합원의 의사에 기초한 수권에서 나온다. 반면 종업원대표제의 경우 근로자가 종업원집단의 일원이라는 이유만으로 대표-피대표 관계가 설정되어 버리므로 종업원대표가 대표로서의 정통성을 가지기 위해서는 집단적 수권을 통해서 그 대표성 내지 정통성을 인정받아야 할 것이다. 그리고 그 정통성은 바로 민주적 선거를 통해서 구현될 수밖에 없고 이 점이 입법에 충분히 반영되어야 할 것이다.

종업원위원회가 설치될 경우 그 권한을 어느 정도 허용할 것인지는 입법정책상의 문제이긴 하지만 노동조합의 근로3권을 침해하지 않은 범위에서 설계되어야 할 것이다. 왜냐하면 헌법의 개정 없이 해석론으로 노동조합중심론을 부정하기는 어렵기 때문이다. ILO는 다원적인 의사소통 채널을 권장하고 있으면서도, 종업원대표제가 기존 노동조합을 약화 또는 대체하거나 새로운 노동조합의 결성을 방해하지 말 것을 줄곧 강조해 오고 있다. 이를 위해 종업원대표의 기능을 단체교섭의 대상사항에 포함되지 않거나 근로조건의 결정과 관련해 다른 제도로써 일반적으로 다루어지지 않는 상호 관심사로 국한할 것을 권고한다. 이러한 점들을 감안하면 현행의 근참법 제5조에서 명시하고 있듯이 종업원위원회가 노동조합의 단체교섭 기능을 위축시키는 방식으로 설계되어서는 안 될 것이다.

● 노동3권 보장의 충실화를 위한 노동조합법 개선 (조용만)

1. 자율과 책임의 노사관계 실현을 위한 과제

가. 현황과 문제점

자율과 책임의 노사관계를 실현하기 위해서는 정부의 개입을 최소화하고 노사자치를 신장하며, 근로자 개인과 노동조합의 선택권과 자율권을 최대한 보장하되 그에 따른 책임을 스스로 부담할 수 있도록 제도를 개선해야 한다. 그런데 현행 노조설립 신고제도는 노조설립에 대한 행정관청의 사전적 개입에 따른 노조설립자유원칙에 대한 저해의 우려를 낳고 있다. 또한 현행 유니언숍제도가 노동조합의 자율적 노력에 의한 단결강화라는 측면에서 볼 때 바람직한 것인지 의문을 낳고 있다. 한편, 노조법이 노동조합의 민주적 운영을 보장하기 위한 여러 규정을 두고 있지만, 독단적 운영 등 부정적 측면이 일부 노정되고 있다.

나. 개선과제

자율과 책임의 노사관계 실현을 위한 과제로 노조설립의 자유, 단결선택의 자유, 노동조합의 민주적 운영 등이 제기된다.

첫째, 노조설립의 자유를 촉진하기 위해서는 현행 노조설립 신고제를 폐지하고 노동위원회에 의한 사후적인 자격심사제도로 전환하는 것이 바람직하다.

둘째, 유니언숍제도는 노동조합의 자율적 노력에 의한 단결강화에 부합하지 않고 근로자 개인의 단결선택권 및 직업선택의 자유와 충돌하기 때문에 그 폐지를 장기적으로 검토할 필요가 있다.

셋째, 노동조합의 민주적 운영을 촉진하기 위해서는 노동조합이 스스로 민주적 규칙을 결정하여 준수토록 하고, 비민주적인 조합운영의 요소가 있다면 우선 노조 내부에서 스스로 이를 시정할 수 있도록 하며, 비민주적인 조합운영을 시정하기 위한 외부적 개입이 적절하고 불가피한 경우에도 신뢰할 수 있는 공정한 기구와 절차에 의하도록 제도화해야 한다.

2. 사회통합적 노사관계 실현을 위한 과제

가. 현황과 문제점

사회적 양극화가 심화되고 있는 현시대적 상황에서 비정규직 근로자 등 사회적 취약계층이 노동기본권 보호의 틀 내로 충분히 포섭될 수 있도록 관련 제도를 개선해야 한다. 그런데 현재 고용형태에 근거한 노조가입의 제한이 허용되고 있는 실정이다. 또한 현행 노조법상 비정규직 근로자는 노동위원회에 공정대표의무 위반의 시정을 신청할 수 없다. 그리고 소수근로자들을 보호하는 기능을 갖고 있는 지역적 구속력제도는 현실에서 거의 활용되지 못하고 있다.

나. 개선과제

첫째, 노동조합 가입에 대한 부당한 제한을 규제하여야 한다. 비정규직 근로자도 자신이 원하는 경우 정규직 노동조합에 가입할 수 있도록 합리적 이유 없이 고용형태를 이유로 조합가입을 제한하는 것을 금지할 필요가 있다.

둘째, 공정대표의무 위반에 대한 시정 신청권자의 범위를 확대해야 한다. 이를 통해 비정규직 근로자 개인도 노동위원회에 시정을 신청할 수 있도록 하여 단체교섭 및 단체협약 등에서 사회적 약자가 공정하게 대표될 수 있도록 하여야 한다.

셋째, 지역적 구속력 제도의 활성화를 위해 그 요건을 완화할 필요가 있고, 지역적 상황에 따라 공익적 관점에서 제도를 유연하게 운영할 수 있게 할 필요가 있다.

3. 안정적 노사관계 실현을 위한 과제

가. 현황과 문제점

안정적 노사관계의 실현은 노사뿐만 아니라 사회적으로도 유익하다. 그런데 현행 교섭창구단일화제도는 소수노조의 교섭권 배제에 기초하고 있어 노사관계의 불안정성을 야기하는 원인이 되고 있다. 또한 단체협약의 유효기간을 2년으로 제한하고 있는 현행 제도는 교섭 및 협약관계의 안정성을 저해할 수 있다. 한편, 현행 부당노동행위 구제제도상 입증의 곤란성, 구제명령의 제한성 등으로 안정적 노사관계의 실현이 저해되고 있다.

나. 개선과제

첫째, 노동조합 또는 교섭대표노조가 교섭단위 내의 모든 근로자들을 대표하여 교섭하고, 교섭결과 체결된 단체협약의 효력 역시 그 적용범위에 해당하는 모든 근로자들에게 미치도록 제도를 개선할 필요가 있다.

둘째, 단체협약의 유효기간을 연장하여 산별교섭 등 다양한 교섭의 촉진과 협약 효력의 안정화를 기할 수 있도록 하는 것이 바람직하다.

셋째, 부당노동행위에 대한 입증책임의 완화, 구제명령의 다양화 등을 통해 사용자의 부당노동행위를 실효적으로 제거하여 노사관계 질서를 신속하게 정상화·안정화할 수 있도록 하여야 한다.

● 쟁의행위에 대한 손해배상·가압류 제한에 관한 입법론 (강문대)

1. 현 황

파업을 비롯한 노동조합의 쟁의행위와 관련해서 사용자의 손해배상 청구가 증가하고 있고, 그 중에는 노동조합 활동에 적극적인 간부에 대한 선별 청구 등 노동조합의 활동을 무력화시키기 위한 권리남용적인 것도 적지 않게 발견되고 있다. 민주노총 추산(2016년) 소속 노동조합에 대한 손해배상 청구금액이 무려 1,600억 원에 달하고 가압류가 행해진 금액만도 175억 원에 달한다.

그런데도 법원은 쟁의행위에 대한 손해배상 청구를 단체행동권 보장의 취지에 맞게 적절하게 제한하거나 규제하지 못하고 있는 실정이고 이로 인해 근로자들의 자살, 가족의 붕괴, 노조의 와해, 노사갈등의 고조 등 다양하고 중요한 사회 문제들이 자주 발생하고 있다.

파업 등 쟁의행위에 대한 사용자의 권한 남용적인 손해배상 청구와 법원의 광범위한 인용은 단체행동권을 기본권으로 정하고 있는 헌법 제33조 제1항을 형해화 시키고, 단체행동권 보장의 당연한 효과로서 「노동조합 및 노동관계조정법」 제3조가 확인하고 있는 민사면책의 원칙을 무의미하게 만들고 있다는 비판을 받고 있다. 사용자와 법원의 이런 태도는 「노동조합 및 노동관계조정법」의 관련 규정 중에 헌법의 취지에 부합하지 않는 조항이 있기 때문이라는 지적이 끊임없이 이어지고 있다. 따라서 노동자들의 단체행동권을 실질적으로 보장하기 위해서는 관련 법령을 개정할 필요성이 크다.

2. 문제점

현행법에는 노동쟁의가 근로조건의 결정에 관한 주장의 불일치로 인하여 발생한 분쟁상태라고만 정의되어 있어 경영해고와 노사관계에 관한 사항의 분쟁은 노동쟁의의 대상에서 빠지게 된다. 그로 인해 경영해고와 노사관계에 관한 사항의 분쟁으로 인한 노동조합의 파업은 위법한 파업으로 취급될 여지가 많다.

손해배상의 청구가 제한되는 쟁의행위의 유형이 단체교섭과 쟁의행위로 한정되어 있어 노동조합의 일상 활동은 손해배상의 청구가 제한되지 않는다. 그리고 쟁의행위 등 노동조합의 행위와 관련해서 개별 근로자와 신원보증인에 대한 책임을 제한하는 규정이 마련되어 있지 않아 이들에 대해서도 손해배상 청구가 제한되지 않는다.

손해배상의 범위가 정해져 있지 않아 파업 등 쟁의행위에서의 '위법성'과 직접적으로 인과관계가 있지 않고 간접적으로만 관련되는 손해에 대해서도 배상청구가 이루어지고 있고, 손해배상이 인정되는 경우에도 배상액을 경감하는 규정이 마련되어 있지 않아 배상액이 너무 과도한 상황이 발생하고 있다. 또한 노조의 규모에 따른 배상액의 상한이 정해져 있지 않아 노조가 감당하지 못하는 배상액이 인정되는 경우도 발생하고 있다.

3. 개선과제

가. 노동쟁의 대상의 확대

노동쟁의의 대상 사안에 근로기준법 제24조에 따른 해고, 즉 이른바 정리해고와 집단적 노사관계에 관한 사항도 포함시키고, 노동쟁의의 양태를 '결정'에 관한 사항으로 한정하지 않고 권리분쟁의 경우에도 노동쟁의의 범위에 속하는 것으로 할 필요성이 있다.

나. 손해배상 청구의 물적 대상 제한

노동조합의 단체교섭, 쟁의행위 외에 '그 밖의 노동조합의 활동'에 대해서도 사용자는 노동조합 또는 근로자에 대하여 원칙적으로 손해배상을 청구할 수 없도록 해야 한다. 다만, 노동조합의 단체교섭, 쟁의행위, 그 밖의 노동조합의 활동이 노조법 제2조 제4호의 목적, 즉 "근로조건의 유지·개선 기타 근로자의 경제적·사회적 지위의 향상을 도모"하는 목적을 현저히 벗어난 경우와 폭력이나 파괴를 주되게 동반한 경우에는 예외로 할 필요성이 있다.

다. 손해배상 청구의 인적 대상 제한

노동조합의 결정에 개입할 수 없는 평조합원은 위법 쟁의행위로 인한 손해배상책임을 부담하게 해서는 안 된다. 그리고 노동조합의 간부라 하여도 쟁의행위의 의사 결정 과정에 적극적으로 참여하지 않은 채 단지 실무만을 담당한 조합의 하급 간부들이나 실제 쟁의행위의 개시 여부를 결정하는 절차에 참여하지 않은 간부들에게까지 손해배상 책임을 부담하게 해서는 안 된다.

라. 손해배상의 범위를 직접 손해에 한정

사용자가 위법 쟁의행위에 대해 손해배상을 청구할 수 있는 경우에도 위법한 행위를 직접적인 원인으로 하여 증가된 손해에 대해서만 배상을 청구할 수 있도록 해야 한다. 그리고 쟁의행위로 인하여 생산차질이 발생한 경우 사용자가 거래관계에 있던 제3자에게 채무불이행책임 등을 부담하는 경우에도 노동조합 등에게 구상금을 청구할 수 없도록 해야 한다.

마. 손해배상액의 경감 청구

위법 쟁의행위로 인한 손해배상 책임을 인정하는 경우에도 배상의무자의 청구가 있는 경우 쟁의행위 원인, 사용자의 영업 규모 등을 고려하여 책임을 감경할 수 있도록 할 필요성이 있다.

바. 손해배상액의 제한

손해배상 책임으로 인해 노동조합의 재정이 위기 상황에 처하거나 심할 경우 노동조합 그 자체가 와해되거나 붕괴되는 극단적인 상황도 종종 발생하고 있는데, 이런 상황과 위협으로부터 노동조합을 보호하기 위해서는 영국의 입법례를 참조하여 조합원 인원수를 기준으로 노동조합의 손해배상 책임의 상한을 정할 필요성이 있다.

≪1≫ 한국의 산업구조변화와 노동법의 새로운 역할

<이철수>

Ⅰ. 들어가며: 불평등의 심화와 21세기 노동법의 새로운 문제의식

노동법은 경제적, 정치적, 사회적 맥락의 복합적 산물인바, 우리 노동법의 현실은 대외적으로는 글로벌 불평등의 심화와 저성장 사회로의 진입, 기술혁신에 따른 무한경쟁의 심화라는 전지구적 경향에서 자유롭지 못하다.[1] 대내적으로는 전후 압축적 경제성장을 이뤄내는 과정에서 과거 노동집약적·수출주도형 산업구조로부터 서비스 중심적인 산업구조로의 변동, IMF 구제금융 이후 더욱 심화된 양극화 현상과 비정규 고용의 심화로 인한 일터에서의 위험의 외주화 문제, 가부장적 인습을

---

* 이 글은 이철수·이다혜, "한국의 산업구조변화와 노동법의 새로운 역할", 서울대학교 법학 제58권 제1호, 서울대 법학연구소, 2017을 본서의 목적에 맞게 수정한 것이다.

1) Conaghan, Fischl & Klare, *Labour Law in an Era of Globalization: Transformative Practices & Possibilities*, Oxford: Oxford University Press (2002); Bob Hepple, *Labour Laws and Global Trade*, Hart Publishing: Oxford (2005).

청산하지 못한 데에서 비롯되는 일·가정 양립의 극심한 어려움과 일터에서 소위 '갑질'의 만연 등, 한국 사회가 겪어온 제반 문제들이 곧 노동법제에 고스란히 녹아들어 있다 해도 과언이 아니다.

전반적으로 신자유주의적 사조가 우세했던 1990년대 전후에는 우리나라에서도 기업에 대한 규제완화, 전통적인 노동보호법에 대한 회의를 골자로 하는 소위 '노동유연화' 논의가 변화된 환경에 대한 해법인 양 회자되기도 하였다. 1997년의 IMF 구제금융과 그로 인한 대대적 법개정은 노사정대타협의 괄목할 만한 성과는 별론으로 하더라도, 결국 신자유주의적 정책기조에 직접적인 영향을 받아 실제로 우리 노동법제의 보호적 역할이 여러 측면에서 약화된 대표적인 사건이기도 하다.

그러나 2007년 리먼 브라더스(Lehman Brothers)의 붕괴로 상징되는 미국발 금융위기를 계기로 세계적 차원에서는 시장만능주의에 대한 반성론이 본격화되기 시작하였다.[2] 과거 신자유주의적 담론을 주도한 것은 하이예크(Friedrich A. Hayek)를 필두로 한 경제학자들의 집단이었지만, 최근 사회과학에서 최대의 화두는 시장만능주의의 오만을 정면으로 비판한 경제학자 피케티(T. Piketty)의 저작 『21세기 자본』과 이를 통해 촉발된 불평등, 양극화 관련 논의이다.[3] 지난 300년간의 통계분석을 통해 자본수익률이 경제성장률보다 높을 때 부의 양극화 및 불평등이 심화된다는 점을 밝히고, 이를 해결하려면 글로벌 자산누진세 등 전향적인 조치가 필요하다는 피케티의 주장은 서구사회는 물론 우리나라에서도 큰 반향을 일으켰으며, 다소 늦은 감은 있으

---

2) Joseph Stiglitz, "The Global Crisis, Social Protection and Jobs", *International Labour Review*, Vol. 148 (2009).

3) 토마 피케티(장경덕 외 옮김), 21세기 자본, 글항아리(2014).

나 한국의 불평등 문제가 학계에서도 공론화되는 계기를 제공하였다.[4)]

신자유주의 및 불평등 현상에 대한 반성은 법학의 여러 분야 중에서도 특히 노동법에 직접적인 화두를 던져준다. 장하성(2015)은 한국의 불평등 문제는 자산불평등보다도 대다수의 경제활동인구가 의존하여 생활을 영위하는 노동소득 불평등에 기인한 것이 크다고 분석하며 대기업과 중소기업간의 불평등, 고용형태에 따른 불평등 등을 지적하고 있는데,[5)] 이는 곧 노동법제의 규범적 정당성 및 현실적 실효성에 대한 문제제기로 이어질 수 있다. 우리 헌법은 자유권에 기반한 정치적 민주주의는 물론이지만 국민의 경제적, 사회적 평등 또한 지향하는 사회민주주의(social democracy) 관념에 기반하여 국민의 근로권 보장 및 근로조건 법정주의(헌법 제32조), 노동3권의 보장(제33조), 인간다운 생활권(제34조) 및 경제민주화(제119조)를 표방하고 있으며, 노동법제는 이러한 헌법상 기본권을 실현하기 위하여 제정된 것이므로 우리 산업구조에서 불평등이 심각하다는 사실은 논리필연적으로 노동법제에 대한 재검토를 요구한다. 신자유주의에 대한 자성의 목소리와 함께, 노동보호의 관념과 규범으로서의 노동법의 중요성이 새롭게 부각되는 시대가 온 것이다.

---

4) 우리나라 불평등 문제에 대한 최근 저작으로 장하성, 왜 분노해야 하는가: 분배의 실패가 만든 한국의 불평등, 헤이북스(2015); 전병유, 한국의 불평등 2016, 페이퍼로드(2016) 등이 있다.

5) 장하성, 위의 책(2015), 189면 이하의 논의 참조. 다만 노동소득의 문제를 '분배'로, 복지정책 등 사회보장의 문제를 '재분배'로 각각 달리 개념화하고, 우리나라 불평등은 재분배 이전에 노동소득의 분배 문제에 기인한다는 그의 진단은 소위 '정규직 과보호론'과 같은 맥락으로 읽힐 위험성이 있다는 점, 또한 고용정책과 병행되어야 할 사회보장의 중요성을 간과할 수 있다는 점에서 완전히 동의하기는 어렵다.

본고는 이러한 문제의식 하에서 우리 노동법의 쟁점과 과제를 다음과 같은 구성으로 서술한다. 제2장에서는 한국 노동법제의 변천사를 약술하되, 노동법에 심대한 변화를 가져왔던 IMF 구제금융 전후의 개정내용을 중점적으로 살펴본다. 제3장에서는 우리의 노동법제가 신자유주의적 정책기조의 영향을 상당히 받은 2000년대 이후 노동법의 주요 담론과 입법론적, 해석론적 쟁점을 선별하여 분석한다. 제4장에서는 특히 최근 전지구적 차원에서 산업구조의 변화와 이주의 증대 경향 등으로 인해 대두된 공유경제, 이주노동 등 새로운 과제를 소개한다.

Ⅱ. 한국 노동법이 걸어온 길: 효율성과 형평성 사이의 변증법적 지양[6)]

1. 우리나라 노동법제의 연혁과 변천

1953년에 우리의 노동법의 골격이 갖추어진 이후 그 변천사는 우리의 정치사만큼이나 변화무쌍하였다. 우리나라 노동법제의 전개는 ① 명목적 생성의 시기(미군정기와 1953. 3. 8. 노동법 제정 이후), ② 경제적 효율화 강조의 시기(1961~1986), ③ 사회적 형평화의 모색의 시기(1987~1997), ④ 사회적 형평화와 경제적 효율화 조화의 시기(1998년 노동법 대개정 이후)로 나누어 설명하고자 한다.

---

6) 이하 제2장의 논의는 이철수, “IMF 구제금융 이후의 한국의 노동법제 발전”, 서울대학교 법학, 제55권 제1호(2014. 3)에 정리된 내용을 요약 및 재구성한 것임.

가. 명목적 생성의 시기(1953~1960)

한국에서는 1953년에 들어서야 비로소 근로기준법, 노동조합법, 노동쟁의조정법, 노동위원회법이 제정되어 노동법제의 기본골격이 형성되었다. 그 이전에는 사안에 따라 임시방편적으로 단행법령이 제정·운영되었는바, 미군정이 제정·시행한 몇몇 법령이 중요한 지침으로 작용하였다. 1953년의 노동관계법은 한국 노사관계의 현실을 반영하거나 외국법제에 관한 면밀한 조사와 연구를 통해 제정된 것이 아니고, 미군정기의 노동정책 하에서 형성된 법적 관행의 일정 부분을 수용하면서 기본적으로는 일본의 노동관계법을 계수한 것이었다.[7] 이 당시의 집단적 노동관계법은 노동조합의 자유설립주의를 보장하고 협약자치를 최대한 존중하는 등 집단적 자치의 원칙에 비교적 충실한 입법이었지만, 근대적 의미의 노사관계가 형성되어 있지 않은 상황이라 법의 실효성을 기대하기 힘들었다.

나. 경제적 효율성 강조의 시기(1961~1986)

산업화에 박차를 가한 제3공화국(1961~1970)에서부터 정치적 정당성의 결여로 정권유지에 급급했던 유신체제(1971~1979)와 제5공화국(1980~1986)의 권위주의 정부 하에서는 노동관계법은 경제적 효율성 내지 기능적 효율성을 극대화시키기 위한 도구로서의 성격이 강하였다. 노사협의회를 매개로 한 협조적 노사관계의 진작이라는 구호도 그 실상은 노동삼권의 위축을 의도한 것이었다. 노동정책 역시 그 특수성이 무시된 채 경제정책에 종속되었고 그 결과 노동자의 단결활동은 철저히 제약

7) 제정 노동법과 일본 노동법의 비교를 통하여 그 차별성을 드러낸 논문으로는 강성태, "제정 노동법의 주요내용과 특징", 노동법학, 제48호(한국노동법학회, 2013. 12), 160면 이하 참조.

받았다. 노동시장에서 노사의 집단자치가 작동되지 않고 국가가 주도권을 행사하는 가부장적 노사관계가 형성되었다. 이 당시의 법개정 경향은 형식에 있어서는 집단적 노동관계법에서의 규제와 억압을 강화하고, 개별적 노동관계법 영역에서 노동자 보호를 강화한 것으로 보인다. 그러나 사실상 근기법의 수규자인 사용자가 법을 준수하지 않은 것은 물론이고 국가가 이를 수수방관하는 경우가 많았으므로 보호법제로서 제대로 기능하지 못하였다.

다. 정치적 민주화와 사회적 형평성의 모색(1987~1997)

1987년에서 1997년에 이르는 노동관계법의 개정과정은 이전 시기의 법개정 과정과는 뚜렷한 차이를 보이고 있다. 우선 절차적인 측면에서는 1987년 개정은 노동관계법의 제정 이후 최초로 정상적인 입법기관에 의해 정치권의 토론과정을 거쳐 여야의 합의로 이루어졌다. 법 내용의 측면에서 볼 때에 집단적 자치는 부분적으로 후퇴하기도 하였지만 전체적으로는 꾸준하게 확대되어 왔다. 집단적 자치의 확대는 노동운동의 발전에 조응하는 것이었다.

1990년에 들어와 WTO체제로 세계경제질서가 재편되고 한국이 ILO 회원으로 가입함에 따라 국제화·세계화의 시각에서 노동법을 재검토할 필요성이 제기되었다. 아울러 계속되는 노동계의 법개정 요구와 함께 노동의 유연성제고 및 기업경쟁력 강화를 기치로 사용자 측에서 근기법 개정을 강력히 주장하였다. 이것이 김영삼 정부에서 노사관계개혁위원회가 발족된 계기이다. 노사관계 개혁위원회(약칭 '노개위')는 이전의 양대노총을 포함하는 노동계 대표의 참여가 보장되었을 뿐 아니라 노사관계 개혁과 관련된 주요 현안을 둘러싼 중앙차원의 실질적인 협의가 이루어졌다는 점에서, 사회적 협조주의의 효시를 이룬다고 평가할 수 있다. 노개위에서의 심도 있는 논의와 노동법 총파업, 개정법의 폐지, 재제정의 우여곡절을 거친 끝에 현행법이 마련되었는바, 집단적 노동관계법 영역에서 위헌성이 논란된 문제조항이 상당히 개선되었고 개별적 노동관계법 영역에서는 노동의 유연성을 제고시키는 규정이 도입되었다. 아울러 합리적으로 제도를 개선한 부분도 많이 발견된다. 이 시기는 노동관계법 개정의 절차·내용면에서의 정상화 과정이라고 평가할 수 있다. 이러한 정상화는 사회 전반의 민주화에 의하여 비로소 가능하였다. 1987년의 이른바 6월 항쟁에서 시작되는 한국의 민주화의 진전은 노동관계법의 개정과 직접적인 관련성을 가진다.

라. 사회적 형평성과 경제적 효율성의 조화 모색(1998~현재)

1997. 11. 21. 국제통화기금(IMF)에 자금지원요청을 하기에 이른 금융위기는 한국이 해방 이후 경제성장과정에서 경험하지 못했던 초유의 위기상황이었다. 대량실업사태와 임금저하현상이 속출하였고, 1997년 노동법체계에 대한 재검토가 불가피하게 되었다. 노사관계에서 이러한 움직임은 노사정위원회 발족의 요인으로 작용하였다. 노사정위원회에서의 합의 등을 기초로 하여, 새로운 제도가 도입되기도 하고 기존의 제도가 일부 수정됨으로써, 1998년 후 노동관계법제는 상당 부분 변모하게 된다. 뒤에서 자세히 살펴보는 바와 같이 개별적 노동관계법 영역에서는 정리해고 법제가 근로기준법의 개정을 통해 일부 수정되었고, 근로자파견제도가 새로이 도입되었으며, 사용자 도산시 임금채권 등의 보호를 내용으로 하는 근로기준법의 개정 및 임금채권보장법의 제정 등의 변화가 있었다. 집단적 노동관계법 영역에서는, 교원의 노동조합 설립이 가능하게 되었으며 공무원의

직장 내 단결활동이 공무원직장협의회를 통해 일부 가능하게 되었고, 노동조합의 정치활동의 범위가 노조법상의 관련조문의 삭제 및 정비 그리고 정치관계법의 개정을 통해 확대되는 등의 변화가 있었다.

2. IMF 구제금융과 사회적 대타협

1997년 하반기의 외환·금융위기를 계기로 노사정위원회가 발족하면서 대대적인 노동법제 개선안이 채택되고 이는 2000년대 노동법제 형성에 지대한 영향을 미치게 된다. 1997. 12. 정부와 IMF가 구제금융 협상을 시작하자, 재벌을 필두로 한 많은 기업들은 자체 구조조정계획을 속속 발표하였다. 이런 급박한 사태 전개 속에서 민주노총은 12. 3. '경제위기 극복과 고용안정을 위한 노사정 3자기구'를 구성할 것을 공식적으로 제안하였다. 당시 김대중 대통령 당선인은 경제계 인사와 한국노총 및 민주노총 측에 3자회의기구의 구성을 제의하고, 'IMF극복을 위한 노사정협의회'의 구성을 공식적으로 제안하였다. 노사정위원회는 1998. 2. 6. '경제위기 극복을 위한 사회협약'을 체결하였는데 그중 노동법제와 직접 관련된 것은 다음과 같다.

첫째, 정리해고제도와 관련하여 경영상의 이유에 의하여 노동자를 해고하고자 하는 경우에는 긴박한 경영상의 필요가 있어야 하되, 경영악화를 방지하기 위한 사업의 양도·합병·인수의 경우에도 긴박한 경영상의 이유가 있는 것으로 보고, 합리적이고 공정한 기준에 의한 해고 대상자 선정에서 성차별 금지의 명문화, 해고일 60일 전에 노동자대표에게 해고회피방법 및 선정기준을 통보하고 성실히 협의 및 노동부에 신고, 정리해고된 자에 대해서는 재고용노력의무규정을 신설하기로 하였다.

둘째, 근로자파견제도와 관련하여서는, 1998. 2. 임시국회에 파견근로자 보호법안을 제출하기로 합의하면서 파견 대상 업무에 있어 전문적 업무는 대통령령으로 정하는 Positive System을 채택, 단순 업무 분야는 Negative System을 채택하여 출산, 질병, 부상 등으로 결원이 생긴 경우 또는 일시적·간헐적으로 인력 확보가 필요한 경우에 허용하고, 파견기간을 1년으로 제한, 차별금지 등 파견노동자보호조치, 파견사업주와 사용사업주의 책임소재 등을 명확히 하도록 합의하였다.

셋째, 사업주 도산시 근로자의 임금채권을 보장하는 법안을 1998. 2. 임시국회에 제출하도록 합의하였다. 구체적으로는 사업주부담금 등으로 조성된 임금채권보장기금을 설치하고, 5인 이상 사업장의 노동자에 대하여 임금채권 최우선변제 범위인 '최종 3월분의 임금 및 최종 3년간의 퇴직금' 중 대통령령으로 정하는 금액을 동 기금에서 대신 지급한 뒤 구상권을 통하여 회수하도록 하였다. 그밖에 영세사업장의 노동자보호를 위하여 5인 미만 사업장에 근로기준법의 일부조항을 적용할 수 있도록 관련법령을 개정할 것을 합의하였다.

넷째, 노동기본권 보장에 대해서는, 공무원의 경우 1999. 1.부터 직장협의회 설치를 위한 관련 법안을 1998. 2. 임시국회에 제출하고, 노동조합결성방안은 국민여론을 수렴하여 2단계로 추진한다고 합의하였다. 교원에 대해서는 노동조합결성권이 보장되도록 1998년 정기국회에서 관련 법률의 개정을 추진한다는 데 합의하였다.

3. IMF 이후 노동법 개정의 주요내용

노사정위원회 구성 이후의 법개정 내용을 살펴보면, 노동유연성의 제고와 노동기본권의 보장을 양축으로 하여 노사간 이해절충의 과정으로 평가할 수 있다. 어느 요인이 우세하였는가에 관해서는 각 주체 간에 평가가 상이하지만, 과거와 같이 노동기본권을 무시한 채 경제성장 관점에서만 단선적으로 노동입법을 좌지우지할 수는 없게 되었다. 이하에서는 법 개정의 주요내용을 살펴본다.

가. 개별적 근로관계법 영역

첫째, 정리해고 관련규정이 개정되었다(1998. 2. 20. 근기법 개정). 주요 내용은 '긴박한 경영상의 필요성'의 요건과 관련하여, 기업의 양도와 인수·합병의 경우 해고의 정당성 유무에 대한 다툼을 해소하기 위해 '경영악화를 방지하기 위한 사업의 양도·인수·합병'은 '긴박한 경영상의 필요'에 포함된다고 명문화하였다. 해고회피노력과 관련하여 남녀차별금지규정을 신설하였다. 해고절차와 관련하여, 해고협의를 위한 통보기간을 종전의 30일에서 60일로 연장하고 일정 규모 이상의 인원을 해고하고자 할 때에는 노동부장관에게 신고하도록 개정하였다. 그밖에 우선 재고용 규정 및 정부의 생계안정 노력을 신설하였다.

둘째, 기업의 도산 급증과 체불임금 대량발생으로 근로자의 임금채권 보장의 실효성을 기할 수 없게 되자, 기업의 도산 등으로 인해 사업주의 임금지급이 곤란하게 된 경우 사업주를 대신하여 임금채권보장기금에서 일정 범위의 체불 임금을 지불할 수 있도록 하는 제도를 도입하게 되었다(1998. 2. 20. 임금채권보장법 제정). 주요내용은 사업주가 파산 등의 사유로 임금을 체불하는 경우 최종 3개월분의 임금 및 최종 3년간의 퇴직금을 지급하도록 하고, 노동부장관은 임금채권보장기금을 설치하고 그 재원 조성을 위하여 적용대상 사업장의 사업주로부터 부담금을 징수할 수 있도록 하였다.

셋째, 근로시간 단축의 기본 틀에 합의하였다(2003. 9. 15. 근기법 개정). 주요 내용으로는 ① 기준근로시간을 44시간에서 40시간으로 단축, ② 탄력적 근로시간제를 실시할 수 있는 기간을 '1월 이내'에서 '3월 이내'로 연장하고, 특정주의 연장근로시간의 상한을 56시간에서 52시간으로 단축, ③ 사용자는 근로자대표와의 서면합의에 따라 제55조의 규정에 의한 연장근로·야간근로 및 휴일근로에 대하여 임금을 지급하는 것에 갈음하여 휴가를 부여할 수 있다는 규정을 신설, ④ 월차유급휴가를 폐지하고, 여성인 근로자에 대하여 월 1일의 유급생리휴가를 주도록 하던 것을 무급화하여 사용자의 부담을 경감, ⑤ 1년간 8할 이상 출근한 자에 대하여 15일의 유급휴가를 주며, 2년마다 1일의 휴가를 가산하되, 휴가일수의 상한을 25일로 정함, ⑥ 근로자가 휴가를 사용하지 아니한 경우, 사용자에게 그 미사용한 휴가에 대하여 보상할 의무를 면제하여 근로자의 연차유급휴가의 사용을 촉진함, ⑦ 유급휴가의 대체에 관하여 제60조는 '사용자는 근로자 대표와의 서면합의에 의하여 제59조의 규정에 의한 연차유급휴일에 갈음하여 특정근로일에 근로자를 휴무시킬 수 있다'고 규정한 것을 들 수 있다.

넷째, 부당해고에 대한 기존의 형사처벌을 삭제하는 등 제도를 개선하였다(2007. 1. 26. 근기법 개정). 이때 개정 및 신규 도입된 주요 내용으로, 정당한 이유 없는 해고 등에 대한 벌칙조항을 삭제하되 부당해고에 대한 노동위원회의 구제명령을 이행하지 않는 자에 대해 이행강제금을 부과하고, 형사처벌은 확정된 구제명령을 이행하지 않는 자에 대해서만 가능하도록 한 점, 부당해고 시 근로자가 원직복직을 원하지 아니하는 경우에는 근로자가 해고기간 동안 지급받을 수 있었던 임금 상당액 이상의 금품을 지급할 수 있게 금전보상제도를 신규 도입한 점, 사용자의 근로자에 대한 해고시 서면통지제도를 신설한 점 등이 있다.

나. 집단적 노사관계법 영역

첫째, 1998년 2월 '경제위기 극복을 위한 사회협약' 후속조치의 하나로 그간 문제되었던 교원노조 설립의 최종합의를 도출하였다(1999. 1. 29. 교원의 노동조합설립 및 운영에 관한 법률 제정).

주요 내용으로는 ① 단결권 및 단체교섭권을 인정하되, 법령·조례 및 예산 등에 의해 규정되는 내용과 법령 또는 조례에 의해 위임을 받아 규정되는 내용에 대해서는 단체협약으로서의 효력을 가질 수 없도록 함, ② 교원노조의 가입자격을 초·중등교육법 제19조에서 규정하고 있는 교원으로 한정, ③ 교원노조의 정치활동 일절 금지, ④ 교원은 특별시·광역시·도 단위 또는 전국단위에 한하여 노조를 설립 가능하게 함, ⑤ 노조와 조합원의 쟁의행위는 일절 금지한 것이다.

이때 공무원노조 설립에 관한 사항도 함께 합의하였는데, 1단계로 공무원직장협의회를 설치하고 2단계로 공무원노조를 허용하기로 하였으나 명칭, 시행시기, 노동권 인정범위, 노조전임자 등의 쟁점에 대해 이견이 해소되지 않아 입법이 지연되었다가 2005. 1. 27. 「공무원의 노동조합 설립 및 운영 등에 관한 법률」이 제정되었다.[8] 주요내용은 6급 이하 또는 이에 준하는 직급의 공무원에 대하여 단결권·단체교섭권을 보장하되 쟁의권은 인정하지 않는 것을 골자로 하는 것이었다. 다만, 단체교섭권과 관련하여서는 교원노조와 마찬가지로 교섭사항과 교섭방식

8) 노동부, 공무원 노조법령 주요내용 및 쟁점 해설(2006), 75-82면.

(제3자 위임금지), 협약의 효력에 일정한 제한을 두었다.

둘째, 필수공익사업에 대한 직권중재제도가 폐지되었다(2006. 12. 30. 노조법 개정). 개정법은 기존의 필수공익사업에 항공운수사업과 혈액공급사업을 추가하고 대체근로를 허용하였다. 필수공익사업에서 파업시에도 유지하여야 할 필수유지업무에 대한 협정을 노사간 자율적으로 체결토록 하는 필수유지업무제도를 도입하였다.

셋째, 노조전임자 급여지급에 대한 입장을 정리하고 복수노조를 허용하게 되었다. 1997. 3. 노조법 개정시 노조전임자 급여지급 금지조항이 신설된 이후 노동계는 노사자율원칙을 근거로 전임자 급여지급 금지규정의 삭제를 주장해 왔고, 경영계는 무노동무임금원칙 및 잘못된 관행의 시정을 위하여 현행규정이 존치되어야 한다는 입장을 펴서 이 문제를 둘러싸고 노사간 첨예한 대립이 지속되었다. 1997년 노조법 개정시 사업 또는 사업장 단위에서의 복수노조를 허용하면서 부칙에서 교섭창구 단일화를 위한 단체교섭의 방법·절차 등을 강구하도록 규정하여, 노조전임자 규정과 함께 2001년 말까지 그 시행이 유예되었다. 그러나 이에 대한 노사간 논의가 합의되지 못하고 수 차례 법시행이 유예되는 우여곡절 끝에 2010. 1. 1. 비로소 전임자 급여지급 금지 및 사업장 내 복수노조 허용이 법률로 규정된 지 13년 만에 시행된다. 전임자 급여지급 금지와 함께 근로시간면제제도가 도입되었고, 복수노조의 허용과 함께 교섭창구단일화 제도가 도입되었다.

다. 비정규직 영역

IMF 이후 비정규직 근로자가 급증하면서 사회의 주요 이슈로 부각됨에 따라 2001년 비정규근로자대책특위를 노사정위원회 내에 설치하였고, 많은 논의 끝에 2006. 11. 30.「기간제 및 단시간근로자 보호 등에 관한 법률」안이, 이어 동년 12. 21.「파견근로자보호 등에 관한 법률」 개정안이 국회에서 통과되기에 이른다.[9)]

첫째, '파견근로자 보호 등에 관한 법률'을 제정하여 파견대상 업무는 전문지식, 기술 또는 경험 등을 필요로 하는 업무(제조업의 직접 생산 공정 업무 제외)의 경우 Positive System으로, 나머지는 Negative System으로 하였다. 파견기간은 1년 이내로 하되 당사자 합의시 1년 더 연장할 수 있도록 하였다. 사용자가 파견근로자를 2년을 초과하여 사용한 경우 해당 근로자를 고용한 것으로 간주하였다. 파견근로자 보호조치로서, 파견근로자와 일반근로자간의 차별대우금지, 성별·종교·신분 등을 이유로 한 파견계약 해지의 금지, 파견근로자에 대한 파견취업조건의 사전고지 등을 규정하였다. 또한 임금, 산재보상 등에 대해서는 파견사업주가, 근로시간, 휴일, 산업안전보건 등에 대해서는 사용사업주가 그 책임을 지도록 하여, 파견근로자에 대한 사용자의 책임소재를 명확히 하였다. 그리고 쟁의행위 중인 사업장에 쟁의행위에 영향을 미칠 목적의 파견은 금지하고, 경영상의 이유로 인한 해고 후 일정기간 동안은 당해 업무에 파견근로자를 사용하지 못하도록 하였다.

둘째,「기간제 및 단시간근로자 보호 등에 관한 법률」로써 기간제 근로는 총 사용기간을 2년으로 제한하고 그 기간을 초과하는 경우 무기계약으로 간주하였다. 단시간 근로자에 대해서는 소정근로시간을 초과하는 근로의 상한을 1주 12시간으로 제한하였다. 파견근로자와 관련하여서는, 파견업무는 종전의 대상업

---

9) 노동부, "제3편 근로자보호정책", 노동행정사(2008), 96-102면.

무 열거방식을 유지하되 전문지식·기술·경험 이외에 업무의 성질도 고려하여 대통령령에서 조정할 수 있도록 하였다. 파견기간은 2년으로 하되 그 기간을 초과하는 경우 종전의 고용간주 규정에서 고용의무 규정으로 개정하였다. 또한 고용의무는 기간 초과뿐만 아니라 파견대상업무 위반, 무허가 파견 등 모든 불법파견에 적용되도록 명문화하고, 이어 2012. 2. 1. 개정에서는 종전에 불법파견이라도 2년 이내로 근로한 경우 직접 고용의무 규정의 적용이 배제되는 문제점을 해소하고자 불법파견일 경우 사용기간에 관계없이 사용사업주에게 직접고용의무를 부여하도록 개정함으로써 불법파견시 고용의무와 관련한 기존의 다툼을 해소하였다. 또한 기간제·단시간 및 파견근로자에 대한 차별금지 원칙을 각 법률에서 명문화하고 노동위원회에 차별시정위원회를 설치하는 등 구제절차를 마련하였다.

라. 고용에서의 양성평등 영역

'국민의 정부'와 '참여정부'는 특히 모성보호, 차별에 대한 시정제도의 체계화 및 확대, 저출산·고령화 대책 등을 적극적으로 추진하여 관련 입법이 다수 이루어지게 된다. 성차별과 관련하여, 1999. 2. 8. 개정된 「남녀고용평등법」은 차별의 정의규정에 간접차별의 개념을 추가하였고, 같은 날 「남녀차별금지 및 구제에 관한 법률」이 제정되어 고용, 교육, 재화·시설·용역의 제공과 이용, 법과 정책의 집행에서 공공기관 종사자의 남녀차별행위와 성희롱을 금지하는 등 실질적인 고용평등이 실현될 수 있도록 하였다. 이어 2005. 12. 30. 개정 「남녀고용평등법」은 여성고용촉진을 위해 적극적 고용개선조치를 도입하였다.

모성보호에 관해서는 2001. 8. 14. 개정된 「근로기준법」에서는 산전후휴가기간을 종전의 60일에서 90일로 확대했고, 임신중인 여성근로자의 시간외 근로를 절대적으로 금지하였다. 또한 2007. 12. 21.의 개정에 따라 「남녀고용평등법」의 명칭이 「남녀고용평등과 일·가정 양립 지원에 관한 법률」로 변경되고, 배우자의 출산휴가·육아기 근로시간 단축제도 등 근로자 보호 규정이 신설되었다. 2010. 2. 4. 개정으로 육아휴직의 적용대상 확대, 2012. 2. 1. 개정으로 출산전후휴가 또는 유사산휴가에 대해서도 출산전후휴가급여가 지급되고 배우자 출산휴가의 연장, 육아기 근로시간 단축제도의 허용의무, 가족돌봄 휴직 제도의 신설 등 일·가정 양립을 지원하기 위한 제도가 확충되었다.[10)]

고용평등을 실현하기 위한 고용차별 규제 범위도 넓어졌다. 2001. 5월 제정된 「국가인권위원회법」으로 차별사유에 의한 차별이 규제되는 한편, 인권침해와 차별행위의 구제기관으로서 국가인권위원회가 설치되었다. 2006년 12월에 국회를 통과한 비정규직법안은 기간제, 계약직, 파견직이라는 이유로 정규직과 합리적 이유 없이 차별대우하는 것을 금지하였고, 차별에 대한 시정처리는 노동위원회에 신설될 차별시정위원회가 담당하도록 하였다. 아울러 「고용상 연령차별금지 및 고령자고용촉진에 관한 법률」 및 「장애인차별금지 및 권리구제 등에 관한 법률」은 각각 연령 또는 장애를 이유로 한 고용상 차별을 금지하고 시정명령 등 그 구제를 규정하였다.

---

10) 김엘림, “여성노동에 관한 노동법 60년사의 성찰”, 노동법 60년사 학술대회 자료집(한국노동법학회, 2013), 144-151면.

Ⅲ. 2000년대 이후 노동법의 주요 담론과 입법론적, 해석론적 쟁점

1. 신자유주의의 영향: 유연안정성 담론 및 근로계약법제 논의[11)]

가. 유연안정성(flexicurity) 논의와 노사관계제도선진화 입법안의 채택

'노동시장 유연화'는 90년대 이후 최고의 유행어 중 하나였다.[12)] 많은 선진국에서 노동시장 유연화를 지향하는 정책이 시행되었고, 우리나라도 이 흐름에서 벗어나기 어렵다는 점에 어느 정도 인식의 공감대가 형성되어 있었다. 이러한 신자유주의적인 사조는 전통적인 고용보호법제(Employment Protection Law, EPL)의 존재의의와 충돌하는 측면이 있기 때문에 이를 어떻게 해소하는가가 주요 관심사로 부각되었다. 2004년 OECD 보고서의 지적과 같이,[13)] 지속적으로 변화하는 시장에 적응해야 한다는 기업 측의 필요와 다른 한편으로는 고용보장이라는 근로자 측의 필요를 어떻게 조화시킬지의 문제가 핵심적인 이슈로 부상하였다.

---

11) 이하의 논의는 이철수, 위의 논문(2014)에 정리된 내용을 요약 및 재구성한 것임.

12) 소위 '노동시장 유연화'논의는 주로 경제학자들이 주도하였다. 다수의 경제학자들은 1980년대 중반 이후 유럽 국가들의 실업률이 줄어들지 않은 것은 유럽 노동시장의 구조적 경직성과 비효율성 때문이고, 그것에는 높은 수준의(또는 엄격한) 고용보호법제가 중요한 원인을 제공하였다고 주장하였다. OECD는 이러한 논의를 반영하여 '1994년 OECD 고용전략'(OECD Jobs Study)에서 총 10개항의 정책 권고를 한 바 있는데, 그중 제6항에서 '민간부문에서 고용확대를 방해하는 고용보장규정의 개선'(Reform employment security provisions that inhibit the expansion of employment in the private sector)을 명시적으로 채택하기도 하였다.

13) OECD, *Employment Outlook* (2004), 61면 이하 참조.

이러한 상황에서 학자들 중심으로 구성된 '노사관계제도선진화위원회'의 논의를 거쳐 2003. 9. 4. '노사관계법제도 선진화방안'(이하 '선진화방안')이 마련되었고 이를 토대로 노사정 타협을 거쳐 2006년 선진화입법안이 채택되었다. 2003. 9. 4. 노동부는 유연안정성의 제고를 위해 근로기준제도의 유연성이 제고되어야 하고, 그 실천방안으로서 첫째, 해고제도의 경직성을 완화하고 부당해고 구제제도의 실효성을 제고하는 방안의 모색, 둘째, 영업양도와 같은 기업 변동의 필요성과 근로자의 권익보호의 조화, 셋째, 주 5일제 실시와 관련하여 근로시간제도의 탄력성을 제고, 넷째, 성과급이나 임금피크제 도입을 통한 임금제도 합리화를 제안하였다.[14)]

정부는 선진화방안을 노사정위원회 본회의에 회부하고 그 논의 결과를 지켜본 후 노사 합의에 이르지 못할 경우, 선진화방안을 중심으로 하여 노사관계 법과 제도를 개선해 나가겠다고 밝혔다. 이후 민주노총의 불참, 비정규직 법안의 국회 논의 등의 사정으로 선진화방안에 대한 논의가 지연되기도 하였으나 2005. 9. 5. 노사정위원회는 선진화방안에 대한 노사정위원회의 논의 결과를 노동부에 이송하였다. 노사관계제도선진화연구위원회의 제안들 가운데 체불임금과 관련된 반의사불벌죄와 미지급 임금에 대한 지연이자제도의 도입은 2005년 근기법 개정에, 해고와 관련된 형사처벌 규정의 삭제, 이행강제금 및 금전보상제, 해고의 서면통지제도의 도입은 2007년 법개정에 각각 반영되었다. 또한 2004년 정부는 노사정위원회에서의 논의를 토대로 마련한 「근로자퇴직급여보장법」(안)을 국회에 제출하였고, 2005. 1. 27. 동법이 제정되면서 퇴직연금제도가 법제화되기에 이른다.[15)]

14) 노동부, 노사관계 개혁방안(2003. 9. 4), 12-13면.
15) 노동부, "제3편 근로자보호정책", 노동행정사(2006), 93면.

나. 근로계약법제 논의[16]

20세기 말 선진국에서는 기존의 노동보호 관념에 대한 회의를 제기하며 규제완화론을 논하기에 이르며, 그 근거로 경제의 지구화 및 불안정화, 실업문제의 심각화, 급속한 기술혁신 및 산업구조의 변화, 국가의 규제기능 축소, 고용형태의 다양화 등을 거론하였다.[17] 아울러 근로자들의 생활환경, 인생관 등이 다양화되고 이에 따른 다양한 근로방식이 요구되고 있다는 점을 들어 노동법의 유연화를 주장하기도 하였다.[18]

노동법의 유연화는 근로조건의 결정 시스템과 내적 연관성을 가지는 것으로 설명되었다. 예컨대 파트타임 근로, 재택근무의 보급은 적어도 부분적으로는 그러한 근로형태를 희망하는 근로자의 존재를 원인으로 하는 것인바, 이 경우 법률이나 단체협약에 의한 근로조건의 집단적·획일적 결정의 의의를 후퇴시키고 개별계약에 의한 근로조건 결정의 비중을 증대시키게 된다. 전통적인 관점에서 근로조건은 국가의 근로자보호법을 최저기준으로 하여 주로 단체협약, 취업규칙에 의해 결정되는 반면, 유연화의 추세는 국가법이나 산업별 단체협약의 비중을 저하시키고 하위수준에서 결정의 자유를 확대할 것을 요구한다. 요컨대 유연화로 인해 최저기준을 정한 법률적 규제의 완화, 법률규정으로부터 당사자 자치로의 이전, 그리고 단체협약으로부터 사업

---

16) 이하의 내용은 이철수, "근로계약의 해석론적, 입법론적 과제", 노동법학, 제15호(한국노동법학회, 2002. 12)를 재구성한 것임.

17) 西谷 敏, "労働法における規制緩和と弾力化", 労働法における規制緩和と弾力化(日本労働法學會誌) 93号(總合労働研究所, 1999), 9-14.

18) Zöllner, "Flexibilisierung des Arbeitsrechts", *ZfA* (1988), S. 268; Däubler, "Perspektiven des Normalarbeitsverältnisses", *AuR* (1988), S. 305; Matthies/Mückenberger/Offe/Peter/Raasch, *Arbeit* (2000), 1994, S. 20ff.(西谷 敏, 앞의 논문, 13면에서 재인용).

장 혹은 개인수준으로의 중심 이동 등이 수반될 수밖에 없다.[19] 이는 통상 규제완화 또는 분권화(decentralization)의 경향으로 표현되는바, 결국 노동법의 유연화는 법적으로는 규제완화, 즉 크게 '법률적 규제의 완화'와 '근로조건 결정시스템의 변경'으로 요구되었다.[20]

이러한 규제완화의 경향과 맞물려, 한국에서는 보수적인 노동법학자들이 이른바 '근로계약법제론'을 주창하기에 이른다. 근로계약법제론의 구체적 내용은 논자마다 차이가 있지만 대체로 종속노동론을 비판하고 개별근로자의 자유로운 의사를 존중하는 방향으로 법질서가 새로이 모색되어야 한다는 것이다. 근로계약법제의 효시를 주창한 김형배(1994)의 경우, 현재의 근로자상은 노동보호법제가 마련되기 시작한 19세기 당시의 근로자상과는 위상을 달리하므로 당시의 보호 관념을 오늘의 상황에 그대로 적용할 수는 없으며 비현실적 보호 관념은 과감히 수정되어야 하고 형해화된 보호규정은 삭제하는 것이 바람직하다고 주장했다. 요컨대 근로기준법은 근로자보호법으로서의 성격을 탈피하고 근로자들에게 참여의 권한과 함께 책임도 부여하는 근로계약기본법으로 재구성되어야 한다는 것이다.[21] 하경효(2000)의 경우, 노동법의 독자성에 의문을 제기하면서 보다 적극적인 입법론을 개진하였다. 노동법도 본질적으로 사법질서에 귀속되

---

19) 西谷 敏, 앞의 논문, 6-8면 참조.

20) 특히 노동보호법제를 채택하고 있는 대륙법계에서는 법률상의 규제완화가 비교적 강하게 요구되었는데 그 전형적인 예가 독일과 일본이다. 관련 논의는 和田肇, "ドイシ勞働法の變容 — 標準的勞働關係概念お中心に —", 勞働法における規制緩和と彈力化(日本勞働法學會誌), 93号(總合勞働硏究所, 1999) 참조.

21) 김형배, "한국노동법의 개정방향과 재구성", 법학논집, 제30집(고려대학교 법학연구원, 1994), 15면 참조.

어야 하며, 근로자 보호뿐만 아니라 이해관계 조정의 규율체계로 이해되어야 한다고 전제한다. 노동법학도 규범학의 범주를 벗어날 수 없고 학문적 논증에 따라야지 근로자이익보호라는 이데올로기적 판단에 영향을 받으면 안 된다고 주장한다. 심지어 민법전의 고용편의 내용과 노동법상의 근로계약에 관련된 내용을 통합 규율할 필요성을 제안하기까지 한다.[22)]

'종속노동론'에 터 잡은 전통적 노동법학 방법론의 한계를 지적하는 선을 넘어, 듣기에 따라서는 노동법의 독자적 존재의의를 부인하는 듯한 뉘앙스를 풍기는 이러한 접근방식이 2000년대에 학자들의 관심을 끈 사실만으로도 이 당시의 우리나라에서 유연화 내지 규제완화의 패러다임이 어느 정도로 강력했는지를 가늠할 수 있다.

그러나 근로계약법론은 개별의사를 존중하고 법운용상의 구체적 타당성을 제고시키기 위한 논의로 이해하면 될 것이다. 근로계약법제 또는 노동법의 유연화가 근로기준법의 보호법적 기능을 등한시하거나 노동보호법의 반대개념으로 논의되는 것은 분명히 경계되어야 한다. 국제조약과 우리 헌법이 상정하고 있는 근로자 보호의 관념을 포기하지 않는다면 고용보장과 유연화의 긴장관계를 상생적으로 해결하려는 노력을 기울이지 않으면 안 된다. 현재의 노동법구조 내에서의 개선을 최대한 시도하지 않은 채 다른 패러다임의 도입을 논의하는 것은 자칫 문제의 본질을 호도할 우려가 있다. 근로계약법론은 노동보호법의 경직성을 완화하기 위한 '방법론상의 회의'일 뿐 결코 시민법으로의 회귀를 지향해서는 안 될 것이다. 이런 점에서 근로계약법을 근로기준법과 민법의 중간영역에 존재하는 별도의 법영역으로 설

22) 하경효, "노동법의 기능과 법체계적 귀속", 社會變動과 私法秩序(김형배교수정년퇴임기념논문집)(2000), 245-246면 참조.

정하는 데에는 찬성할 수 없다. 근로계약법이 자칫 시민법 원리를 무차별적으로 확산하는 기제로 작용하는 것을 경계할 필요가 있기 때문이다.[23)]

2. 산별체제로의 전환

가. 문제의 소재

2000년 중반 우리나라 노사관계에서의 가장 큰 변화는 산별노조와 관련이 있다. 1990년대 말 IMF 경제위기는 기업별노조 체제의 한계를 극명하게 보여주었고, 이에 따라 노동계는 노동조합의 조직형태를 기존의 기업별노조 중심에서 산별노조 중심으로 전환하는 운동에 속도를 냈다. 노동조합이 자율적이고 의도적으로 진행한 최근의 산별노조 전환은 적어도 외견상으로는 상당한 성과를 거두었다.[24)]

그런데 우리나라에서는 오랜기간 동안 기업별 교섭 관행이 주종을 이루어 온 관계로 산별화가 진행된 이후에도 사업장 차원의 노조(그것이 단위노조이든 산별노조의 지부나 분회이든 상관없이)가 독자적 교섭이나 조합활동을 행하는 경우가 많다. 그만큼 중앙집중화가 덜 진전되어 있고 이는 구미제국의 산별노조와 대비되는 특징이라 할 수 있다. 그리고 산업별로 중앙집중화의 정도, 교섭권한의 분배, 조합재정관리 등에서 상당한 편차를

---

23) 이철수, "근로계약법제와 관련한 방법론적 검토", 노동법의 존재와 당위(김유성교수정년기념논문집)(2006), 41면.

24) 노동부 발표에 따르면 2009년 기준 산별노조 등 초기업별 노조(지역 및 업종 포함)의 조합원 비중은 전체의 52.9%(조합원 수 868,467명)를 차지한다. 상급단체별로는 민주노총 80.5%, 한국노총 40.2%, 미가맹노조 31.1%로, 산별노조로의 전환은 민주노총이 주도하고 있음을 알 수 있다. 은수미, "산별노조와 산별교섭: 보건의료산업과 공공부문을 중심으로", 대법원 연구용역 세미나 2009년 9월 10일 발표문, 2면.

보이고 있기 때문에 통일적인 해법을 찾기가 용이하지 않은 상황이다. 그리고 사용자가 초기업별 교섭을 꺼려하고 사용자단체도 제대로 결성되지 않는 등 우리나라에 특유한 문제 상황이 많이 발생한다. 산별노조로의 조직형태의 전환이 광범위하게 진행되고 있고 산별협약과 지부별 협약의 기능적 분화도 어느 정도 정착되어 가고 있지만, 산별화의 정도와 방식·산별교섭의 진행 정도·사용자단체의 결성 여부·쟁의행위의 결정단위·조합비 배분방식 등에 있어서 산업별마다 일정한 편차를 보이고 있다. 아직도 산별체제로의 전환은 진화과정에 있다고 총평할 수 있다.

우리의 현실태를 감안하여 산별노조의 전환과 관련하여 발생할 수 있는 분쟁을 예상하면 다음과 같이 유형화할 수 있다. 첫째, 기존의 기업별 단위노조를 산별노조의 지부나 분회로 전환할 때 발생하는 분쟁; 둘째, 산별 단위노조의 지부나 분회를 기업별 노조로 바꿀 때 발생하는 분쟁 또는 소속 산별노조를 변경하려고 할 때 발생하는 분쟁; 셋째, 지부 분회가 단체교섭을 행하고 단체협약을 체결하려고 할 때 발생하는 분쟁; 넷째, 지부의 단체협약이 단위노조의 단체협약과 충돌할 때 발생하는 분쟁; 다섯째, 단위노조의 의사와 무관하게 독자적으로 쟁의행위에 돌입하려고 할 때 발생하는 분쟁이 있다.

나. 해석론상의 쟁점

산별체제로의 전환으로 인해 새로운 유형의 분쟁이 발생할 가능성이 높기 때문에 기존의 이론들을 우리의 현실에 맞게 재구성하는 작업이 실무적 차원에서나 학문적 차원에서 공히 요구된다. 제도론적인 측면에서 보면 초기업별 산별노조와 사업장내 의사결정시스템(예컨대 기업내 노동조합, 노사협의회, 근기법상의 근로자대표 등) 간의 관계 설정이 검토될 필요가 있다. 해석론적 차원에서는 산별노조 지부·분회의 의사결정능력·협약체결능력(교섭당사자성)·쟁의행위능력, 산별 단체협약과 지부·분회 단체협약간의 충돌, 조직형태의 변경, 지부재산에 대한 처분권의 귀속, 산별노조 간부의 사업장 출입권, 쟁의행위에 있어서의 산별노조의 책임, 부당노동행위의 주체 및 구제 신청권자, 산별노조 활동과 업무상 재해의 인정 여부, 산별노조와 창구단일화의 관계 등의 쟁점이 부각된다. 이러한 해석론상의 쟁점 중에 하부조직의 교섭당사자성과 조직형태의 변경 논의가 주로 논의되었다.

(1) 하부조직의 교섭당사자성

하부조직의 교섭은 단위노동조합의 총체적 의사와 현장근로자들의 개별적 요구의 가교로 기능하는바, 법리적 관점에서 보면 단위노조 통제권과 하부조직의 독자성 내지 실체성의 조화에 관한 문제이다. 하부조직의 당사자적격성을 둘러싼 논의는 2가지 논점으로 정리할 수 있을 것이다. 첫째, 단위노조로부터의 교섭권한의 위임 여부에 상관없이 하부조직이 그 자체로 독자적인 단체교섭권을 가지는가? 둘째, 하부조직에 고유의 단체교섭권이 인정될 경우 단위노조의 통제권과 관련하여 하부조직의 교섭권한이 어느 정도로 제약받는가?

전자는 하부조직의 단체교섭의 당사자성에 관한 문제이고 후자는 교섭권의 내재적 한계에 관한 문제인바, 논의는 주로 전자에 집중되고 있다. 지부가 단체교섭의 당사자가 될 수 있다는 의미는 교섭영역에서뿐만 아니라 조합활동이나 쟁의행위에서도 독자적인 의사결정권을 가진다는 것이다. 대법원은 지부가 일정한 사단적 실체를 가지는 경우에는 독자적인 단체교섭권 및 협약체결능력을 가질 수 있다고 해석하고 그 판단기준은 “노동조합의 하부단체인 분회나 지부가 독자적인 규약 및 집행기관을 가지고 독립된 조직체로서 활동을 하는 경우 당해 조직이나 그 조합원에 고유한 사항에 대하여는 독자적으로 단체교섭하고 단체협약을 체결할 수 있고, 이는 그 분회나 지부가 노조법 시행령 제7조의 규정에 따라 그 설립신고를 하였는지 여부에 영향받지 아니한다"는 것이다.[25)]

지부의 교섭·협약능력을 인정하는 대법원 판결에 대하여 학설의 대다수는 비판적 입장을 취하고 있다.[26)] 그 내용의 핵심은 ① 지부의 실체성만을 이유로 하는 단체교섭 당사자의 인정은 조합조직의 원리나 대표성의 원칙에 반하고,[27)] 산별노조의 단체교섭권을 형해화한다는 점,[28)] ② 지부는 독자적인 노동조합이 아니기 때문에 산별노조 규약상의 수권이나 위임에 의해서만 단체교섭이 가능하다는 점, ③ 지부의 조직적 실체성 여부와 산별노조 규약에 합치하는 지부의 교섭능력 여부는 별개의 문제[29)]라는 점 등이다. 학설 중에도 예외적으로 지부의 단체교섭 당사자 지위를 인정하는 입장이 보인다. ① 산하조직이 그 명칭과 달리 상급노조에 대한 가입·탈퇴를 단체로서 하는 등 실질적으로는 단위노조와 다를 바 없는 경우,[30)] ② 산별노조가 형식적으

25) 대법원 2001. 2. 23. 선고 2000도4299 판결.
26) 필자는 이 판결 이전에 이미 동일한 취지의 주장을 한 바 있다. 이에 관해서는 이철수, "하부조직과 상부연합단체의 단체교섭 당사자성", 노동법의 쟁점과 과제(김유성교수 화갑기념논문집), 법문사(2000) 참조.
27) 김형배, 노동법, 박영사(2010), 812면; 이승욱, "산별노동조합의 노동법상 쟁점과 과제", 노동법연구, 제12호(서울대학교 노동법연구회, 2002), 216면.
28) 임종률, 위의 책, 111-112면; 하갑래, 집단적노동관계법, (주)중앙경제(2010), 255-256면.
29) 김기덕, "산업별노조의 단체교섭 주체에 관한 법적검토", 노동과 법, 제5호(금속법률원, 2004), 132-134면.
30) 임종률, 앞의 책, 112면.

로는 산별 단위노조이지만 실질적으로는 산별 연합단체로서의 지위를 갖는 경우[31]에는 지부의 당사자성을 인정하고 있다. 이러한 논의에 대해 필자는 다음과 같은 주장을 피력한 바 있다:

"부정설은 실질적으로 지부가 교섭당사자로서 활동하고 있을 뿐만 아니라 단위노조와의 관계상 교섭권(한)의 배분 내지 조정이 이루어지고 있는 현실태를 적절히 반영하지 못하고 있다는 점, 향후 창구단일화의 결과 과반수 지위를 획득한 대표노조에 대해서는 지부의 조직형태를 취하고 있다 하더라도 단체교섭당사자성을 부여할 것을 예정하고 있는 현행법제도를 설명할 수 없다는 점에서 법리상 수긍하기 힘들다."[32]

"만약 단위노조가 교섭권의 배분·조정에 성공하지 못해 형해화의 결과를 초래한다면 그 원인을 지부의 당사자성의 유무에서 찾을 것이 아니라 단위노조 자체의 단결력 또는 조정·규제능력의 미비 등 다른 실질적 요인에서 찾아야 할 것이다. 거꾸로 생각해 보면 조합민주주의의 요청 상 하부조직이라도 사단적 실체를 가지는 단체에 대해서는 그에 상응하는 법률적 지위를 부여하는 것이 오히려 바람직하다는 점을 고려하면 지부의 당사자성을 일률적으로 부정할 일은 아니다."[33]

(2) 조직형태의 변경

1997년 노조법이 새로이 제정되면서 그동안 해석론에서 사용되던 "조직형태의 변경"이라는 법률상의 용어가 처음으로 등

---

31) 이승욱, 앞의 글, 217-218면.

32) 이철수, "산별체제로의 전환과 법률적 쟁점의 재조명", 노동법연구, 제30호 (서울대학교노동법연구회, 2011. 3), 55면.

33) 앞의 논문, 56면.

장하게 된다. 제정 노조법은 제16조 제1항에서 총회의 의결사항 중 하나로 "조직형태의 변경에 관한 사항"(제8호)을 추가하고, 같은 조 제2항에서 "… 조직형태의 변경에 관한 사항은 재적조합원 과반수의 출석과 출석조합원 3분의 2 이상의 찬성이 있어야 한다"고 규정하였다. 이 규정들은 현재까지 유지되고 있는바, 제16조 제1항(총회의 의결사항)은 "조직형태의 변경에 관한 사항"(제8호)을 "연합단체의 설립·가입 또는 탈퇴에 관한 사항"(제6호) 및 "합병·분할 또는 해산에 관한 사항"(제7호)과, 같은 조 제2항은 "조직형태의 변경"을 "합병·분할·해산"과 독립하여 병렬적으로 규정하고 있다.

동 규정은 단위노조가 초기업적 단위노조의 지부로 조직형태를 변경하는 경우 또는 상부연합단체가 단위노조로 조직형태를 변경하는 경우 해산절차나 별도의 설립절차를 거치지 않고 동일한 법률상의 자격을 부여하기 위해 마련된 것이다. 실제 조직형태의 변경 방식은 1990년대 후반부터 가속화된 산별노조의 건설 과정 및 이후의 조직이탈 수단으로 가장 널리 사용되었다. 조직형태의 변경이 실무상으로나 학계에서나 논의와 주목의 대상이 된 것은 바로 이 때문이다.

그러나 노조법은 조직형태 변경의 의의나 요건 또는 그 효과에 대해서는 아무런 규정을 두지 않았고, 그 때문에 조직형태 변경의 실체적 사항들에 관해서는 여전히 해석론에 맡겨져 있다. 조직형태의 변경의 효과와 관련하여 법률적 지위가 그대로 유지되는 관계로 원칙적으로 조직형태의 변경이 있더라도 재산관계나 단체협약이 유지 또는 승계된다고 보아야하는 점에서 학설은 거의 일치한다. 그러나 조직대상의 의의와 범위에 관해서는 견해의 대립이 심각하다.

우선 조직형태의 요건 설정에 있어 동일성을 포함시킬 것인가가 다투어지는바, 판례와 다수설은 이를 요건사실로 이해하고 필자도 동일한 입장을 피력한 바 있다. 그 결과 기업별 노조가 산별노조의 지부 내지 하부조직으로 변경하는 경우에는 대부분의 학설이 조직형태의 변경으로 인정하고 있다. 그런데 기이하게도 그 반대의 경우, 다시 말해 산별 단위노조의 하부조직에서 독립하여 기업별 단위노조로 조직형태를 변경하거나 다른 산별 단위노조의 하부조직으로 편입하는 경우에는, 이를 조직형태의 변경으로 보지 않는 경향이 강하였다. 결국 산별노조로 편입할 때와 하부조직에서 이탈할 때 양자를 구별하여 조직변경에의 해당성 여부에 차이를 두어야 한다는 것이다. 편입의 경우는 독자적 행위능력이 인정되는 기업별 단위노조가 행한 결정임에 반하여 이탈의 경우는 행위능력이 없는 지부 또는 하부조직의 결정이기 때문에 그 효과를 인정할 수 없다는 것이다. 결국 이 문제는 앞에서 언급한 바 있는 지부의 교섭당사자성의 문제와 궤를 같이 한다. 필자는 판례와 같이 독립적인 실체를 가지는 지부나 하부조직도 독자적 행위능력을 가진다고 보기 때문에 이러한 이론적 경향에 반대하였다:

"위 학설에 이런 질문을 던져보자. 만약 기업별단위노조가 산별노조의 단순한 하부조직(독립적 실체가 없고 따라서 행위능력이 인정되지 않는 지부 또는 분회)으로 편입되는 경우를 조직형태의 변경이라 할 수 있을까. 필자는 이 경우에는 '이탈'할 때와 마찬가지로 조직형태의 변경에 해당되지 않는 것으로 본다. 왜냐하면 이 경우의 편입은 독자적 의사결정능력을 가지는 하나의 사회적 실체(entity)가 그러한 능력이 상실된 하부조직이나 부품으로 질적으로 전환하는 것이기 때문에 이미 실질적 동일성을 인정할 수 없기 때문이다. 조직형태의 변경의 정의에서 간취

되듯 이 문제는 '존속'에서 '존속'으로의 수평적 이동을 전제한다. 편입할 때에 조직형태의 변경에 해당된다고 하는 말은 편입된 후에도 독자적 의사결정능력을 가진다는 점을 전제해야만 가능하다. 그렇지 않으면 조직형태의 변경에 부여되는 법적 효과 즉 '재산관계 및 단체협약의 주체로서의 지위 부여'[34]를 기대할 수 없기 때문이다. 요컨대 '편입'할 때와 '이탈'할 때를 구별할 수 없다는 점이다. 단순한 하부조직으로 편입할 경우가 조직형태의 변경이 아니듯이 이탈할 경우에도 조직형태의 변경이 아니거나, 하부조직으로 편입할 경우가 조직형태의 변경에 해당된다면 마찬가지로 이탈할 때에도 조직형태의 변경에 해당된다고 보는 경우 외의 다른 경우의 수는 논리적으로 상정할 수 없다."[35]

3. 사내하도급의 문제

사내하도급은 전형적인 도급계약과는 이질적인 특성을 지니고 있고 파견규제를 회피하기 위해 탈법적으로 이용되는 경우가 많으므로 다양한 노동법적 쟁점을 제공하고 있다.

첫째, 원청회사의 하도급 결정과 관련한 쟁점이다. 이 경우 하도급 결정이 단체교섭의 대상사항이 되는지가 다투어질 수 있고, 경영상 해고 법리와 고용승계 문제와도 연관된다고 할 수 있다. 둘째, 위장도급의 경우 원청회사의 계약 책임을 묻고자 하는 경우에 발생하는 문제이다. 원청회사와의 근로계약관계의 존재를 주장하거나 파견법상의 고용의제조항(구법) 또는 고용의무조항의 적용을 주장하는 방식으로 제기된다. 셋째, 근로계약의 성립 여부와 상관없이 원청회사에 단체교섭을 요구하거나 부당

---

34) 대법원 1997. 7. 25. 선고 95누4377 판결.
35) 이철수, 앞의 논문, 76-77면.

노동행위 책임을 묻는 경우에 발생하는 문제이다. 이는 이른바 사용자책임의 확대 이론과 연결되어 있다. 넷째, 원청회사와 하청회사의 불공정거래를 둘러싼 다툼이다. 이는 기본적으로 경제법의 영역에서 다루어질 성질의 문제라고 할 수 있다. 법원의 판결을 통해 주로 다투어진 사건은 위장도급이 행해진 경우 두 번째와 세 번째의 쟁점에 관한 것이다.[36)]

도급관계로 위장하기 위해서는 반드시 수급인의 외형을 띠는 자를 설정하게 되는데, 이 경우 외형상 수급인이 실체를 전혀 가지지 않는 경우와 그렇지 않은 경우로 나누어 볼 수 있다. 실체를 가지지 않은 경우로 '현대미포조선 사건'처럼 수급인의 법인격이 형해화되어 있는 경우 또는 수급인의 관련 행위가 직업안정법상의 유료직업소개사업을 한 것에 불과한 경우를 상정할 수 있을 것이다. 수급인의 실체가 없게 되면 근로계약관계의 성립 여부나 책임의 추급 여부를 원청회사에 물을 수밖에 없을 것이다(사용자책임의 전환). 수급인의 실체가 인정되면 어느 누구에게 사용자책임을 물을 것인가가 해석론상의 쟁점이 될 것이다. 이 경우에 기존의 파견법제가 어떻게 영향을 미치는지를 두고 입장의 대립이 존재한다.

---

36) 사내하도급 관련 주요 판결의 흐름은 다음과 같이 유형화될 수 있다: ① 묵시적·직접적 근로관계를 인정한 사례('경기화학 사건' 대법원 2002. 11. 26. 선고 2002도649 판결; '현대미포조선 사건' 대법원 2008. 7. 10. 선고 2005다75088 판결; '인사이트코리아 사건' 대법원 2003. 9. 23. 선고 2003두3420 판결), ② 불법파견으로 보아 파견법상 근로관계(고용간주)를 인정한 사례('울산 현대자동차 사건' 대법원 2010. 7. 22. 선고 2008두4367 판결; '예스코 사건' 대법원 2008. 9. 18. 선고 2007두22320 전원합의체 판결; '한국마사회 사건' 대법원 2009. 2. 26. 선고 2007다72823 판결; 'SK와이번스 사건' 대법원 2008. 10. 23. 선고 2006두5700 판결), ③ 근로관계는 부정하지만 노사관계(부당노동행위)는 인정한 사례('현대중공업 사건' 대법원 2010. 3. 25. 선고 2007두8881 판결).

행정지침 등에서 도급과 파견 또는 위장도급과의 구별기준을 마련하고 있으나 현실적으로 그대로 적용하는 데에는 한계가 있다. 사내하도급의 경우 근로계약적 요소와 도급계약적 요소가 비정형적으로 혼합되어 있을 뿐만 아니라 기업, 업종 및 산업마다 매우 유동적인 형태를 취하고 있기 때문이다. 사내하청은 그 속성상 혼합계약적 성격을 지닐 수밖에 없다.[37] 일의 완성을 목적으로 하는 도급계약을 이행하는 과정에서 하청근로자는 법률적으로는 하청회사의 이행보조자의 지위에 있지만, 실제적으로는 원청회사의 장소적 공간에서 자신의 노동력을 제공하기 때문이다. 근로장소를 지배하는 원청회사의 지시를 완전히 배제하는 것은 현실적으로 불가능하고 하청근로자들의 근로조건은 원청회사라는 매개변수를 거치지 않을 수 없다고 보는 것이 보다 현실적인 진단이다. 관련 판결문에서 자주 발견되는 '우월적 지위', '어느 정도의 종속성' 등의 표현은 이를 방증해 준다.

그런데 법해석론적 차원에서는 이러한 사실들을 종합적으로 고려하여 도급인지 파견인지 규범적 선택을 하여야 하고, 그 선택의 결과에 따라 현실은 사상되고 전혀 다른 경로를 거치게 된다. 즉 노동법으로 갈 것인가, 아니면 경제법과 상법으로 갈 것인가의 선택을 강요받는다. 현재 노동부의 지침이나 법원의 해석처럼 도급과 파견을 모순 개념으로 이해하는 한, 40%의 지휘·명령 요소가 존재하더라도 보다 우세한 60%의 도급적 요인으로 인해, 노동법적 보호의 관념은 해석론의 세계에서는 반영되기 어렵다.[38]

---

37) 이영면 외, 원하청도급관계에서의 노동법적 쟁점 및 과제, 노동부 용역보고서(2007. 10), 302-304면.

38) 도급과 파견의 이원적 구분법에 대한 비판적 견해를 피력하면서 하도급을 노동법의 프리즘에 편입시키기 위한 고심어린 연구로는, 이병희, "파견과

판례를 통하여 위장도급의 경우 수급사업자의 실체성이 부인되는 경우에는 원사업자와 수급사업자의 근로자 간에 묵시적으로 근로계약이 성립한 것으로 해석하거나(묵시적 근로계약론 또는 법인격 무시론), 수급사업자의 실체성이 인정되는 경우에는 불법파견으로 보아 파견법상의 사용자 책임을 묻고 있다. 후자의 경우 위법한 근로자공급사업으로 보아 고용의제규정 또는 고용보호규정을 적용할 필요 없이 원사업자가 수급사업자의 근로자를 사용한 시점부터 직접 근로계약관계가 존재한 것으로 보아야 한다는 유력한 비판론이 제기되고 있다. 또한 집단적 노동관계의 경우에는 사용자 개념의 외연을 확대하여 근로계약관계가 존재하지 않는 경우에도 부분적으로 사용자 책임을 물을 수 있도록 하고 있다(사용자책임의 확대론). 사용자책임의 확대가 지배·개입의 경우에 국한되는지 아니면 단체교섭에까지 미치는지에 관해서는 아직 대법원 판결을 통해 본격적으로 다루어지지 않았지만, 다수설은 이를 적극적으로 해석하고 있다. 학설이나 판결을 통해 원사업자에게 계약책임 또는 파견법상의 책임을 묻기 위한 법적 해결방법에 다음과 같은 문제점이 극복되어야 할 것이다.

원사업주와 근로자 간의 계약관계의 성립을 전제로 한 법리구성은, 우선 법률의 규정에 의하지 않은 채 해석으로서 당사자의 의사에 반해 계약관계 당사자가 되도록 강제하여 각종 책임

도급의 구별기준 및 파견법상 직접고용간주규정의 적용범위", 사법논집, 제43집(법원도서관, 2006); 조임영, "근로자파견관계의 판단방식과 기준", 노동법연구, 제22호(서울대학교노동법연구회, 2007); 오윤식, "위장도급의 준별과 그 법적 효과", 민주법학, 제37호(민주주의법학연구회, 2008); 전형배, "대법원 판례의 위장도급 유형 판단기준", 노동법학, 제36호(한국노동법학회, 2010); 권형준, 앞의 논문; 도재형, "사내하도급 관계에서 근로자파견의 인정기준", 법조(2011. 8) 등 참조.

을 부담하도록 하여야 하는 것이 해석재량을 일탈한 것이 아닌지에 관한 방법론상의 고민이 따른다. 아울러 수급사업자와 근로자 간의 근로계약관계의 효력이 어떻게 되는지, 원사업자와 수급사업자의 책임 귀속 내지 배분 문제를 어떻게 해결할 것인지에 관한 이론적 해명이 필요하고, 기존의 수급사업자와 근로자 간에 형성된 각종 법률관계(대표적으로 임금)를 어떻게 재해석하여야 하는지가 해석론적 과제로 남게 된다.

파견법제를 통한 규제방식은 우선 고용간주나 고용의무 규정을 두어 계약을 강제하는 방식을 취하고 있기 때문에 계약자유의 원칙을 침해할 소지가 있어 위헌성 여부가 논란될 여지가 있다. 또한 현행법에서는 고용이 강제된 경우의 구체적 근로조건, 당사자 간에 근로조건에 관한 합의를 이루지 못한 경우에 대비한 해결방법이 제시되지 않고 있다. 무엇보다도 비판론이 제기하는 바와 같이 위법파견의 경우 사용사업주와의 근로계약관계 성립 시점에 관해서는 전적으로 해석론에 맡겨져 있는바, 일본의 예에서 보듯 이 문제는 논란의 늪에 빠질 수 있는 'hard case'여서, 탈법행위의 유형과 위법성의 정도 등을 감안한 입법론적 작업이 필요할 것이다.

위와 같은 연유로 사내하도급과 관련한 입법론적 대응방안을 특별히 강구하여야 할 것으로 보인다. 입법론의 출발점은 노동법 아니면 상법이라는 양자택일의 이분법(all or nothing)을 지양하는 데에서 찾아야 할 것이다. 이는 근로자 개념의 어려움을 타개하기 위한 한 방편으로 ILO가 권고하는 이른바 '계약노동'(contract labor)에 관한 해법과 유사하다. 사내하청의 문제를 노동시장과 재화시장의 중간영역에 존재하는 회색지대(gray zone)로 위치지우고, 이러한 법현상에 대해서는 해석론상의 조작을 지양하고 '있는 사실 그대로'(as it is) 실태에 즉응하는 해법을 찾아야 할 것이다. 일례로 원청회사의 장소적 공간에서 발생하는 근로조건, 예컨대 근로시간, 산업안전, 성희롱 방지 등의 배려의무, 산업재해 등에 대해서는 원청회사에 사용자 책임을 지우고 이러한 사항과 관련하여 하청근로자에게 집단목소리(collective voice) —그것이 단체교섭이든 경영참가의 방법이든— 를 보장하는 방법을 생각해 볼 수 있을 것이다. 다면적 근로관계의 외양을 띠면서 규범의 세계에서는 양면적 근로관계로 평가받기도 하는 하도급은 '히드라'와 같은 존재이다. 최근의 판결들을 통해 해석론적 쟁점이 추출되고 법원이 나름대로의 이론을 모색하고 있지만, 이 이상한 생물체를 잘 추스르기 위해서는 국회와 정부도 진지한 고민을 기울여야 할 것이다.

4. 통상임금 문제

가. 2012년 '금아리무진 판결' 이후 통상임금의 범위를 둘러싼 분쟁이 본격적으로 급증하게 되었다.[39] 정기상여금이 통상임금에 포함될 수 있다는 결론으로 통상임금 문제가 세인의 관심을 끌게 되었지만, 법리적 관점에서 보면 그 이전의 사건과 성격을 달리하는 것은 아니었다. 그러나 다른 수당과 달리 고정상여금이 통상임금에 포함되면 산업계에 미치는 영향이 워낙 크기 때문에,[40] 판결의 결과에 대한 관심은 물론이고 법제도적 관점에서 재검토가 필요하다는 지적이 거셌다.[41] 그런데 '금아리

39) 대법원 2012. 3. 29. 선고 2010다91046 판결.

40) 영향 및 효과와 관련하여 경총의 38조 원 규모, 한국노동연구원의 21조 원 규모, 한국노총의 5.7조 원 규모 등 다양한 진단이 나오고 있다. 임금제도개선위원회, 통상임금관련자료(2013. 6. 27), 12면 이하 참조.

41) 경총은 인건비 상승과 일자리 감소(37만 개)의 문제점을 지적하면서 정기상여금을 통상임금에서 제외하는 내용의 근로기준법시행령 개정을 요구하였고, 노동계는 정기상여금을 통상임금에 포함토록 '통상임금 산정지침'(노동

무진 사건' 이후 고정상여금이 통상임금에 포함되는지의 여부와 관련된 사건이 하급심에서 많이 다루어졌으나 법원마다 결론을 달리하거나 상호모순적인 판결이 나와 혼선이 빚어졌다.[42)]

나. 이러한 혼선을 해결하기 위해 대법원은 공개변론과 연구를 거쳐 지난 2013. 12월 전원합의체 판결을 내리게 된다.[43)] 하급심에서 의견의 대립을 보인 부분이 '고정성'의 요건이었기 때문에 전원합의체 판결에서 이와 관련하여 보다 구체적인 해석기준을 제시하였다. 대법원 판결에 따르면 고정성이란 초과근로를 제공할 당시에 그 지급여부가 업적, 성과 기타 추가적인 조건[44)]과 관계없이 사전에 이미 확정되어 있는 것을 의미하고, '고정적인 임금'은 '임의의 날에 소정근로시간을 근무한 근로자가 그 다음 날 퇴직한다 하더라도 그 하루의 근로에 대한 대가로 당연하고도 확정적으로 지급받게 되는 최소한의 임금'을 의미한다.[45)] 고정성 요건과 관련하여 판결문에서는 "이 요건은 통상임금을 다른 일반적인 임금이나 평균임금과 확연히 구분 짓는 요소로서 통상임금이 연장·야간·휴일 근로에 대한 가산임금을 산정하는 기준임금으로 기능하기 위하여서는 그것이 미리 확정되어 있어야 한다는 요청에서 도출되는 본질적인 성질이다"라고

부 예규)의 변경을 요구하였다. 민주당 홍영표 의원과 진보당의 심상정 의원이 법률개정안을 발의하였다. 그리고 정부에서도 임금체계의 합리화와 임금제도의 개선을 위해 임금제도개선위원회를 발족시켜 논의를 하였다. 위의 자료, 1-2면 참조.

42) 김성수, "통상임금에 관한 최근 판결례분석", 〈현행임금법제의의 문제점과 해결책은 무엇인가?〉 법무법인 지평지성 주최 세미나자료집(2013. 7. 9) 참조.

43) 대법원 2013. 12. 18. 선고 2012다89399 판결; 대법원 2013. 12. 18. 선고 2012다94643 판결.

44) 추가적인 조건이란 초과근무를 하는 시점에 그 성취 여부가 불분명한 조건을 의미한다.

45) 대법원 2013. 12. 18. 선고 2012다89399 판결, 11면.

설시하고 있다.[46] 기존의 대법원 판결에서 고정성의 유무를 '실제 근무성적에 따라 지급 여부 및 지급액이 달라지는지의 여부'[47]에 따라 판단한 것에 비하여 진일보한 입장을 취하고 있다. 이러한 해석론에 따라 근무일수나 근무실적에 따라 지급액의 변동이 있게 제도가 설계되어 있더라도 고정성이 인정될 수 있는 길을 열어 놓았다고 할 수 있다.

"매 근무일마다 일정액의 임금을 지급하기로 정함으로써 근무일수에 따라 일할 계산하여 임금이 지급되는 경우에는 실제 근무일수에 따라 그 지급액이 달라지기는 하지만, 근로자가 임의의 날에 소정근로를 제공하기만 하면 그에 대하여 일정액을 지급받을 것이 확정되어 있으므로, 이러한 임금은 고정적 임금에 해당한다."[48]

"지급 대상기간에 이루어진 근로자의 근무실적을 평가하여 이를 토대로 지급 여부나 지급액이 정해지는 임금은 일반적으로 고정성이 부정된다고 볼 수 있다. 그러나 근무실적에 관하여 최하 등급을 받더라도 일정액을 지급하는 경우와 같이 최소한도의 지급이 확정되어 있다면, 그 최소한도의 임금은 고정적 임금이라고 할 수 있다."[49]

이러한 해석론에 따르면 일반적인 정기상여금의 경우 이미 사전에 확정되어 있어 고정성이 인정됨은 당연하다고 본 것이다. 그런데 지급일이나 기타 특정시점에 재직 중인 근로자에게만 지급하기로 정해진 임금과 관련하여 기존의 입장과 달리 색다른 해석론을 개진하고 있다. 이러한 재직요건은, 특정 시점에

46) 대법원 2013. 12. 18. 선고 2012다89399 판결, 10면.
47) 대법원 1996. 2. 9. 선고 94다19501 판결; 대법원 2012. 3. 15. 선고 2011다106426 판결 등 참조.
48) 대법원 2013. 12. 18. 선고 2012다89399 판결, 12면.
49) 대법원 2013. 12. 18. 선고 2012다89399 판결, 14면.

그 성취 여부가 이미 확정되어 있는 근속연수요건 등과 달리, 그 성취 여부가 불분명하기 때문에 소정근로의 대가로 보기 힘들고 비고정적이라는 것이다. 기왕에 근로를 제공했던 사람이라도 특정시점에 재직하지 않는 사람에게는 지급하지 아니하고, 그 특정시점에 재직하는 사람에게는 기왕의 근로 제공 내용을 묻지 아니하고 모두 이를 지급하는 것이라면, 이러한 조건은 임금청구권의 발생을 위한 일종의 '자격요건'으로 파악하여야 하고 자격의 발생이 장래의 불확실에 사실에 의존하기 때문에 비고정적이라는 논리를 펴고 있다.[50] 복리후생비 판결에서 명절상여금을 고정상여금과 달리 비고정적인 임금으로 판단한 이유이다. 이렇게 해석하면 향후 복리후생비의 대부분이 통상임금에 포함되지 않을 수 있게 될 것이다. 왜냐하면 1임금 지급기를 초과해서 지급되는 복리후생비의 경우 중도에 퇴사하면 그 지급을 청구하지 않는 것이 일반적인 관행이기 때문이다.

다. 전원합의체 판결은 '사전확정성'을 고정성 판단에 있어 핵심적 요소로 삼고 있어 지급액의 절대고정성에 함몰되어 있던 기존의 논의를 극복할 수 있는 길을 열어준 점에서 보다 진일보한 해석론을 개진한 것이라 평가할 수 있다. 지급액의 변동 여부에 따라 기계적으로 고정성 유무를 판단하던 다수의 하급심 판결[51]들은 더 이상 지지될 수 없게 되었다. 대상판결이 발표되기 전 금아리무진 판결을 평석하면서 필자가 지적한 논지와 동일한 맥락이다[52]:

---

50) 대법원 2013. 12. 18. 선고 2012다94643 판결, 2-3면 참조.

51) 이에 관한 자세한 소개는 이철수, "통상임금에 관한 최근 판결의 동향과 쟁점 — 고정성의 딜레마", 서울대학교 법학, 제54권 제3호(통권 제168호)(서울대학교 법학연구소, 2013. 9), 893면 이하 참조.

52) 이철수, 위의 논문, 899-900면.

"통상임금은 법정수당을 산출하기 위한 도구개념이기 때문에 그 기능을 제대로 수행하기 위해서는 사전에 미리 확정될 것이 요구된다. 그리고 통상임금개념을 도입한 입법취지에 비추어 근로의 가치를 적정하게 반영하여야 한다. 통상임금의 개념 요소 중의 하나인 '고정성'도 이러한 통상임금의 사전확정성과 적정반영 필요성이라는 요청에 부합하는 방향으로 해석되어야 한다. 이와 관련 정인섭 교수는 고정성을 사전확정성으로 이해하면 족하고, "앞으로 소정근로를 제공하면 받게 될 '현재의 시점에서 확정할 수 있는 임금'[53]이면 고정성의 요건이 충족된 것으로 보아야 한다고 주장하는 바, 통상임금의 취지를 잘 살린 탁견이라 할 수 있다. 따라서 사전확정성을 저해할 소지가 있는 제 조건을 규정하였다 하더라도, 이를 임금 또는 통상임금의 본질에 영향을 미치지 않는 방향으로 해석해야 할 것이다. 당사자의 주관적 의지로 인해 객관적 법질서가 형해화될 위험이 있고 그로 인해 법적안정성[이] 심각하게 훼손되기 때문이다."

그런데 전원합의체 판결은 재직자에게만 지급하는 복리후생비의 경우 고정성이 결여된다는 이유를 들어 통상임금에 해당되지 않을 수 있다고 판시하여 기존의 판례법리[54]를 변경하고 있다. 이러한 재직요건은 임금청구권의 발생을 위한 자격요건이고 그 성취 여부가 불분명하기 때문에 소정근로의 대가로 보기

---

53) 정인섭, "임금법상 비교대상임금과 통상임금", 노동법연구, 제21호(서울대학교 노동법연구회, 2007), 138면 참조.

54) "복리후생적 명목의 급여가 지급일 당시 재직 중일 것을 지급조건으로 하는지 여부에 관하여 심리하지 아니한 채 해당 급여가 단체협약 등에 의하여 일률적·정기적으로 지급되는 것으로 정해져 있다는 사정만으로 통상임금에 해당한다고 판단한 대법원 2007. 6. 15. 선고 2006다13070 판결 등을 비롯한 같은 취지의 판결들은 이 판결의 견해에 배치되는 범위 내에서 이를 모두 변경하기로 한다." 대법원 2013. 12. 18. 선고 2012다89399 판결, 16면.

힘들고 비고정적이라는 것이다. 그 결과 복리후생비의 일반적 관행을 고려하면 대부분의 복리후생비가 통상임금에 해당되지 않게 되고 이는 임금이분설을 취하고 있던 시절과 유사한 결과를 초래할 가능성이 높다. 이 점과 관련하여 정기상여금 판결에서 '일정한 근무일수를 충족하여야만 하는 임금'[55]의 개념을 도입하고 있는 점이 눈에 띤다. '일정 근무일수를 충족하여야만 지급되는 임금'은 소정근로를 제공하는 외에 일정 근무일수의 충족이라는 추가적인 조건을 성취하여야 비로소 지급되는 것이라는 것이다. 나아가 이러한 임금군은 이른바 '소정근로'에 대한 대가의 성질을 가지는 것이라고 보기 어렵다는 것이다. 그러면서도 재직요건이 부가되어 있다 하더라도 재직기간까지의 기간에 비례한 만큼의 임금이 지급되는 경우에는 고정성이 부정되지 않는다고 한다.[56]

필자는 전원합의체 판결이 왜 종전의 견해를 바꾸었는지 이해하기 힘들다. 기존의 대법원 판결 등을 통해 복리후생비의 문제는 일단락되었고 이 점과 관련하여 노사 공히 별 이의를 제기하지 않아 분쟁의 여지가 사라진 사안에서, 전합판결과 같이 재직요건의 구체적 내용과 당사자의 명시적, 묵시적 합의나 관행의 존재 등을 들어 달리 해석할 여지를 남기는 것은 통상임금의 사전확정성이나 법적안정성의 견지에서 바람직하지 않기 때문이다. 더구나 이러한 재직요건이 존재하면 정기상여금의 경우에도 통상임금성이 부정된다는 주장이 나와 노사갈등의 새로운 불씨가 되고 있는 사정을 고려하면, 이 점은 비판적으로 검토되어야 할 것이다.

55) 대법원 2013. 12. 18. 선고 2012다89399 판결, 12면.
56) 대법원 2013. 12. 18. 선고 2012다89399 판결, 13면.

라. 현행의 통상임금제도는 다음과 같은 문제점을 안고 있다. 첫째, 통상임금문제는 기본적으로 임금체계의 복잡성에서 기인하는 것이다. 이 복잡성은 정부의 임금가이드라인정책, 사용자의 임금유연화 전략, 노동조합의 전략적 동조 등의 복합적 요인이 작용한 것이다. 둘째, 기본급의 비중이 매우 낮은 기형적인 구조를 취하고 있으며 제수당 종류와 비중, 상여금의 비중이 사업장마다 천차만별이다.[57] 노사의 상호양해로 임금체계가 형성된 대규모, 유노조 사업장일수록 수당의 종류가 많고 임금체계가 복잡하고 상여금이 차지하는 비중이 높다. 셋째, 통상임금이 노동의 가치를 적정하게 반영하지 않음으로써 실질적으로 초과근무할증률을 낮추는 효과가 있고 이는 장시간 근로를 조장한 측면이 있다.[58] 넷째, 임금체계의 개선을 위한 어떠한 노력도 발견할 수 없었다. 정부는 기존의 예규를 고집하였고 노사는 기업별 교섭을 통해 단기적 이익 조정에 급급하였다.

현행의 임금체계상의 난맥상은 정부정책, 노사관계적 측면에서 그 원인을 찾을 수 있는바, 이 중 통상임금과 관련하여 가장 큰 문제는 통상임금의 소정근로의 가치를 적정하게 반영하지 못함으로써 근로시간 단축을 위한 가산임금제도의 취지를 살리지 못하고 오히려 장시간 근로를 조장하는 요인으로 작용했다는 점이다. 최근의 상여금 소송은 거의 대부분이 초과근로수당의 계산에 관련된 것으로 기본적으로 장시간근로의 문제이다. 나아가 업종, 기업규모, 고용형태, 노사관계의 지형에 따라 임금체계

---

57) 임금제도개선위원회, 임금제도개선위원회논의자료 2 (2013. 7. 24) 참조.

58) 김유선 박사의 분석에 따르면 소정근로에 대한 시간당 임금 평균이 18,000원임에 비해 초과근로에 대한 시간당 임금 평균이 14,000원으로 추정되는 기이한 현상이 발생한다(임금제도개선위원회, 통상임금관련자료(2013. 6. 27), 17면). 이것이 연장근로의 유인으로 작용함은 물론이다.

의 차별성이 심하고 임금구성 항목 간의 불균형성, 기형성으로 인해 생기는 노동사회학적 병리가 심각하다. 이런 기현상에 법은 일조하지 않았는가? 향후 문제해결에 법은 기여할 수 없는가? 필자의 소견으로는 지금까지 법해석상의 혼선으로 인해 문제의 심각성을 배가시켰으며, 향후 합목적적인 법해석을 통해 문제해결에 일조해야 한다고 생각한다. 이러한 역할은 종국적으로 법원의 몫이다. 그러나 통상임금을 둘러싼 해석론상의 난맥상은 기본적으로 우리 임금체계의 복잡성과 기형성에서 기인하는 문제이기 때문에, 임금체계의 개선이 선행되어야 할 것이다.[59)]

Ⅳ. 산업구조 변화에 따른 노동법의 새로운 과제

이하에서는 21세기적 맥락에서 새롭게 대두된 노동법의 문제들 중 핵심적인 것을 선별하여 살펴보도록 한다. 첫째로는 지구화(globalization)로 인한 경제적, 사회적 변화에 대응하여 노동법이 어떻게 변화해야 하는지에 대한 노동법학에서의 이론적 논의를 검토한다. 둘째로는 제조업 중심 산업구조가 쇠퇴하고 소위 '4차 산업혁명'으로도 불리는 기술혁신, 특히 공유경제(sharing economy)의 출현으로 인해 발생하는 노동법의 문제에 대해 분석할 것이고, 셋째로는 과거와는 비교할 수 없을 정

59) 통상임금 대법원 판결 전후로 통상임금 개념의 명확화, 근로기준법상 개념요소를 법제화하는 방안 등 다양한 해법이 모색되고 있다. 김홍영, "통상임금의 입법적 과제", 노동법학, 제48호(한국노동법학회, 2013); 노상헌, "통상임금의 개념과 범위의 법제화와 쟁점", 노동법논총, 제31호(비교노동법학회, 2014) 등의 연구 참조.

도로 증대된 이주노동 현상에 대한 우리 노동법의 규율방식 및 법리의 전개를 검토하고자 한다.

1. 지구화에 대응하는 노동법의 존재의의와 역할에 대한 담론

우리나라에서는 90년대 전후로 신자유주의적 사조에 강하게 영향을 받아 노동법을 기업경쟁력에 걸림돌이 되는 존재처럼 경직적인 것으로 치부하는 경향이 있었으며 현재까지도 노동정책에 있어 이러한 기조가 계속되고 있지만, 이렇게 된 까닭은 WTO, OECD 등 주로 무역 자유화를 주도하는 기구들의 논조만을 정확한 검토 없이 무비판적으로 수용한 데에서 기인했다는 점이 지적되어야 할 것이다.[60)]

지구화에 대한 노동법의 대응을 모색하며 진행된 노동법학에서의 주요 담론의 세계적 흐름을 골고루 살펴보면, 20세기 초반에 주로 제조업 산업구조에 기반하여 형성된 표준고용관계(Standard Employment Relationship)를 중심으로 한 기존의 노동법이 여전히 유효한 것인지에 대한 회의가 존재하는 것은 사실이다. 하지만 그러한 회의는 노동법의 존재의의를 의문시한다기보다는 새로운 글로벌 경제 속에서 노동보호의 역할을 어떻게 새롭게 제고하느냐에 대한 방법론적 고민이 주를 이룬다고 평가할 수 있다. 그 흐름은 크게 세 가지로 나누어 설명할 수 있는데, ① 지구화의 맥락 속에서 신자유주의 및 유연화 등에 대한 무조건적 수용을 경계하고 개별 근로자에 대한 노동보호의 근본 원칙이 더욱 강조되어야 한다는 담론, ② 특히 영미권 및 EU에서 노동법의 주요 역할이 '노동시장의 법'(law of the la-

---

60) 이와 관련하여 강성태, "OECD 고용보호지수의 정확성과 적정성", 노동법연구, 제34호(2013)의 논의 참조.

bour market)으로만 여겨지는 것에 대한 비판적 담론, ③ 기존 노동법이 설계된 가부장적, 남성중심적 전제에 대한 의문을 던지며 여성이 도맡아 온 돌봄노동(care work)을 노동법의 목적과 규율에 포섭시켜 노동법이 보다 정의로운 역할을 수행할 수 있도록 하는 방안을 모색하는 담론을 들 수 있다. 이하에서 순서대로 살펴본다.

가. 신자유주의적 유연화 논의를 경계하는 담론

Klare (2003)는 오늘날 경제학에서는 물론이지만 노동법학에서조차 성장, 효율성, 유연성 등의 가치만이 주요한 목적으로 회자되는 점, 노동법이 다시 계약법으로 돌아가야 한다는 등의 논의를 비판하며 노동법은 원래 자본주의 체제에서 발생하는 부정의에 대응하기 위하여 발전한 것임을 상기시킨다.[61] 노동법의 본래 소명은 근대 자본주의 시장경제의 사회적, 경제적 문제에 접근하고 이를 완화하는 것이라고 하며, 노동법이 법과 권력에 대한 재분배 기능을 수행해야 한다고 주장한다. 노동법에서의 경쟁력 강화에만 치중하는 유연화 담론은 노동보호의 다양한 목적과 방법론을 고민하지 않고 정해진 결론만을 강요한다는 점에서 오히려 '경직적'인 것이며, 노동법학의 진정한 역할은 21세기의 새로운 조건 속에서 일터의 민주주의와 평등, 자기실현과 연대(solidarity)를 실현하는 '변혁적 기획'이라고 강조한다.

---

61) Karl E. Klare, *The Horizons of Transformative Labour and Employment Law, from Labour Law in the Era of Globalization* (2003).

나. '노동시장법'(law of labour market)에 대한 비판과 노동법의 기초에 대한 재검토

Dukes (2014)는 20세기 후반 유럽에서 전개된 노동법의 경향을 진단함에 있어 1970년대 영국에서 시작된 대처리즘(Thatcherism) 이후 노동조합 조직률의 감소, 전통적 노동보호의 약화 등을 그 주요 현상으로 파악한다. 그에 따라 노동법학에서도 노동법의 기본 관념인 공정한 근로조건 담보를 위한 국가 개입에 대한 강조가 약화되었으며, 노동법은 시장원리를 비판하기보다는 이를 따를 때 현실적이고 유용하다는 주장, 노동법은 '노동시장에서의 기회'를 제공하고 증대시키는 법이라는 주장[62]들에 대해 비판적인 검토를 시도하고 있다.

Dukes에 따르면 서구 노동법은 1919년 독일의 바이마르헌법에서의 노동권 관련 규범에 심대한 영향을 미친 법학자 휴고 진쯔하이머(Hugo Sinzheimer)가 고안한 '노동헌법'(labour constitution) 및 노동평의회의 관념,[63] 그리고 진쯔하이머의 수제자였던 오토 칸프로인트(Otto Kahn-Freund)가 1950년대 영국 노동법을 정립하며 개발한 집단적 노사자치(collective

62) Frank Wilkinson & Simon Deakin, *The Law of the Labour Market*, Oxford University Press (2005)를 비판적 논의의 주요대상으로 삼고 있다. Ruth Dukes, *The Labour Constitution: The Enduring Idea of Labour law*, Oxford University Press (2014)의 논의 참조.

63) 휴고 진쯔하이머(Hugo Sinzheimer, 1875~1945)는 독일의 법학자이자 노동 변호사였으며, 바이마르 공화국 태동 시기에는 의원으로서 1919년 바이마르헌법의 초안 작성에 관여하였다. 그는 경제주체를 규율함에 있어 노동자 계층이 의사결정 과정에 참여할 권리가 있다고 보았으며, 이를 위해 법률이 민주적 기능을 수행해야 한다는 의미에서 '경제헌법'(Wirtschafts-verfassung) 또는 '노동헌법'(Arbeitsverfassung)이라는 용어를 고안하였다. 진쯔하이머의 이러한 기획은 1919년 바이마르헌법 제165조에 반영되었으며, 독일 및 서구 노동법의 기본 원리에 중대한 영향을 미친다.

laissez-faire)의 관념을 양대 축으로 하고 있다. Dukes는 양대 개념이 오늘날 시행되고 있는 노동법 및 노동정책에 대한 연관성을 진단한 뒤 특히 '노동헌법'의 현재적 의미가 다시금 강조되어야 함을 주장한다. 진쯔하이머의 '노동헌법' 개념은 노동조합 및 노동평의회 등 다양한 주체들을 통하여 경제관계를 집단적으로 규율할 수 있는 법규범의 총체를 의미하는 것으로, 그는 이렇듯 노동이 경제의 규율에 참여할 수 있을 때에만 비로소 노동과 자본이 공동선(common good)을 위해 협력할 수 있다고 보았다. Dukes는 이러한 노동헌법 개념의 중요성을 다시금 일깨워서 경쟁질서에 기반한 시장통합을 지향하는 EU의 정책기조 속에서 경제질서가 민주화되고, 유럽 노동자들의 현실적인 근로조건이 보호되어야 함을 강조한다. 진쯔하이머가 노동헌법 개념을 제안할 당시 기대하였던 노동법의 주된 보호자로서 '국가'의 역할은 상당부분 약화되었다고 할 수 있으나, 그럼에도 불구하고 노동법과 민주주의의 관계에 대한 핵심적인 내용은 여전히 오늘날에도 유용하다고 평가한다.[64)]

다. 노동법의 남성중심적 전제에 대한 비판과 돌봄노동(care work) 이론

Fudge (2011)의 경우 1919년 ILO 설립시 필라델피아 헌장에서 천명되었던 "노동은 상품이 아니다"(labour is not a commodity)는 원칙에 주목하며, 사람의 노동을 거래 가능한 상품으로 보는 법적 의제에 기반한 노동법의 전제가 과연 정당한 것인지를 묻고 노동법의 재생산적 측면과 돌봄노동에 대한 견해를 개진하고 있다.[65)]

---

64) Ruth Dukes, 위의 책(2014).

65) Judy Fudge, "Labour as a Fictive Commodity: Radically Reconceptualizing Labour Law", in G. Davidov & B. Langille (eds.), *The Idea*

그는 기존 노동법학자들이 간과해 왔던 '노동력 재생산' 개념에 주목하는데, 재생산(reproduction)이라 함은 노동인구가 일상적으로, 그리고 역사적으로 세대를 거치면서 육체와 정신을 재생산하는 과정을 총칭하는데 물질적 자원을 공급받는 것, 특정 시대와 장소에서 사회적으로 관계를 맺을 수 있는 인간으로서 훈련되고 교육받는 것을 의미한다. 재생산 과정에서 사회보장제도 등 국가의 역할도 매우 중요하지만, 그 주체는 일차적으로 가정이며, 특히 돌봄기능을 수행하는 여성의 몫이다. 기존의 노동법과 제도는 전통적 성역할(남성 생계부양자, 여성 돌봄자)만을 전제했기 때문에 무급으로 수행되는 돌봄노동을 법제도에 포함시키지 않았다. 그러나 시장에서 거래되는 임금노동에 못지않게 본질적으로 중요한 것은 가정에서 노동력을 재생산하는 과정이며, 노동법의 주요 목적을 흔히 말하듯 '자본주의의 모순 시정', 즉 시장실패의 시정으로 제한적으로만 인식하면 이 점을 놓치게 된다. 임금노동 뿐 아니라 노동의 재생산을 둘러싼 문제들 역시 구조적인 문제인데 시장실패의 시정에만 주목하면 임시적 처방밖에 내릴 수 없는 것이다. 노동법의 역할은 노동이 허구상품(fictive commodity)임에도 불구하고 시장에서 거래될 때 발생하는 제도적 한계를 극복할 수 있는 것이어야 한다.

다시 말하면 임금노동 및 돌봄노동의 수행에 있어 '여성의 남성화'뿐 아니라 '남성의 여성화'가 가능해지는 것,[66] 즉 돌봄

of Labour Law, Oxford University Press (2011).

66) 현대 사회에서 여성들은 출산, 양육, 가사 등 돌봄노동을 수행함은 물론 취업하여 남성과 동일하게 임금노동에 종사하지만('여성의 남성화'), 반대로 남성들은 대부분의 시간을 오직 임금노동에만 종사할 뿐 돌봄노동에 참여하지 않는(또는 못하는) 현실을 일컫는 것이다. 남성과 여성 모두 동등하게 돌봄노동 및 임금노동에 참여할 수 있으려면, '남성의 여성화'도 가능해져야 한다.

의 기능을 남녀 모두가 함께 수행하는 것을 전제로 노동법이 설계되어야 한다. 노동법의 재정립은 노동이 현실적으로 시장경제에서 상품처럼 취급되지만, 그럼에도 불구하고 그 '허구적' 성격을 좀 더 잘 포착하도록 하는 것, 그리고 형식적 평등이 아니라 실질적으로 민주화된 평등을 달성하는 방향으로 이루어져야 함을 역설한다. 돌봄노동은 주로 사회학 또는 가족법 분야에서만 다뤄져 왔으며 20세기 노동법은 "집에 가서 돌봄노동을 할 의무를 행하지 않는" 남성 근로자상만을 전제하여 설계되었다는 점을 지적한다.

노동법의 전제 및 목적을 시장에서 거래되는 성격의 노동으로만 국한한다면 여성 고용률을 높이기 위해 노동시장으로 끌어내는 정책밖에 시행할 수 없게 되며, 이러한 정책의 결과는 계속적으로 노동시장 분절화 및 양극화를 초래한다. 돌봄노동은 그 성격상 시장에 전적으로 맡길 수 있는 것이 아니기 때문이다. 노동법은 임금노동과 돌봄노동 사이의 부정의한 불균형을 해소할 수 있어야 한다.

2. 공유경제 종사자의 근로자성 판단 문제

가. 4차 산업혁명과 플랫폼 기반 노동의 출현

미래학자 제레미 리프킨(J. Rifkin)은 『한계비용 제로사회』에서 사물인터넷(IoT), 빅데이터(Big data), 인공지능(AI), 3D프린터의 발전 등 '4차 산업혁명'으로도 설명되는 기술의 발전으로 플랫폼 기반 '공유경제'(sharing economy)가 가능해졌다고 한다. 공유경제로 인해 재화의 생산 및 유통에 필요한 한계비용이 거의 무료에 수렴하는 '한계비용 제로사회'(zero marginal cost society)가 등장할 뿐 아니라, 장차 현재의 시장경제에 기반한 자본주의가 점차 쇠퇴하고 협력적 공유사회가 도래할 것이라고 예측하였다.[67] 4차 산업혁명으로 인한 기술 진보는 자본주의의 모순을 시정하는 계기를 마련할 것이라고 다소 낙관적인 전망을 하고 있다.

리프킨이 주장하는 미래사회에 대한 평가는 일단 유보하더라도, 플랫폼과 앱(app)에 기반한 공유경제의 출현이 현재 많은 이들의 노동환경에 유의미한 변화를 가져오고 있는 것은 주지의 사실이다. 특히 재화 뿐 아니라 서비스가 공유되는 경우는, 서비스 제공자의 활동을 노무제공으로 볼 여지가 있기 때문에 노동법학에서 중요한 관심 문제로 부상하고 있다.[68] 공유경제를 통해 제공되는 서비스를 노동법이 상정하는 '근로'로 볼 것인지, 만일 그렇다면 이를 수행하는 자는 실정법에서의 근로자에 해당하는지, 어느 범위까지 노동법의 적용을 받을 수 있는지, 사용자 책임의 주체는 누구인지 등이 문제된다. 공유경제의 출현으로 인해 일터의 법적 규율에 새로운 쟁점들이 발생하고 있는 것이다.

나. 미국에서 공유경제의 현황과 노동법적 쟁점

이하에서는 공유경제가 가장 빠른 속도로 확산되고 있는 미국의 사례를 널리 알려진 차량공유 어플리케이션인 우버(Uber)의 경우를 중심으로 살펴보면서 현재 발생하고 있는 노동법의

67) 제레미 리프킨, 한계비용 제로사회: 사물인터넷과 공유경제의 부상(원저: The Zero Marginal Cost Society: The Internet of Things, the Collaborative Commons, and the Eclipse of Capitalism), 안진환 역, 민음사(2014).

68) Valerio De Stefano, "The Rise of the "Just-in-time workforce": On-demand economy, crowdwork, and labor protection in the Gig-Economy", *Comp. Labor Law & Pol'y Journal*, Vol. 37, Issue 3 (2016)의 논의 참조.

쟁점과 향후 과제를 제시하고자 한다.[69] 미국에서는 대표적인 공유경제 어플리케이션으로 꼽히는 Uber와 Lyft(차량 공유), AirBNB(숙박 공유), TaskRabbit(심부름 대행) 등이 활발히 이용되고 있어 이들을 통한 재화와 서비스의 공유 규모가 상당하며, 해당 앱을 통해 서비스를 제공하는 자들을 둘러싼 노동법적 문제가 등장하고 있다.

우버, 리프트 등 차량 공유업체에서 운전자들의 근로자성이 현재 미국 노동법상 중요한 쟁점인데, 업체 측은 자신들은 기술개발자지 운수업체는 아니며, 운전자들의 사용자가 아니라는 입장을 고수하고 있다. 운전자들은 노동관계법령의 적용을 받는 근로자가 아니라 독립계약자(independent contractor)라는 것이다. 이에 반발한 운전자들의 근로자성을 다투는 소송들이 미국 각 주 하급심 법원에서 계류 중이며, 특히 공유경제 활용도가 높고 이민자, 저임금 노동자들이 많은 캘리포니아주에서는 이들을 근로자로 볼 수 있다는 하급심 판결들이 내려진 바 있다.[70]

Cotter v. Lyft (2015) 판결에서는 Lyft 운전자들이 회사를 상대로 캘리포니아 노동법 위반 문제를 제기하였다.[71] 법원은 근로자 판단기준의 핵심이 지배 또는 통제(control)인 것은 맞으나, 업무의 모든 세부사항에까지 지배를 받아야만 근로자인 것은 아니고 "앱을 사용하여 수행하는 업무의 본질상 일정한 정도의 자유가 보장된다 하더라도 여전히 통제하에 놓인 근로자"

69) 상세한 논의는 이다혜, "공유경제(sharing economy)의 노동법적 쟁점: 미국에서의 근로자성 판단 논의를 중심으로", 노동법연구, 제42호(서울대학교 노동법연구회, 2017) 참조.
70) 운전자들이 근로자가 아니라 독립계약자라는 취지의 결정을 내려달라는 Uber, Lyft 측의 약식판결(summary judgment) 요구가 기각된 판결들이다. 단, 후술하는 바와 같이 Uber 및 Lyft 소송은 합의로 종결되었다.
71) Cotter v. Lyft, Inc., 60 F. Supp. 3d 1067 (N.D. Cal. 2015).

가 될 수 있다고 보았다. 핵심 판단기준은 사용자가 그 서비스 제공자에 대하여 그의 작업방식과 목적을 달성하기 위한 수단을 지배할 권리(right to control)가 있는지 여부인데, 여기에서의 통제는 사용자가 노무제공자에게 얼마나 실제로 간섭했는지, 실제로 어떤 행동을 했는지의 문제가 아니라 그 행위와는 별도로 그런 행위를 할 권한이 있느냐의 문제이다. 근로자로 판단되기 위하여 그의 모든 행위가 통제받고 있을 필요는 없으며, 해당 업무에 상당한 정도의 자유가 허용되고 있더라도 여전히 고용관계가 존재할 수 있는 것이다.[72] 또한 운전자들이 수행한 업무가 리프트의 영업에 "완전히 통합"(wholly integrated)되어 있다는 점, 즉 탑승한 고객들은 리프트의 고객이지 운전자의 고객은 아니라는 점, 리프트가 정한 요금이나 공제되는 운영비 명목의 금액에 대해 운전자들이 교섭할 수 없다는 점 등을 근로자성 추정의 중요한 근거로 보았다.

다. 공유경제의 노동법적 문제에 대한 새로운 접근의 모색

우리나라에서도 근래에 들어 어플리케이션을 사용한 음식 배달대행 업체를 중심으로 공유경제의 법적 문제가 대두되기 시작하였다. 서울행정법원에서는 2015년에 배달대행 어플리케이션을 사용하여 오토바이로 음식 배달을 하던 고등학생이 교통사고를 당해 산업재해보상보험법에 따라 급여를 신청했던 사안에서 해당 배달원을 근로자로 볼 수 없고, 산재보험의 적용대상이 아니라고 판시한 바 있다.[73]

---

72) 유사한 사실관계의 우버 사건(O'Connor v. Uber Techs., 82 F. Supp. 3d 1133 (N.D. Cal. 2015)에서도 법원은 마찬가지로 Uber의 기각신청을 받아들이지 않았다. 다만, Uber 및 Lyft 사건 모두 2016년 초 사측에서 거액의 합의금을 제시하며 소송은 종결되었다.

73) 서울행정법원 2015. 9. 17. 선고 2014구합75629 판결(1심), 서울고등법

1심에서는 해당 배달원이 근로계약서를 작성하거나 4대보험에 가입하지 않았고, 어플리케이션을 사용하여 근로시간이나 장소를 비교적 유연하게 정할 수 있었던 점, 고정적인 급여를 받지 않고 배달 실적에 따라 수익을 얻었던 점 등을 강조하며 배달 중 교통사고를 당한 학생에게 사용종속관계가 있다고 보기 어렵다고 하였다. 그러나 근로계약서가 없고 4대보험에 가입되어 있지 않았다는 사정만으로 근로자성을 쉽게 부정하면 안 된다는 점은 2006년 대법원 판결로 확정되었던 법리일 뿐 아니라,[74] 공유경제의 기술적 측면을 둘러싼 여러 현실을 볼 때 이들의 노무제공 양태가 고정된 사업장에서 근무하는 보통의 근로자와 다소 다르다는 이유로 이들에게 종속성이 없다고 섣불리 단정하기 어렵다. 고정급을 받지 못하고 오직 배달건수에 의존해서만 소득을 얻을 수 있는 배달원이 생계를 유지하기 위해서는 어플리케이션을 통한 배달 요청을 거절하기 어려우며, 오히려 "최대의 성과를 내기 위한 지휘감독을 본인 스스로 내면화" 한다고 볼 수도 있다.[75]

공유경제 종사자들의 근로조건 문제에 대응하기 위해서는 기존 노동법의 외연을 확장하는 해석론적 접근, 또는 이러한 범주의 노무종사자들을 새로운 범주로 취급하여 입법론적 보호를 도모하는 방식이 있을 것이다.

우리나라에서는 공유경제가 출현하기 이전부터 개별법상의 근로자성 판단이 모호한 직종의 노무제공자들을 특수형태근로

원 2016. 8.12. 선고 2015누61216 (2심); 현재 항고하여 대법원에 계류 중이다.

74) 대법원 2006. 12. 7. 선고 2004다29736 판결.

75) 박제성, "배달기사의 임금근로자성 — 서울행정법원 2015. 9. 17. 선고 2014구합75629 판결", 노동법학, 제58호(2016) 참조.

종사자로 취급하여 산재법상의 보호를 도모하고 있는데(산재법 제125조), 특수형태근로종사자들은 산업재해보상보험을 제외한 다른 노동법상의 보호를 받지 못함은 물론, 특수형태근로로 추정되는 새로운 직종이 등장할 때마다 이를 입법적으로 추가해야 하는 번거로움 등으로 인해 여전히 그 노동법적 지위가 불안정한 상태다. 입법론적 및 해석론적 접근을 동시에 병행하는 것이 필요하겠지만, 장기적으로는 여전히 실질적인 사용종속관계를 요구하는 현재의 근로자성 판단기준이 바뀌는 것이 더욱 근본적이며 법적 안정성에도 부합하는 해결책이 될 것이다.

미국 노동법에서는 우리나라의 특수형태근로종사자와 같은 제도적 접근은 없지만, 공유경제 종사자의 근로자성 판단법리에 대해 다양한 방법론적 모색이 전개되고 있다. 그 중에서도 특히 주목할 만한 최근의 학설은 공유경제와 같은 새로운 현상을 법적 사고 안으로 포섭할 수 있도록 현존하는 근로자성 판단기준을 근본적으로 변혁하자는 것이다. 근로자성 판단에 있어 근로자의 사용자에 대한 종속성만을 표지로 삼을 것이 아니라, 거꾸로 사용자(사업)의 근로자에 대한 의존도를 보아야 한다는 점이다. 전통적 노동법리에 따라 사용종속성을 판단하기 어려운 경우라 할지라도, 해당 사업이 수익을 유지하기 위하여 앱 종사자들에게 의존해야 한다면 그 노무제공자들을 노동법상 근로자로 보지 못할 이유가 없다는 주장이다.[76)]

기업들이 '핵심 역량'에 해당하는 부분을 제외한 나머지 영역에 대해서는 인건비 절감을 위해 아웃소싱 등으로 직접고용을 회피하는 '고용 털어버리기'(shedding employment)를 행하는

---

76) R. Sprague, "Worker (Mis)Classification in the Sharing Economy: Square Pegs Trying to Fit in Round Holes", 31 *A.B.A. J. Lab. & Emp. L.* 53 (2016).

것이 문제로 지적되고 있는 21세기 산업현실을 고려할 때,[77] 노동보호의 입법목적에 충실하면서도 공유경제 종사자들의 법적 보호를 도모할 수 있는 이러한 새로운 방법론은 중요한 의미가 있다. 향후 지속적인 연구를 통해 이론을 개발하여야 할 영역이다.

3. 이주노동: 외국인의 노동권 보호 및 제도개선 필요성

이주노동자에 대한 노동법의 규율은 우리나라 산업구조 변화와 밀접한 연관이 있다. 한국의 급속한 경제성장이 대내외적으로 알려지기 시작한 1980년대 후반부터 취업을 원하는 개발도상국 출신 외국인들이 유입되기 시작하고, 내국인 인건비 상승으로 인해 저임금 노동력을 원하던 사용자의 이해관계가 맞물려 외국인이 주로 3D업종을 중심으로 일하게 된다. 이에 따라 1991년부터는 산업연수생제도를 활용하였으나, 2003년부터는 「외국인근로자의 고용 등에 관한 법률」을 제정하여 고용허가제를 통해 외국인의 노동을 규율하고 있다.

이러한 제도의 변천과정은 전반적으로는 외국인의 노동권을 인정하고 존중하는 방향으로 발전하고 있으나, 현행 고용허가제가 노동권 보장보다는 제1조에서 명시하듯 "국민경제의 발전" 도모 및 사용자의 편의 중심으로 설계 및 운용되고 있기 때문에 노동법적 관점에서는 여전히 개선될 부분이 많다.[78] 외국

---

77) David Weil, *The Fissured Workplace: Why work became so bad for so many and what can be done to improve it*, Harvard University Press (2014).

78) 고용허가제의 골자는 구인노력에도 불구하고 근로자를 찾지 못한 기업이 일정요건을 갖추면 외국인을 사용하도록 허가하는 제도로, 내국인 우선고용(제6조), 체류기간에 있어 단기순환(제18조), 차별금지(제22조), 사업장이동 제한(제25조) 등을 주요 원칙으로 하며, 합법체류 외국인이라면 내국인과 동등하게 노동관계법을 적용받아 근로3권, 최저임금, 사회보험 등의 보

인의 노동에 대한 법리의 발전 양상은 ① 개별적 근로관계법에서 외국인의 근로자성을 인정한 시기(1995~2006), ② 외국인의 사회적 기본권 주체성을 부분적으로 인정한 시기(2007~2014), ③ 집단적 노사관계법에서 외국인의 단결권을 인정하였으나, 이민정책과의 충돌로 고용허가제의 문제점이 유지되고 있는 시기(2015~)로 대별할 수 있다.

가. 개별적 근로관계법에서 외국인의 근로자성 인정(1995~2006)

출입국관리법상 체류 요건을 위반한 불법체류 외국인(또는 '미등록 이주노동자')이라 할지라도, 사용종속관계에서 사실상 노무를 제공한 외국인이라면 근로기준법상 근로자로 보아야 한다는 법리는 1995년의 대법원 판결을 통해 확립되었다. 우리 대법원은 미등록 이주노동자의 산업재해 사안에서 외국인이 출입국관리법상의 취업자격을 갖고 있지 않았다 하더라도 그 고용계약이 당연히 무효라고 할 수 없고, 부상 당시 외국인이 사용종속관계에서 근로를 제공하고 임금을 받아 온 자로서 근기법 소정의 근로자였다 할 것이므로 구 산재보험법상의 요양급여를 받을 수 있는 대상이라고 판시한 바 있다.[79] 고용허가제 시행 이후부터는 합법적으로 고용된 외국인을 4대보험 가입 대상으로 하고 있지만, 1995년 대법원 판결은 외국인의 노동보호 정책이 부재하던 시절에도 근로의 형식보다 실질을 중요시하여 산재보험법상의 급여를 받을 수 있는 길을 열어주었다는 점에서 중요한 의미가 있다.[80]

호를 받도록 하고 있다.

79) 대법원 1995. 9. 15. 선고 94누12067판결(요양불승인처분취소).

80) 외국인은 내국인보다 산재발생률이 높다. 주요 종사업종이 내국인이 기피하는 3D업종인 점, 위험한 기계조작, 장시간 근로로 인한 피로감, 의사소통 한계, 안전교육 부족 등이 그 원인으로 꼽힌다. 특히 이주노동자를 채용하는

나. 외국인의 사회적 기본권 일부 인정(2007~2014)

이 시기에는 두 번의 중요한 헌법재판소 결정이 있었는데, 첫째로는 외국인의 근로자성을 인정하지 않았던 산업연수제를 위헌으로 본 결정이며, 둘째로는 고용허가제의 외국인 근로자에 대한 사업장 이동권 제한이 위헌이 아니라고 본 결정이 있다.

첫째, 2007년 헌법재판소 결정은 산업연수제 운용의 근거가 되었던 「외국인산업기술연수생의 보호 및 관리에 관한 지침」이 헌법 제11조에 근거하여 외국인의 평등권을 침해하는 것으로 보았다. 이 결정에서는 '근로의 권리'에는 '일할 자리에 관한 권리'만이 아니라 '일할 환경에 관한 권리'도 함께 포함되어 있으며, 후자는 인간의 존엄성에 대한 침해를 방어하기 위한 자유권적 기본권의 성격도 갖고 있어 건강한 작업환경, 일에 대한 정당한 보수, 합리적인 근로조건의 보장 등을 요구할 수 있는 권리 등을 포함한다고 할 것이므로 외국인 근로자라고 하여 이 부분에까지 기본권 주체성을 부인할 수는 없고, 외국인 산업연수생에 대하여만 근로기준법의 일부 조항의 적용을 배제하는 것은 자의적인 차별이라고 판시하였다.[81]

두 번째로, 헌법재판소는 2011년 결정에서 사업장이동을 원칙적으로 3회 이내로 제한한 외국인고용법 제25조 제4항이 외국인의 근로권, 직업선택의 자유, 행복추구권 등을 침해한다는 헌법소원을 기각하였다.[82] 다수의견은 동 조항이 외국인근로자의 무분별한 사업장 이동을 제한함으로써 내국인근로자의 고

많은 사업장이 충분한 안전시설을 갖추지 못한 영세 사업장이다.

81) 헌법재판소 2007. 8. 30 선고 2004헌마670 결정(산업기술연수생 도입기준 완화결정 등 위헌확인).

82) 헌법재판소 2011. 9. 29. 선고 2007헌마1083, 2009헌마230, 352(병합) 결정(외국인근로자의 고용 등에 관한 법률 제25조 제4항 등 위헌확인 등).

용기회를 보호하고 외국인근로자에 대한 효율적인 고용관리로 중소기업의 인력수급을 원활히 하여 국민경제의 균형 있는 발전이 이루어지도록 하기 위하여 정당한 것이며, 외국인근로자에게 "3년의 체류기간 동안 3회까지 사업장을 변경할 수 있도록 하고 대통령령이 정하는 부득이한 사유가 있는 경우에는 추가로 사업장변경이 가능하도록 하여 외국인근로자의 사업장 변경을 일정한 범위 내에서 가능하도록 하고 있으므로 이 사건 법률조항이 입법자의 재량의 범위를 넘어 명백히 불합리하다고 할 수는 없다"고 판시하였다.[83)]

헌법재판소는 사업장 이동제한에 대해 '내국인 일자리 보호'라는 명분을 들고 있지만, 외국인의 이직기회 제한과 내국인 고용기회 보호 사이의 상관성은 구체적으로 입증된 바는 없다. 오히려 현실에서 외국인을 고용하는 사용자들은 내국인과 외국인의 직종 또는 직무 분리현상을 지적하는 경우가 많다. 외국인 취업분야는 내국인 기피분야인 경우가 대부분이며(농어업 또는 영세사업장에서의 제조업 등), 한 사업장에서 내국인과 외국인이 함께 근무하더라도 직무는 분리되어 실제로 경쟁관계에 놓이는 경우는 드물다. 외국인은 근로자일 뿐 아니라 지역경제의 소비자이기도 하므로 장기적으로는 내수진작 및 고용창출 효과를 야기한다는 연구결과가 있다.[84)]

---

83) 반대의견에서는 "외국인이라 하더라도 고용허가를 받고 적법하게 입국하여 상당한 기간 동안 대한민국 내에서 거주하며 일정한 생활관계를 형성, 유지하며 살아오고 있는 중이라면 … 그 생계를 유지하고 생활관계를 계속할 수 있는 수단을 선택할 자유를 보장해 줄 필요가 있다"고 보았다.

84) Jennifer Gordon, "People are not Bananas: How Immigration Differs from Trade", 104 *NW U. L. Rev.* 110 (2012) 등 참조.

다. 노조법상 단결권은 인정하였으나, 고용허가제의 문제점이 유지되고 있는 시기(2015~2016)

2015년에는 이주노동자의 단결권을 인정한 대법원 전원합의체 판결이 내려졌고, 2016년에는 고용허가제의 퇴직금 수령시기에 대한 헌법재판소 결정이 있었다.

첫째로, 2015년 대법원 판결에서는 미등록 이주노동자가 포함된 노동조합의 합법성을 인정하여 이주노조 설립 10년 만에 논쟁의 종지부를 찍었다.[85] 전원합의체 판결은 이들의 근로자성을 인정한 2심의 판지를 대부분 인용하여 "출입국관리법령에서 외국인고용제한 규정을 두고 있는 것은 취업자격 없는 외국인의 고용이라는 사실적 행위 자체를 금지하고자 하는 것뿐이지, 나아가 취업자격 없는 외국인이 사실상 제공한 근로에 따른 권리나 이미 형성된 근로관계에 있어서 근로자로서의 신분에 따른 노동관계법상의 제반 권리 등의 법률효과까지 금지하려는 것으로 보기는 어렵다. 타인과의 사용종속관계 하에서 근로를 제공하고 그 대가로 임금 등을 받아 생활하는 사람은 노조법상 근로자에 해당한다"고 판시하였다.

그런데 동 판결은 불법체류 외국인의 근로자성을 인정하기는 하였으나 여전히 이주노동자의 단결권을 제약하는 여지를 남겨 놓았다. 다수의견에서는 외국인 근로자들이 조직하려는 단체가 '주로 정치운동을 목적으로 하는 경우'와 같이 노조법 제2조

---

85) 대법원 2015. 6. 25. 선고 2007누4995 전원합의체 판결. 사건의 발단은 2005년 서울, 경기지역 외국인들이 노조를 결성하였는데 서울지방노동청은 이주노조가 가입자격 없는 "불법체류 외국인"을 주된 구성원으로 하였다며 반려처분을 한 것에서 비롯되었다. 1심은 불법체류 외국인의 근로자성을 부정하였으나(서울행정법원 2006. 2. 7. 선고 2005구합18266 판결), 2심은 현실적으로 근로를 제공하는 이상 근로자가 맞다고 보아 견해가 갈렸다(서울고등법원 2007. 2. 1. 선고 2006누6774 판결)

제4호 각목 해당여부가 문제된다고 볼 만한 객관적 사정이 있는 경우에는 설립신고가 반려될 수 있을 뿐 아니라, 설령 설립신고를 마쳤다 하더라도 적법한 노조가 아닐 수 있다고 강조하였다.[86] 그런데 이주노조의 "고용허가제 폐지, 이주노동자 합법화"와 같은 활동들은 이주노동자의 근로조건과 직결되어 있다. 고용허가제의 사업장 이동 제한규정 때문에 이주노동자는 열악한 근로조건을 억지로 감수할 수밖에 없으며, 현실에서 소위 불법체류 이주노동자가 양산되는 가장 큰 원인은 바로 고용허가제의 제약적 조건들을 벗어나기 위한 것임을 상기할 필요가 있다.

한편, 헌법재판소는 2016년 결정에서 외국인의 출국만기보험 수령을 출국한 때로부터 14일 이내로 제한하는 외국인고용법 규정이 위헌이 아니라고 결정하였다.[87] 동 결정은 "불법체류자는 임금체불이나 폭행 등 각종 범죄에 노출될 위험이 있고, 그 신분의 취약성으로 인해 강제 근로와 같은 인권침해의 우려가 높으며, 행정관청의 관리 감독의 사각지대에 놓이게 됨으로써 안전사고 등 각종 사회적 문제를 일으킬 가능성이 있다. 또한 단순기능직 외국인근로자의 불법체류를 통한 국내 정주는 일반적으로 사회통합 비용을 증가시키고 국내 고용 상황에 부정적 영향을 미칠 수 있다. 따라서 이 사건 출국만기보험금이 근로자

86) 이주노조는 판결 직후인 2015. 7월 재차 설립신고를 하였으나, 서울지방고용노동청은 다수의견에서 언급된 것과 유사한 논리로 '이주노조의 주목적은 정치운동'이라며 또다시 설립신고를 거부하였다. 실제로 이주노조는 2015. 8. 규약을 "이주노동자 인권 개선 등"으로 수정한 뒤에야 신고필증을 받게 되었다. 근로조건과 직결된 고용허가제 폐지를 규약에 포함했을 때는 합법적 노조로서 인정받지 못하고, 이 내용을 삭제한 후에야 설립신고가 수리되었다는 점은 우리 노동행정의 후진성을 보여주는 예라 할 것이다. 이다혜, "이주노조 대법원 판결의 의의와 한계", 노동법학, 제56호(한국노동법학회, 2015), 369면 이하의 논의 참조.

87) 헌법재판소 2016. 3. 31. 선고 2014헌마367 결정.

의 퇴직 후 생계 보호를 위한 퇴직금의 성격을 가진다고 하더라도 불법체류가 초래하는 여러 가지 문제를 고려할 때 불법체류 방지를 위해 그 지급시기를 출국과 연계시키는 것은 불가피하다"고 판시하였다.

그러나 반대의견에서 적절히 지적된 바와 같이 이는 기본적으로 출국만기보험금이 가진 퇴직금의 성질을 전혀 고려하지 않은 것으로서, "근로관계가 종료된 후 퇴직금이 신속하게 지급되지 않는다면 퇴직근로자 및 그 가족의 생활은 곤경에 빠질 수밖에 없는데, 이러한 퇴직금의 성질을 가진 출국만기보험금의 지급시기를 무조건 출국과 연계하는 것은 퇴직금의 본질적 성격에 반하는 것"으로서 외국인의 노동법상 권리를 지나치게 제약하는 것이다. 우리 노동법에서는 상술한 바와 같이 90년대 중반부터 체류자격과 상관없이 근로자성을 인정하여 왔고, 기왕에 제공한 근로에 대해서는 내국인과 다를 바 없이 근기법상의 보호를 받는 것이 확립된 법리인데 퇴직급여의 수령을 이렇듯 제한하는 것은 퇴보적 현상이다.

이주노동자는 임금을 목적으로 노무를 제공하는 근로자이기도 하지만, 동시에 재화를 소비하는 소비자이기도 하며, 문화를 전달하고 생활공동체에 함께하는 현실적 의미에서의 '시민'이기도 하다.[88] 장차 저출산, 고령화 경향이 심화될수록 더 많은 외국인이 한국 노동시장에 참여할 것이다. 가장 취약한 계층의 노동권 보장 수준은 전체 근로자의 노동권 보장을 보여주는 지표이기도 하다. 2015년 대법원 판결에서 외국인의 단결권이 제약될 수 있는 여지를 남겨둔 점, 그리고 2016년 헌법재판소 결정에서 외국인의 퇴직금 수령 권리를 출국시점과 연동하여 제

88) 이다혜, 시민권과 이주노동 — 이주노동자 보호를 위한 '노동시민권'의 모색, 서울대학교 법학박사학위논문(2015).

한한 것은 바람직한 판단으로 보기 어렵다. 장기적으로 외국인의 노동법적 권리를 내국인과의 차별 없이 보장하며, 이들의 법적 지위에 안정성을 도모하는 노동정책이 필요할 것이다.

V. 결론을 대신하여

1. 지금까지 우리 노동법이 거쳐온 변화와 발전 과정, 특히 IMF 구제금융 전후에 노동유연화 요청에 영향을 받은 90년대의 논의들, 2000년대 이후에 본격화된 노동법의 주요 현안과 쟁점들, 그리고 최근 글로벌 불평등의 심화 및 기술혁신과 산업구조 변화에 직면하여 새로이 발생한 노동법의 과제들을 소묘하였다. 세계적으로도 유래를 찾아보기 어려운 압축적 고도성장을 이루어낸 한국의 특수성에서 비롯된 문제와 그에 응답하기 위한 입법적 노력 및 법원의 고민을 읽어낼 수 있다. 총평하면 우리의 노동법제는 지금까지 내용적으로는 국제기준에 부합하는 방향으로, 과정상으로는 정상화를 찾아가는 방향으로 진화해 왔다고 할 수 있다.

2. 그러나 우리 노동법이 21세기의 변화된 조건과 상황에 부응하고 있는지에 대해서는 근본적 재검토가 필요하다. 지구화의 맥락에서 발생한 경제·사회적 조건의 변화가 심대하다는 현실적 진단에는 별다른 이견이 없을 것이나, 규범학의 세계에서 이러한 변화의 해석 및 노동법제에 어떻게 반영할지에 대해서는 상당한 견해차가 있음을 살펴보았다. 신자유주의적 사조에 강하게 영향을 받은 90년대 노동유연화의 요청 및 근로계약법제 논의에서는 노동법의 경직성을 우려하고 심지어 노동법의 독자성

을 의문시하며 시민법으로의 통합 내지 회귀를 주장하기도 했지만, 이러한 문제의식은 어디까지나 노동하는 인격의 존엄성 보호를 위한 방법론적 고민에 그쳐야 할 것이다. 시장만능주의를 정당화하고, 경제활동인구인 국민 대다수의 생활조건을 불안정한 상태에 빠뜨리는 입법론 및 해석론은 지양되어야 한다. 환경의 변화로 인한 위기의식이 곧 노동법 자체에 대한 의문으로 치환되는 것은 성급한 결론일 것이다.

3. 오늘날 우리 노동법이 직면한 가장 큰 도전은 한국 사회의 '지속가능성'에 대한 것이라고 할 수 있다. 계량적으로만 평가되는 국민 GDP의 수치는 높아졌을지 모르지만 그에 상응하는 삶의 질, 더 중요하게는 국민 대다수의 가장 기본적인 생명과 안전, 적정수준의 생계 및 근로조건이 제대로 보장받고 있는지는 큰 의문이다. OECD 회원국 중 근로시간 1위, 자살율 1위, 노인 빈곤율 1위, 가장 저조한 출산율, 극심한 청년 취업난, 여전히 빈번한 산업재해로 인한 사망률 등 부끄러운 통계수치는 우리 노동법제의 규범적 정당성 및 현실에서의 실효성을 반성하게 만든다.

법원의 노동 판결에서는 소위 경제발전의 낙수효과(trickle down effect)라는 과거의 경제학 이론, 즉 "기업이 잘되어야 근로자도 잘 된다"는 검증되지 않은 명제에 여전히 집착하며 노동기본권을 제한하는 법리가 만연하고 있다.[89] 그러나 근현대 경

---

89) 쟁의행위의 정당성이 문제될 때 소위 '경영권'에 속하는 사항은 단체교섭사항이 될 수 없다는 식의 결론을 내리는 일련의 판례들이 존재한다. 예컨대 대법원 2003. 7. 22. 선고 2002도7225 판결이 대표적이다. 그러나 경제학 및 복지학 분야에서는 낙수효과 이론의 유효성이 검증되지 않았다는 연구가 다수 존재한다. Michael Cichon & Wolfgang Scholz, "Social Security, Social Impact and Economic Performance: a Farewell to Three Famous Myths", Peter Townsend (ed.), *Building Decent*

제사의 세계적인 흐름을 들여다보면, 경기침체의 시기에는 금융자본이 독점하는 소수의 기업만을 중시해서는 안 되고 오히려 중산층 및 빈곤층에 대한 적극적 지원을 통해 수요를 창출하는 것이 적절한 해법이었음을 알 수 있다.[90] 예컨대, 주지하다시피 1930년대 미국 대공황 이후 전향적인 뉴딜정책(New Deal package)을 실시하여 최초의 근대적 노동법제를 제정하고, 유럽 각국에서도 세계대전 이후의 피폐함을 극복하기 위해 근로자의 단결권을 적극 보호하고 표준고용관계(SER) 및 사회보장제도 관련 법제를 정비한 것이 그 증거이다. 양극화 및 저성장시대로 접어든 우리나라에서도 이 시기를 현명하게 보내기 위하여 노동법이 나아가야 할 방향은 시장 만능주의에 기한 무한경쟁을 근로자에게 강요하기보다는, 적극적이며 전폭적인 노동보호를 통해 양질의 일자리(decent work)를 창출 및 유지하고, 일과 가정이 양립가능하여 재생산이 가능한 균형잡힌 삶을 영위할 수 있도록 법제도를 정비하는 것이다. 그러한 규범적 지향은 결코 기업의 경쟁력에 방해가 된다거나 수익구조와 충돌하는 것이 아니다.[91]

4. 마지막으로, 우리나라에서 노동문제는 곧 세대간 정의(intergenerational justice)의 문제이기도 하다. 서구 선진국에서 과거 제조업 중심 근로자들이 높은 노조조직률과 단체협약의 적용을 통해 괜찮은 근로조건을 향유하던 시기를 복지학에서는 '영광의 30년'(Trente glorieuses, 1945-1975)으로 일컫는데,

---

Societies (2009) 등 참조.

90) 김철, 경제위기와 치유의 법학, 한국학술정보(2014)의 논의 참조.

91) 장하성, 위의 책(2015)에서는 노동법 강화 및 인건비 상승은 기업경쟁력에 부정적으로 작용한다는 기업들의 논리와는 달리, 한국 재벌들의 사내유보금이 기업자산에서 비정상적으로 높다는 점을 지적하고 있다.

한국에서 여기에 대응하는 시기는 '한강의 기적'이 회자되던 1988년 서울 올림픽으로부터 1997년 IMF 구제금융 직전까지를 짧았던 '영광의 10년'이라고 할 수 있을 것이다. 이를 노동법의 프레임으로 설명하면 과거 고도의 경제성장기에 재산을 축적할 수 있었던 기성세대가 바로 현재의 기득권 혹은 사용자 세대이고, 저성장시대 이후에 출생하여 예전보다 극심하게 어려워진 취업 관문을 통과해야 하는 지금의 청년들이 곧 근로자 세대라고 할 수 있다. 따라서 헌법에서 상정하는 분배의 역할을 노동법을 통해 제대로 기능하게 만드는 것은 곧 한국의 세대갈등 문제를 해소하는 실마리이기도 할 것이다.

그런 의미에서 지난 2015. 9.의 '노사정대타협'은 청년실업의 원인을 노동법제의 경직성과 정규직 과보호론으로 돌리며 저성과자 퇴출을 용이하게 하는 등 노동법에서 성과주의를 강화하고, 청년 지원을 위해 취업훈련이나 사회적기업 등 법적 실효성이 없는 지원책만을 들고 있는데 이는 결코 근본적인 대책이 될 수 없다.[92] 장기적으로 노동법제는 개별법 영역에서 보호기능의 강화, 집단법 영역에서 민주성의 제고, 근로시간 단축, 일가정 양립의 적극 지원, 최근 많이 논의되는 기본소득 등 전향적인 사회보장제도와의 연계 등을 도모하여 기회의 균등보장은 물론, 경제적 불평등, 사회적 양극화와 세대갈등 해소에 적극 기여할 수 있어야 한다. 이것이 지금 한국의 노동법제가 이루어 내야 할 진정한 의미의 '노동개혁'일 것이다.

92) 경제사회발전 노사정위원회, 노동시장 구조개선을 위한 노사정합의문 (2015. 9. 15).

≪2≫
노동에서의 정상을 위한 노동법의 과제

<강성태>*

Ⅰ. 서론: 노동에서의 정상

우리 사회의 추진체는 '빨리'였다. 성장을 이끌었던 동력이 지금은 우리 사회가 고민하는 문제들의 근본 원인이 되었다. 다른 국가들에서는 시간을 두고 발생하여 서서히 조정되었던 문제들이 우리나라에서는 한꺼번에 발생하여 해결의 우선성을 다투는 갈등의 병목 현상이 벌어지고 있다. 이 과정에서 우리 노동은 작은 상점에서부터 세계적인 대기업에 이르기까지 비정상적 상태에 놓여 있다. 여기서 비정상 노동이란 노동법과 현실에서의 노동규범 사이에 큰 차이가 있다는 이야기이다. 법과 현실 사이의 차이는 어느 나라든 존재하는 것이지만, 우리 노동법에서의 정도는 매우 큰 편이다.

법 규범과 실제 사이의 차이는 근로자의 그룹별(또는 계층별)로도 상당히 다르다는 점이 또 다른 특징이다. 사실 이 측면

---

* 이 글은 이 책의 발간 목적에 맞추어 다음 두 편의 글을 수정한 것임. 강성태, "노동에서의 정상", 한국노동연구원 주최, 「새로운 사회경제 패러다임, 새로운 사회정책」(2012. 10. 19., 한국프레스센터) 및 강성태, "법으로 본 한국의 노동과 사회보장", 서울대 법학연구소 주최, 「사회권의 현황과 과제」(2016. 6. 24., 서울대근대법학백주년기념관)

이 더 중요한데, 법과 현실 사이의 괴리라는 '총량적 평가'만으로는 실종되는 법적 보호의 올바른 모습을 파악할 수 없기 때문이다. 노동에 관한 원칙이 적용되는 정도가 계층별로 매우 다르다. 대기업 정규직의 경우에는 자신이 동의한 극히 예외적인 경우(연장근로 등)를 제외하면 거의 대부분 원칙이 적용되지만, 중소기업의 정규직에게는 원칙이 적용되지 않는 예외 상태가 종종 생기고, 중소기업의 비정규직에게 법 원칙은 아주 드물게 적용되다가, 비공식 고용에 이르면 법 원칙의 적용은 전무한 상태로 떨어진다.

요컨대 노동에서 정상 상태의 회복 또는 건설이 우리 노동과 노동법에서 가장 시급하며 특히 비정규직이나 비공식고용 등 취약 근로자에게 더욱 시급하고 절실하다. 여기서 정상이란 빠른 경제성장을 위해 그동안 뒤에 두었던 것을 복원시키는 일 즉 '상시 보편적으로 적용되는 원칙을 확립하는 것'이다. 다시 말해 정상이란 법 원칙이 대다수 사람에게 통상적으로 적용되고, 예외는 가끔(드물게) 일부 사람에게 발생하는 상태를 말한다.

Ⅱ. 노동법의 사각지대: 비공식 고용과 자영인

1. 비공식 고용

대한민국에서 근로자로 살아가는 사람이라면, 스스로 자신을 적극적으로 은닉하지 않은 바에야, 조세든 건강보험이든 혹은 고용보험이든 관련 국가 문서의 어딘가에는 자신의 이름이 있을 것으로 생각한다. 또 대한민국에서 근로자로 일한다면, 정말 재수가 없어 악덕 사용자를 만난 경우가 아니라면, 아무리

못해도 최저임금 이상의 임금은 받고 연장근로를 하면 가산수당 역시 받으며 기초적인 사회보험에도 가입할거라고 생각한다. 공식 고용의 모습이란 이렇게 소박하다. 공식 고용은 적정한 고용의 모습이 아니라 고용의 최소한이다. 이런 모습조차 갖추지 못한 고용이 비공식 고용이며,[1] 이렇게 되는 이유는 크게 보면 세 경우이다. 첫째, 명시적 배제로서, 가사근로자처럼 어떤 노동법의 적용도 받지 않는 경우나 5인 미만 사업장의 근로자나 관리직 같이 일부 규정이 적용되지 않는 경우가 있다. 둘째, 애매한 배제로서 특수형태근로종사자와 같이 법적 지위가 불명확하여 보호를 받지 못하는 경우이다. 셋째, 법집행(감독 행정)의 불충분성이나 결함에 따른 사실상의 배제로서 근로감독이 미치지 않고 있는 영세 사업장 근로자, 아르바이트, 불법체류 외국인 근로자 등이 있다.

비공식 고용은 노동권과 사회보장권의 사각지대를 발생시

1) 형식적 관점에서 파악할 때, 비공식 고용이란 '공적 파악에서 제외되어 있는 고용', 또는 '국가나 공적 서류에서 파악하지 못하고 있는 고용'이다. 우리나라의 경우, 국민연금, 고용보험, 근로소득지급명세서 등 9종의 행정자료를 연계하여 국세청에 근로소득을 신고한 자 또는 사회보험에 직장 가입자로 등록된 자를 대상으로 구축한 '임금근로일자리 행정통계'에 따르면, 2010. 12. 말 기준 행정자료에 가입 또는 등록되어 있지 않은 임금 근로자('비공식 임금근로자')는 전체 임금근로자 17,154천명의 18.0%인 3,089천명에 이른다. 다른 한편 실질적 관점에서 파악할 때, 비공식 고용은 '공식적인 또는 법적인 보호로부터 배제되어 있는 고용'을 말한다. ILO도 이 입장에서 비공식 고용을 "노동법, 소득과세, 사회보장, 고용관련 보호(해고 시 사전통지, 퇴직금, 유급휴가, 유급 병가 등)를 받지 못하는 고용"으로 정의한다. 이병희 박사는 최저임금, 퇴직금, 공적연금(국민연금 또는 특수직역연금) 중 어느 하나로부터 배제되어 있는 근로자를 비공식 근로자로 파악하고 있다. 이 기준에 따를 때, 2011. 8. 기준(통계청, 경제활동인구 근로형태별 부가조사, 2011. 8.) 전체 임금 근로자 17,510천명의 40.2%인 7,044천명이 최저임금(1,899천명, 10.8%) 또는 퇴직금(6,181천명, 35.3%) 혹은 공적연금(6,108천명, 34.9%) 중 하나 이상으로부터 제외되어 있다.

키는 고질적인 문제로서, 국가가 가장 먼저 해결해야 할 문제이다. 비공식 고용을 발생시키는 법 집행의 문제란 주로 근로감독 행정의 문제이고, 근로감독 행정의 핵심은 근로감독(관) 제도로서 근로감독관은 근로감독 행정의 1차적 담당자이다. 우리 근로감독관은, 임금 그 밖의 근로조건과 산업안전의 준수만을 감독하는 외국의 그것과는 달리, 모든 노동법 관련 사건과 업무를 감독한다. 그 결과는 폭넓은 사각지대의 존재이다. 현행 제도의 문제점을 잘 보여주는 것이 대법원 2002. 4. 12. 선고 2000도3485 판결이다. 같은 판결은 근로감독관이 노동조합의 각종 활동에 아무런 제한 없이 참석, 파악, 지도 등을 할 수 있다고 판시했다. 근로감독 처리 현황에서 늘 일등은, 금품청산이나 해고제한 또는 근로시간 등이 아니라, '기타'이다.

2. 가짜 자영인

대부분의 국가에서 자영인(self-employed workers)은 전통적으로 노동법의 대상은 아니다. 대다수 사회보험법에서는 근로자가 아닌 자로서 더 많은 기여에도 불구하고 더 적은 급여를 받게 된다. 문제는 본래 의미의 자영인이 아니라 노무제공의 방식이 근로자와 동일 또는 유사하지만 사용자가 법 적용을 회피하거나 우회하기 위하여 자영인 계약을 체결하는 경우이다('가짜 자영인). '경제적으로 종속된 노동자'(economically dependent workers; 1명의 사용자로부터 자기 수입의 전부 또는 대부분을 얻는 자영 노동자) 역시 우리나라에서는 특수형태근로종사자의 문제라고 하여 2000년 이후 지금까지 정책적·사법적 논쟁의 대상이 되고 있다.

우리나라의 자영인 비율은 매우 높다. 자영인 중에는 자기가 진정으로 원해서 창업한 '기회 창업' 자영인도 있지만, 다른 선택을 할 수가 없어 창업한 '벼랑 창업' 자영인도 있다. 경제위기가 지속되면서 벼랑 창업이 늘고 있다. 벼랑 창업인의 증가는, 거짓말에 너그러운 사회와 법원의 분위기에 힘입어, 자연스럽게 '가짜 자영인'의 증가도 함께 가져왔다. 이익과 손해의 독자적 귀속과 같은 자영인의 일반적인 특성을 갖춘 것이 '진짜 자영인'이라면, 종속과 균일한 이익의 획득 등 근로자의 평균적 특성을 가진 것이 '가짜 자영인'이다. 가짜 자영인의 증가는 비정규직의 확대와 더불어 이른바 '저임금 무임금 순환'(low-pay-no-pay cycle)에 의한 반복 빈곤이라는 구조적인 악성 빈곤을 만들고 있다.

벼랑 창업과 가짜 자영인의 증가는 후술하는 균일 일터의 중요한 결과이기도 하지만 단순히 경제적 이유만으로 설명할 수 없다. 우리 법원은 약 20년 동안 근로자의 지위 인정에 소극적인 태도를 보여 왔다. 과거 판례는 근로기준법의 적용받을 수 있는 근로자를 매우 좁게 해석함으로써 특수형태근로종사자 대부분을 근로기준법의 보호에서 제외시켰다. 이런 태도는 2006년 판결(대법원 2006. 12. 7. 선고 2004다29736 판결)을 통해 상당히 개선되었지만, 이 판결이 종전의 판결을 완전히 대체한 것도 아니고, 그 내용이 특수형태근로종사자 문제를 해결할 수 있을 정도로 명확한 것도 아니다.

근로자 - 자영인 구별과 관련하여 현재 우리나라의 가장 큰 문제점은 이를 당사자가 해결해야 할 숙제로 보고 정부는 수수방관하고 있다는 사실이다. 미국의 경우는 다르다. 비즈카이노 사건(Vizcaino vs Microsoft)에서 보듯 연방 국세청(IRS)은 직접 근로자를 찾아 노사에 세금과 사회보험료를 부과했다. 근로자 찾기는 개인의 권리 구제와 관련된 사적인 문제가 아니라 국가 재정과 관련된 중요한 공적인 문제로서 세금이나 사회보험료 징수의 책임이 있는 정부, 공단 그 밖의 국가기관이 적극적으로 나서야 함을 보여준 것이다. 우리 정부는 지금까지 가짜 자영인의 위험성을 모르거나 경시하고 있다. 국민 경제의 측면에서 볼 때 정부는 두 가지 위험성, 즉 취업자 중에서 자영인이 차지하는 비율이 높을 때 국가가 당면하게 될 재정의 위험성과 이에 더하여 가짜 자영인의 확산에 따라 사회 구성원 사이의 신뢰관계 훼손의 위험성을 시급히 그리고 충분히 인식해야 한다. 사실상 근로자를 자영인으로 오분류하면 노동권은 물론 사회보장권에서도 커다란 흠이 생긴다. 대다수 OECD 국가는 오분류의 최소화를 위해 경제적으로 종속된 자영인은 사회보장 제도의 적용에서는 근로자와 동일 또는 유사하게 취급한다.

Ⅲ. '노동시장의 권리 없는 시민': 비정규직

현행법상 비정규직은 단시간제, 기간제, 파견제 세 종류뿐이다. 그러나 연구자들과 국민 상식에서는 하청업체 근로자나 특고(특수형태근로종사자)도 비정규직이다. 연원과 입장이 대동소이하기 때문이다. 우리나라에서 비정규직 논의의 역사는 20년을 약간 상회한다. 1993년 정부가 근로자파견법안을 내놓으면서부터 본격화된 우리 사회의 관심과 우려, 찬성과 반대는 지금도 계속되고 있다.

1. 균열 현상

IMF 이전까지 비정규직은 학계의 일부에서만 연구의 대상이었다. 사실 구조조정에 관한 경영계의 필요와 관심은 1980년대 후반부터 높아져 '정리해고' 분쟁이 증가하였다. 그에 따른 법적 대응은 초기 판례(1989-1996), 1997-1998년 근로기준법 제·개정, 이후 정당화 추정적 판례로 이어진다. 그러나 경영계의 입장에서 보면 경영해고 역시, 그것의 허용이나 요건완화에도 불구하고, 해고의 하나로서 불편한 것이었다. 파견제와 기간제 등 비정규직은 해고규제를 우회하면서 상시적으로 고용을 조정할 수 있는 좋은 방법이었다. IMF 체제는 비정규직 사용을 사회화하였다. 법적 대응은 비정규직의 종류에 따라 시차가 있었다. 파견제에 관해서는 1998년 노사정합의의 첫 번째 결실로 근로자파견법이 제정되었으나 당시 비정규직의 압도적 다수를 사용했던 기간제에 관해서는 논란이 커 2006년 12월에야 관련 입법이 성공한다.

경영계에서는 오래전부터 기간제나 파견제와 같은 비정규직보다 좀 더 편리하고 효율적인 경영방식이 모색되어 왔다. 1990년대부터 미국 유학파들이 본격적으로 대기업 경영을 장악하면서 경영 모델도 일본형에서 미국형으로 바뀌었다. 대기업들은 직접고용과 종신고용에서 벗어나 미국의 최신 경영기법인 회사분리, 외주, 자영화 등 '고용 털어버리기'를 빠르게 진행한다. 업무의 외부화에도 불구하고 원하는 제품이나 서비스의 결과를 얻을 수 있는 업무수행 매뉴얼과 감시체계의 확립이 균열 일터를 가능하게 한 기술적 및 조직적 배경이 된다. 이러한 일터의 균열은 하청, 프랜차이즈, 개인사업자 등의 이름으로 우리 경제의 주요 부문으로 급속히 확산되고 있다.[2] 비정규직 입법이나 관련 논의는 이런 균열고용 현상을 따르지 못하고 있다.

---

2) 미국에서 진행된 균열화에 관해서는 데이비드 와일 저, 송연수 역, 「균열일터」(2015), 황소자리가 있다.

2. 허둥대는 규율

우리나라에서 아직까지 비정규직의 중심은 기간제이고, 대다수 규율도 기간제에 집중하고 있다. 1996년의 대법원 전원합의체 판결은 이전에 원칙적으로 1년을 넘는 기간제 근로계약은 기간의 정함이 없는 근로계약이라고 본 판례를 변경하여, 1년을 초과하는 근로계약도 원칙적으로 유효하다고 보았다.[3] 현장에서 이 판결은 기간제의 자유로운 사용을 허용한 판결로 인식되었고, 판결에 곧 이은 1997년의 IMF에 따른 구조조정 등과 결합되면서 기간제 근로는 크게 증가한다. IMF 사태로 인해 탄생한 법률 중 하나가 1998년의 파견법(1998.2.20. 파견근로자 보호 등에 관한 법률)이다. 파견법은 그동안 금지되었던 파견사업을 합법화한 것이긴 하였지만, 파견대상업무와 제한 방식이 엄격한 편이었다.

비정규직 규율에서 원칙이 무엇이고 예외가 무엇인지 혼란스러웠던 모습은 2006년 이른바 비정규직법의 제정으로 정리된다. 2006년 12월 국회는 [기간제 및 단시간 근로자보호 등에 관한 법률](기간제법)을 제정하는 한편, 파견법과 노동위원회법을 개정하여 이른바 차별시정제도를 규정한다. 이러한 법률들을 통해 정부는 비정규직 규율의 기본 방향을 [사용은 자유롭게, 차별은 금지]로 잡았다. 즉 2년의 기간 내에서는 기간제를 자유롭게 사용하되, 기간제 근로자에 대한 임금 등 근로조건과 복지 등 대우에서는 차별하지 못하도록 하였다. 차별을 당한 기간제 등 비정규직 근로자는 3개월 이내에 노동위원회에 구제를 신청할

---

3) 대법원 1996. 8. 29. 선고 95다5783 전원합의체 판결. [1년을 초과하는 근로계약기간을 정하여 근로계약을 체결하였다 하더라도 그 계약기간의 정함 자체는 유효]하다.

수 있도록 하였던 것이다. 기간제법 등은 시행 후 2년 동안은 일부 비정규직의 정규직으로의 전환 등 고용상 일정한 효과가 있었지만 최근에는 별다른 효과가 없어졌다. 차별 시정 역시 애초의 우려대로 지금까지 별다른 성과를 내지 못했다.

비정규직의 상황을 개선하려는 노력은 정부에 의해서도 이루어졌지만, 가시적인 효과는 법원의 판례를 통해 이루어지고 있다. 법원은 크게 두 방향에서 비정규직의 상황을 바꾸고 있다. 첫째, 기간제에서 갱신기대권 법리를 이용하여 기간제 근로자를 강하게 보호하려고 한다. 대법원은 기간제 근로계약에 갱신기대권 이론을 적용하고 있다. 판례는 근로자에게 갱신을 기대할 수 있는 정당한 기대권이 인정되는 경우에 갱신 거절은 해고와 마찬가지로 무효라고 한다.[4] 둘째, 원청인 대기업과 사내하도급업체간의 관계를 불법파견으로 보아 하도급 근로자와 도급회사인 대기업 간의 근로계약관계를 인정해주고 있다.[5]

3. 균열이 안전에 미치는 영향

'균열일터'가 가져온 가장 나쁜 결과는 생명사고 즉 생물학적 위험의 증가이다. 두 가지 원인이 특히 중요하다. 하나는 법위반의 압력이 증가한다는 점이다. 종래 직접고용하던 근로자를 하청 그것도 여러 차례의 단계를 거친 하청의 근로자로 사용하게 되면, 필연적으로 하청은 비용절감을 위한 노동법규 특히 산

---

4) 대법원 2011.4.14. 선고 2007두1729 판결 등

5) 대법원은 최근 파견제 관련 분쟁의 중심이 되고 있는 사내하도급과 관련된 몇 개의 중요한 판결들을 통해 사내하도급 근로자를 보호하고 있다. 중요한 판결로는 현대미포조선 판결(대법원 2008. 7. 10. 선고 2005다75088 판결), 예스코 판결(대법원 2008. 9. 18. 선고 2007두22320 전원합의체 판결), 현대중공업 판결(대법원 2010. 3. 25. 선고 2007두8881 판결 등) 및 현대자동차 판결(대법원 2010. 7. 22. 선고 2008두4367 판결) 등이다.

업안전 법규의 회피 압력을 강하게 받게 된다. 비용절감을 위해 숙련공이 아니라 초보적인 기술만 익힌 젊은 근로자를 고용하면서 사고 희생자가 갈수록 어려진다. 다른 하나는 조정능력이 약화된다는 점이다. 종래 대기업이 직접 처리하던 업무를 여러 회사에 쪼개서 도급을 줄 경우, 한 사업장에 여러 하청업체의 근로자들이 모여서 공동 작업을 해야 한다. 그런데 안전업무를 조정하고 총괄할 책임은 원청이 지지 않는다. 사실 현장의 안전업무 전체를 책임지는 회사는 존재하지 않는다. 원청은 품질의 완성을 위한 지침과 조정은 매우 치밀하게 계획하고 집행하고 감독하면서도 안전업무에 대해서는 의도적으로 침묵한다. 혹시라도 있을 안전사고 시 책임을 지지 않기 위해서다. 대형 안전사고가 대기업 사업장에서 끊이지 않는 이유이다.

4. 처음부터 다시

비정규직의 사용 비율이 과도하고 이들에 대한 차별이 심각한 우리 사회에서는, 다시 말해 비정규직의 과도한 사용과 비정규직에 대한 차별이 계속하여 상승 작용을 하고 있는 우리 사회에서는 비정규직의 사용 자체를 그대로 둔 채 차별시정제도만으로 비정규직 문제를 제대로 해결할 수 없다. 다시 말해 사용 규제가 1차적이고 주된 수단이 되고, 차별금지가 2차적이고 보조적인 수단이 되어야 한다.

최저임금의 획기적인 인상도 필요하다. 저임금 비정규직의 대부분은 최저임금 또는 그보다 약간 높은 수준에서 정해지고 있는데, 올해 최저임금은 시간당 6천원 정도에 불과하여 최저생활조차 어렵기 때문이다. 외형만 독립적이고 자신의 결정에 어떠한 책임도 지지 않는 현재의 최저임금위원회에서의 결정방식보다는 정치적 책임을 질 수 있는 헌법기관(대통령, 정부, 국회)이 직접 결정하도록 해야 한다.

가장 큰 문제는 균열에 대한 적절한 법적 대응책을 내놓는 것이다. 안전업무의 직영화와 정규직화는 더 이상 미룰 수 없는 과제이다. 나아가 노동권과 사회보장권 보호에서 원청 즉 대기업의 책임을 강화해야 한다. 기업의 자유를 가장 존중한다는 미국에서 2012년 이후 이른바 공동사용자 법리를 수정하여 원청이나 프랜차이즈 가맹본부를 하청 근로자나 가맹점 근로자의 공동사용자로 인정하고 각종 노동법상 책임을 묻고 있는 사실은 매우 시사적이다.

Ⅳ. 장시간 노동과 낮아진 목소리: 정규직

1. 장시간 노동 체제

장시간 노동 체제의 극복 혹은 정상시간(정상 노동) 체제로의 전환은 시대적 과제이다. 근면과 성실이 이끌어 온 장시간 체제는 그동안 우리 경제와 사회의 발전을 이끈 중심 동력이었다. 고도성장 시대 기업에게는 낮은 자본력과 기술력을 보완하여 경쟁력을 제고시키는 수단으로, 대부분의 근로자와 그 가족에게는 소득 획득의 유일한 방식으로, 우리 사회에는 인간관계를 조경하고 조율하는 핵심적인 생활방식으로 기능하여 왔다. 대다수 기업의 노동관계 시스템에서도 장시간 체제는 당연한 것이었고, 노동과 관련된 각종 규범들 예를 들어 취업규칙이나 단체협약은 물론이고 일상적인 근로자(노동조합)와 사용자의 관계도 장시간 노동 체제를 전제하였다.

최고의 장점이던 이 체제는 어느 순간 우리 모두에게 큰 짐이 되고 있다. 삶의 질을 중시하고 일과 생활을 조화시키려는 근로자 개인이나 그 가족에게도, 노동의 과정보다는 성과와 결과가 중요해진 기업에게도, 더 많은 일자리를 만들어야 하는 경제에도, 나아가 다양한 문제들을 해결하기 위해 건강한 시민의 자발적이고 적극적인 참여가 더욱 중요해진 사회공동체에도 장시간 노동 체제는 먼저 극복되어야 할 과제가 되고 있다. 장시간 노동 체제는 기업시간으로의 과도한 집중 또는 기업시간과 생활시간의 현저한 불균형이라고 바꾸어 불러도 무방하다. 기업에 집중된 시간을 시민활동에 쓰도록 하자는 것은 경제적으로는 생산에 투자하던 시간을 소비로 전환시키자는 말이고 경제와 사회의 올바른 관계를 정립하자는 말이기도 하다.

2. 장시간 노동의 현황

아래 〈표 1〉에서 보듯이 우리나라의 연간 근로시간은 경제협력개발기구 국가들 중에서 가장 긴 국가들에 속한다. 2014년 기준으로 우리나라(2,124시간)보다 연간 근로시간이 긴 국가는 멕시코와 코스타리카(2,216시간)뿐이다. 근로시간이 짧은 독일(1,371시간)보다는 무려 753시간이나 길고 OECD 평균 1,770시간보다는 연간 354시간 즉 2.4달(우리 평균으로는 2달)이나 길다.

〈표 1〉 2005-2014 OECD 주요 국가의 연간 근로시간

국가/연도	2005	2006	2007	2008	2009	2010	2011	2012	2013	2014
Australia	1,730	1,720	1,711	1,717	1,690	1,692	1,699	1,679	1,663	1,664
Canada	1,747	1,745	1,741	1,734	1,702	1,703	1,700	1,713	1,708	1,704
France	1,507	1,484	1,500	1,507	1,489	1,494	1,496	1,490	1,474	1,473
Germany	1,411	1,425	1,424	1,418	1,373	1,390	1,393	1,374	1,363	1,371
Italy	1,812	1,813	1,818	1,807	1,776	1,777	1,773	1734	1,733	1,734
Japan	1,775	1,784	1,785	1,771	1,714	1,733	1,728	1,745	1,734	1,729
Korea	2,351	2,346	2,306	2,246	2,232	2,187	2,090	2,163	2,079	2,124
Mexico	2,281	2,281	2,262	2,260	2,253	2,242	2,250	2,226	2,237	2,228
Spain	1,726	1,716	1,704	1,713	1,720	1,710	1,717	1,704	1,699	1,689
Sweden	1,605	1,599	1,612	1,617	1,609	1,635	1,632	1618	1,607	1,609
United Kingdom	1,673	1,669	1,677	1,659	1,651	1,652	1,625	1,654	1,669	1,677
United States	1,799	1,800	1,797	1,791	1,767	1,777	1,786	1,789	1,788	1,789
OECD countries	1,807	1,808	1,802	1,794	1,700	1,776	1,773	1,773	1,770	1,770

자료: https://stats.oecd.org/Index.aspx?DataSetCode=ANHRS 참조. 일부 국가를 제외함.

우리 근로시간법은 그 자체로 장시간 노동을 가능하게 한다. 특히 세 가지가 중심적인 역할을 하고 있다. 하나는 최대시간을 특정하기 어려운 체제로 되어 있는 것이고, 둘은 근로시간 규율의 핵심을 가산임금제에 맡기고 있는 점이며, 셋은 휴식과 금전의 교환을 허용함으로써 휴일과 연차휴가 등의 이용이 법정 최저기준에 미달한다는 점이다. 특히 두 번째가 중요하다. 현행법상 근로시간의 길이는 물론이고 배치에서도 핵심적인 역할을 하는 것이 가산임금제로서, 법정기준시간(1일 8시간, 1주 40시간)을 초과한 근로와 야간(오후 10시부터 오전 6시까지) 및 휴일의 근로에 대해서는 통상임금의 50%를 가산한 임금을 지급하게 하는 제도이다. 입법자는 경제적으로 가중된 부담을 통해 사

전적으로 그러한 근로들을 억제하려고 하였으나, 현실에서는 가중된 경제적 유인으로서 노사 사이에 최소고용과 최대임금의 전략적 교환이 이루어질 수 있는 이유가 되고 있다. 포괄임금제는 연장근로에 따른 경제적 부담조차 배제시킬 수 있는 제도인데, 판례는 이런 계약의 합법성을 비교적 넓게 인정하였다. 지금까지 몇 차례에 걸쳐 이루어진 근로시간법의 개선이 현실에서의 실근로시간 단축으로 연결되지 못한 가장 큰 이유도 가산임금제와 관련이 있다. 법정기준시간을 줄였지만, 그 실질은 대개 연장근로의 연장을 통한 임금시간의 확대 즉 임금인상이었다. 근로시간 개혁을 임금 인상의 수단으로 접근한 데에는 낮은 기본급 등 임금체계의 복잡성과 후진성도 한 몫을 하였다.

3. 기업시간을 시민시간으로

기업에 집중된 시간을 개인과 가정과 사회로 돌려야 한다. 일하는 시간을 줄여서, 만나고 수다 떨고 사랑하고 연애할 시간을 확보해야 한다. 연예하고 사랑하고 애도 낳고 가정도 만들려면 시간이 절대적으로 필요하다. 그래야 우리 사회가 유지될 수 있다. 우리나라 저출산의 가장 큰 원인은 낮은 소득과 미래불안정과 함께 너무 긴 근로시간이며 그런 점에서 장시간 노동은 우리 사회의 유지를 위협하는 만성질환이다. 젊은이에게 일자리를 만들어주기 위해 줄여야 할 것도 중장년층의 임금이 아니라 근로시간이다.

장시간 노동 체제로부터 정상 노동 체제로의 전환을 위해서는 휴식 제도를 근로자의 건강보호와 여가시간 확보라는 본래의 취지에 맞게 운영되도록 해야 한다. 특히 휴식을 금전적 보상으로 전환하는 체제를 극복해야 한다. 이른바 '노동을 둘러싼 노사간의 견고한 담합'을 깨야 한다. 그리고 이 문제에서도 대기업부터 시작해야 한다. 과거 근로시간법의 개혁은 실근로시간 단축으로 연결되지 않고 오히려 연장근로의 연장을 통해 임금인상으로 연결되었다. 최소고용·최대근로이라는 기업의 욕구와 임금소득의 증대라는 근로자의 욕구가 전략적으로 거래된 것이다. 이러한 노사담합은 근로시간법 실패의 핵심적인 원인이며, 이 문화의 형성과 전파에 큰 역할을 해 온 것이 대기업 노사관계이다. 그러므로 근로시간 단축과 휴식 증대를 위한 개혁은 장시간노동 체제를 이끌고 있는 중심적인 대기업에서 근로시간 총량의 제한부터 시작해야 한다. 연간 근로시간이 상대적으로 긴 업종에 정책 관심과 수단을 집중하는 한편, 작년 9월 15일 노사정이 근로시간 개혁의 첫 번째 과제로 합의했던 2020년까지 연간 1,800시간 체제로의 전환을 위한 실무기구부터 구성해야 할 것이다.

4. 구조조정에서 침묵의 강요

판례는 구조 조정과 관련된 이슈들은 노동조합이 단체교섭을 요구할 수 있는 사항이 아니고, 따라서 요구 사항의 관철을 위한 파업 등 쟁의행위는 불법이라는 본다. 가장 대표적인 판례의 내용은 다음과 같다. [정리해고나 사업조직의 통폐합 등 기업의 구조 조정의 실시 여부는 경영주체에 의한 고도의 경영상 결단에 속하는 사항으로서 이는 원칙적으로 단체교섭의 대상이 될 수 없고, 그것이 긴박한 경영상의 필요나 합리적인 이유 없이 불순한 의도로 추진되는 등의 특별한 사정이 없는 한, 노동조합이 실질적으로 그 실시 자체를 반대하기 위하여 쟁의행위에 나아간다면, 비록 그 실시로 인하여 근로자들의 지위나 근로조건

의 변경이 필연적으로 수반된다 하더라도 그 쟁의행위는 목적의 정당성을 인정할 수 없다.][6]

판례는 심지어 기존 단체협약에서 구조 조정 등에 단체교섭 의무를 정하고 있는 경우에도 이를 의도적으로 단체교섭 대상에서 제외시키기도 한다.[7]

5. 경영해고 요건의 '부실 적용'

2015년 하반기는 노동개혁으로 온 나라가 몸살을 앓았는데, 가장 큰 불씨는 일반해고 또는 통상해고였다. 정부는 노동시장의 경직성이 일자리 창출을 저해하고 청년들의 고용절벽을 야기하는 원인이라고 보는 것 같다. OECD가 2013년 발표한 고용보호지수를 보면 우리나라의 개별해고 보호지수는 2.29로 OECD 평균(2.04)보다 다소 높고, 집단해고 보호지수는 1.88로 OECD 평균(2.91)보다 상당히 낮아, 종합지수는 2.17로 OECD 평균(2.29)보다 낮다.[8] 다만 OECD는 우리나라 기업들이 여러 가지 방식으로 고용 조정 즉 해고의 목적을 달성하고 있다고 지적한 바 있다.[9] 그렇다면 우리나라의 실제 고용 안정성은 어느

---

6) 대법원 2002. 2. 26. 선고 99도5380 판결 외 다수.

7) 가령 위의 대법원 판결에서는 [사용자가 경영권의 본질에 속하여 단체교섭의 대상이 될 수 없는 사항에 관하여 노동조합과 '합의'하여 결정 혹은 시행하기로 하는 단체협약의 일부 조항이 있는 경우, 그 조항 하나만을 주목하여 쉽게 사용자의 경영권의 일부포기나 중대한 제한을 인정하여서는 안 되고, 그와 같은 단체협약을 체결하게 된 경위와 당시의 상황, 단체협약의 다른 조항과의 관계, 권한에는 책임이 따른다는 원칙에 입각하여 노동조합이 경영에 대한 책임까지도 분담하고 있는지 여부 등을 종합적으로 검토하여 그 조항에 기재된 '합의'의 의미를 해석하여야 한다.]고 설시하였다.

8) OECD, Employment Outlook, 2013. 이 지수의 정확성과 신뢰성에는 의문이 많다. 강성태, "OECD 고용보호지수의 정확성과 적정성", 노동법연구 제34호(서울대노동법연구회, 2013) 참고 바람.

9) OECD, THE LABOUR MARKET IN KOREA: ENHANCING FLEXIBILITY

수준인가?[10] 고용 안정성을 국제적으로 비교할 때 주로 근속년수를 사용한다. 근속년수가 길면 안정성이 높고 반대로 근속년수가 짧으면 안정성이 낮다고 본다. OECD의 통계에 따르면 2014년 기준 우리나라 10년 이상 장기근속자의 비율은 20.1%로서 OECD 평균 33.3%에 비해 상당히 낮고, 1년 미만 단기근속자의 비율은 31.9%로 OECD 평균 18.1%에 비해 매우 높다.

이런 상황에서 왜 일반해고 법제화를 추진하는 것일까? 약 20년 전 지금과 비슷한 상황이 있었다. 1996년 개정 근로기준법에서 처음으로 경영해고를 입법화하던 바로 그 장면이다. 우리 대법원은 처음에는 경영해고를 엄격하게 제한하였다. '정리해고'의 정당화 요건을 최초로 설시한 대법원 1989. 5. 23. 선고 87다카2132 판결은 "해고를 하지 않으면 기업경영이 위태로울 정도의 급박한 경영상의 필요성이 존재"할 것을 요구했다. 그러다가 1991년경부터 입장을 선회하여 경영해고의 정당성 요건을 계속 완화하기 시작하였다. 이런 추세가 절정에 이른 1996년, 정부는 경영해고의 요건과 절차를 판례에 따라 정함으로써 구조조정으로부터 근로자를 보호한다는 명분으로 경영해고를 근로기준법에 명시한다. 이 개정법은 안기부법과 함께 1997년의 첫 두 달에 걸친 국민적 항의와 총파업으로 폐지되었으나, 경영해고 규정은 1997년 3월 제정된 현재의 근로기준법에 1996년의 규정과 크게 다르지 않게 그대로 남게 된다.

1997년 새로이 신설된 경영해고 규정은 표면적인 문구와 형식만 보면, 그 때까지의 판례보다 근로자에게 불리하지 않았다. 그러나 경영해고의 법제화는 단지 '기준과 절차의 명확화'에

AND RAISING PARTICIPATION, 2005.

10) 황덕순, "한국의 노동시장 구조와 사회안전망 정책과제", 「사회보장법학」 제4권 2호(한국사회보장법학회, 2015) 참조.

그치지 않고 경영해고에 관한 사회통념을 바꾸었다.[11] 판례는 가능한 한 경영해고의 정당성을 추정하는 방식으로 관련 규정을 해석하더니 2012년에는 흑자상태에서의 경영해고도 가능하다는 판결까지 선고하였다.[12] 영향은 경영해고의 정당성 판단에만 미친 것이 아니었다. 경영해고 여부는 경영권 사항이므로 단체교섭 사항이 아니라는 판결들이 쏟아져 나왔다.[13] 이런 상황은 경영해고 관련 규정을 엉성하게 만든 입법자의 책임도 크지만, 법 규정조차 자의적으로 적용한 법원 특히 대법원의 책임도 그에 못지않다. 대법원은 경영해고 과정에서 근로자의 이익을 위해 마련된 사전협의절차를 매우 자의적으로 적용하여 왔다. 근로자대표와의 사전협의가 없으면 정당성 판단에서 크게 고려하지 않으면서도,[14] 역으로 사전협의를 거친 경우에는 다른 요건들의 정당성까지 추정하였다.[15]

6. 사라진 목소리[16]

현대 국가에서 노동조합에 관한 권리는 기본적 인권에 속한다. 근로자들에게 노동조합을 결성하고 관련 활동을 하고 그것을 유지할 자유가 없다면 근로자 대표는커녕 근로자의 어떠한 결사체도 상정하기 어렵다. 우리 헌법 역시 제정 당시부터 현재

11) 대법원 2002. 7. 9. 선고 2000두9373 판결과 대법원 2002. 7. 9. 선고 2001다29452 판결은 이런 사회통념의 형성에 큰 역할을 한 판결들이다.
12) 대법원 2012. 2. 23. 선고 2009두15401 판결.
13) 가장 유명한 판결은 한국조폐공사 사건 대법원 2002. 2. 26. 선고 99도5380 판결이다.
14) 대법원 2003. 11. 13. 선고 2003두4119 판결 등.
15) 가령 대법원 2002. 7. 9. 선고 2001다29452 판결.
16) 강성태, “노동조합의 근로자 대표성에 관한 단상”, 월간노동 2015. 3월호 (한국노동연구원), 47-67면 참고.

까지 한 번도 변함없이 노동조합을 단결권과 단체교섭권과 단체행동권의 가장 대표적이고 당연한 주체로서 전제하고 있다. 명시적으로 표현하지는 않았지만, 너무나 당연하여 굳이 표현할 필요가 없었겠지만, 헌법적 임의기구이다. 즉 근로자의 자유 실현을 위한 실질적 조건이 노동조합이다. 이런 이유로 헌법과 노동관계법은 물론 다른 법률에서도 노동조합은 법적 실체로서 존중되고 있다. 그러나 노동조합의 현실적 대표성은 민망한 수준이다.

우리나라 노동조합의 조직률은 〈표 2〉에서 보듯이 OECD 주요 국가 중 미국과 더불어 최하위에 속한다. 특히 2011년의 조직률은 9.9%로서 평균 50%를 상회하는 스칸디나비아 국가들에 비하면 5분의 1 혹은 6분의 1 수준이고, 이른바 신자유주의 경제정책을 견인했다는 앵글로색슨 국가들에 비해서도 평균 10% 이상 낮았으며(가령 캐나다 27.1%, 영국 25.6%, 호주 18.5% 등), 흔히 비교하는 일본의 19%는 물론 미국의 11.3%보다도 낮아 조사 대상국가들 중 최하위이다. 조직률 하락은 거의 모든 국가에서 보이는 현상이지만, 우리나라의 하락 속도와 폭은 매우 빠르고 큰 편이다. 1990년부터 2011년까지 우리의 조직률은 50% 가까이 하락했는데, 같은 시기 비슷한 폭의 감소는 호주 정도(39.6%에서 18.5%로 하락)에 불과하다. 그 결과 1990년 우리나라는 조직률 17.2%로 최하위였던 미국(15.5%)보다 1.7% 높았지만, 2011년에는 조직률 9.9%로 미국(11.3%)보다도 1.4% 낮았다.

〈표 2〉 주요 국가의 노동조합 조직률 현황 (단위 : %)

	1990	2000	2010	2011
한 국	17.2	11.4	9.7	9.9
미 국	15.5	12.9	11.4	11.3
독 일	31.2	24.6	18.6	18.0
일 본	26.1	21.5	18.4	19.0
호 주	39.6	25.7	18.4	18.5
네덜란드	24.6	22.9	18.6	18.2
그리스	34.1	26.5	25.2	25.4
영 국	38.1	30.2	26.4	25.6
캐나다	34.0	28.2	27.4	27.1
노르웨이	58.5	54.4	54.8	54.6
스웨덴	80.0	79.1	68.2	67.5
핀란드	72.5	75.0	70.0	69.0

자료: OECD, http://stats.oecd.org/ 2014.09; OECD(2014). OECD, *Employment and Labour Market Statistics* 발췌(국제기구에서 작성한 나라별 지표는 국제비교를 위해 조정됨으로써 주요·보조지표의 수치, 수록기간, 단위 등이 달라질 수 있음).

노동조합의 형식적 대표성을 조직률로써 알 수 있다면, 실질적 대표성은 단체협약 적용률을 통해 짐작할 수 있다. 우리나라 전체 근로자 중 단체협약이 적용되는 근로자의 비율은 〈표 3〉에서 보듯이 12%로서, 주요 국가들(OECD 국가들 포함) 중에서 최하위이다. 이런 결과는 낮은 조직률과 함께, 단체교섭의 주된 수준이 기업이라는 점 그리고 단체협약이 조합원에게만 적용되어 사실상 복수 사용자에게 확장되는 제도가 없다는 점 등에서 나온 것으로 추측된다.

〈표 3〉 주요 국가의 단체협약 적용률

	단체협약 적용률(%)	주된 교섭 수준	복수 사용자에게 확장
오스트레일리아	60	기업	없음
오스트리아	99	산업	자동: 요구에 기한 확대
캐나다	32	기업	없음 (퀘벡 제외)
핀란드	90	산업(전국적 틀)	대표
프랑스	**95**	**산업 / 기업**	**요구**
독일	63	산업	대표
이탈리아	80	산업	없음 (임금만)
일본	16	기업	없음
한국	**12**	**기업**	**없음**
네덜란드	82	산업	대표
러시아 연방	62	복수	없음
스페인	80	전국 / 산업	대표
스웨덴	92	산업	없음
영국	35	기업	없음
미국	13	기업	없음

자료 : Venn, Danielle(2009), "Legislation, collective bargaining and enforcement: Updating the OECD employment protection indicators", www.oecd.org/els/working papers, pp.16~18 발췌.

우리나라에서 노동조합의 현실적 대표성이 매우 낮은 데에는 노동법 제정 이후 줄곧 지속되어 온 노동조합의 조직과 활동에 대한 법적 제약이 큰 역할을 했다.[17] 1997년은 이런 분위기

17) 1963년 개정 노동조합법의 복수노조 금지, 1973년 개정 노동조합법의 노

를 일신할 수 절호의 기회였다. 정부가 주창한 세계화에도 부합하고 또 OECD 가입의 조건이기도 했던 국제노동기준에 따른 노동법 개혁에 대한 기대가 높았던 때라 그동안 혼란스럽고 허약했던 근로자 대표 시스템을 혁신할 수 있는 절호의 기회이기도 했다. 당시 근로조건의 집단적 결정 시스템은 노동조합에 의한 단체협약, 노사협의회에 의한 노사협의 그리고 취업규칙에서의 불이익변경 절차가 있었고, 이러한 3중 시스템은 각각의 문제점뿐만 아니라 상호관계 등에서의 문제도 많아 이미 다양한 개선 방안이 제시되고 있었다. 그러나 결과적으로 입법자는 노동조합이나 노사협의회를 강화하는 방식도 아니고 그렇다고 취업규칙 절차를 건드리는 것도 아닌 제3의 길을 택했다. 새로운 근로자 대표 시스템인 근로자대표를 신설한 것이다. 3중 대표시스템만으로도 충분히 혼란스러운 상황에서 새로운 대표 하나를 더 만들어낸 1997년 입법자의 선택은 근로자대표는 물론 대표 시스템 전반에 관한 혼란을 가중시켰다.

근로자대표 신설의 핵심적 이유는 취업규칙 불리변경 절차를 우회하려는 데 있었다. 대다수 학자들이 지적하는 근로자대표의 자격, 선출, 권한, 보호 등에 대한 입법의 불비 역시 실수가 아니라 누군가의 고의일 가능성이 매우 높다. 숱한 지적에도 불구하고 20년 가까이 법 개정이 없는 점만 봐도 이런 의심은 충분히 설득력이 있다. 어쨌든 입법자는 1997년 노동법 체제를 새롭게 하면서 근로자 대표 시스템을 노동조합을 중심으로 하거나 적어도 그 대표성을 제고하는 방향으로 고칠 수 있는 절호의 기회가 있었다. 그러나 한편으로는 노동조합의 대표성이 커지면 산업평화에 위협이 될 수 있을지도 모른다는 두려움으로 인해,

---

사협의회 설치 확대, 1980년 개정 노동조합법의 3금(복수노조·정치활동·제3자개입 금지) 및 기업별노조 강제 등은 그 대표이다.

다른 한편으로는 취업규칙의 불이익변경 절차를 완화해야 한다는 집착으로 인해 근로자대표라는 매우 이상한 선택을 했고, 우리 노사관계와 노동법학은 아직도 그 비용을 지불하고 있다.

2010년 근로자 대표 시스템과 노동조합 대표성에 또 한 번의 큰 변화가 있었다. 2010년 노동조합법 개정(2010. 1. 1., 법률 제8839호)에 따라 사업장 단위에서 복수의 노동조합을 설립할 수 있게 된 반면, 단체교섭에서는 2011년부터 교섭창구단일화 제도가 적용되게 되었다. 자율교섭을 주장하던 노동계로서는 복수노조라는 당연한 자유와 권리의 회복을 위해 새로운 멍에를 지게 되었다. 교섭창구단일화 제도에 따라 매우 광범위한 권한(단체교섭권, 단체협약체결권, 쟁의행위권 및 관련 구제 신청권 등)을 가지는 근로자 대표로서 창설된 것이 교섭대표노동조합이다.

이승욱 교수는 교섭창구단일화제도의 가장 큰 특징으로 우리나라의 경우는 "교섭대표노동조합이 '조합원'만을 대표한다는 점"을 들었는데,[18] 사실 이 제도의 가장 큰 단점은 바로 여기에 있다. 우리 제도가 애초에 참고했던 미국의 경우, 제도의 핵심은 전체 근로자에 대한 배타적 대표성이며 이 점이 사실 교섭창구단일화 제도의 거의 유일한 장점이었다. 그러나 조합원대표제로 입법화함으로써 2010년 제도는 소수 근로자나 취약 근로자의 보호를 포기한다. 기실 조합원만을 대표할 것이면 굳이 특정 노동조합에게 교섭권을 독점시킬 하등의 규범적 근거가 없다. 박제성 박사는, 현행 제도는 "사용자의 지원을 받는 황색노조의 출현과 교섭대표 노조의 지위를 확보하기 위한 노조 간 갈등"

---

18) 이승욱(2011), "교섭창구단일화 절차를 둘러싼 노동법상 쟁점", 『사법』 제15호, 사법발전재단, p.44.

등으로 인해 단체교섭의 비용을 줄인다는 애초의 목적을 달성하지 못했고, "단체협약의 구속력 확대라는 규범적 목적에 접근하지"도 못했다고 지적한다.[19] 또한 현행 제도는 교섭대표노동조합의 조합원 대표성을 단체협약의 적용 범위와도 일치시켰다. 이를 통해 현행 제도에서 단체교섭은 명실상부하게 조합원만의 잔치가 되었다. 현행 조합원 대표성의 또 다른 문제는 교섭대표노동조합 결정 과정에서 나타난다. 독일처럼 산별 단일체제에서의 조합원 대표성은 다른 노동조합의 단결권을 침해하는 일이 많지 않다. 반면에 현행 노동조합법처럼 교섭대표노동조합의 결정 절차를 참여한 노동조합들만의 조합원 수에 의존하게 되면, 미조직 근로자의 조직화보다는 다른 노동조합의 조합원을 자신의 조합원으로 만드는 것이 2배 이상 효율적이다. 요컨대, 현행 교섭대표노동조합 결정 방식은 단결권 침해적이기도 하다. 한편 현행 제도는 사실상 단체교섭을 그래서 노동조합의 주요 활동을 모두 사업장 단위로 한정하고 있다는 점에서 비판을 받을만하다. 모든 근로자 대표 즉 근로자대표, 노사협의회, 교섭대표노동조합은 모두 사업장 내 근로조건의 집단적 결정을 두고 경쟁하거나 충돌하게 된다. 반대로 사업장을 넘어서는 단위에서의 단체교섭은 교섭창구단일화 제도에 의해 심각한 타격을 맞고 있다고 한다.

7. 근로자 대표성의 제고

개선방향은 의외로 간단하다. 잡다한 근로자 대표를 노동조합과 종업원대표기구(노사협의회 등)라는 2원적 체제로 단순화

---

19) 박제성(2013), 「근로자대표제도의 재구성을 위한 법이론적 검토」, 한국노동연구원. p.77.

해야 한다. 근로기준법상 근로자대표 제도는 폐지하고 현재 그 것이 담당하는 근로조건은 그 성격에 따라 노동조합(가령 경영상 해고)이나 종업원대표기구(가령 탄력적 근로시간제의 도입)에게 맡기며, 취업규칙은 근로기준법 개정을 통해 독일의 사업장협정과 같은 노사합의에 기초한 협정으로 전환하도록 한다. 근로자 대표 제도는 노동조합을 중심에 두어야 한다. 주지하다시피 2중 대표시스템이 원활하게 작동하는 국가의 공통점은 노동조합 중심주의가 확고히 자리 잡아서 종업원대표기구 역시 사실상 노동조합을 중심으로 운영된다는 점이다. 이를 위해 제반 입법에서 노동조합의 조직과 영향력 및 대표성이 확대될 수 있도록 직·간접적으로 조력할 필요가 있다. 근로조건을 법정하되 단체협약에 의해서만 그것을 낮추도록 하는 방안이나 국가입법 자체를 전국적 단체협약에 개방하는 방안에 이르기까지 방법은 여러 가지가 있을 것이다.

한편, 우리 판례는 단결3권(근로3권) 보장의 목적을 근로조건의 향상을 위한 단체교섭에 집중시키면서,[20] 단체교섭권의 주체는 원칙적으로 노동조합에 한정한다.[21] 그 결과 단결권은 단

---

20) 대법원 1990.05.15. 선고 90도357 판결. 「근로자에게 열세성을 배제하고 사용자와의 대등성 확보를 위한 법적 수단으로 단체교섭권을 인정하는 것이야말로 근로조건의 향상을 위한 본질적 방편이라고 아니할 수 없으며 따라서 그것을 위하여 단체형성의 수단인 단결권이 있고 또한 교섭이 난항에 빠졌을 때 그것을 타결하기 위한 권리로서의 단체행동권이 있는 것으로 보아야 하기 때문이다. 이로써 본다면 근로자에게 단체교섭권이 정당하게 확보되어 있기만 하다면 그것을 보장하는 권리로서의 단체행동권은 그것이 제한된다 해도 필요한 최소한도내에서, 어쩔 수 없는 것으로서 사회관념상 상당한 대상조치가 마련되어 있다고 보여질 때에는 위에서 본 권리의 본질적인 내용을 침해하는 것으로 볼 수 없다고 하겠다.」

21) 판례는 단체교섭권의 주체를 노동조합법상 노동조합에 한정하지 않는다. 가령 대법원 1997.02.11. 선고 96누2125 판결은 「전기협이 그 설시와 같은 여러 가지 점에서 노동조합으로서의 실질적 요건을 갖추지 못하였으므로 단

체교섭권을 위한 노동조합의 조직 및 그 업무를 위한 제반 활동의 권리로 축소되었다. 또 다른 사례는 노동조합 내 대표성에서 의존성보다 독립성을 강조하는 방식이다. 대표라는 용어는 본래, 대표되는 사람이나 단체(피대표)와의 관계에서, 의존성과 독립성이라는 두 가지 상반된 의미를 동시에 가진다. 자신의 존재기반이자 이유인 피대표의 의사 또는 이익을 정확히 반영해야 한다는 것이 의존성이다. 자신이 속하게 되는 곳에서 공동복리를 위해 피대표의 의사 또는 이익에 구애되지 않을 수 있다는 것이 독립성이다. 우리 법원은 대표의 의존성보다는 독립성을 강조해 왔다. 노동조합 대표자의 단체교섭 권한을 침해한다는 이유를 들어 협약인준투표(단체교섭 합의안에 대한 조합원 전체의 찬반투표)를 위법·무효라는 대법원 전원합의체 판결은 극단적으로 근로자 대표의 독립성을 강조한 예이다.[22]

파업으로 대표되는 쟁의행위는 단체교섭의 효율적 수행을 위해서도 필요하지만, 노사 간 대등성을 회복하고 노사 간 갈등을 자주적으로 해결하며 나아가 산업사회를 민주화하기 위한 필수적인 수단이다. 이를 위해서는 근로자들이 파업 등 쟁의권을 자유롭게 행사할 수 있어야 한다. 특히 형벌의 두려움 없이 파

체교섭권이나 쟁의행위의 정당한 주체로 될 수 있는 노동조합이라고 볼 수 없다는 것이지, 노동조합법상의 노동조합이 아닌 근로자의 단결체는 무조건 단체교섭권 등이 없다는 것은 아니므로」라고 하였고, 헌재 2008. 7. 31. 2004헌바9 역시 법외노조도 「어느 정도의 단체교섭이나 협약체결 능력을 보유한다 할 것」이라고 하였다.

22) 대법원 1993.04.27. 선고 91누12257 전원합의체 판결. 「노동조합의 대표자 또는 수임자가 단체교섭의 결과에 따라 사용자와 단체협약의 내용을 합의한 후 다시 협약안의 가부에 관하여 조합원총회의 의결을 거쳐야만 한다는 것은 대표자 또는 수임자의 단체협약체결권한을 전면적, 포괄적으로 제한함으로써 사실상 단체협약체결권한을 형해화하여 명목에 불과한 것으로 만드는 것이어서 위 법 제33조 제1항의 취지에 위반된다.」

업을 결정하고 수행할 수 있어야 한다. 현재 자유로운 파업을 어렵게 하는 가장 큰 장애는 판례가 요구하는 엄격한 쟁의행위 요건이다. 판례는 모든 쟁의행위에 대해 다음과 같은 요건을 모두 갖출 것을 요구한다. [근로자의 쟁의행위가 형법상 정당행위가 되기 위하여는 첫째 그 주체가 단체교섭의 주체로 될 수 있는 자이어야 하고, 둘째 그 목적이 근로조건의 향상을 위한 노사간의 자치적 교섭을 조성하는 데에 있어야 하며, 셋째 사용자가 근로자의 근로조건 개선에 관한 구체적인 요구에 대하여 단체교섭을 거부하였을 때 개시하되 특별한 사정이 없는 한 조합원의 찬성결정 등 법령이 규정한 절차를 거쳐야 하고, 넷째 그 수단과 방법이 사용자의 재산권과 조화를 이루어야 함은 물론 폭력의 행사에 해당되지 아니하여야 한다는 여러 조건을 모두 구비하여야 한다.][23] 특히 파업을 위한 조합원 찬반투표와 관련해서는, [조합원의 직접·비밀·무기명투표에 의한 찬성결정이라는 절차를 거쳐야 한다는 규정은 노동조합의 자주적이고 민주적인 운영을 도모함과 아울러 쟁의행위에 참가한 근로자들이 사후에 그 쟁의행위의 정당성 유무와 관련하여 어떠한 불이익을 당하지 않도록 그 개시에 관한 조합의사의 결정에 보다 신중을 기하기 위하여 마련된 규정이므로 위의 절차를 위반한 쟁의행위는 그 절차를 따를 수 없는 객관적인 사정이 인정되지 아니하는 한 정당성이 상실된다.]고 한다.[24] 결국 판례는 쟁의행위의 수단과 방법에 폭력이나 파괴행위 등 불법적 요소가 없음에도 불구하

---

23) 대법원 1990. 5. 15. 선고 90도357 판결, 1991. 5. 24. 선고 91도324 판결, 1996. 1. 26. 선고 95도1959 판결, 1996. 2. 27. 선고 95도2970 판결, 1998. 1. 20. 선고 97도588 판결, 2000. 5. 12. 선고 98도3299 판결, 2001. 6. 12. 선고 2001도1012 판결 등

24) 대법원 2001. 10. 25. 선고 99도4837 전원합의체 판결

고, 주체나 목적이나 절차상 조금만 문제가 있어도 곧바로 형사책임을 지울 수 있게 함으로써 파업의 자유를 매우 제한하고 있다.

업무방해죄 역시 파업의 자유를 제한하는 가장 큰 요인 중 하나이다. 종래 파업이 발생한 경우 검찰은 거의 대부분 업무방해죄로 기소하였고, 법원은 위의 법리와 함께 쟁의행위는 그 자체 위력에 의한 업무방해의 위험이 인정되어 범죄가 된다고 판단했었다.[25] 이런 판례 때문에 불법 파업이 양산되고 있다는 비판을 일부 수정하여, 최근 대법원은 입장을 약간 변경하였다.[26] 변경된 대법원 판결은 파업의 자유 보장이라는 점에서 종전보다는 상당히 진전된 것이기는 하지만, 그에 따르더라도 폭력이나 파괴행위를 수반하지 않는 단순 파업이 여전히 업무방해죄로 처벌될 수 있다는 점에서 한계가 있다.

Ⅴ. 결론에 대신하여

1. 사회정의에 복무하는 시장

노동법에서 원칙이 지배하는 정상 상태를 회복하자는 것은

25) 기존의 입장을 보여주는 판례의 입장은 다음과 같았다. [근로자들이 집단적으로 근로의 제공을 거부하여 사용자의 정상적인 업무운영을 저해하고 손해를 발생하게 한 행위가 당연히 위력에 해당함을 전제로 하여 노동관계 법령에 따른 정당한 쟁의행위로서 위법성이 조각되는 경우가 아닌 한 업무방해죄를 구성한다.(대법원 1991. 4. 23. 선고 90도2771 판결, 대법원 1991. 11. 8. 선고 91도326 판결, 대법원 2004. 5. 27. 선고 2004도689 판결, 대법원 2006. 5. 12. 선고 2002도3450 판결, 대법원 2006. 5. 25. 선고 2002도5577 판결 등)]

26) 대법원 2011. 3. 17. 선고 2007도482 전원합의체 판결

말을 바꾸면 법과 시장의 관계를 정상화하자는 말과 다르지 않다. 지난 30년 동안 우리 노동법(학)에서 최고의 키워드는 '시장'이었다. 1990년대 이후 신자유주의를 신념화한 일부 학자들에게 시장은 경제학 분석의 대상이 아니라 신앙의 대상이었다. 이 신앙을 지탱한 외부적(국제적) 기둥이 자유무역의 확대와 경제 지구화였다면, 내부적(국내적) 기둥은 노동(법)의 유연화였다. 이 단어는 노동법 연구자들의 입을 통해서도 심심찮게 홍보되었다. 해고 규제를 완화해야 한다, 인사이더와 아웃사이더의 장벽을 헐어 노동시장 진입을 용이하게 해야 한다 등 노동시장에 대한 어떠한 규제에 대해서도 반대의 입장을 보였다. 기존의 규제는 없애나가고 새로운 규제에는 적극적으로 적대적인 태도를 보였다. 이 시기 법은 시장에 거추장스러운 존재 또는 시장을 도와줘야 하는 부수적 존재였다. 다시 인간의 노동을 상품 단위로 환원하여 측정하는 시절은, 그러나, 그 탐욕의 자연 상태와 경쟁의 격렬함을 통해 자신의 시절을 단축했다.

신자유주의가 우리에게 남긴 교훈은 분명하다. 인간 사회를 정글보다 못한 곳으로 만들지 않기 위해서는, 인간에 대한 무분별한 착취가 경쟁이나 성장이나 발전의 이름으로 정당화되지 않기 위해서는, 더 이상 시장을 법 위에 두어서는 안 된다. 시장이 법을 가벼이 보는 순간, 그동안 보았듯이, 재벌과 같은 거대한 사회적 포식자들이 생겨나고 또 그 뒤를 이어 먹이사슬의 다음 자리를 차지하려는 무수한 중간 포식자들이 생겨나게 될 것이기 때문이다. 이렇게 시장이 끝없는 탐욕이 판치는 "신종 레비아탄(nouveau Leviathan)"이 되지 않도록 하기 위해서는, 무엇보다 먼저, 시장이 돈의 자유와 권리를 앞세워 법 원칙들을 함부로 훼손하도록 방치해서는 안 된다. 사실 현대 복지국가에서 필요한 시장이란 오직 사회 정의에 복속하는 시장뿐이다. 그리고 사회 정의에 복무하는 시장이란 다섯 가지의 모습을 갖춘 고용이 창출되고 확산되며 촉진되는 시장이어야 한다. 공평한 취업 기회(취약계층에게는 먼저, 나머지에게는 평등하게 열린 취업의 문), 적정한 임금과 시민적 생활이 가능한 근로시간, 안전하고 인격적인 근로환경, 고용보장에 기초한 고생산성 직장환경, 노동3권에 기초한 노사의 협력과 상생 등.

2. 사회권의 새로운 모색

현재 우리 노동시장의 근본 문제는 노동시장의 양극화와 함께 노동 빈곤에 있다. 중산층이라는 용어의 실종에서 알 수 있듯이 소득중간 계층은 빠르게 상위소득자와 하위소득자로 분해되어 옮겨갔다. 더 중요한 점은 하위계층으로의 편입 비율이 점차 증가하고 있으며, 심지어 상위계층에 속하는 국민도 결코 '부유'하거나 행복하지 않다는 점이다. 대기업 정규직조차 비정규직이나 협력업체 직원이 아닌 것이 오직 다행일 뿐, 빈곤과 압박 그리고 불안의 느낌에서 자유롭지 않은 것이 현실이다. 사회 전반에 짜증이 가득하다.

이런 사태는 가깝게는 2007-2009년의 대침체로부터 조금 멀게는 1997년 IMF체제 때부터 예견된 것이었다. 특히 대침체는 사회권 인식에도 커다란 변화를 미쳤다. 선진국을 중심으로 불평등과 격차에 관한 공감대가 99%의 분노로 표출되었다. 분노의 표층부 아래로 시장경제의 건강과 지속가능성에 관한 진한 의구심이 지나갔다. 이는 19세기 말부터 추진된 복지국가의 기본적 생각 즉 '사회권의 기본구상'에 관한 것이기도 했다.

인간다운 생활을 위한 경제적 자원 즉 소득을 확보하기 위해서는 사회권 중 특히 노동권과 사회보장권의 보장이 중요하다. 대다수 국민을 대상으로 한다면, 소득은 노동을 통해 해결되는 것이 가장 바람직하다. 즉 원활한 노동시장의 분배기능을 통해 적정한 생활이 유지되도록 해야 한다. 권리의 면에서 말한다면 노동권의 실현을 통해 일차적으로 해결될 수 있어야 한다. 그러나 만약 노동시장에서 충분한 소득을 얻을 수 없다면 조세나 사회보장제도가 이를 보충해야 한다. 즉 노동시장의 소득분배기능이 미흡한 경우에는 조세제도나 사회보장제도에 의한 소득재분배기능이 보충적으로 작동되어야 한다. 권리의 면에서 말한다면 노동권을 통한 해결이 곤란하거나 미흡한 상황에서는 사회보장권의 보장이 이를 보충해야 한다.

그런데 현재와 같이 빈곤이 다시 사회의 중요 문제로 되었다는 것은, 그것도 국민의 일부가 아니라 노인이나 청년과 같은 계층 전반이 그래서 사실상 국민 일반이 빈곤과 경제적 불안에 노출되어 있다면, 이는 두 가지 기능 즉 노동시장의 소득분배기능과 조세·사회보장제도의 소득재분배기능이 각각 그리고 함께 원활하게 작동하지 않고 있다는 증거이다. 권리의 측면에서 말한다면, 노동권과 사회보장권이 적정하게 보장되지 않거나 효율적으로 작동하지 않고 있다고 할 수 있다. 이와 유사한 문제는 1920년대 말부터 여러 차례 경제공황을 거치면서 제기되었다. 그러면서도 유효수요 창출을 통하든 양적완화든 사회보호의 강화든 급한 불은 꺼 왔다. 그러나 앞으로도 그럴 수 있을까에 대해서는 최근 근본적인 의문들이 제기되고 있다. 근저에는 사회권의 기본구상을 지탱할 수 있으려면 양질의 일자리 확충이 관건인데, 그것이 지속적으로 가능할 것인가에 관해 확신이 없기 때문이다. 스위스의 300만원 기본소득 논의가 남 일 같지 않다.

≪3≫

87년 노동체제 30년과 노동법의 과제

<도재형>

Ⅰ. 서 론

'87년 노동체제'란 민주화를 계기로 형성되어 현재까지 지속돼 온 노동 영역을 둘러싼 노동, 자본, 국가 간 상호작용의 틀로서, 이전 체제가 '강한 국가'의 권위주의적 통제를 중심으로 하는 일방적 단원주의(unilateralism)적 성격을 띤다면, 87년 노동체제는 민주화를 계기로 자율성을 획득한 노동과 자본, 상대적으로 통제 능력이 약화된 국가가 복잡한 상호작용을 주고받는다는 점에서 다원주의(pluralism)적 성격을 보인다고 한다.[1) 그리고 그 중요한 특징으로는 대기업 정규직 중심, 교섭중심주의, 대중투쟁 중심 활동 등을 든다.[2)]

87년 노동체제는 30년에 이른 오늘날에도 여전히 유지되고 있다. 경제체제를 주목할 때, 1987년보다는 1997년이 더 중요한 전환적 계기라는 견해가 있다. 즉, 1997년을 기점으로 우

1) 신은종, "1987년 노동체제 이후의 새 노동체제의 규범적 가치에 관한 탐색", 「한국 노사관계 시스템 진단과 발전방향 모색」, 한국노동연구원, 2013, 149면.
2) 최영기·이장원, "노동 20년의 평가와 미래전망 : 한국형 노동시장 구축방안", 「'87년 이후 20년 노동체제의 평가와 미래구상」, 한국노동연구원, 2008, 4면.

리 경제가 박정희식 발전국가에서 신자유주의적 경제모델로 전환하는 이른바 '97년 체제'가 등장하고 비정규 근로의 확산, 사회적 양극화의 강화와 같은 새로운 문제가 야기되었다는 것이다.[3] 그러나 1997년 외환위기로 인해 신자유주의적 구조조정 정책이 한국사회 전체를 압도한 점을 부정할 수는 없지만, 노동의 관점에서 볼 때 97년 체제는 그 뿌리를 87년 노동체제에 두고 있다. 법률가로서는, 현행 노동법의 법이념이자 상위 규범인 헌법이 1987년 개정 이래 계속되고 있다는 점도 무시하기 어렵다. 이 점에서 '87년 노동체제'가 지속되고 있다는 주장이 더 설득력을 갖는다.

노동법학에서 1987년은 매우 의미 있는 시기이다. 제정 당시 누구로부터도 주목받지 못하던 노동법은 경제성장에 맞춰 1970년대 초 무렵부터는 근로기준법 등이, 1987년 노동자 대투쟁 이후에는 노동조합법 등 집단적 노사관계법이 규범으로서 기능하기 시작했다.[4][5] 특히 1987년 노동자 대투쟁을 통한 노동조합의 조직 확대는 근로자들이 법전(法典)에 있던 권리를 실제 행사할 수 있는 토대가 되었다. 이후 그 규범력이 팽창하면서 노동 판례는 급격히 증가하고, 노동법학 역시 입법론뿐만 아니라

---

3) 김호기, "87년 체제인가, 97년 체제인가 - 민주화 시대에서 세계화 시대로", 「사회비평」 제36호, 나남출판사, 2007, 16-17면.

4) 김형배, "한국에 있어서의 노동법 패러다임의 전환", 「노동법학」 제28호, 한국노동법학회, 2008, 2면; 도재형, 「노동법의 회생」, 이화여자대학교출판문화원, 2016, 17면.

5) 헌법재판소는 이 과정을 "우리나라에서 근대적 의미의 노사관계는 1960년대 이후 근대화, 공업화가 본격적으로 이루어지면서 비로소 형성되기 시작하여, 1970년대까지는 긴급조치 등 여러가지 정치·사회적 상황으로 인하여 노동쟁의의 해결에 있어서 노동관계법의 규정이 제대로 적용되지 못하였으며, 1980년대 중반 이후에 와서야 사회의 전반적 민주화 추세에 힘입어 노동관계법에 따른 근로3권의 행사가 가능하게 되었다"고 설명하였다(헌법재판소 2003. 5. 15. 선고 2001헌가31 결정).

해석론으로까지 지평을 확대할 수 있었다.[6)]

이 글에서는 이와 같은 87년 노동체제 30년의 과정과 그 공과를 살피고, 변화된 사회·경제적 상황에 조응하는 노동법적 과제를 검토하고자 한다. 이를 위해서 87년 노동체제 이후 노동법은 어떤 변화를 거쳐 왔는지, 그리고 그 과정에서 노동법이 한국 사회의 시대적 요청에 적절히 응답했는지, 만약 부족한 부분이 있다면 그 이유는 무엇인지를 살피고자 한다. 이러한 작업 이후 87년 노동체제 30년의 시점에서 노동법에게 제기되는 여러 과제들을 생각하는 시간을 갖겠다.

Ⅱ. 87년 노동체제 30년과 노동법

1. 87년 노동체제의 헌법적 기초

87년 노동체제를 설명하기 위해서는 먼저 1987. 10. 27. 국민투표를 통해 개정되어 1988. 2. 25. 시행된 '87년 헌법'을 살펴볼 필요가 있다. 87년 헌법의 경제·노동 관련 조항을 살펴보는 것은 1987년 이후 30년의 기간 동안 노동법의 이념 또는 규범적 기초를 확인하는 기회가 되기 때문이다.

구 헌법 제120조 제1항은 우리나라가 자본주의적 시장경제질서를 채택했다는 점을 "대한민국의 경제질서는 개인의 경제상의 자유와 창의를 존중함을 기본으로 한다"는 문언을 통해 밝혔다. 그런데 87년 헌법 제119조 제1항은 "대한민국의 경제질서는 개인과 기업의 경제상의 자유와 창의를 존중함을 기본으로 한다"고 규정하여 시장경제질서의 주체에 '기업'을 병기함으로

6) 도재형, 앞의 책, 17면.

써 기업이 국가의 규제로부터 벗어나 자유로운 시민으로서의 권리를 획득했음을 천명했다.

그리고 구 헌법 제120조 제2항과 제3항은 경제에 관한 국가의 규제 권한을 "국가는 모든 국민에게 생활의 기본적 수요를 충족시키는 사회정의의 실현과 균형있는 국민경제의 발전을 위하여 필요한 범위 안에서 경제에 관한 규제와 조정을 한다", "독과점의 폐단은 적절히 규제·조정한다"고 규정하였다. 구 헌법에 의하면, 국가의 규제 권한은 '사회정의'의 실현과 균형있는 국민경제의 '발전'을 위해 행사되어야 하고 재벌 기업의 독과점은 그 규제의 대상이었다. 그런데 87년 헌법은 위 두 개 조항을 하나로 합쳐 제119조 제2항에서 "국가는 균형있는 국민경제의 성장 및 안정과 적정한 소득의 분배를 유지하고 시장의 지배와 경제력의 남용을 방지하며 경제주체간의 조화를 통한 경제의 민주화를 위하여 경제에 관한 규제와 조정을 할 수 있다"고 규정함으로써 '사회정의'의 실현이라는 목표를 삭제하고, 국민경제의 '성장'을 전면에 내세웠다. 이 점에 비춰 볼 때, 앞에서 설명한 87년 노동체제의 특징인 '자율성을 획득한 노동과 자본, 상대적으로 통제 능력이 약화된 국가'는 87년 헌법이 이미 상정하고 있었다고 말할 수 있다. 그리고 87년 노동체제의 다원주의적이고 자율주의(voluntarism) 중심의 모형[7] 역시 87년 헌법이라는 규범적 기초를 가지고 있었던 것이다.

국가 규제 권한의 약화는 노동3권 영역에서도 분명하게 나타난다. 구 헌법 제31조 제1항 단서는 근로자의 단체행동권과 관련하여 "단체행동권의 행사는 법률이 정하는 바에 의한다"는 법률유보 조항을 두었으나, 87년 헌법 제33조 제1항은 이 법률

7) 김장호, "유연성과 공공성이 함께 하는 노사관계 패러다임", 「노사공포럼」 제40호, (사)노사공포럼, 2016, 79면.

유보 조항을 삭제함으로써 일반 근로자의 단체행동권에 대한 법률적 제한 가능성을 없앴다. 그리고 구 헌법 제31조 제3항이 "국가·지방자치단체·국공영기업체·방위산업체·공익사업체 또는 국민경제에 중대한 영향을 미치는 사업체에 종사하는 근로자의 단체행동권은 법률이 정하는 바에 의하여 이를 제한하거나 인정하지 아니할 수 있다"고 규정함으로써 근로자들의 파업권을 광범위하게 제한했으나, 87년 헌법 제33조 제2항은 이렇게 파업권을 제한할 수 있는 근로자의 범위를 "법률이 정하는 주요방위사업체"로 대폭 축소했다. 결국 87년 헌법이 선택한 일반 근로자, 특히 그 중에서도 대규모 사업장 소속 근로자의 파업권에 대한 규제 철폐는, 87년 노동체제의 특징 중 하나인 대규모 사업장 소속 정규직 근로자의 조직력 확대라는 결과를 이끌어내는 규범적 근거로 작용하게 된다.

위와 같은 점에 비춰볼 때 노동과 관련하여 87년 헌법의 특징을 한 마디로 표현하면, '기업(企業)의 시민권 획득과 국가 규제 권한의 약화'라고 말할 수 있다. 즉, 87년 노동체제는 '노동의 시민권이 법적으로 주어지고 노사 자치주의의 공간이 확보된 체제'이지만, 그 체제의 기본 정신은 '신자유주의, 시장만능주의에 토대하는 노사 자율주의'라는 지적은 타당하다.[8]

2. 87년 노동체제 30년과 노동법[9]

가. 노동법적 시각에서 87년 노동체제의 기간 구분

고용 유연화 측면에서 한국의 노사관계 및 고용 법리의 변화 추세는 3개의 기간으로 구분할 수 있다. 아래에서 설명하는

---

8) 김장호, 앞의 글, 84면.

9) 이 부분은 도재형, 앞의 책, 27-29면과 56-66면을 인용했다.

바와 같이 제1기는 1987년부터 1997년까지, 제2기는 1998년부터 2005년까지 그리고 제3기는 2006년부터 현재까지의 기간이다. 이를 좀 더 크게 구분하면 제1기와 제2기는 1987년 노동자 대투쟁을 통해 획득한 노동법의 규범력이 쇠퇴하던 시기였고, 제3기는 그 규범력이 회복되는 기간이라고 평가할 수 있다. 이는 노동법 특히 그 중에서도 고용 관련 법리 혹은 법제에서 중요한 변화가 일어난 시기를 중심으로, 노사관계 및 사회·경제적 변화 추세를 감안하여 구분한 것이다. 아래에서는 해당 기간에 나타나는 특징을 간략하게 설명한다.

제1기(생성기)는 1987년부터 1997년까지의 기간이다. 1987년 노동자 대투쟁 이후 노동조합의 숫자와 조직률이 급증하고 교섭력은 폭발적으로 강화되었다. 갑자기 증가한 노동분쟁의 해결을 법원이 맡게 되면서 법원이 구체적 분쟁에 적용할 노동 법리를 고민해야 했고, 노동 판례가 축적되기 시작했다. 이렇게 강화된 근로자측의 교섭력에 대응하기 위해 경영계는 1990년대 이후 고용 유연화 정책을 추진했다. 고용 유연화 정책은 주변부 노동력에 집중되었고, 이로 인해 비정규 근로자들이 증가하기 시작했다. 그 무렵 법원은 기간제 근로에 대한 제한 법리를 없앴으며, 정리해고 요건 중 '긴박한 경영상 필요성'을 넓게 인정하고 절차적 요건도 탄력적으로 적용함으로써 고용 유연화 정책에 대한 우호적 태도를 드러냈다.[10)]

제2기(쇠퇴기)는 1998년부터 2005년까지의 기간이다. 이 기간 동안 고용 유연화 정책은 적극적으로 추진되었다. 1997년 말 시작된 외환위기로 기업들의 도산이 이어졌고 실업률은 급격하게 상승했다. IMF의 구제금융을 받기 위해 한국은 근로기준

10) 도재형, "구조조정의 상시화와 고용법리의 변화", 「노동법학」 제26호, 한국노동법학회, 2008, 3면.

법을 개정하여 정리해고 2년 유예 조항을 삭제하고, 근로자파견 제도를 도입했다. 정부는 구조조정 작업을 빠르게 진행하고 고용 유연화 정책을 본격적으로 추진했다. 법원 역시 정리해고 조항을 탄력적으로 적용하고, 구조조정에 대항하는 노동조합의 파업을 불법화함으로써 그 정책에 협력했다. 2001년 정부는 외환위기 이후 진행된 구조조정 작업을 마무리하며 이른바 '상시적 구조조정 시스템'으로의 전환을 발표하였다.[11]

이 기간 동안 노동의 상품성은 다시 강화되고 노동법의 규범력은 약화되었다. 그리고 1990년대 초반 이후 진행된 고용 유연화 정책의 부작용도 드러났다. 경제성장 혹은 그 회복에도 불구하고 좋은 일자리는 복원되지 않았다. 구조조정 과정에서 사라진 정규직 일자리는 비정규 근로자들에 의해 채워졌다. 사회적 양극화는 더욱 심해졌다. 이로 인해 비정규 근로는 노동시장뿐만 한국 사회 전체의 문제로 인식되기 시작했다.

제3기(회생기)는 2006년 이후부터 현재까지의 기간이다. 이 기간에는 노동법의 규범력이 일정 정도 회복되었다. 사회적 양극화가 경기 회복만으로 해결될 수 없다는 점이 분명해졌고, 이에 대한 우리 사회의 문제의식도 강화되었다. 법원은 주변부 노동력 즉 비정규 근로자를 보호하는 법리를 마련하기 시작했다. 근로자 개념에 관한 판례 법리를 변경함으로써 특수형태근로종사자들에 대한 노동법 적용 범위를 확대하고, 갱신기대권 법리를 도입하여 기간제 근로계약에 대한 사용자의 갱신 거절권을 제한하였다.

노동법의 시각에서 2006년이 중요하게 평가되는 이유는 이 해에 기간제법이 마련되고, 이를 통해 기간제 근로자의 사용 기

---

11) 도재형(2008), 앞의 글, 3-4면.

간이 제한되었기 때문이다. 그 이전까지 정부는 일자리 창출이라는 기간제 근로의 긍정적 기능을 강조하고 정규직 근로자와의 차별 문제를 시정하는 데에 관심을 기울였는데 반해, 2006년 기간제법 제정을 통해 최초로 그 사용을 제한하는 입법을 시도한 것이다. 이는 그 만큼 비정규 근로에 대해 한국 사회가 심각한 문제의식이 가졌음을 드러내는 것이기도 하다.

아래에서는 제목을 바꿔 제3기에 나타난 노동 판례와 입법을 중심으로, 비정규 근로와 정규직 근로로 구분해서 87년 노동체제에 대한 노동법의 대응 내용을 살펴본다.

나. 비정규 근로 보호 법제의 형성

첫째, 노동법상 근로자 범위를 확대하였다. 근로자성 판단과 관련하여 실질적 요소를 중요시함으로써 특수형태근로종사자 중 일부가 근로자로 포섭될 수 있게 되었다. 그 출발점은 실업자가 지역별 노동조합의 조합원 자격이 있다고 판결한, 즉 노동조합법상 근로자에 포함된다고 본 2004년 서울여성노동조합 사건이었다.[12] 나아가 대법원 2006. 12. 7. 선고 2004다29736 판결에서 법원은 실질적인 관점에서 근로자성을 판단함으로써 사용자의 노동법 회피 의도에 좀 더 적극적으로 대응할 수 있게 되었다. 그 결과 노동법의 적용 범위도 확대되었다.

둘째, 기간제 근로자에 대한 고용 보호 법리가 도입되었다. 1997년 외환위기 이후 기간제 근로자의 비중은 전 산업에 걸쳐 빠르게 증가했으며, 상시적인 업무에까지 기간제 근로 사용이 남용됨으로써 기업은 해고 제한 법제를 회피하면서 사실상 상시 고용을 대체할 수 있게 되는 등 기간제 근로 문제는 커다란 사회문제로 등장했다. 이러한 한국의 사회·경제적 상황에서 2000

---

12) 대법원 2004. 2. 27. 선고 2001두8568 판결.

년대 중반 이후 법원과 정부는 기간제 근로자들의 고용 불안과 낮은 근로조건, 그로 인한 빈부 격차의 심화 등에 대한 문제의식을 갖게 되었다.[13] 그 결과 기간제 근로계약에 대한 판례 법리는 변화되고 기간제 근로자를 위한 보호 입법이 마련되었다.

법원은 사실상 기간의 정함이 없는 근로계약을 인정하는 범위를 확대했다.[14] 기간제 근로계약에 대한 사용자의 갱신 거절에 대해서도 사법적 통제를 시작했다. 법원은 근로계약 기간의 만료라는 사실이 있더라도, 갱신기대권이 인정되는 경우에는 사용자의 계약 갱신 거절을 해고와 같다고 봄으로써 기간제 근로자의 고용 보호 법리를 도입했다.[15]

셋째, 사내하도급 관계에 대한 사법적 통제도 강화되었다. 이른바 '사내하도급 삼부작 판결'을 통해 원청업체의 노동법적 책임의 범위는 넓혀졌다. 현대미포조선 사건에서 법원은 현대미포조선과 선박 수리 부분에서 도급계약을 체결한 사내하청업체와의 관계를 위장도급으로 파악하고, 현대미포조선과 하청업체 소속 근로자들 사이에 묵시적 근로계약 관계가 있다고 판단했다.[16] 예스코 사건에서는 파견법상 직접고용간주 규정은 적법한 근로자파견 관계에 대해서만 적용된다고 판단한 원심을 파기하고, 그 규정을 "근로자파견이 2년을 초과하여 계속되는 사실로

---

13) 이미선, "기간제 근로계약에 있어서 근로자의 근로계약 갱신에 관한 기대권의 인정 문제", 「대법원판례해설」 제87호(2011 상반기), 법원도서관, 2011, 482-483면; 최은배, "기간제 근로계약의 규제", 「대법원판례해설」 제72호(2007 하반기), 법원도서관, 2008, 365면.

14) 대법원 2006. 2. 24. 선고 2005두5673 판결.

15) 대법원 2005. 7. 8. 선고 2002두8640 판결, 2007. 10. 11. 선고 2007두11566 판결, 2011. 4. 14. 선고 2007두1729 판결, 2011. 7. 28. 선고 2009두2665 판결.

16) 대법원 2008. 7. 10. 선고 2005다75088 판결.

부터 곧바로 사용사업주와 파견근로자 사이에 직접근로관계가 성립한다는 의미"라고 판시했다. 사내하도급 삼부작 판결의 마지막인 2010년 현대중공업 사건에서 법원은, 그 동안 노동법학계에서 집단적 노사관계에서 사용자 범위의 확대를 위한 논거로 주장하던 실질적 영향력·지배력설을 받아들여 원청업체가 부당노동행위법상 사용자 지위에 있을 수 있다고 판시했다.[17]

한편, 2000년대 중반 노동법 분야에서 일어난 변화 중 특기할 점은 비정규 근로자 보호 입법의 제정이다. 그 이전까지 정부는 비정규 근로의 일자리 창출 기능을 긍정적으로 평가했고, 따라서 기업의 비정규 근로자의 사용 자체를 제한할 의사가 없었다. 단지 비정규 근로자와 정규직 사이의 차별 문제에 대해서만 정책적 관심을 기울였다. 그러나 위와 같이 그 부작용에 대한 사회적 관심이 늘어나자, 정부는 비정규 근로자 보호 입법을 준비하게 되었다. 그리고 2004년 정부가 마련한 '기간제 및 단시간근로자 보호 등에 관한 법률안'을 토대로 2006년에 기간제법이 제정되어 2007년 7월부터 시행되었다.

2010년대에 들어서는 비정규 근로 관련 판례 법리가 좀 더 체계적으로 정립되었다. 기간제법과 파견법 등 비정규 근로 관련 법률 역시 운용 시 드러난 문제점을 보완하는 입법이 추진되는 등 안정적으로 정착되고 있다.

다. 중심부 노동력 관련 판례의 변화

중심부 노동력에 대한 판례 법리도 변화하고 있다. 법원은 외환위기 이후 사용자의 인사재량권을 확대하던 추세에서 벗어나 2010년 무렵부터 구조조정 정책에 대한 과거의 태도를 수정하였다. 법원은 쌍용자동차 사건에서 드러나듯 기업 구조조정과

---

17) 대법원 2010. 3. 25. 선고 2007두8881 판결.

관련하여 여전히 우호적인 태도를 취하고 있으나,[18] 정리해고 대상자의 선정 기준에 대해서 객관적 합리성을 강조하는 판례가 나타났다.[19] 그리고 사용자가 직위해제 또는 대기발령 등 인사 조치를 이른바 '간접적 고용조정'의 수단으로 사용할 경우 정리 해고의 정당요건에 관한 법리를 준용해야 한다는 노동법 학계의 주장을[20] 받아들여, 인사조치 대상자의 선정 기준에 대한 제한 법리를 제시했다.[21] 나아가 사실상 기간의 제한 없이 행해져 근로자의 퇴직을 유도하는 수단으로 사용되곤 하던 대기발령 등 인사조치와 관련해서도 사법적 통제가 시도되었다.[22]

외환위기 이후에도 상대적으로 안정적인 고용 상태를 유지하던 중심부 근로자 혹은 정규직 근로자에 대해, 법원은 취업규칙의 불리한 변경 시 사회통념상 합리성론의 인정 범위를 확대하고 단체협약의 제·개정을 통한 근로조건의 불리한 변경을 거의 제한 없이 허용함으로써 정부와 기업의 고용 유연화 정책을 지원했다. 그런데 2010년대 들어서는 좀 더 엄격한 적용을 강조하는 추세로 전환되었다. 먼저, 사회통념상 합리성론에 관한 기존의 판례 법리를 유지하면서도 "취업규칙을 근로자에게 불리하게 변경하는 경우에는 그 동의를 받도록 한 근로기준법을 사실상 배제하는 것이므로 제한적으로 엄격하게 해석하여야" 한다는 점을 강조했다.[23] 그리고 현저히 합리성을 결한 노사합의는

18) 대법원 2014. 11. 13. 선고 2014다20875,20882 판결.
19) 대법원 2012. 5. 24. 선고 2011두11310 판결.
20) 박수근, "직위해제의 노동법상 쟁점과 해석", 「노동법학」 제26호, 한국노동법학회, 2008, 393면.
21) 대법원 2009. 9. 10. 선고 2007두10440 판결.
22) 대법원 2013. 5. 9. 선고 2012다64833 판결.
23) 대법원 2010. 1. 28. 선고 2009다32362 판결, 2015. 8. 13. 선고 2012다43522 판결.

무효라는 점을 강조하며, 기존 정년을 단축한 단체협약을 일부 근로자에 대해 사실상 정리해고의 효과를 도모하기 위하여 마련된 것으로서 무효라고 판단한 사례도 나타났다.[24)]

단순 파업에 대한 업무방해죄 적용 여부와 관련하여 선고된 대법원 2011. 3. 17. 선고 2007도482 전원합의체 판결을 통해 노동조합의 교섭력도 부분적이나마 회복될 수 있었다. 전원합의체 판결은 "파업이 […] 사용자가 예측할 수 없는 시기에 전격적으로 이루어져 사용자의 사업운영에 심대한 혼란 내지 막대한 손해를 초래하는 등으로 사용자의 사업계속에 관한 자유의사가 제압·혼란될 수 있다고 평가할 수 있는 경우에 비로소 그 집단적 노무제공의 거부가 위력에 해당하여 업무방해죄가 성립한다"고 판시하며 파업이 업무방해죄 구성요건요소인 '위력'을 충족할 수 있는 기준을 추가함으로써 근로자들의 파업이 원칙적으로 적법하다는 점을 분명히 했다.[25)]

중심부 노동력 또는 정규직 근로자에 대한 보호 입법은 새로 마련되지 않았다. 최근 노동개혁 논의에서 드러나는 것처럼 정부와 여당은 오히려 중심부 노동력의 보호 정도가 너무 강하고 이로 인해 기업의 경쟁력이 약화되고 있다고 보고 있다.

3. 87년 노동체제에 대한 노동법적 문제의식

가. 87년 노동체제 30년이 남긴 것[26)]

87년 노동체제 30년의 기간 동안, 특히 1990년대 중반 이

---

24) 대법원 2011. 7. 28. 선고 2009두7790 판결.

25) 대법원 2014. 11. 13. 선고 2011도393 판결; 도재형, "업무방해죄 전원합의체 판결의 의의와 과제", 「노동법연구」 제33호, 서울대학교 노동법연구회, 2012, 441-443면.

26) 세 번째 문단을 제외한 이 부분의 설명은 도재형, 앞의 책, 52-56면을 발췌·요약했다.

후 한국의 사회적 양극화는 심화되었다. 이 기간의 두드러진 현상은 저소득층의 상황이 악화되고, 단기적 현상으로 치부하기 어려운 지속성이 나타났다는 점이다.[27] 어떤 지표로 측정하든 최근의 소득불평등은 외환위기 이전보다 높게 나타난다.[28] 그리고 이러한 소득불평등 증가의 주된 요인은 노동시장에서의 근로소득 불평등의 확대인 것으로 분석된다.[29]

소득계층별 시장소득 점유율의 추이는 저소득층으로 귀속되는 비중이 지속적으로 감소하고 있다는 것을 보여주는데,[30] 노동소득분배율의 변화 추이에서도 동일한 현상이 목격된다. 노동소득분배율은 1996년 73.4%였다가 이후 지속적으로 하락하여 2010년에는 64.2%까지 하락했다. 이렇게 노동소득분배율은 외환위기 이후 약 9%p 감소했는데, 그 영향은 전적으로 하위집단에 집중되었다. 1995년부터 2012년 사이에 임금 상위 10~20% 집단의 노동소득분배율은 9.3%에서 11.0%로 상승했고, 임금 상위 20~30% 집단의 노동소득분배율도 7.3%에서 7.8%로 약간 상승했다. 그러나 임금 하위 70% 집단의 노동소득분배율은 1995년 23.9%에서 2012년 13.9%로 10%p 하락했다. 즉, 노동소득분배율이 하락한 것은 임금 하위 70% 집단이 가져가는 몫이 줄었기 때문이다.[31]

기업 규모별, 고용 형태별, 성별 고용구조의 분절성도 심화

---

27) 윤희숙, "근로빈곤층의 빈곤현황과 정책평가", 「보건복지포럼」 2013년 3월호, 한국보건사회연구원, 2013, 34면.
28) 이병희, "노동시장 불평등과 가구소득 불평등", 「보건복지포럼」 2014년 9월호, 한국보건사회연구원, 2014, 32면.
29) 장지연·이병희, "소득불평등 심화의 메커니즘과 정책 선택", 「민주사회와 정책연구」 2013년 상반기(통권 23호), 민주사회정책연구원, 2013, 85면.
30) 윤희숙, 앞의 글, 34-35면.
31) 홍민기, "노동소득분배율과 개인소득", 「노동소득분배율과 경제적 불평등」, 한국노동연구원, 2014, 109-110면.

되고 있다. 공공 부문, 대기업 정규직 근로자들은 안정된 고용과 상대적 고임금을 구가하는 반면 민간의 중소기업 비정규직, 사내하청 근로자들은 불안정 고용과 저임금의 덫에 빠져 있다. 최저임금 미만율도 2015년 현재 11.5%(222만 명)에 이른다. 고용불안정성 문제도 심각하다. 6개월 이하 단기 고용 근로자의 비율, 10년 이상 장기 근속자의 비율, 근로자 평균근속연수 등 지표에서 우리나라는 OECD 회원국 중 바닥 수준이다.[32)]

위 상황이 한국 경제의 성장과 함께 일어났다는 점이 모든 사람을 당혹하게 했다. 외환위기 이후 진행된 구조조정의 결과로서 2000년대 초반 이후 한국 경제는 안정적인 단계로 복귀했다. 그러나 한국의 고용은 이전 단계로 복귀하지 못했다. 오히려 경제가 회복된 2000년대 초에 비정규 근로의 규모는 폭발적으로 증가했다. 이는 당초 법원이 신자유주의적 구조조정 정책에 대해 가졌던 전제와 상반되는 것이었다. 법원은 "경영권과 노동3권이 서로 충돌하는 경우 [⋯] 기업의 경쟁력을 강화하는 방향으로 해결책을 찾아야" 한다며 공기업 민영화 조치에 반대한 파업을 불법이라고 판단하며 그 전제로서 "기업이 쇠퇴하고 투자가 줄어들면 근로의 기회가 감소하고 실업이 증가하게 되는 반면, 기업이 잘 되고 새로운 투자가 일어나면 근로자의 지위도 향상되고 새로운 고용도 창출되어 결과적으로 기업과 근로자가 다 함께 승자가 되기 때문"이라는 점을 들었으나,[33)] 한국에서 그런 일은 일어나지 않았다. 외환위기를 거치면서 기업은 승자가 되었으나, 근로자는 패자로 남겨졌다.

이러한 사회·경제적 상황 하에서 위에서 설명한 바와 같이

---

32) 이 문단은 장홍근, "노동체제 전환기의 사회적 대화 발전 방안", 「노사공포럼」 제40호, (사)노사공포럼, 2016(2016b), 120면을 인용했다.

33) 대법원 2003. 7. 22. 선고 2002도7225 판결.

노동 판례도 변화했다. 그러나 이는 법원의 주도 아래 노동법의 규범력을 일부 회복하는 정도여서 그 영향력은 제한적이었다.

나. 비정규 근로의 확대와 노동 법리의 분절화[34)]

생산 조직의 수직적 해체는 1990년대 이래 가속화되고 그 결과물인 비정규 근로는 우리 사회의 주요한 고용 형태로 자리 잡았다. 전통적인 노동법은 생산 조직의 수직적 통합(vertical integration) 개념에 기초하여 사업 개념을 정립하고 이에 맞춰 노동법적 책임을 부과하는 구조로 이뤄져 있다. 그리고 근로자는 개인 기업 또는 법인격을 갖춘 하나의 기업에 소속되어 노무를 제공하는 것을 전제로 하여 보호 법제가 마련되었다. 그러나 1990년대 이후 생산 조직의 수직적 해체(vertical disintegration)가 빠르게 진행되었다. 이는 애당초 법원이 믿었던 것과 달리, 경기 침체를 극복하기 위한 잠정적 조치가 아니라 생산 조직의 일반적 형태로 자리 잡았다. 그로 인해 사내하도급, 특수형태근로종사자, 기간제·단시간 근로자, 파견 근로자 등 다양한 형태의 간접고용 및 비정규 고용 방식이 새로운 노동력 이용 수단으로 정착되었다.[35)]

통계청이 2016년 3월에 실시한 '경제활동인구조사 부가조사'에 의하면, 비정규 근로자는 839만 명이고 전체 임금 노동자의 43.6%를 점하고 있다. 임금 소득과 사회보험 가입 비율 등에서 비정규직과 정규직의 극심한 격차는 여전하다. 2016년 3월

---

34) 이 부분은 도재형, "노동분쟁의 새로운 경향과 미래", 「노동분쟁해결절차의 법적 현실과 미래 제안」 2016년도 공동심포지엄 자료집, (사)노동법연구소 해밀·한국노동법학회·사법정책연구원, 2016. 11. 18, 50-53면에서 인용했다.

35) 이 문단은 Hugh Collins, Independent Contractors and the Challenge of Vertical Disintegration to Employment Protection Laws, *Oxford Journal of Legal Studies*, Vol. 10, No. 3, 1990, 353, 356면; 도재형, 앞의 책, 409면에서 인용했다.

현재 비정규직의 월 평균임금 총액은 정규직의 311만 원의 48.7%인 151만 원에 불과하다. 그리고 전체 근로자 1,923만 명 가운데 452만 명(23.5%)이 저임금 계층인데, 정규직 중 저임금 계층은 72만 명(6.7%)에 불과하지만 비정규직은 380만 명 (45.3%)에 이른다. 사회보험 가입률 역시 보험 유형별로 정규직은 85~99%인데, 비정규직은 20~39%에 불과하다.[36)]

노동법이 작동하는 노동분쟁 영역에서 비정규직 근로자는 더 이상 주변부가 아니다. 오히려 소득활동 기간 중 상시적으로 해고 또는 근로관계의 단절을 경험하고, 임금 체불이나 최저임금법 위반 사례도 정규직보다 더 많이 겪는다. 과거 정규직 근로자가 생애에서 많아도 한, 두 번 경험하던 고용 불안정, 소득 불안정은 비정규 근로자에게는 상시적 현상이다. 그들에게 노동분쟁은 우연한 사고가 아니라 필연적으로 일어나는 사건이다.

비정규직이 일으킨 변화는 단지 숫자의 문제만은 아니다. 이중적 노동시장이 고착되고 노무 제공 유형도 더욱 다양해지고 있다. 기업의 노무 관리 기법이 정교해지면서 고용 형태에 따라 근로조건이 분리되는 현상도 고착화되고 있다. 분절된 노동시장에서 새로운 노동 문제와 새로운 노무 제공 형태가 나타남으로써 전통적인 노동 법리만으로는 노동분쟁의 당부를 판단하는 것이 점점 더 어려워지고 있다.[37)] 이것은 또한 고용 형태별로 상이한 법리가 형성되는 계기로 작용한다. 한국의 노동 법리는 1987년 노동자 대투쟁 이후 정규직 풀타임 근로자들의 고용 관

---

36) 이 문단은 김유선, 「비정규직 규모와 실태」 이슈 페이퍼 제4호, 한국노동사회연구소, 2016, 1면 및 15, 19, 26면; 도재형, 앞의 책, 76면에서 인용했다.

37) 예컨대 스마트 폰의 앱(App)을 통해 배달을 하거나 대리기사 업무를 수행하는 사람들의 사용자는 누구인지, 이들에게 사회보험을 적용한다면 누구에게 보험료를 징수해야 하는지 등 우리가 아는 노동법 지식만으로는 해결하기 어려운 낯선 노동분쟁이 늘어나고 있는 것이다.

계를 중심으로 형성되었다. 그러나 1998년 외환위기 이후 노동시장은 급변했다. 이중적 노동시장 구조는 심화되고, 비정규 근로자의 고용과 소득의 불안정성은 더욱 심화되고 있다. 그로 인해 2000년대 중반 이후 주변부 노동력과 관련한 새로운 법률과 판례 법리가 출현하고 있다.[38]

다. 노동법의 두 개의 사법화 - 私法化와 司法化[39]

자본주의 체제가 정립될 무렵에는 개인들 사이의 자유로운 거래관계를 규율하는 민사법이 '노동'이라는 상품을 거래할 때도 적용할 수도 있다고 생각했다. 그러나 곧바로 사적 자치의 원칙이 근로자의 생존 자체를 위협한다는 것을 깨닫고 새로운 법 체제로서 노동법을 구상하게 된다. 노동법은 구체적인 인간상을 상정하고 사적 자치의 원칙을 수정했으며 근로자들의 단결을 허용했다. 그리고 그 이행 확보 수단으로서 일반 법원에 대한 소구(訴求) 외에도 근로감독 제도와 법규 위반자에 대한 형사제재를 추가했다. 이는 종속적 지위에 있는 근로자에게 권리를 부여하는 방식만으로는 노동법의 이행을 확보하는 것이 불가능하다는 점을 고려했기 때문이다.

우리나라 노동법 역시 위와 같은 취지에서 노동법을 통해 개별 근로자에게 권리를 부여하는 것 외에도 근로감독관 제도와 형사제재를 통해 국가에게 노동법의 이행을 확보할 의무를 부과

---

38) 한편, 정규직 근로자 즉 중심부 노동력과 관련한 법리도 새로운 변화가 일어났다. 외환위기 이후 정규직 역시 상시적 실업 위기와 고용 불안이 일상화되고 있다. 기업의 고용조정 기법은 더욱 다양해지고 그에 대응하여 판례 법리 역시 정교해지고 있다. 그리고 복수노조 및 교섭창구 단일화 제도, 필수유지업무 제도 등 새로운 집단적 노사관계 제도의 도입과 맞물려 관련 판례 법리를 정비할 필요성도 점점 더 커지고 있다.

39) 마지막 두 문단을 제외한 이 부분의 설명은 도재형(2016), 앞의 글, 54-55면에서 인용했다.

하고 있다. 하지만 지금 우리나라에서 노동법의 이행 확보 수단은 제대로 기능하지 못하고 있다. 신자유주의적 구조조정 정책은 정부의 이런 태도에 정당성을 부여했고, 그로 인해 노동분쟁 해결의 책임은 민사법원의 손에 맡겨졌다. 통상임금 논쟁이 그 대표적 예이다. 근로감독관으로부터 적절한 보호를 받지 못한 근로자들은 임금 소송 외에 자신의 권리를 주장할 만한 다른 수단이 없었다. 이것은 결국 근로기준법이 예정한 근로감독 기능의 약화로 연결되었다. 이와 같은 근로감독 기능의 약화 현상을 거칠게, 노동법의 사법화(私法化)라고 말할 수 있다.[40)]

노동법의 사법화는 비정규직 근로자를 노동법적 보호 범위에서 배제하는 결과를 초래했다. 정규직 근로자는 소구(訴求)의 방식으로 자신의 권리를 보호받을 여력이 있지만, 불안정 고용과 소득에 노출된 비정규 근로자는 소송을 통한 권리 구제를 할 수 없기 때문이다. 이는 짧은 근속기간 등으로 인해 개별 비정규 근로자가 입는 재산상 손실이 작다는 점에도 기인한다. 즉 다수의 비정규 근로자들이 노동법적 권리를 침해당할 가능성이 높은데도 불구하고, 이것이 소송으로 이어질 가능성은 낮은 것이다. 이런 상황에서 형사처벌과 근로감독 기능의 약화 또는 정부의 방임은 기업이 저지르는 노동 범죄를 시민들 사이의 채권·채무 문제로 보는 착시 효과를 발휘했다.

노동조합이 단체교섭 제도 바깥에서 소송을 통해 노동분쟁을 해결하는 비중이 커지는 또 다른 사법화(司法化) 현상이 심화되고 있다. 통상임금, 휴일근로 등 조직 근로자와 관련된 현안들조차도 노사 협상으로 해결하지 못하고 사법부의 판단만 기다리며 손을 놓고 있는 실정이다. 이렇게 노·사·정 교섭 시스템이

40) 도재형, 앞의 책, 346면.

노동 현안을 해결하지 못한 채 법원이 문제 해결의 이니셔티브를 쥐게 된 상황은 제4차 산업혁명, 비정규 근로 등 우리나라의 노동 쟁점을 극복하는 데 나쁜 영향을 미치고 있다.

이는 87년 노동체제의 특징인 노동조합의 약화, 기업의 배타적 교섭 태도, 정부의 친기업적 역할 치중 등에 기인한 바가 크다. 87년 노동체제에서 노·사, 노·정은 단기 이익 중심으로 상호배타적이고 기회주의적인 노동 정치를 지속했고 장기 교착 상태에 있다. 기업별 노동 조직과 단체교섭의 관행이 고착화되고 노조 조직률과 단체협약 적용률이 10% 대에 머물 정도로 노동조합의 대표성이 취약하다. 이러한 조건 아래 대화와 타협의 관행보다 노사 대립과 갈등, 상호 불신이 팽배하고 전투적인 노동운동이 온존하고 있다. 이로 인해 국가 수준에서 노사정 사회적 대화와 타협을 기대하기 어려운 상황이다.[41]

Ⅲ. 노동법의 과제

1. 노동법이 바라봐야 할 곳

1990년대 이래 추진된 고용 유연화 정책의 결과 고용관계의 안정성, 사회성, 공공성 등이 크게 저하되고, 노동시장의 이중 구조가 심화됨으로써 노동법의 보호 범위에 포섭되지 못하는 사각지대의 규모가 지나치게 확장되었다.[42] 신은종 교수는 이러한 상황을 '자유의 과잉, 공정의 과소'로 요약한 바 있다.[43] 이렇게 왜곡된 고용 유연화는 노동체제의 지속가능성을 저해하는

41) 이 문단은 장홍근(2016b), 앞의 글, 125면에서 인용했다.
42) 김장호, 앞의 글, 76면.
43) 신은종, 앞의 글, 160면; 김장호, 앞의 글, 85면.

요인으로 작동한다.[44] 이 상황을 해결하기 위해서는 어느 곳에서 '자유의 과잉, 공정의 과소' 현상이 일어나는지를 살필 필요가 있다. 그리고 그 곳은 우리 모두가 알듯이 비정규 근로이다.

사회학자인 지그문트 바우만은 「부수적 피해」 서문에서 "다리는 경간(徑間, 교각과 교각 사이)들의 평균 강도를 초과하는 하중이 걸리는 시점에서 붕괴되지 않는다. 그보다 훨씬 전에, 하중이 경간들 가운데 하나(가장 약한 경간)의 지지 능력을 넘어서는 순간 붕괴된다. […] 전체의 운명을 결정하는 것은 가장 약한 경간 하나다."란 비유를 한 바 있다.[45] 이는 "일부의 빈곤은 전체의 번영을 위험하게 한다"고 천명한 필라델피아 선언의 문제의식과 연결된다. 즉, 노동법은 87년 노동체제의 부수적 피해자이자 우리 사회에서 가장 약한 경간인 비정규 근로에 주목해야 한다. 비정규 근로와 관련하여 지금 노동법이 해결해야 할 과제는 아래와 같다.

첫째, 자본주의적 고용 모델인 '종속(경제적 종속, 인적 종속)과 보장의 결합' 원칙은[46] 비정규 근로 영역에서도 관철되어야 한다. 설령 그것이 비정규 근로라 하더라도, 타인의 노동을 사용하여 이익을 얻는 자는 그에 부합하는 노동법적 책임을 부담해야 한다.

기업에서 '사회적 신분'으로 작동하는 비정규 근로자의 근로조건을 향상할 수 있도록 동일노동 동일임금 원칙의 헌법적 기초를 마련하여야 한다.[47] 그리고 이 원칙과 관련된 개별 법령

---

44) 김장호, 앞의 글, 76면.
45) 지그문트 바우만, 정일준 역, 「부수적 피해」, 민음사, 2013.
46) 김장호, 앞의 글, 78면.
47) 비정규 근로자의 사회적 신분으로서의 성격에 대해서는 SATOSHI NISHITANI, 한국노동법학회·한국비교노동법학회 편역, 「노동법의 기초구조」, 박영사, 2016, 208- 209면 참조.

의 내용을 더욱 구체화함으로써 개별 기업에서 고착화되고 있는 비정규 근로자에 대한 차별적 근로조건을 입법적·사법적 방법으로 개선하는 노력을 기울여야 할 것이다. 특수형태근로종사자 및 새로운 기업의 노무 관리 기법에 의해 출현하는 다양한 노무제공자 유형과 관련해서도, 사회보험법적 권리를 부여하고 그들이 자주적 단결체를 만들 수 있는 법제도를 마련할 필요가 있다.

기업 내 근로자 대표 제도를 정비하여 비정규 근로자들이 자신의 이익을 보호받을 수 있는 기반을 마련해야 한다. 지금 노동조합 제도에서 비정규 근로자들 대부분은 배제되고, 그들의 근로조건은 사용자와 근로계약에 의해 규율된다. 사업장에서 사용자의 단독 결정을 제어한다는 노동법의 정신은 비정규 근로 영역에서 전혀 작동하지 않는 것이다. 이런 현실은 비정규 근로자의 근로조건 악화와 고용 불안정으로 이어진다. 과거 87년 노동체제에서 작동된 기업 내 근로자 대표 체제를 지금의 고용 상황에 맞게 재정비하고, 이것이 비정규 근로자의 근로조건을 향상시키는 계기가 되어야 한다.

둘째, 비정규 근로의 확대라는 고용 현실을 반영하여 노동법의 이행력을 확보하는 방안을 마련해야 한다. 전통적인 노동법은 정규직 풀타임 근로자를 전제해서 노동분쟁을 바라보고, 그에 맞춰 노동법의 이행 확보 수단을 마련했다. 그런데 이러한 접근 방식은 1990년대 이후 비정규 근로와 간접고용의 확대 등과 같은 변화된 노동분쟁의 실태를 과소평가하는 착각을 야기했다. 나아가 노동법의 사법화(私法化)는 근로감독과 형사제재를 노동법에서 밀어내고 민사법원을 노동분쟁 해결의 주요한 메커니즘으로 만들어버렸다. 이는 민사법이 노동의 법제였던 자본주의 초기로 회귀하는 것과 같은 결과를 초래했다. 그로 인해 자본주의 초기 노동자와 같은 처지에 놓인, 비정규 근로자들은 노

동법적 보호에서 배제되었다.[48)]

1990년대 중반 이후 우리나라의 노동분쟁 해결 제도 또는 노동법 이행 확보 수단은 제 역할을 수행하지 못했다. 법원은 신자유주의적 구조조정 정책에 협력하며 노동법의 보호 범위를 확대하는 데에 소극적이었다. 기업에 우호적인 정부 역시 근로감독 기능을 형해화시켰다. 이렇게 노동법의 이행 확보 메커니즘이 작동하지 않는 상황에서 기업의 자율적 이행은 윤리적 측면에서 권장되는 것에 불과하다고 인식되곤 했다. 이런 상황을 개선하고 기업이 노동법을 자율적으로 이행하는 풍토가 정착되기 위해서는 노동법의 이행력을 제고하는 것이 요청된다. 이를 위해서는 비정규 근로의 확대 등과 같은 노동분쟁의 새로운 경향에 맞춰 근로감독 기능을 강화하고, 노동·사회보장법원의 설치 및 노동위원회의 독립성 제도 등을 통해 노동법의 이행 확보 제도를 개선함으로써 근로자들이 자신의 권리를 제대로 행사할 수 있도록 하는 것이 필요하다.[49)]

2. 비정규 근로 보호 입법의 강화

가. 동일노동 동일임금 원칙의 실현

사용자가 비정규 근로자를 확대하고 비근로자화 정책을 추진하는 1차적 동기는 인건비 절약에 있다.[50)] 따라서 비정규 근로자의 확대를 억제하고, 저임금으로 인한 사회보장 제도로부터의 배제를 막기 위해서는 무엇보다도 동일노동 동일임금 원칙을 노동시장에서 실현해야 한다.

이러한 취지에서 우리나라 노동법은 동일노동 동일임금 원

48) 이 문단은 도재형(2016), 앞의 글, 49면에서 인용했다.
49) 이 문단은 도재형(2016), 앞의 글, 56면에서 인용했다.
50) SATOSHI NISHITANI, 앞의 책, 205면.

칙을 일반 원칙으로 규정하고 있다. 예컨대 근로기준법 제6조는 "사용자는 근로자에 대하여 남녀의 성(性)을 이유로 차별적 대우를 하지 못하고, 국적·신앙 또는 사회적 신분을 이유로 근로조건에 대한 차별적 처우를 하지 못한다"고, 기간제법 제8조는 "① 사용자는 기간제근로자임을 이유로 당해 사업 또는 사업장에서 동종 또는 유사한 업무에 종사하는 기간의 정함이 없는 근로계약을 체결한 근로자에 비하여 차별적 처우를 하여서는 아니된다. ② 사용자는 단시간근로자임을 이유로 당해 사업 또는 사업장의 동종 또는 유사한 업무에 종사하는 통상근로자에 비하여 차별적 처우를 하여서는 아니 된다"고, 남녀고용평등법 제8조 제1항은 "사업주는 동일한 사업 내의 동일 가치 노동에 대하여는 동일한 임금을 지급하여야 한다"고 규정하고 있다.

그런데 위 규정들만으로 지금 일어나는 정규직과 비정규 근로자 사이의 소득 격차를 줄이는 것에 한계가 있다. 우리나라 기업의 복잡한 임금 체계와 이것을 정당화하는 판례 법리도 이런 상황을 악화시키는 요인 중 하나이다. 예컨대 호봉제와 같이 근속기간을 근거로 한 임금 격차, 정규직과 비정규직의 책임에서의 차이를 근거로 한 격차 등을 법원은 수긍한다.[51] 이런 판례 법리는 우리 헌법이 최저임금법상 최저임금을 위반하지 않는 한 기업 내 임금 제도에 관한 규범적 통제를 하지 않는 것을 원칙으로 삼고 있다는 점에 근거한 것으로 짐작된다.

그 해결 방법으로는 동일노동 동일임금 원칙을 헌법상 기본원리로 천명하고, 그에 맞춰 개별 노동법령의 내용을 더욱 구체적으로 다듬는 것을 생각할 수 있다. 예컨대 헌법에서 동일 가치 노동에 대해 동일한 임금을 지급해야 한다는 점, 국가와 기

51) 노상헌, "노동법은 노동법적 가치 담아야 한다", 「노사공포럼」 제40호, (사)노사공포럼, 2016, 249면.

업은 동일노동 동일임금 원칙의 실현을 저해하는 관행과 제도를 개선하기 위하여 노력해야 한다는 점 등을 규정할 수 있을 것이다.

나. 특수형태근로종사자 보호 입법의 제정

근래에는 기간제·단시간 근로자 등 전통적인 비정규직 문제에서 나아가 고용과 탈고용의 경계선에 있는 노동, 이른바 '경계의 노동'이 빠르게 늘어나면서 고용 및 취업 형태의 다양화에 따른 복합적 문제들이 나타나고 있다. 프리랜서, 프랜차이즈 가맹점주 등 사실상 근로자와 다름없지만 법적·형식적으로는 근로자가 아닌, 그로 인해 전통적인 노동법의 보호 범위 바깥으로 내몰리는 노무공급자가 급증하고 있다.[52] 새롭게 출현한 플랫폼 이코노미에 종사하는 노무공급자의 경우도 동일한 문제가 발생한다.[53]

이러한 특수형태근로종사자(이는 산재법상 개념이 아니라 위에서 언급한 노무공급자 유형을 모두 포괄하여 지칭한다)에 대한 보호 입법과 관련해서는 다양한 방안이 논의되었다. 그런데 이 문제는 옳고 그름의 문제가 아니라 어떤 방안이 현실에 더 적합한 것인가라는 입법정책적 결단의 문제라는 점을 주의해야 한다.[54] 즉 무엇이 이들의 생활보장과 사회·경제적 지위 향상에 실질적 도움이 되는지를 따지고, 타인의 노동을 통해 이익을 얻는 자에게 그에 상응하는 책임을 부과한다는 취지에 맞춰

---

52) 장홍근, "사회적 대화! 우리 사회에 왜 절실한가?", 월간 「노사정」 2016년 7월호(통권 86호), 경제사회발전노사정위원회, 2016(2016a), 3면[장홍근(2016b), 앞의 글, 120-121면에서 재인용].

53) 김기선, "디지털화와 노동: 디지털시대 노동의 과제", 「노동정책연구」 2016년 제16권 제4호, 한국노동연구원, 26면.

54) 김기선, 앞의 글, 28면.

실제 입법을 실행해야 한다. 그리고 그 입법에는 특수형태근로종사자에 대한 사회보험법적 보호 방안 등의 논의와 함께, 이들이 스스로 단결하여 집단적으로 거래 조건을 협상할 수 있는 법적 근거를 마련하는 것이 필요하다. 이와 관련해서는 다음과 같은 점을 생각할 수 있다.

첫째, 보호 대상자의 범위는 넓고 개방적으로 규정해야 한다. 현행 산재법 제125조 제1항와 같이 특정 직종으로 제한하는 방식은, 빠르게 진행하는 산업 변화 및 기업의 노무 관리 기법을 따라잡는 것이 불가능하다. 따라서 지금의 직종 규정 방식은 삭제하거나 예시하는 것으로 개정하고, 특정 기업에의 전속성 요소도 완화해야 한다.

둘째, 특수형태근로종사자의 재정적 능력이 전형적인 자영인에 미치지 못하고 생계 수단의 대부분을 특정 사업주로부터 받는 수입에 의존한다는 점을 고려할 때, 이들을 사회보험법의 적용 대상에 포함시켜 사회적 위험에 대비할 수 있도록 해야 한다. 그리고 특수형태근로종사자로부터 노무를 제공받는 사용자는 사회보험법상 사업주와 동일한 책임을 부담해야 한다.[55]

셋째, 이들이 스스로 단결하고 교섭하여 적정한 근무 조건을 형성할 수 있는 법적 근거를 마련해야 한다.

다. 기업 내 근로자 대표 제도의 개선

노동법의 취지는 사용자에 의한 근로조건의 단독 결정을 규제하는 데 있다.[56] 그런데 지금 우리나라의 집단적 노사관계는 노동시장에서 양극화 극복을 견인할 수 있는 시스템으로서의 역할을 수행하지 못하고 있다. 예컨대 300명 이상 사업장의 노동

55) 도재형, 앞의 책, 205면.
56) 노상헌(2016), 앞의 글, 237면; SATOSHI NISHITANI, 앞의 책, 7면.

조합 조직률은 62.9%에 달하는 반면, 30명 미만 영세 사업장은 물론 30-99명 규모 기업의 조직률도 2.7%에 불과하다. 노동조합이 조직된 사업장의 경우에도 대부분의 비정규 근로자들은 배제되어 있다.[57] 그 밖에 근로기준법상의 근로자대표와 취업규칙 불이익 변경 절차, 노사협의회 제도 역시 분절되어 있으며 비정규 근로자를 대표하지 못한다.

우리나라의 근로자 대표 제도의 문제점으로는 다음과 같은 점이 지적된다. ① 법률은 대표성 강화를 위한 적극적 조치를 하지 않았고 종종 약화시켰다. ② 각 대표의 대표 범위, 법적 지위, 권한과 역할, 상호 관계 등이 명확하지 않다. ③ 각 대표가 만들거나 관여한 규범(단체협약, 노사협의회 의결, 서면 합의, 취업규칙)의 서열이 모호하고 그 구속력도 의문스럽다. ④ 각 대표의 대표성은 단편적이다.[58]

위와 같은 문제에 대한 해결책으로는 잡다한 근로자 대표 제도를 노동조합과 종업원대표기구라는 2원적 체제로 단순화하자는 제안이 있다. 여기에는 취업규칙을 독일의 사업장협정과 같이 노사 합의에 기초한 협정으로 전환한다는 내용도 포함된다.[59] 이러한 제안에 수긍할 때 다음으로 생각할 문제는 근로자 대표 제도(종업원대표기구)의 개선이다. 이것은 민주적 과정을 통해 근로자 대표를 선출함으로써 대표성을 확보하고 근로자 대표의 권한을 명확히 하는 것으로 이어진다.[60]

---

57) 조성재·이정희, "2016년 노사관계 평가와 2017년 전망" KLI 고용·노동브리프 제68호, 한국노동연구원, 2017, 6면.

58) 이 문단은 강성태, "노동조합의 근로자 대표성에 관한 단상", 월간 「노동리뷰」 2015년 3월호, 한국노동연구원, 2015, 39면을 인용했다.

59) 강성태(2015), 앞의 글, 39면.

60) 아래 내용은 김기선, "4차 산업혁명과 근로자대표시스템", 「2011년 동계학술대회」 자료집, 한국고용노사관계학회, 2017. 2. 10, 18-25면을 인용했다.

첫째, 과반수 노조가 자동적으로 근로자 대표 자격을 갖는 현행 규정을 고쳐 근로자 대표가 기업 내 모든 근로자가 참여하는 선거 과정을 통해 선출되도록 해야 한다. 선거권자는 원칙적으로 비정규 근로자를 포함한 전체 근로자이고, 근로자 대표 선출 관련 규정을 명문화하며 선거 과정에서 사용자의 개입을 막고 공정한 선거를 진행할 수 있는 제도를 마련해야 한다.

둘째, 근로자 대표가 계속성을 갖고 활동할 수 있도록 하고, 그 지위의 독립성과 민주적 운영을 담보할 수 있는 제도를 마련해야 한다. 그리고 기업 정보에 접근할 수 있는 권리, 협의·동의권 등 근로자 대표의 권한을 명확히 하고 근로자 대표가 체결한 합의의 효력에 대한 명문 규정을 둘 필요가 있다.

3. 노동법의 이행 확보를 위한 새로운 틀[61)]

가. 근로감독 제도의 개선

비정규 영역을 비롯하여 우리나라 노동법에 광범위한 사각지대가 존재하는 이유 중 하나는 근로감독관 제도가 제대로 기능하고 있지 않기 때문이다. 노동법의 규범력을 확보하기 위해서는 우선적으로 근로감독 기능을 활성화해야 한다.

첫째, 근로감독청(가칭)을 설치해서 근로감독 기능을 일반 고용노동 행정으로부터 독립시켜 근로감독관의 전문성과 독립성을 확보해야 한다. 지금과 같은 순환 보직 형태의 인력 운용 방식은 인적 자원의 다양성과 업무의 전문성을 담보하는 방향으로 개선되어야 한다.[62)] 따라서 근로감독관은 별도의 정원을 두

---

61) 이 부분은 도재형(2016), 앞의 글, 57-60면; 도재형, “노동법의 이행 확보를 위한 새로운 틀”, 「노동사회」 통권 192호, 한국노동사회연구소, 2017, 110-114면을 수정·인용한 것이다.

62) 노상헌, “영세사업장에 대한 노동법 적용과 근로감독”, 「노동법연구」 제37

어 특정직공무원으로 충원하는 방식이 바람직하다.[63] 그와 함께 근로감독관의 정원 확대도 필요하다. 근로감독관의 업무량은 계속 증가하는데 인원은 정체되어 있고, 이는 근로감독 업무의 지연 처리와 초과근로시간의 증가로 이어지고 있다. 현업 근로감독관들에 대한 설문 조사 결과에 따르면, 정상적인 업무 처리를 위해서는 현 인원 대비 약 45% 정도의 인원 충원이 필요하다고 한다.[64]

둘째, 현재 집단적 노사관계법 영역까지 확대되어 있는 근로감독관의 업무 영역을 일본처럼 개별적 근로관계법 분야(부당노동행위 포함)로 축소함으로써 근로감독관의 업무 범위를 근로자의 근로조건 보호에 집중해야 한다.[65] 지금과 같이 근로감독관이 개별 사업장의 집단적 분쟁에 개입하며, 때로는 이들이 수집한 쟁의행위 관련 증거를 근거로 근로자에 대한 형사처벌이 이뤄지는 것은 근로감독관 제도의 본래 취지에 맞지 않다.[66] 국제노동기구의 「공업 및 상업부문에서 근로감독에 관한 협약」(1947년) 제3조도 근로감독의 대상으로 "근로시간, 임금, 안전, 건강 및 복지, 아동 및 연소자의 고용, 그 밖의 관련 사항에 관한 규정 등 근로조건 및 작업 중인 근로자 보호에 관한 법규정"을 규정하고 있을 따름이다.

셋째, 근로감독청에 노동검사를 두어 노동 범죄에 대한 형

호, 서울대학교 노동법연구회, 2014, 23-24면; 도재형, 앞의 책, 406면.

63) 이와 관련하여 국제노동기구의 「공업 및 상업부문에서 근로감독에 관한 협약」(1947년) 제6조는 "근로감독관은 신분 및 근로조건의 안정이 보장되어야 하고, 정부의 교체 및 외부의 부당한 영향으로부터 독립적인 공무원으로 구성되어야 한다"고 규정하고 있다.

64) 송민수, "근로감독관의 업무강도 현황", 월간 「노동리뷰」 2016년 11월호, 한국노동연구원, 2016, 112-113면.

65) 노상헌(2014), 앞의 글, 13면.

66) 도재형, 앞의 책, 405-406면.

사법적 기능을 보완하는 것이 필요하다. 우리나라 근로감독 제도의 결정적 한계는 근로자의 권리를 침해하는 범죄에 대한 수사·기소 권한이 근로감독 기구와 단절된 채 행사된다는 점이다. 이 문제를 해결하기 위해서는 근로감독 결과에 따라 필요한 경우에는 근로감독청이 수사·기소 권한을 행사할 수 있도록 해야 한다. 이미 아일랜드와 프랑스 등의 근로감독 기구가 이런 권한을 행사하고 있다고 한다.[67]

나. 노동·사회보장법원의 설치

실체법이 존재한다는 이유만으로, 즉 실체법을 통해 권리를 부여했다는 것만으로 그 법체계가 정립되었다고 볼 수는 없다. 노동법이 노동시장의 이중화 및 노동분쟁의 복잡화 현상에 대응하기 위해서는 실체법뿐만 아니라 그에 대응한 소송 체계가 마련되어야 한다. 이를 통해 비정규 영역에서 일어나는 다양한 사건 등 새로운 노동분쟁을 해결할 수 있는 전문성도 갖출 수 있다.

노동법이 독립된 법체계로 완성되기 위해서는 독자적인 소송 절차와 노동법원 체계가 필요하다. 모든 법이 그렇듯이 노동법 역시 적절한 절차와 결합될 때 더욱 효과적으로 기능한다.[68] 오세혁 교수의 표현처럼 "실체법 없는 소송법(절차법)은 공허하며, 소송법(절차법) 없는 실체법은 맹목이다".[69] 실체법은 그 이념과 인간상에 부합하는 소송 절차를 갖춰야 법체계로서 온전하

67) 김정한·옥우석, 「선진국 근로감독 운영실태조사」 용역보고서, 한국노동연구원, 2008, 84면 및 173-174면.

68) Lord Wedderburn of Charlton, The Social Charter in Britain: Labor Law and Labour Courts?, *The Modern Law Review*, Vol. 54, No. 1, 1991, 35면; 도재형, 앞의 책, 403면.

69) 오세혁, "법철학의 관점에서 본 민사소송법", 법철학연구, 제8권 제1호, 한국법철학회, 2005, 92면.

게 운용될 수 있다. 예컨대 민사소송 절차는 민사법이 상정한 자유롭고 평등한 인간에 맞춰 설계된 논쟁 과정이고, 그 이념인 처분권주의와 변론주의는 사적 자치 원칙의 소송법적 변용이다. 따라서 민사법과 다른 이념과 인간상을 전제한 노동법에서도 독자적인 소송 절차와 법원이 마련되어야 한다.[70)]

한편, 이 문제는 노동법과 동일한 인간상에 기초한 사회보장법 분야와 함께 고민되어야 한다. 사회보장 관련 분쟁을 일반 행정소송에 맡기는 것은 사회보장수급권자의 생존을 위협하거나 빈곤 상태에 빠지는 것을 방임하는 것에 다름 아니다. 사회보장 분쟁의 해결 절차는 신속하게 진행되고 확정판결 전이더라도 임시적인 보호 조치가 가능하도록 설계되어야 한다. 따라서 이러한 특성을 반영한 소송법(절차법)과 법원 제도가 필요하다.[71)]

노동·사회보장법원은 법원이 다루고 있는 기존 노동·사회보장 사건을 통일적으로 관장하는 특수법원 형태로 설치할 수 있을 것이다. 이를 통해 노동·사회보장 분쟁 해결에 관한 법원의 전문 역량을 키우고 관련 분쟁의 성격에 조응하는 절차를 마련함으로써 노동·사회보장 분야에 적절한 분쟁 해결 수단을 제공할 수 있다. 또한 이 방안은 노동위원회의 권한을 그대로 유지함으로써 노동법원 설치와 관련된 노·사의 우려를 불식시키고 불필요한 논쟁이 발생하는 것을 예방할 수 있다.

다. 노동위원회 제도의 독립성 제고

노동·사회보장법원에 관한 논의와 별도로, 가장 대표적인

---

70) 이 문단은 도재형, 앞의 책, 403-404면에서 인용했다.

71) 이 문단은 김남근, "공공부조와 사회보장기본법", 「한국사회보장법학회 학술대회지」, 한국사회보장법학회, 2012. 4, 113-114면; 도재형, 앞의 책, 404면을 인용했다.

노동분쟁 해결 절차인 노동위원회 제도의 개선이 필요하다. 노동위원회 제도는 비용 부담 없이 신속하게 노동분쟁을 해결한다는 장점 때문에 비정규 근로자들이 가장 쉽게 접근할 수 있고, 실제 많이 이용하는 분쟁 해결 제도이다. 따라서 비정규 근로자의 권익 보호를 위해서는 노동위원회가 더욱 활성화될 필요가 있다.

그런데 현행 노동위원회는 형식적으로는 고용노동부와 분리되어 있지만 인사와 재정 등에서 고용노동부의 실질적 영향력 아래 놓여 있다. 중앙노동위원회의 위원장을 제외한 대부분의 고위직 인사는 정부가 임명하고 그 재정 역시 고용노동부에 종속되어 있는 것이다. 이 때문에 중요 사건을 처리하는 과정에서 노동위원회의 정부로부터의 독립성과 중립성이 의심받곤 한다.[72] 고용노동부가 노사관계에서 가장 전문적인 행정기관인 이상 노동위원회의 전문성 확보를 위해 그 조력을 굳이 배제할 이유가 없다고 생각할 수도 있으나, 심판 기구로서의 신뢰 제고를 위해서는 인력과 재정 운영의 독립성을 갖춰야 할 것이다.[73]

이를 위해서는 먼저, 노동위원회의 공무원 정원을 고용노동부와 별도로 둠으로써 인적 독립성을 갖추는 것이 필요하고, 재정상의 독립성을 확보하는 방안도 마련해야 할 것이다.

그와 함께 노동위원회가 비정규 근로자의 권리 구제 제도로 기능할 수 있는 절차도 보완되어야 한다. 예컨대 판례에 따르면, 근로자가 부당해고구제신청을 하여 해고의 효력을 다투던

---

72) 강성태, “노동에서의 정상(正常)”, 「새로운 사회경제 패러다임, 새로운 사회정책」 학술대회 자료집, 한국노동연구원, 2012. 10. 19, 211면; 도재형, 앞의 책, 404면.

73) 도재형, “노동위원회와 법원, 그 갈등과 조절”, 「노동법학」 제29호, 한국노동법학회, 2009, 70면; 도재형, 앞의 책, 404면.

중 근로계약기간이 만료되면 그 구제이익이 소멸된다고 보는데,[74] 이는 기간제 근로자에게 새로운 민사소송을 제기하도록 하는 부담만 지울 뿐이고 노동법의 이행 확보에 도움이 되지 않는다. 따라서 이러한 경우에도 구제이익을 유지할 수 있도록 하는 입법을 마련해야 할 것이다.

Ⅳ. 결 론

위에서 살펴본 것처럼 87년 노동체제 30년은 비정규 근로자들에게 가혹한 현실을 떠넘겼다. 그럼에도 지금 노·사·정의 경우 국가 수준의 사회적 대화와 타협을 기대하기 어려운 상황이 계속되고 있다. 비정규 근로 등 노동 쟁점이 사법부의 판결에 의지해서 해결되기도 했으나, 그것만으로 역부족이었다.

지금 노동법은 87년 노동체제의 초기 고용 체계에 기초해서 만들어진 것이다. 몇 차례의 개정은 고용 유연화 정책을 관철하는 것을 1차적 목표로 삼았고, 비정규 근로자의 근로조건 개선·향상은 후순위로 밀려나곤 했다. 그런데 노동법은 노사관계의 현실과 결코 분리될 수 없다. 대부분의 사람들이 그 존재를 인정하는 이중적 노동시장은 노동분쟁의 실체를 변화시키는 등 노동법에 영향을 미친다.[75] 이를 도외시하는 노동법은 그 미래를 보장하기 어렵다. 이 점에서 비정규 근로자의 근로조건을 보호하기 위한 동일노동 동일임금 원칙의 실현, 특수형태근로종사자 및 근로자 대표 제도의 혁신이 필요하다.

비정규 근로자의 규모 확대, 노무 제공 방식과 기업 조직의

74) 대법원 2009. 12. 10. 선고 2008두22136 판결.
75) 도재형(2016), 앞의 글, 60면; 도재형(2017), 앞의 글, 114면.

변화는 과거 정규직 근로자들을 전제로 해서 마련된 노동법 이행 수단의 정당성에 대해서 의문을 갖게 한다.[76] 비정규 근로의 보편화에 맞춰 노동법의 이행력을 확보하는 방안도 고민해야 한다. 비정규 근로 영역이더라도 노동법이 기업에게 그 이행을 구걸해서는 안 된다. 그럼에도 1990년대 이래 우리는 새로운 유형의 노무제공자들의 권리 보호 책임을 민사법원에 맡겨 놓고, 절반의 노무제공자들이 노동법의 사각지대에 놓인 상황을 방관하고 있다.

이중적 노동시장의 존재, 절반에 가까운 비정규 근로자의 존재를 인정한다면, 그에 맞춰 노동법의 이행 확보 수단도 새로 마련해야 한다. 노동법의 정당성은 궁극적으로 기업의 자율적 이행을 통해 달성되는 것이지만, 이를 위해서는 이행력 확보를 위한 수단을 재정비하는 것이 필요하기 때문이다. 이와 관련하여 이 글에서는 노동분쟁의 새로운 경향에 맞춰 근로감독 제도의 개선, 노동·사회보장법원의 설치 및 노동위원회의 독립성 제고 등이 필요하다는 점을 지적하였다.[77]

---

76) 도재형(2017), 앞의 글, 115면.

77) 이 문단은 도재형(2016), 앞의 글, 60면; 도재형(2017), 앞의 글, 115면을 인용했다.

≪4≫ 고용주도형 사회서비스 복지국가 전략의 방향성

<안상훈>

Ⅰ. 서 론

온전한 의미에서의 정의로운 사회라면 어떤 경우에라도 '권리', '보상', '필요'라는 세 가지 요소를 나름대로 충실하게 갖춰야 한다고 한다[Miller(1976)].[1] 우리나라도 법치적 자유와 민주주의의 달성을 통해서 '권리'의 원칙을 확립하였고, 자유시장의 확대를 통해 '보상'의 기제를 확보하였다. 하지만, 복지를 의미하는 '필요'의 요소는 별로 신경 쓰지 않고 살아온 것이 사실이며, 종종 OECD에서 가장 복지수준이 낙후된 것으로 평가를 받

* 이 글은 안상훈, 사회서비스형 복지국가의 지속가능성, 경제논집 제50권 3호, 2011을 보고서 발간 측의 요청에 따라 일부 수정, 보완하여 작성한 글임.

1) 권리는 주로 헌법에 나와 있는 자유권을 말한다. 정치적 자유나 법 앞에서의 평등과 같은 시민으로서의 권리가 그것이다. 보상이란 일을 더 많이 한 사람이 더 많은 임금을 받아야 한다는 것을 의미한다. 이러한 두 가지 요소는 자본주의 시장경제를 유지하는 근간이 된다. 하지만, 이 두 가지가 충족되더라도 경쟁에서 뒤쳐진 채 인간으로서의 존엄한 삶을 영위할 수 없는 사람들이 많은 사회는 공정한 사회가 될 수 없을 것이다. 마지막 요소인 필요란 일할 능력이 없거나 부족한 경우에도 삶을 위한 기본적인 욕구는 충족시켜주어야 함을 의미한다[김세원 외(2011)].

고 있다. 비교사회정책학의 관점에서 보자면, 한국이 보여주고 있는 복지 분야에서의 상대적 낙후성은 다른 나라와 비교할 때 분명히 독특한 현상인 것으로 드러난다. 그리고 이러한 독특함의 기저요인은 온 국민이 함께 경험하였던 매우 한국적인 현대사적 경험과 관련이 있다고 여겨진다. 요컨대, '한강의 기적'이라 불리는 경제성장의 과실을 전 국민이 공유할 수 있었던 우리들의 과거 역사가 복지 부문에서의 이러한 낙후성의 근원인 것이다. 하루가 다르게 풍요가 더해가던 과거의 경험들, 그리고 그러한 과거에의 향수가 우리에게 각인한 '성장전략에의 신념'이 우리로 하여금 '필요'나 '복지' 없이도 충분히 잘 살수 있다고 믿게끔 만들었던 것이다. 외환위기를 전후로 해서 '동반 없는 성장', '일자리 없는 성장', '양극화'와 같은 현상이 일상화되어왔음에도 불구하고, '성장의 낙수효과'에 관한 국민적 신뢰가 비교적 최근까지 지속되었던 것은 주지의 사실이다.

물론 최근 몇년 동안에는 이러한 경향에 커다란 변화가 일어나고 있다. 모든 언론이 거의 매일 복지논쟁을 주요 이슈로 다루고 있고, 불과 몇 년 전만해도 야권의 전유물이라 여겨지던 보편복지가 한나라당의 당론이 되어버리기도 하였다. 이른바 복지에 관한 백가쟁명의 시대가 열렸고, 2017년의 선거에서도 복지국가에 관한 비전들이 난무하는 춘추전국의 시대가 도래하였다. 복지를 하면 성장이 침해된다고 믿어 의심치 않던 우리 사회의 주류 담론이 어느새 복지를 하나의 시대정신으로 적극 수용하고 있는 그야말로 '상전벽해'의 형국인 것이다.

그렇다면 한국의 복지국가는 어떠한 길로 가야할 것인가? 결론부터 말하자면, 복지국가 정책구성의 새로운 '균형전략'이 필요하며 현금보다는 사회서비스를 중심으로 이루어지는 생활보장국가로 전환할 것을 제안한다[cf. 안상훈 외(2007), 안상훈

(2010)].[2] 근자의 선진국 개혁방향을 보면 현금복지에 치중하는 '소득보장'에서 사회서비스복지를 보다 강화하는 '생활보장'[3]으로의 전환을 추구하고 있음이 확인된다. 선진국들도 자본주의 황금기 동안에는 소득보장전략을 주로 채택하였지만 오일쇼크 이후 20세기말까지 진행된 거시적 상황변화는 이러한 전통주의적 복지전략에 종언을 고하였다. 산업화 시대의 표준적 노동생활, 가부장적 성역할분담, 자본주의 황금기의 경제적 풍요에 기대었던 기존의 전통주의적 소득보장국가형 복지국가는 더 이상 존립 불가능하다는 시한부선고를 받은 것이다.[4] 사실상, 복지국가란 것이 사회적 위험 혹은 욕구에 대한 정책적 반응의 총체로서 복지국가의 배경으로서 위험과 욕구를 결정하는 거시적 상황변화가 있을 경우 지속적으로 개혁되어야 하는 것이다. 더욱이, 최근의 그리스 경우와 같이 복지국가란 것이 잘못하면 정치적으로 개혁이 불가한 상황을 맞을 수도 있기 때문에[Pierson(2004)], 제도형성 초기부터 개혁가능성을 염두에 둘 필요가 있기도 하

---

2) 사회정책의 구성은 크게 '현금이전(cash transfer)'형 프로그램과 '사회서비스(social service)'형 프로그램으로 나뉜다[안상훈(2007)]. 전자에는 연금보험, 상병보험 등 사회보험, 아동수당과 같은 데모그란트(demogrant), 그리고 소득최하층을 표적 집단으로 하는 공공부조 등 소득보장 프로그램들이 포함된다. 사회서비스는 수혜자를 기준으로 최종 전달되는 욕구해결기제가 유무형의 서비스 형태로 주어지는 것을 말한다. 예컨대 우리나라의 건강보험이나 보육서비스를 공공이 제공할 경우 등은 사회서비스이다. 사회정책의 프로그램 대안이 현금이전과 사회서비스를 망라하고 있다는 사실을 인지한다면, 복지국가의 목표를 소득보장만으로 보는 것은 무리가 있다. 이러한 새로운 개념적 구분에 따라, 본 연구에서는 복지국가의 목표를 소득보장과 사회서비스보장을 아우르는 개념인 '생활보장'으로 설정한다.

3) '생활보장=소득보장+서비스보장'으로 표현되듯이, 새로운 복지국가전략의 기조는 현금과 서비스가 균형을 찾아가는 과정이라 할 수 있다.

4) 소위 복지병, 유럽병의 이름으로 비판받는 기존 복지국가의 대표적인 급여제공 형태가 현금이전 중심이라 할 수 있다.

다. 앞으로 살펴보겠지만, 현 상황에서는 상대적으로 성과가 좋은 북유럽형 복지국가의 경우에도 기존에 설정된 지나친 국민부담 수준으로 인해 장기적으로는 정치적 난관에 봉착하리라 예상되기도 한다.[5] 이렇듯 우리가 부러워마지 않는 서구 복지선진국들도 다양한 종류의 복지개혁을 추진하고 있으나 복지기득권층의 반발로 개혁에 큰 애로를 겪고 있음을 보면, 현재 우리 사회에서 폭발하고 있는 복지정치의 방향설정은 국가의 백년지계와 직결된다 할 것이다. 이런 면에서 선진국이 가고자 하는 길을 우리가 먼저 선제적으로 추구할 필요가 있으며, 그 방향의 핵심으로 부상하고 있는 사회서비스 강화전략에 관해 살펴보는 것이 본 연구의 주제이다.

이제, 아래에서는 다음과 같은 차례로 지속가능한 복지국가를 위한 한국형 개혁전략을 논할 것이다. 먼저 2장에서는 위에서 제안한 '생활보장전략'의 화두로서 사회서비스 강화전략이 지니는 생산친화성에 관해 이론적인 차원에서 논할 것이고, 관련된 기존의 국내외 연구결과들을 제시할 것이다. 3장은 선진복지국가의 주요 전략유형별로 경제적 사회적 성과가 어떻게 나타나고 있는지에 관한 비교분석 결과를 보여주는 데 할애할 것이다. 4장에서는 3장에 이어, 보다 직접적으로 복지국가와 생산의 관계를 살펴봄으로써 본 연구의 사회서비스 강화전략의 상대

5) 북유럽의 복지국가 모형도 1990년대 이후 들어서는 경제적 범세계화의 조류 속에서 괄목할 만한 정책상의 변화를 겪고 있다. 효율성의 목표와 형평성의 목표가 충돌하는 상황에서는 자유주의적인 정책을 우선시하는 경향이 나타나고 있는 것이다. 실제로 이 지역에서도 화폐소득, 부, 생활수준과 같은 분야에서의 결과적 평등개념은 점차 희석되고 있다고 한다[Daniel(1997)]. 최근 북유럽 사회민주주의의 정당들에서도 차츰 소득의 평등보다는 기회의 재분배, 시간의 재분배 같은 탈산업시대의 개념들이 기존 개념을 대체해가고 있다는 것이다[안상훈(2007)].

적 우월성을 확인할 것이다. 마지막 장에서는 본 연구의 결과와 함의를 요약적으로 제시하되 한국의 특수성 속에서 과연 이 시점에 우리 학계가 고민할 사항들이 무엇인지에 관한 단상으로 결론을 대신할 것이다.

Ⅱ. 사회서비스 강화전략의 생산친화성

1. 현금이전과 사회서비스, 그 경제적 효과차이

복지국가는 이상이 아닌 현실의 문제이기 때문에 어떠한 경우에라도 '생산적'인 복지전략을 구현해야 한다는 점이다. 분배의 정의가 복지국가의 가장 중요한 목표라고 하더라도, 현실에서 복지국가의 선결과제는 생산을 담보하는 것이다[Ahn(2000), Esping-Andersen and Regini(2000), Esping-Andersen et al.(2002)]. 노동운동을 복지국가발달의 원인조건으로 강조하고 있는 권력자원론에서도 충분한 경제성장을 필요조건으로 전제하고 있으며[O'Connor and Olsen(1998)], Esping-Andersen(1990, 1999)이 제안한 세 가지 복지자본주의 전략유형에서도 생산체제(production regime)의 유지가 화두였다. 하지만 최근 우리 복지정치의 모습을 보면 반성해야할 여지가 분명히 있다고 여겨진다. 학계에서부터 '분배정치'의 담론에만 몰입한 나머지, 복지와 생산이 조응할 수 있는 전략에 관해서는 별다른 관심을 기울이지 못하고 있는 것이다.

복지국가가 경제적으로 지속가능한가의 문제가 새로운 주제는 아니다. 복지국가 위기논쟁에서 좌·우파의 학자들이 입을 모아서 복지국가를 비판한 이래로, 복지국가의 경제적 지속가능성에 관한 논의는 간헐적으로 그 맥을 이어왔다[Pierson(1991)]. 물론 다양한 이론적·경험적 연구들이 결정론적 위기론, 즉 모든 복지국가에 관한 사형선고가 타당하지 않다는 점을 속속 밝혀왔다. 이에 따라, 모든 복지국가가 지속가능하지 못할 것이라는 좌·우파의 비판은 힘을 잃어가고 있는 상황이다. 좌·우파의 비판이 의미가 있다고 하더라도 이제 와서 복지국가를 없앤다는 것이 불가하기 때문에라도 보다 생산적인 전략에 관해 탐구하는 것은 그 의미가 매우 크다고 할 수 있다.

복지국가의 경제적 지속가능성에 관한 논의의 핵심은 어떤 프로그램들이 더욱 생산적일 것인가로 치환될 수 있다. 복지국가의 정책프로그램은 크게 소득보장을 직접적으로 해결하는 현금급여 프로그램과 다양한 복지욕구에 관한 서비스 프로그램으로 대별된다. 사회서비스는 기본적인 욕구에 대한 시장적 소비의 비용을 절감함으로써 실질 가처분소득을 증가시키는 효과를 갖는다. 이런 까닭에 현금이전과 기능적으로 등가물이라고 여겨졌으며, 개인의 효용을 극대화하고 행정비용을 줄이기 위해서는 현금을 지급하는 것이 옳다는 견해가 지배적이었다. 하지만 최근의 여러 연구들에서 시사하고 있는 바와 같이 두 종류의 프로그램 중에서 어떤 것을 우선하는가에 따라 그 경제적 효과는 크게 달라질 수 있다[Huber and Stephens (2001), Esping-Andersen et al.(2002), 안상훈(2005), 백승호(2005), 홍경준(2005)].

복지국가와 경제성장의 관계에 대해서는 경제학 분야에서 다양한 연구를 축적해왔다. 주로 공급측면에 주목하는 경제학(supply-side economics)에서는 유인체계(incentive system) 왜곡 현상을 들어 복지국가에 관한 부정론을 발전시켰다. 가장 잘 알려진 긍정론은 복지급여를 통해 유효수요가 창출되고 이것이 경제성장으로 이어진다는 논리이다[Keynes(1973)]. 유효수요에 있어서 현금급여와 사회서비스의 차이는 크지 않을 것이라 여겨진다. 위에서 언급한 것처럼, 소득이 일정하다고 가정하면 사회서비스를 통해 욕구가 해결되는 것도 가처분소득이 증가하는 효과를 지니기 때문이다. 하지만, 이외에도 공공이 통합적으로 관리[6]하는 사회서비스의 경우에는 인적자본 양성과 고용창출에 대한 보다 직접적인 효과와 관련되기 때문에 생산에 기여하는 바가 훨씬 클 것이라 예상된다[Esping-Andersen et al.(2002), 안상훈(2002)]. 특히 최근 선진국 경제가 당면한 제1의 과제가 '동반없는 성장', '일자리 없는 성장'이라고 한다면 현금에 대한 사회서비스의 우월성은 다음과 같은 면에서 보다 두드러진다.[7]

첫째, 현금급여와 비교할 때 사회서비스는 일자리 창출효과가 보다 직접적이다[김혜원·안상훈·조영훈(2005)]. 사회서비스는 사람에 의해서만 전달될 수 있는 무형의 급여이다. 사회서비스가 늘어나면 자동적으로 일자리가 창출되는 효과가 나타나며, 다른 한편으로는 사회서비스 자체가 노동공급 총량을 늘이는데 기여하는 이중의 효과를 지닌다. 예컨대, 보육제도를 강화하면 아동양육 때문에 집안에 묶여있는 교육받은 여성들의 경제활동 참가율을 높이게 되고 그와 동시에 여성들이 취업할 새로운 노동시장을 만들어 낸다. 다른 예로, 노인이나 장애인, 실업자 등 노동시장약자집단에 대한 고용보장서비스는 노동의 숙련화와 재숙련화에 기여한다. 이를 통해 생애취업기간을 연장시켜 노동공급의 총량을 증가시키고 그와 동시에 이들 집단에 대한 사회서비스 노동시장을 활성화하게 된다. 노동공급의 증가와 새로이 창출되는 사회서비스의 일자리 창출은 한 사회의 생산증가에 직

---

6) 이는 모든 서비스가 공공에 의해 직접 생산되고 전달되어야 하는 것이 아니라 민간과 다양한 방식으로 결합되어 관리될 수 있음을 의미한다.

7) 아래의 이론적 논의는 안상훈 외(2007) 등 필자의 기존논의에서 발췌하였다.

접 기여하게 된다.

둘째, 사회서비스의 발달은 인적자본을 고양시킨다[안상훈(2005)]. 예컨대 공보육서비스를 통해 초기에 사회 내 아동들의 인적자본 개발을 시행하면 장기적으로 그 사회의 생산성이 증진될 수 있다. 교육, 고용, 보건의료에 관한 사회서비스들도 이와 유사한 방식으로 성장친화적 속성을 갖고 있다. 특히 모든 선진국가의 경제가 지식기반 사회화된 세계화시대에, 사회정책의 인적자본투자가 지니는 성장기여적 성격은 더욱 강고하다고 할 수 있다.

셋째, 공공사회서비스는 규모의 경제(economies of scale)를 창출한다[김흥종·오영범·신정완(2006)]. 적어도 한국적 현실을 보면, 보육, 양로, 의료 등 사회서비스가 개별 시설별로 소규모화하는 경향이 크다. 이러한 점을 극복하여 동일한 비용으로 높은 질의 사회서비스를 제공하기 위해서는 공공의 역할이 중요하다. 예컨대 체인화 등을 통해 불필요한 중복투자를 피하고 규모의 경제를 담보하는 공공사회서비스 전략을 구사한다면 규모의 경제를 창출하여 서비스구매의 총비용을 감소시키고 다른 소비를 진작시키는데 사용될 수 있을 것이다.

넷째, 사회서비스는 예방적 가치재의 선택을 촉진한다[김흥종·오영범·신정완(2006)]. 부정적인 비용지출이 예상될 경우 예방적인 성격을 지닌 가치재를 선택하면 궁극적으로 비용이 적게 든다. 하지만 시장에서는 예방적인 가치재의 선택이 잘 이루어지지 않는 경향이 있다. 경제주체들이 미래가치를 현재가치로 환산할 때 적용하는 주관적 할인율이 높아 근시안적 의사결정을 하기 때문이다. 빈곤층 아동교육에 대한 선제적 투자, 예방접종, 건강검진 등 예방보건의료에 대한 소비 진작은 공공부문에서 이러한 가치재를 관리해야만 바람직한 방향으로 이루어질 수 있다.[8] 공공부문에 의해 통합적으로 관리되는 다양한 예방적 사회서비스가 종국적으로 생산적일 수 있음을 알 수 있다.

다섯째, 적절한 현금급여와 함께 제공되는 적극적 노동시장정책과 같은 사회서비스는 산업구조조정을 촉진한다[안상훈(2005)]. 사회서비스 중에서 적극적 노동시장정책이나 고용서비스는 노동수급을 적절히 조정함으로써 산업구조조정을 촉진하고 성장에 이바지할 수 있다. 구조적 실업자에 대한 소득보장과 서비스보장이 함께 이루어질 경우, 산업구조조정에서 반드시 나타나게 되는 정리해고와 그에 따른 사회적 갈등비용을 줄이는 효과도 기대된다. 실제로 북유럽과 같이 적극적 고용보장서비스를 필두로 한 사회정책의 안전망을 완비한 나라일수록 노사분규의 강도와 횟수가 작게 나타나며, 다른 나라보다 선제적인 산업구조조정을 이루는 경향이 나타난다. 적시에 이루어지는 산업구조조정은 당연히 생산적인 성격을 지닌다.

요컨대, 사회서비스가 현금이전에 비해서 생산에 기여하는 측면이 클 것이라는 여기서의 논의는 '총사회지출에서 사회서비스 지출이 차지하는 부분이 클수록 경제적인 성과는 커질 것이다'라는 가설로 집약될 수 있을 것이다.

2. 사회서비스의 생산친화성에 관한 기존 연구

유럽의 복지병에 관한 논의가 제기된 이래, 실제 유럽의 복지국가 중 다수는 재정적자의 늪에서 허덕인 바 있다. 하지만,

8) 국제비교를 보면 사회서비스지출과 치안지출은 반비례하는 경향이 발견된다. 사회정책 일반, 특히 사회서비스를 통한 건전한 사회구성원의 양성은 인적자본육성의 측면에서 뿐만 아니라 일탈적 인간형의 최소화를 위한 예방적 기능을 수행한다고 해석할 수도 있다. 초기에 일탈예방비용을 아낄 경우, 추후 치안유지비용을 증가시키게 되는 것이다.

유럽의 복지병을 고치려는 개혁적 노력은 복지국가 프로그램의 모든 분야에 공통적으로 집중되지는 않았다. 주로 과도한 급여 수준 문제와 관련된 연금 등 사회보험과 공공부조의 개혁과 같은 현금성 프로그램의 방만함을 축소하는 개혁이 핵심화두였다.[9] 사회서비스는 이러한 개혁과정에서도 축소나 합리화의 대상이 아니었고, 어떤 경우에는 오히려 현금급여 분야의 삭감을 벌충하는 방향으로 확장되기도 하였다. 현금급여 개혁이 보다 쉽게 이루어진 나라들이 이미 사회서비스를 보다 발달시켜왔던 나라들이었다는 점도 흥미로운 점이다.[10] 이렇게 보면, 이론적 차원에서 뿐만 아니라 복지국가 유지를 위한 현실 정치적 개혁 차원에서도 현금급여보다는 사회서비스가 새롭게 부상하고 있다고 할 수 있고, 그 근저에는 이 분야의 생산 기여적 속성에 대한 믿음이 자리한다. 이제, 아래에서는 현금급여와 사회서비스라는 복지국가의 양대 구성요소가 경제적 성과에서 어떤 차이를 낳는지를 다룬 국내외 기존 연구들을 살펴보자.

사회서비스의 생산친화성에 관한 국외 선행연구 중 다수는 교육부문에서 이루어졌다. Gylfason and Zoega(2003)는 87개국을 대상으로 하여 각국의 소득불평등 수준(지니계수)과 중등 교육기관(secondary school) 입학 비율, 국민 소득(national income) 대비 공공 교육 부문 지출의 비율, 여학생의 기대 교육 기간의 관계를 비교하였다. 분석 결과 세 가지 항목 모두가 소득 평등 수준과 정적인(positive) 관계를 갖는 것으로 나타났

9) 최근 PIGS 국가의 '복지과잉문제'도 사실은 현금프로그램의 과도한 소득대체율과 관련된 것이다.

10) 최근 '북유럽의 부활'은 사회서비스형을 유지 강화하는 한편 현금급여부문의 지나친 소득대체율을 감축한 성과로 평가받는다. 한편, 대륙유럽형은 현금급여부문 감축을 보완할 재정적 여력이 없어 개혁자체가 지지부진한 상황이다.

다. Osipian(2007)의 연구에서도 고등교육 접근성이 제고될수록 장기적인 관점에서 1인당 GDP를 높이는 것으로 결과하였다. 전후기간의 미국에 관한 연구에서, Jorgenson and Fraumeni(1992)이 확인한 바에 따르면 인적자본에의 투자는 성장의 많은 부분을 설명한다고 한다. 이 밖에도 교육에의 투자가 성장을 촉진하고 실업률을 줄이는 등 생산 친화적이라는 실증연구는 다수 존재한다.[11)]

이 밖에도 사회서비스 분야가 일자리를 늘리는데 상당한 기여를 하고 있다는 보고들이 지속적으로 발표되고 있다. European Commission(2004)에 따르면, 현재 돌봄 부문을 비롯한 사회서비스 분야는 EU 역내에서 가장 역동적인 노동시장으로서 1995년과 2001년 사이에 최소한 2백만 일자리가 건강 및 사회적 돌봄 영역에서 창출되었으며 이는 새로 생긴 일자리의 18%에 해당한다고 한다. 일자리 문제가 심각한 유럽에서 사회서비스 분야의 일자리가 중요한 몫을 담당하고 있다는 것이다. Cameron et al.(2002)의 연구에서 추정한 EU 역내 각국의 돌봄 노동자(care workforce)의 규모는 예컨대 덴마크 10%, 스웨덴 9%, 네덜란드와 영국 8% 등으로 해당국가의 새로운 일자리 중 상당부분을 차지하고 있는 것으로 보고되고 있다. 이러한 사실은 언론 보도를 통해서도 널리 알려지고 있으며, 예를 들어 영국의 주요신문인 텔레그래프지는 “사회서비스가 경제성장을 증대시킨다(social services boost economic growth)”는 특집기사를

---

11) 예컨대, Bakare(2006), Babatunde and Adefabi(2005), Dauda(2010), Barro and Sala-i- Martin(2004), Krueger and Lindhal(2001), Levine and Renelt(1992), Cheng and Feng(2000), Blankenau *et al.*(2007), Angelopoulos et. al. (2007), Aubyn et. al (2009), Biagi and Lucifora(2005), Glomm and Ravinkumar(1998), Annabi et. al. (2011), Baldacci et. al. (2004) 등의 연구들을 참조하라.

게재하기도 하였다.

복지국가 전략의 주요 방향으로서 사회서비스 강화전략이 고용 유발을 비롯하여 성장 친화적이라는 점에 관해서는 국내의 연구들이 긍정적인 결과를 다수 보고 하고 있다. 국내에서 사회서비스 활성화가 경제성과에 미치는 영향을 살핀 선행연구들은 크게 두 부류로 나눌 수 있다. 사회투자국가 담론을 중심으로 사회서비스를 중심으로 한 사회투자 지출이 실업률, 노동시장참여율, 고용률에 미치는 영향력을 다룬 연구들이 있고, 한편 더욱 직접적으로 사회서비스의 고용창출 효과를 다룬 연구들이 있다.

우선 사회서비스의 확충을 중심으로 한 사회투자정책이 지니는 경제적 측면에 대한 주요 선행연구의 결과는 다음과 같다. 우천식·이진면(2007)은 사회투자정책이 우리나라의 성장잠재력을 확충하는 데에 기여할 수 있다는 점을 밝히고, 특히 사회서비스업 활성화를 통해 중장기적으로는 물론 단기적으로도 성장 촉진, 고용안정 및 산업·고용구조의 고도화를 이끌어낼 수 있다는 점을 보여주었다. 유희원·최영(2009)은 가족관련 현금/서비스 지출, 적극적 노동시장정책 지출, 노령서비스 지출을 사회투자지출로 분류하여, 이러한 사회투자지출이 청년실업률과 여성노동시장 참여율에 미치는 영향을 분석하였다. 1980년부터 2003년까지 OECD 18개국을 대상으로 432개의 결합시계열자료를 구성하여 분석을 실행한 결과, 사회투자지출과 전통적 소득보장 지출의 상호작용항이 청년실업률과 여성노동시장참여율에 통계적으로 유의한 영향을 미치는 것으로 나타났다. 이와 유사하게 김교성(2008)은 OECD 20개국의 1995년부터 2003년까지의 GDP 대비 ALMP 및 아동, 가족복지 서비스 지출 비중 값을 사회투자지출 변수로 구성하여 결합시계열분석을 시행하였다. 이 연구에서도 사회투자정책은 소득보장정책의 지출수준과 함께 상호작용효과를 통해 고용률과 여성고용률에 정적인 영향력을 행사하는 것으로 나타났으며, 특히 아동 및 가족복지서비스 지출 비중은 단독으로 고용률과 여성고용률에 정적인 영향력을 행사하는 것으로 나타났다.

다음으로 더욱 직접적으로 사회서비스산업이 고용을 비롯하여 경제에 미치는 효과를 다룬 연구들을 보자. 이병희·강기우(2008)에 따르면 2003년 기준 한국에서 사회복지서비스업의 취업유발계수와 고용유발계수는 각각 27.6과 23.3으로 전체 서비스업 평균(취업유발계수 20.5, 고용유발계수 13.7)보다 높았고, 제조업 평균(각각 12.1, 8.6)과 비교하면 두 배 이상의 값을 나타내었다. 또한 사회복지서비스업은 생산유발계수(1.79)와 영향력계수(0.96)에서 제조업 평균(생산유발계수 1.97, 영향력계수 1.07)을 밑돌지만 서비스업 평균(각각 1.59, 0.86)보다는 높아 성장잠재력 확충에도 다른 서비스업에 비해서는 더욱 많이 기여하는 것으로 나타났다. 한편, 방하남(2008)에 의하면 한국 사회서비스 분야의 고용탄력성은 다른 산업 분야에 비해 높은 것으로 나타났고,[12] 해당 분야의 고용창출력은 선진국에 비해서도 높은 수치를 보였다. 또한 우리나라 사회서비스 분야의 고용유발효과 역시 다른 산업분야에 비해 상대적으로 높게 나타났다. 같은 연구에서 OECD 국가들의 자료를 분석한 결과 OECD 국가들에서는 2006년을 기준으로 사회서비스 고용비중과 여성고용률 사이에 강한 양의 상관관계가 발견되기도 하였다. 이재원(2010) 역시 우리나라에서 사회서비스 산업의 취업유발계수가 27.6명으로 제조업(12.1명)과 전체 산업(16.9명)에 비해 훨씬 높았다 밝힌 바 있다.

---

12) 1980년-2007년 기간 동안 교육서비스, 의료보건·사회복지 분야에서 실질 부가가치가 1%p 증가할 때, 취업자가 각각 1.32%p, 0.75%p 증가하였다.

Ⅲ. 복지국가 유형별 경제적·사회적 성과비교

복지국가의 유형 분류는 분석 대상 시기와 유형 분류의 기준이 되는 주요 변수에 따라 조금씩 차이를 보일 수 있으나,[13] 큰 틀에서는 북유럽형(사민주의형), 영미형(자유주의형), 대륙유럽형(보수주의형)의 분류가 유지되는 양상을 보인다. 이 글에서는 가장 최근의 유형분류를 시도한 남상호·최병호(2011)를 따라 북유럽형 국가(덴마크, 핀란드, 노르웨이, 스웨덴), 영미형 국가(호주, 아일랜드, 일본, 뉴질랜드, 영국, 미국), 대륙유럽형 국가(오스트리아, 벨기에, 프랑스, 독일, 스위스)로 나누어 각 유형별 거시적 성과를 살피고, 이를 한국과 비교하고자 한다.

1. 사회지출수준과 국민부담수준

아래 〈그림 2〉와 〈그림 3〉을 보면 사회지출수준과 국민부담수준이 대략적으로나마 연동되어 있음을 알 수 있다. 이런 점

---

13) 예를 들어, 백승호·안상훈(2007)에서는 복지국가 지출구조를 이용하여 복지국가 유형을 재분류하였는데, 그 결과 Esping-Andersen(1990)의 유형론에서 사회민주주의 복지체제로 구분되었던 핀란드, 자유주의 복지체제로 분류되었던 영국, 스위스가 동일한 유형 군집으로 묶이는 결과가 나타나기도 했다. 이는 Esping-Andersen(1990)의 복지체제 유형론이 제도 자료에 기초하면서 문화적·정치적 관점을 강조하는 데 비해, 백승호·안상훈(2007)의 연구는 실제 정책집행과 관련된 지출구조를 중심으로 유형화를 시도하였기 때문이다[백승호·안상훈(2007, p.356)]. 안상훈(2007)에서도 현금이전지출과 사회서비스지출 비중에 따라 군집분석을 시행한 결과, 전통적인 분류와는 달리 자유주의의 영국과 사민주의의 핀란드가 사회보험형으로 묶이고, 독일은 사회서비스통합형으로 북유럽국가들과 묶이기는 예외적인 경우가 나타나기도 하였다[안상훈(2007, p.138)]. 이는 복지국가가 지속적으로 개혁을 감행하면서 나타나는 현상으로서 그러한 사례들을 제거해도 결과가 크게 다르지 않음을 보면, 여기서의 논의에 큰 영향을 주지는 않는 것으로 판단한다.

에서 제시된 국가들은 적어도 복지와 부담이 균형을 이루어 재정적으로 장기적으로 지속가능한 모형이라고 할 수 있다. 보다 시피, 스웨덴과 같은 북유럽 사회서비스통합형이나 프랑스 같은 대륙유럽의 사회보험형은 사회지출이 크고, 미국과 같은 영미국가의 공공부조형은 상대적으로 지출수준이 낮다.

만약 모든 복지국가가 생산에 대해 침해효과를 지닌다고 하면, 사회지출수준이 높고 국민부담이 큰 유형의 나라들은 공공부조형과 같은 나라들에 비해 경제적 성과가 낮아야 한다. 즉, 미국에 비해 스웨덴이나 독일 같은 나라들은 사회지출을 거의 두 배 가까이 하고 있는데, 이들의 성장률은 낮아야 하고 실업률은 높아야 침해효과 가설이 입증될 것이다. 이러한 논의는 '유럽병' 혹은 '복지병'이라는 용어로 우리에게 자못 친숙한 내용이다.

〈그림 1〉 GDP대비 사회지출

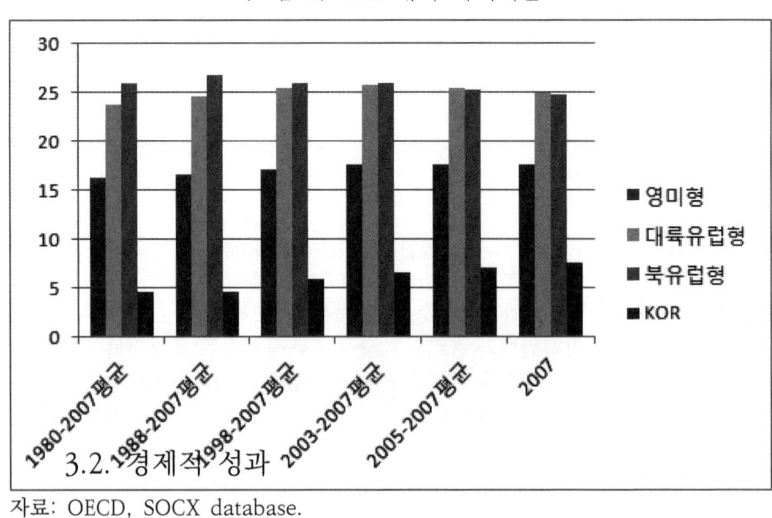

자료: OECD, SOCX database.

3.2. 경제적 성과

〈그림 2〉 국민부담률

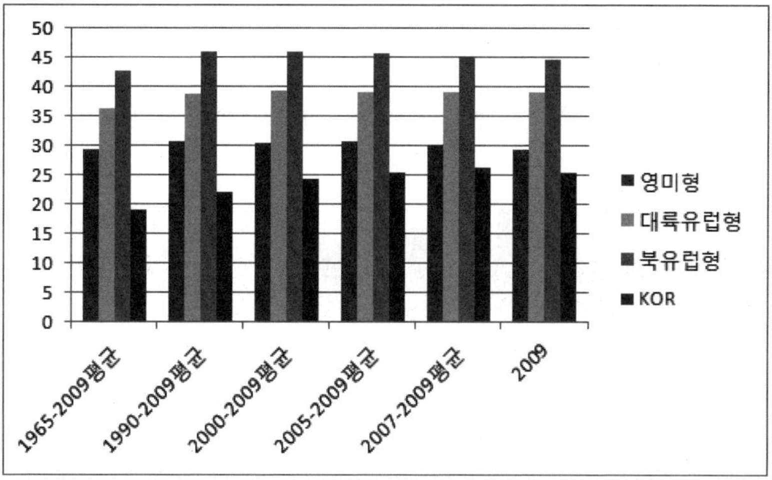

자료: OECD, Tax stat.

2. 경제적 성과

아래에서는 성장률, 실업률, 고용률 등으로 대표되는 경제적 성과의 유형별 차이를 비교해보자. 단, 비교에 포함된 나라들이 서구 선진국들이기 때문에 성장률 지표의 경우 한국과 같은 나라와 비교해서 낮을 수밖에 없음을 기억하자.

먼저 경제성장률을 보면, 가장 장기적인 평균성과에서 영미형이 가장 앞서고 유럽형들이 조금 뒤처지는 것으로 나타난다. 하지만 성과의 차이가 대략 0.5%의 차이에 불과하며, 최근으로 와서는 오히려 유럽형들에 뒤지기도 하는 것으로 나타나고 있다.

〈그림 3〉 경제성장률

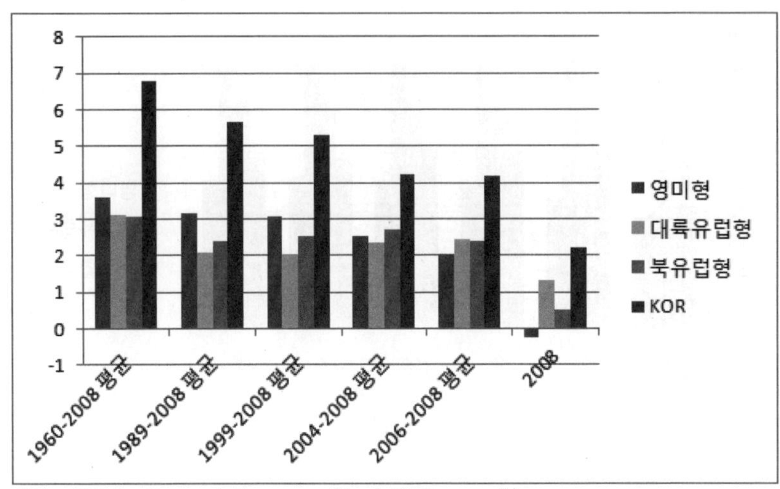

자료: OECD, General Statistics (Real GDP growth)

〈그림 4〉 실업률

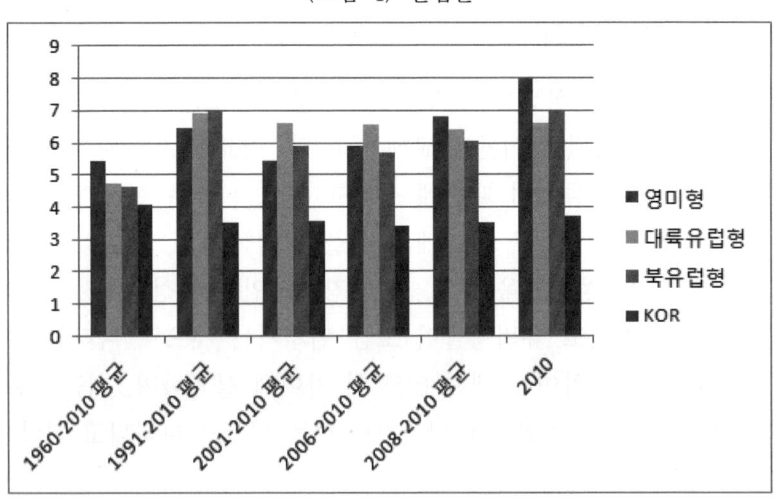

자료: OECD Employment and Labour Market Statistics
(Unemployment Rate as % of Civilian Labour Force)

실업률의 경우, 가장 장기평균 성과에서 영미형이 가장 높고 유럽형들이 다소 낮게(약 1%정도) 나타나고 있다. 어떤 기간을 보느냐에 따라 성과가 바뀌고 있지만 대체로 최근으로 오면서 영미형의 실업률이 더 높아지고 있기도 하다. 유럽형 중에서는 예컨대 스웨덴 같은 나라가 외환위기를 겪었던 1990년대 초를 제외하고는 대체로 북유럽형에서 실업률이 낮은 것으로 나타난다.

〈그림 5〉 고용률

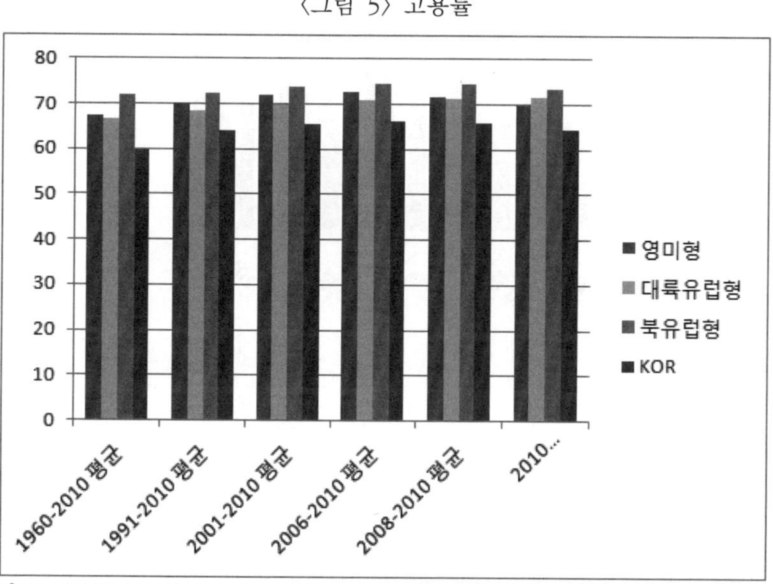

자료: OECD Employment and Labour market statistics

고용률에 있어서는 북유럽형이 모든 경우에 가장 높게 나타나고 있으며 대륙유럽형과 영미형은 시기에 따라 엎치락뒤치락하는 형국이다. 여성고용률의 경향도 동일하며, 북유럽의 성과가 더욱 두드러지게 나타나고 있다. 기존의 복지국가 비교연구들에서 밝히고 있는 것처럼 복지국가가 사회서비스분야의 고용

주로서 기능하고 있기 때문이라 여겨지며, 특히 사회서비스 일자리의 핵심인 돌봄 일자리 분야에서 북유럽 복지국가가 역할을 하고 있음이 관찰된다.

〈그림 6〉 여성고용률

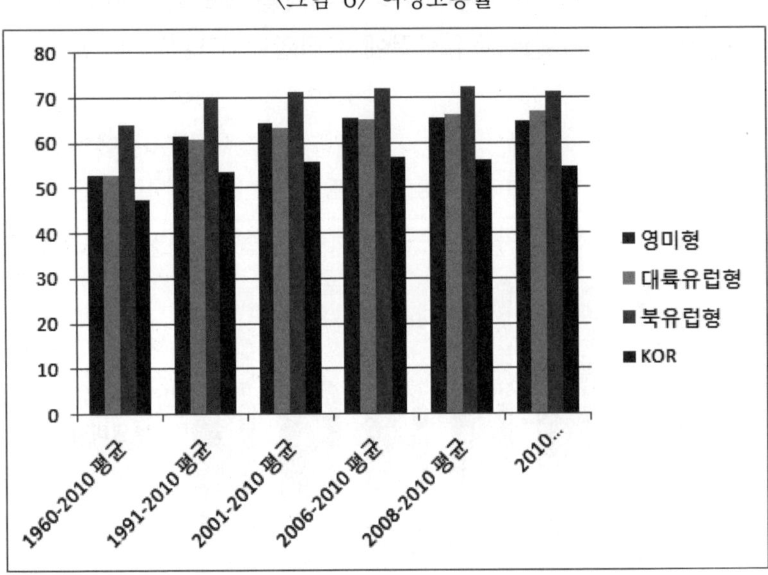

자료: OECD Employment and Labour market statistics

흥미로운 사실은 복지지출을 적게 하는 영미 공공부조형의 성장률이 높기는 하되, 북유럽형의 성장률도 만만치 않다는 사실이다. 이는 복지에 돈을 많이 쓰더라도 반드시 성장률이 낮아지는 것은 아니라는 결정적인 증거가 된다. 실업률을 비교해보더라도 마찬가지 함의를 얻을 수 있다. 고용률의 경우를 보면, 전반적으로 일자리가 부족해지는 경제적·산업적 변화 속에서 사회서비스형 복지국가가 하나의 대안으로 부상할 수 있음을 보여준다. 이러한 결과를 통해 알 수 있는 것은, 사회지출 '총량'

이 아닌 '다른 무엇인가'가 경제적 성과, 특히 실업률이나 고용률 같은 일자리 성과에서 의미 있는 차이를 가져온다는 것이다. 그 차이는 바로 위에서 제안한 것처럼 사회서비스와 현금의 상대적 구성에 기인한다고 여겨진다. 아래 〈그림 8〉과 〈그림 9〉를 보면 덴마크, 스웨덴 같은 북유럽이나 미국과 같은 영미형 나라들을 사회서비스와 현금의 비중이 균형을 이루고 있는데 반해, 독일이나 프랑스 같은 대륙유럽의 나라들은 현금의 비중이 상대적으로 높게 나타나고 있다. 요컨대, 경제성과와 관련된 대표적 지표들을 주마간산 격으로 비교하는 것만으로 결론을 내릴 수는 없지만, 복지지출을 키울 경우에는 사회서비스를 균형적으로 강화하는 전략에서 경제적 성과가 좋을 가능성이 크다고 할 수 있다.

〈그림 7〉 사회지출의 구성비교(장기평균)

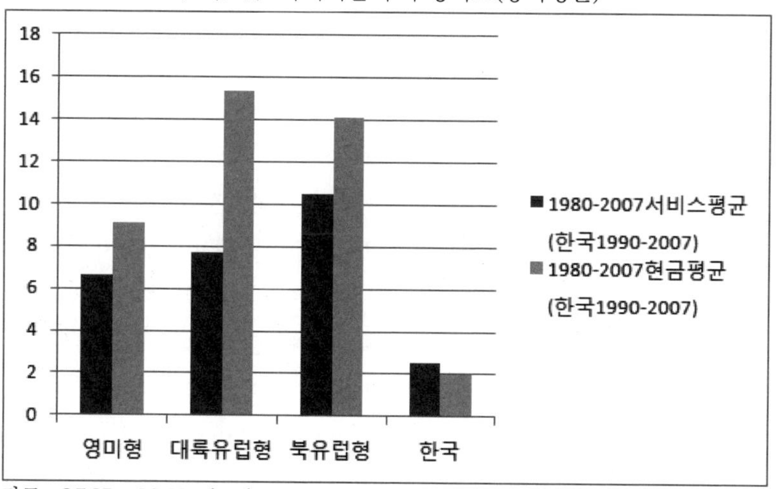

자료: OECD, SOCX database.

〈그림 8〉 사회지출의 구성비교(최근)

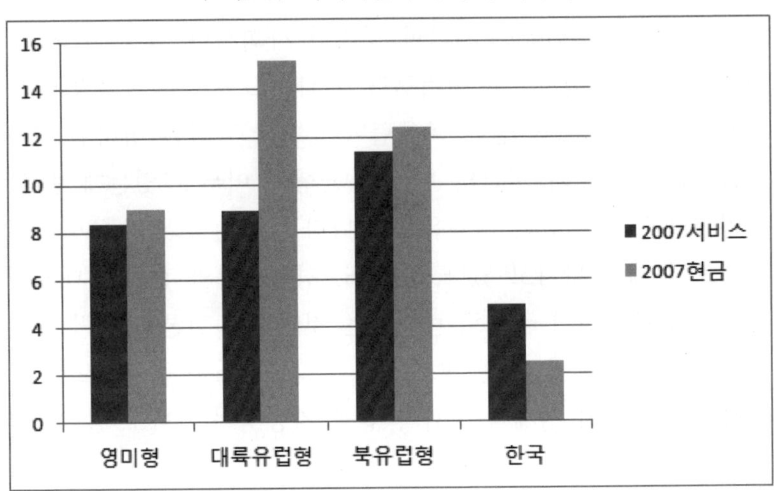

자료: OECD, SOCX database.

3. 사회적 성과

복지국가가 경제적 성과를 높이기 위하여 확장되는 것이 아니라고 보면, 분배와 관련된 지표들이나 국민들의 복지국가에 대한 정치적 동의를 보여주는 사회적 성과 지표들을 살펴보는 것이 더 중요할 것이다. 아래 〈그림 10〉을 보면, 3가지 선진유형에서의 세전 지니계수 값은 그다지 큰 차이를 보이지 않지만, 세후 지니계수는 유의미한 차이를 보여주고 있다. 특히 북유럽유형 복지국가 기제가 보다 가시적인 불평등 완화를 결과하고 있음을 알 수 있다. 대륙유럽형의 경우에도 비록 세전 지니계수는 북유럽보다 크지만 세후에는 북유럽과 유사한 수준의 불평등 완화를 경험하고 있다.

〈그림 9〉 지니계수

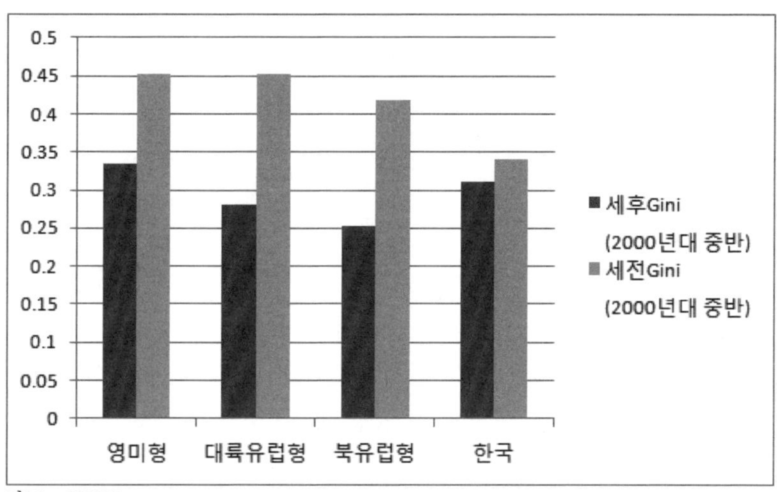

자료: OECD stat

〈그림 10〉 중산층 비중

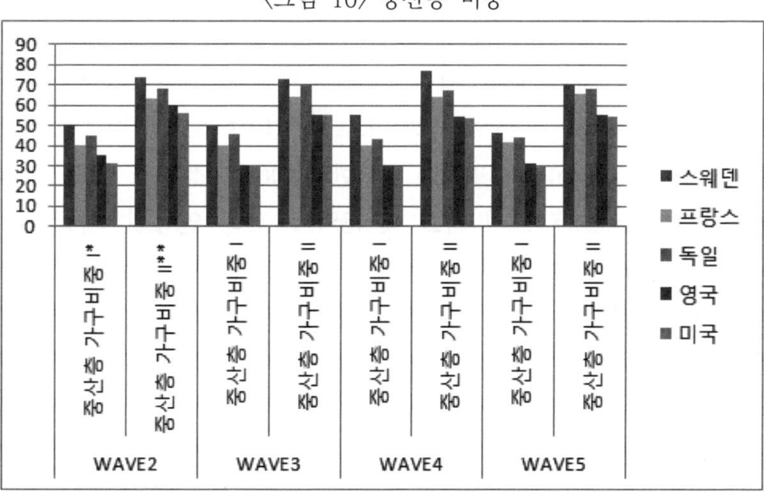

자료: LIS.

중산층이 큰 것이 사회적으로 갈등을 줄이고 경제적으로도 안정감을 고양한다는 것은 주지의 사실이다. 중산층 비중의 경우 자료의 한계로 5개국을 비교하는데 그치고 있지만, 결과는 자못 분명하다. 스웨덴과 같은 북유럽형에서 중산층의 규모가 가장 크고, 프랑스나 독일과 같은 대륙유럽형에서 그 다음, 영미형에서의 중산층이 항상 가작 작은 크기인 것으로 나타난다.

이상과 같은 사회적 성과들에 더하여, 사회서비스 강화 전략이 지니는 정치적 성과를 살피기 위하여 복지국가 유형별로 조세저항이 어떠한 수준으로 나타나는지를 살펴보았다. 조세저항 지표의 비교는 복지국가가 지속 가능하기 위해서는 사회통합적 관점에서 친복지 정치의 지평을 넓혀 조세저항을 줄이는 것이 중요하다는 전제에서 출발한다. 조세저항 수준은 안상훈(2008, p.169)이 제시한 바와 같이, 조세부담이 늘어나는 것을 가정하고 보건의료, 노후소득보장, 실업 및 고용부문과 같은 주요 사회보험 제도와 관련된 정부역할 증가에 대한 찬반 여부를 묻는 질문에 대한 찬성 대비 반대의 비율로 계산하였다. 이를 분석하기 위해 국제사회조사프로그램(International Social Survey Program: ISSP)에서 조사한 2006년 '정부의 역할(Role of Government)' 조사 자료 및 ISSP 자료와 연동된 '사회정책 욕구 및 인식'에 대한 필자 연구팀의 2010년 한국 조사 자료를 참고하였다.[14] 분석대상 국가는 대륙유럽형에서 오스트리아와 벨기에를 제외한 것 외에는 앞서 제시한 세 유형별 국가와 한국

---

14) 이전 연구(안상훈 외, 2007, p.68)를 통해 동일한 문제의식에서 1996년의 선진국 대상 조사 자료를 분석한 것과는 달리, 이번 분석에서는 2006년도 선진국 대상 조사 자료 및 2010년도 한국의 인식조사 자료를 활용하여, 2000년대 이후 각국에서의 복지인식이 어떠한 양상으로 나타났는지를 파악하였다.

이 모두 포함되었다. 사회보장의 주요 세 분야에 대한 정부역할 증가에 대한 찬성 대비 반대의 비율을 각각 계산하여 그것을 합한 값을 총 조세저항으로 정의하였고, 값은 복지국가 유형별로 평균을 내어 제시하였다.

결과는 매우 분명하게 구분되는 차이로 나타나며 북유럽에서 조세저항이 가장 낮고, 대륙유럽에서 그 다음, 흥미롭게도 국민부담이 가장 낮은 영미형의 조세저항 수준이 가장 높다는 점이 두드러진다. 아마도 조세저항의 수준을 결정하는 것은 국민부담의 수준만이 아니라 복지의 수준도 함께 영향을 미치는 것이라 짐작할 수 있다. 즉, 세금을 많이 내더라도 복지로 돌아오는 것이 있으면 조세저항이 줄어들 수 있는 것이다. 특히, 연금이나 실업급여와 같이 유보된 혹은 잠재적인 현금급여에 비해 보육, 교육, 양로, 의료, 주거 등 일상적이고 현재적인 사회서비스 급여가 복지체감도를 높이기 때문에 이런 결과가 나타나는 것이라 여겨진다.

〈그림 11〉 조세저항

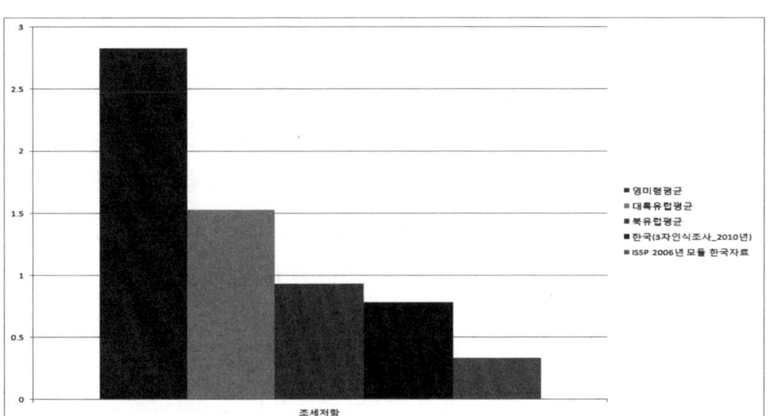

자료: ISSP, 2010년 한국 '사회정책 욕구 및 인식' 조사자료

결론적으로 볼 때, 영미형과 같이 사회지출을 낮은 수준으로 묶는다고 하여도 재분배나 중산층 키우기, 조세정치 등에서의 성과가 매우 저조하다고 보면, 복지국가를 등한시할 경우 경제성과가 크게 좋지도 못하면서 사회적 성과만 낮게 될 우려가 있음도 기억해야 할 것이다. 동시에 사회지출 수준이 엇비슷하게 큰 경우에도 북유럽과 같이 사회서비스를 강화하는 경우에 다면적으로 긍정적인 성과가 도출된다는 것도 특기할 만하다.[15)]

Ⅳ. 현금복지와 사회서비스복지의 경제친화성 비교

이 장에서는 사회서비스 강화전략의 경제적 효과에 관한 실증분석을 다음과 같이 시도하고자 한다.

먼저, 변수의 출처는 OECD SOCX 및 OECD Stat이고, 대상국가는 한국을 제외한 OECD 주요 선진국 15개국으로 유형화분석과 동일하다. 분석에 포함된 기간은 1990년부터 2007년까지의 18년이다. 총사회지출 대비 서비스급여 비율, 총사회지출 대비 현금급여 비율, GDP 대비 총사회지출 비율을 독립변수로 하여 종속변수(Log실질GDP, 실질GDP성장률, 실업률, 총고용률, 여성고용률, 세후지니계수)에 대한 각각의 산점도와 회귀선 그래프를 다음과 같이 제시하였다. 본 분석에서 종속변수는 독립변수보다 한 해 이후의 값을 사용함으로써 종속변수에 영향을 미치는 교란요인이 독립변수에 영향을 줄 수 없도록 조정하고자 하였다.[16)]

---

15) 우리 사회 일각에서 '스웨덴모델'을 필두로 한 사민주의 복지국가로의 전환을 주장하는 근거로서 이러한 내용들이 제시되고 있다. 결론부분에서 스웨덴의 성공이 왜 한국에 적용하기 힘든지 논할 것이다.

16) 물론 아래의 분석은 기초적인 수준에서의 단순상관관계를 보여주며, 시계

먼저, 로그실질GDP와 사회지출간의 관계를 보면, 총사회지출과 현금지출은 부적인 관계를 보이고 있다. 이 결과는 이에 비해, 사회서비스지출은 정적인 관계를 보임을 알 수 있다. 기존 연구들의 다수설과 일치한다. 복지국가와 경제성장의 관계를 규명하려는 경험적 연구들은 대체로 양자 간에 음의 상관관계가 존재한다는 점을 확인한다[Weede(1991), Nordström(1992), Hansson and Henrekson(1994), Persson and Tabellini(1994)]. 안상훈(2002)에 의하면, 서구복지국가 12개국에 관한 1960년대에서 1980년대까지의 30년 자료에 대한 결합회귀분석(pooled cross-sectional time series analysis)을 실시한 결과, '실질성장률=3.654-0.072×GDP 대비 복지지출비율(R2=.039, 계수값은 모두 유의수준 0.05이하에서 유의미)'의 관계가 추정된다고 한다. 이러한 경험적 확인은 시장지상주의적 논자들이 복지국가를 공격하는 논거로 자주 사용된다. 안상훈(2007)의 다른 연구에서는 성장률이 아닌 1인당 GDP를 종속변수로 여기서의 실업률 모형과 마찬가지의 분석을 하였는데, 그 결과는 실업률 모형에 대한 분석결과와 거의 유사하게 나타났다.

하지만, GDP 대비 서비스지출의 크기가 클수록 로그실질 GDP는 커지는 것으로 나타나고 있으며, 이는 본 연구에서 제안하였던 여러 가설들이 지지됨을 보여주는 결과이다. 이러한 결과는 실질GDP 성장률에 있어서도 매우 유사하게 나타나고 있다. 가장 확실한 것은 총사회지출이나 사회서비스지출의 효과가 통계적으로 무의미한 경우가 있는 데 비해, 현금지출의 경우는

---

16) 물론 아래의 분석은 기초적인 수준에서의 단순상관관계를 보여주며, 시계열 횡단 결합자료의 특성을 고려한 보다 정치한 분석이 있어야 할 것이다. 결합회귀분석은 현재 진행 중인 필자의 다른 연구에서 시도하고 있으며, 여기서의 결과와 방향성은 거의 동일하게 나타나고 있다.

〈그림 12〉 로그실질GDP(좌로부터 총, 현금, 서비스지출)

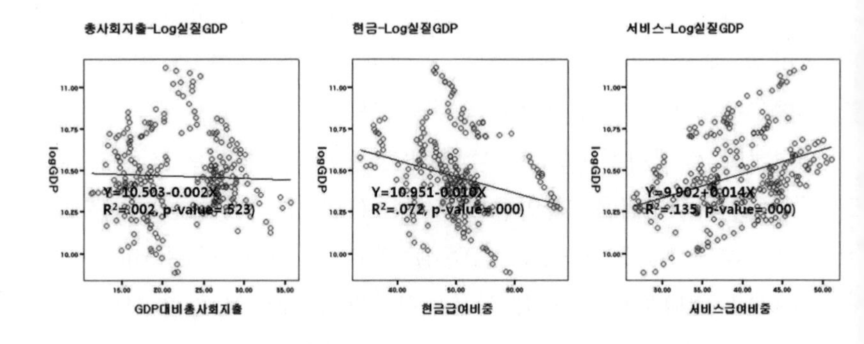

〈그림 13〉 실질GDP성장률(좌로부터 총, 현금, 서비스지출)

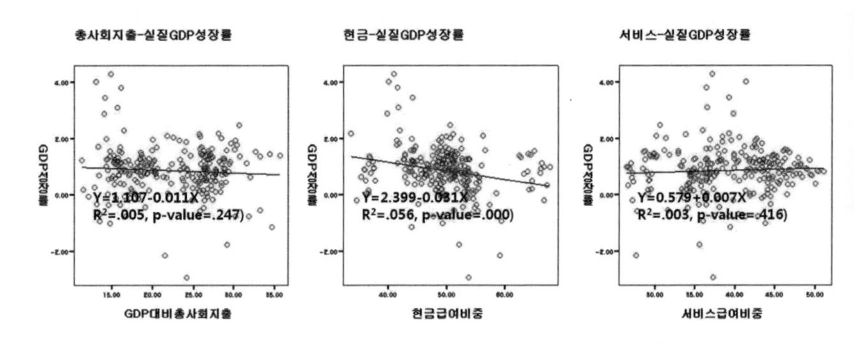

그렇다면, 실업률이나 고용률과 관련해서는 어떤 관계가 보이는지 살펴보자. 총사회지출이 늘면 실업률이 늘어나는 것으로 나타난다. 이는 복지지출이 늘면 근로동기가 침해된다는 기존의 논의를 지지하는 결과이다. 하지만 현금이나 서비스의 경우 반대 방향으로 관계가 나타나고 있다.[17] 특히 서비스의 경우는 실업률을 낮추는 효과가 통계적으로도 유의한 것으로 확인된다.

17) 단, 현금의 경우 설명력이 지나치게 낮아 크게 의미가 없다고 할 수 있다.

〈그림 14〉 실업률(좌로부터 총, 현금, 서비스지출)

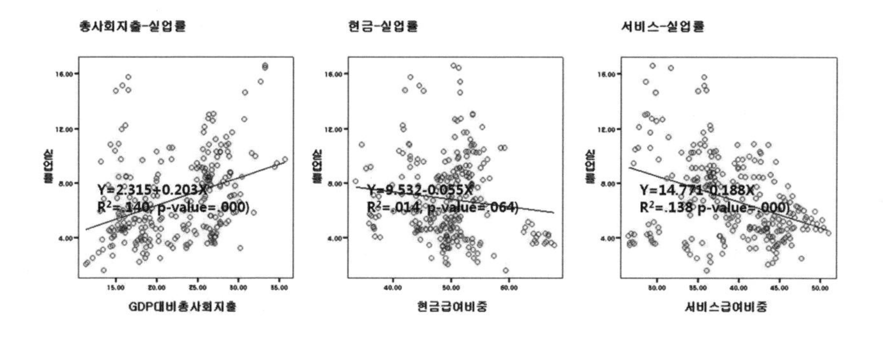

고용률에 있어서는 본 연구에서 제안한 사회서비스 강화전략의 우월성이 더욱 확실하게 드러나고 있다. 여성고용률의 경우에는 사회서비스지출 뿐만 아니라 총사회지출도 정적인 관계가 있는 것으로 나타나고 있다. 기본적으로 복지국가가 여성고용의 고용주역할을 하고 있다는 기존 연구와 일치하는 결과이며, 교육받은 여성의 사회진출이 그 사회의 거시생산성 고양에 힘이 된다는 주장과 연결해서 생각할 경우, 사회서비스 전략이 생산적으로 친화성이 높다는 점이 확인된다고 하겠다. 덧붙여, 현금복지에 경도된 나라들이 주로 보수주의체제로 불리는 대륙유럽형이라는 사실을 보면 왜 현금지출만 유독 유의하게 음의 관계를 보이는지 이해가 되는 대목이다. 요컨대, 현금을 통해 남성가구주 모형을 지속하는 체제에서는 여성의 경제활동을 억제하는 경향이 있고, 특히 현금으로 주어지는 양육수당, 아동수당, 주거수당 등이 여성이 가사에 머물도록 촉진하는 경향이 있음을 보여주는 결과라고 할 수 있다.

〈그림 15〉 고용률(좌로부터 총, 현금, 서비스지출)

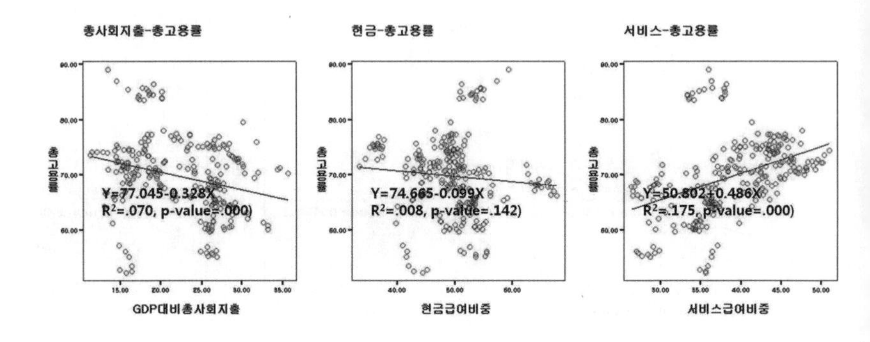

〈그림 16〉 여성고용률(좌로부터 총, 현금, 서비스지출)

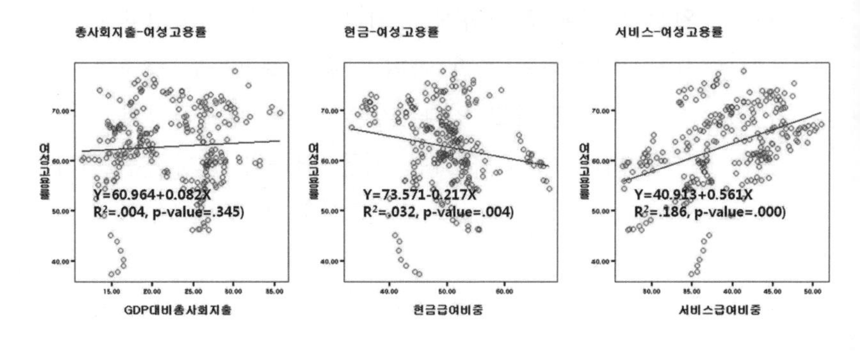

마지막으로 복지지출이 클수록 불평등이 완화된다는 앞선 유형분석의 결과가 여기서도 다시금 확인되고 있다. 요컨대, 복지국가의 구성을 사회서비스를 중심으로 할 경우 위에서 살펴본 거의 모든 주요 경제성과 지표들을 향상시키는 것으로 나타나고 있다. 특히 현금의 경우 정반대의 결과를 보이는 것과 대조적인데, 적어도 본 분석에 포함된 경제성과 지표들과 관련해서는 사회서비스형 복지국가가 고용친화적, 성장친화적이라는

본 연구의 기본 가설이 타당한 것이라는 결론을 내릴 수 있을 것이다.

〈그림 17〉 총사회지출과 지니계수

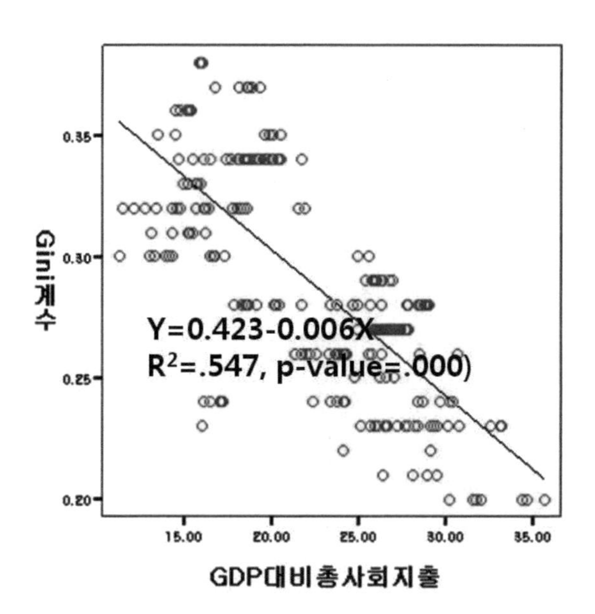

V. 결 론

지금까지 우리는 본 연구에서 제안한 사회서비스 강화전략이 새로운 한국형 복지국가의 기본방향이 되어야 하는 까닭을 살펴보았다. 앞선 분석에서 살펴본 것처럼 복지에 동일한 크기의 재원을 투입하더라도 그 경제적·사회적 효과는 매우 다르게 나타날 수 있다. 가장 기본적인 차원에서는 현금 위주로 복지혜택을 주는 전략보다는 사회서비스를 강화하여 구조적 균형을 확보하는 전략이 더 우월하다는 점이 확인된다. 이렇게 보면, 앞으로의 복지국가 확대과정에서는 기존의 현금급여 관성을 넘어서서 사회서비스를 강화하는 생활보장전략을 통해 경제와 복지를 견고하게 결합하고 한국 복지국가의 장기적 지속가능성을 높여야 할 것이다. 요컨대, 추후 한국 복지국가의 발전전략에서 우선시 하여야 할 것은 사회서비스를 중심으로 한 복지국가 구조 개혁이라 할 수 있고, 생산과과 복지가 결합될 수 있는 혹은 결합되어야 하는 이유들을 다시 정리하자면 다음과 같다.

첫째, 사회서비스는 전통적으로 여성이 가정에서 담당하던 일들을 국가 혹은 사회가 대신 떠맡아주는 것을 의미하는데, 이를 통해 교육받은 여성의 사회진출을 용이하게 해줌으로써 여성고용률을 증대시키는데 기여할 것으로 예상된다. 교육받은 여성이 노동시장에 차별 없이 참여하게 될 경우, 사회전체의 생산성은 그 만큼 제고될 것이며 이는 직접적으로 복지가 생산에 기여하는 선순환의 첫째 고리로 작동하게 될 것이다.

둘째, 노동시장에서의 문제를 해결하기 위한 활성화(activation) 정책과 관련해서도 특히 취약계층을 위한 관련 프로그램의 경우 노동시장적 접근에 더해 다양한 복지의 상호결합적 접근이 요긴하다는 점을 강조해야 한다. 특히 근로빈곤층의 경우 다양한 문제와 결부된 경우가 적지 않은데, 예컨대 적절한 현금급여와 더불어 가족생활을 위한 다양한 부가적 사회복지서비스, 예컨대 약물남용상담, 건강서비스, 자녀교육서비스 등이 있어야 직업훈련이나 근로시간 확보 등이 용이해질 수 있기 때문이다.

셋째, 복지와 노동이 결합되어야 하는 이유로는 자칫 복지가 줄 수 있는 해악으로서 빈곤의 함정과 같은 근로동기 침해를 막기 위해서이다. 예컨대 공공부조나 사각지대 해소방책과 근로장려세제를 결합하는 경우, 일을 하는 것이 복지급여를 삭감시키는 것이 아니라 일정부분 증대시키게 되어 근로의욕을 증진시킬 수 있게 된다. 보육서비스의 내용을 양육수당과 같이 전업주부에게 낭비적으로 제공되는 부분을 줄이고, 보육시설 이용에서 맞벌이 부부 혹은 일하는 여성에게 유리한 방향으로 재조직할 경우, 여성고용 제고에 보탬이 될 수도 있을 것이다.

무엇보다 중요한 사실은, 어떠한 방식의 복지를 추구하건 간에 재정적으로 지속가능한 공정복지의 기본원칙을 망각해서는 안 된다는 점이다. 그것은 바로 복지수준에 걸맞은 방식으로 복지비용을 적절하고 공정하게 분담하는 일이다. 비록 여기서 이 문제를 주로 다루지는 않았지만, 되도록 많은 사람이 이러한 부담에 동참하도록, 능력에 따라 공평하게 분담되도록 부담에 관한 제도를 개혁하는 것, 그리고 그러한 부담의 약속이 잘 지켜지도록 하는 것에서 좋은 복지국가의 첫걸음이 시작되어야 함을 잊지 말아야 한다. 결국, 좋은 복지, 공정한 복지, 지속가능한 복지는 우리사회가 기본적인 권리와 의무를 조화롭게 구성해낼 경우에만 약속되는 합리성의 선물이라 할 수 있을 것이다.

주로 선진 복지국가의 경험을 통해 교훈을 얻는 방식으로 논의를 구성한 본 연구의 결과를 해석할 때 한 가지 주의할 사항을 언급하고 논의를 마치고자 한다. 본 연구에서 가장 두드러지게 드러난 결과는 스웨덴을 필두로 한 북유럽의 사회서비스 강화전략이 경제적 성과도 높으면서 사회적 성과도 높인다는 사실이다. 그렇다면 한국형은 스웨덴과 같은 북유럽전략을 답습하면 될 것인가? 이미 앞선 논의를 통해 약간은 언급이 된 사실이지만, 선진국의 복지국가가 만들어질 때와는 판이하게 달라진 거시적 상황변화들만으로도 선진모형을 무조건적으로 수용하는 것이 불가능하다는 것은 자명할 것이다. 예컨대, 스웨덴의 과거와 한국의 현재는 다음과 같이 엄청난 상황차이를 노정하고 있다. 스웨덴 황금기발전(양차대전~1970년대 중반)의 특징적 상황을 보면, 양차대전에 직접적으로 노출되지 않은 채 전후 복구의 특수 누렸고, 전시의 비상체제를 근접거리에서 경험하면서 전쟁을 겪은 것과 거의 동일한 수준의 국민적 단결을 이룰 수 있었으며, 강력한 노조에 더해 1932년부터 장기 집권한 사민당의 실용주의적 연대정치라는 리더십이 있었던 반면 우파는 지속적인 내부균열을 겪었던 것이 확인된다. 반면 한국의 경우는 이러한 특징과 거의 정반대의 상황이라 할 수 있는데, 무한경쟁의 글로벌경제에 노출되어 있고, 양극화 등으로 인해 복지국가에 대한 갈망은 축적되었으나 사회갈등이 심하며, 노조는 분열되어 있고 조직률도 낮으며, 분열된 채 선명성 경쟁에 치중하는 진보정당은 현실 가능한 복지국가전략의 부재를 겪고 있으며, 스웨덴의 과거와 달리 오히려 좌파가 더 균열된 상황인 것이다.

이에 더해, 한국의 경우에는 엄청나게 빠른 고령화 속도나 통일이라는 특유의 상황 때문에라도 복지국가 확장의 속도조절이 필요하다고 여겨진다. 최근 현대경제연구원 등에서 경제 부문에서의 통일비용 및 통일편익을 추정한 결과를 보면, 통일비용은 주로 북한 주민의 복지를 증진시키기 위한 사회보장성 비용과 관련된다. 최준욱(2009)의 연구에 의하면 독일식 통일이 현실화되었을 경우, 국민기초생활보장제도만 적용했을 경우에도, 북한지역 GDP의 약 300%, 통일한국 GDP의 8%가 소요될 것으로 추산된다. 당장, 북한주민을 2등 국민으로 취급하지 않는다면, 한국의 복지국가 제도의 성장은 통일 후 북한주민을 위

해서도 동일하게 주어져야 할 것으로 본다면 이러한 추정치는 과소한 것이라 할 수 있다.[18)]

〈표 1〉 인구 고령화속도 국제 비교

노령인구 비율 / 국가	도달년도			증가소요년수	
	7%	14%	20%	7%→14%	14%→20%
프 랑 스	1864	1979	2018	115	39
노르웨이	1885	1977	2024	92	47
스 웨 덴	1887	1972	2014	85	42
호 주	1939	2012	2028	73	16
미 국	1942	2015	2036	73	21
캐 나 다	1945	2010	2024	65	14
이탈리아	1927	1988	2006	61	18
영 국	1929	1976	2026	47	50
독 일	1932	1972	2009	40	37
일 본	1970	1994	2006	24	12
한 국	2000	2018	2026	18	8

자료: 일본 국립사회보장·인구문제연구소, 『2005 인구통계자료집』, 2005, 통계청, 『장래인구 특별추계』, 2005,
출처: 통계청(2005), 세계 및 한국의 인구현황, 7월 11일 '세계인구의 날' 관련 보도 자료.

고령화의 빠른 속도도 우리의 상황적 제약이라 할 수 있는데, 선진국과의 비교표(〈표 1〉)를 보면 한국 고령화 속도가 엄청나게 빠르다는 점을 알 수 있다. 65세 이상 노년인구는 2000년을 기점으로 총인구의 7%를 상회하여 본격적인 고령화사회(Aging Society)에 돌입하였고, 2018년에는 14%를 넘어 고령사회(Aged Society)에 진입될 것으로 전망되고 있다. 노년인구

18) 물론 장기적으로는 편익이 비용을 상쇄할 수 있을 것으로 보이지만, 독일의 경험을 보아도 사회주의에서 자본주의로의 전환은 개인적으로도 사회적으로도 시간이 걸리며 단기적으로는 비용의 급격한 발생이 예상된다.

비율이 7%에서 14%에 도달하는데 걸리는 기간이 18년이며, 14%에서 20%는 8년에 불과하여 선진국이 경험한 고령화 속도에 비해 빠른 속도로 진행되고 있는 것이다.

전략적 방향성이 확인되었다고 하더라도 이를 실천하기 위한 과정에서 가장 중요한 과제가 하나 남겨진다.[19] 그것은 전략에 관한 충분한 공론화와 합의의 과정이다. 사회적 합의가 없이 이루어진 복지국가의 확장이 무분별한 복지의 확대와 그로인한 국가적 경쟁력의 저하로 이어졌음을 보면, 한국형 복지국가의 원칙에 관한 사회적 합의를 서둘러 이룰 필요가 있고 그를 위한 합의기구의 창설이 시급하며, 이에 한국에서도 상당한 규모와 권한을 가진 가칭 '복지국가전략위원회'를 창설할 것을 제안한다.

사회적 합의를 성공적으로 이끈 첫 번째 특성을 보면, 20세기형 조합주의(corporatism)의 노사정에 기반한 합의제는 최근으로 오면서 노사 양자, 노사정 삼자의 틀을 넘어서는 이해관계 참여집단의 다양화를 통한 새로운 합의당사자의 발견으로 특징지워진다.

사회적 합의를 성공적으로 이끈 최근 경향의 두 번째 특성은 하르츠개혁이나 영국 블레어 연금개혁 등에서 나타나듯 전문가 중심의 개혁안 논의와 합의안 도출이 점점 중요해지고 있다는 점이다. 최근 이루어지고 있는 개혁의 정책내용은 복잡하기가 이를 데가 없다. 이런 상황에서 비전문가 중심의 노사 대표성의 보장은 개혁의 합의로 귀결되기 힘들게 된다. 정책을 제대로 이해하는 공익대표가 다양한 이해관계를 조정하는 일이 더욱 중요해지고 있는 상황인 것이다.

국가 행정 수반 직속으로 가칭 '복지국가전략위원회'를 설

---

19) 사회적 합의기구에 관한 제안 내용은 국민대통합위원회 보고서인 '국민통합을 위한 한국형 복지국가 전략' 2016.12.의 내용에서 발췌하였다.

치하여 상설운영하고 그 산하에 전문연구자들이 의제를 조율하는 연구소 기능의 사무국을 두며 사무총장은 장관급으로 두어야 한다.

2012년 이후 한국정치에서 복지정치의 실체화 현상을 보면 향후 몇 년간이 한국 복지국가의 변곡점이 될 공산이 크지만, 성장우선론에 관한 주류사회의 관성이 만만치 않다는 점에서, 정부의 방향타가 여전히 경제부처에 쥐어지고 있다는 점에서, 단기간에 스웨덴 모형과 같은 보편지향의 복지국가로 일거에 '승천'하는 것은 불가능하리라 생각된다. 그럼에도 불구하고, 우리 학계는 보다 진지하고 장기적인 안목에서 현재 진행 중인 복지정치에 대응해야 할 것이다. 복지의 권리와 의무가 공정하게 조화되도록 급여와 부담의 체계를 개선하는 일, 예산제약 속에서 개혁의 우선순위를 총체적으로 제시하는 일, 실천 가능하고 지속가능한 장기 전략을 마련하는 일, 이러한 일들이 이 시대 우리 학계의 사명이라 할 수 있다.

<참고문헌>

김교성(2008): “사회투자전략에 기초한 복지국가 유형과 성과”, 『사회복지정책』, 53, 29-59.

김세원 외(2011): 『페어 소사이어티』, 서울, 한경BP.

김혜원·안상훈·조영훈(2005): 『사회서비스 분야 일자리창출 방안에 관한 연구』. 한국노동연구원.

김흥종·오형범·신정완(2006): 『사회경제정책의 조화와 합의의 도출: 주요 선진국의 경험과 정책적 시사점』. 대외경제정책연구원 미발표 보고서.

남상호·최병호(2011): “국민부담과 공공사회지출의 적정수준: 복지국가유형별 접근”, 『재정정책논집』, 13. 1, 3-49.

방하남 외(2008): 『사회지출이 경제성장에 미치는 효과에 관한 연구(1차년도) 사회투자와 고용』, 경제·인문사회연구회 협동연구총서.

백승호(2005): “복지체제와 생산체제의 제도적 상보성에 관한 연구”. 박사학위 청구논문. 서울대학교 사회복지학과.

백승호·안상훈(2007): “한국 복지국가의 구조와 성격에 관한 비교사회정책연구: 공공사회복지지출 분석을 중심으로”, 『사회복지연구』, 35, 337-362.

안상훈(2002): “세 가지 복지자본주의에서의 생산적 복지, 그 성적표: 복지국가의 경제적 효과와 평등전략의 차이에 관한 체제론적 비교연구”. 『한국사회복지학』, 49, 162-189.

안상훈(2005): “생산과 복지의 제도적 상보성에 관한 연구: 선진자본주의 국가를 중심으로”,『한국사회복지학』, 57. 2, 205-230.

안상훈(2007): “세계화 시대, 생산적 보완성이 높은 복지전략에 관한 비교사회정책연구: 사회서비스형 복지국가 전략의 경제적 성과를 중심으로”. 『사회복지연구』, 32, 131-159.

안상훈(2008): “유럽의 복지국가와 중산층, 한국에의 교훈”, 한국사회학회 편, 『기로에 선 중산층』, 인간사랑, 151-178.

안상훈(2010): “변화하는 사회환경과 사회복지정책의 미래”, 구인회·손병돈·안상훈(2010), 『사회복지정책론』, 파주, 나남. 447-479,

안상훈 외(2007): 『지속가능한 한국의 복지국가 비전과 전략』, 서울대학교 사회과학연구원, 보건복지부 연구용역 보고서.

우천식·이진면(2007): “사회투자정책의 경제성장의 효과: 전망과 과제", 『2007 한국사회복지학회 학술대회자료집』, 67-109.
유희원·최영(2009): "사회투자정책의 경제적 성과에 관한 연구: 소득보장 정책과의 상호작용효과를 중심으로", 『사회보장연구』, 25. 2, 141-169.
이병희·강기우(2008): 『사회복지서비스업의 현황과 정책방향』, 한국은행 조사국 산업분석팀 보고서.
이재원(2010): "사회서비스 산업 활성화를 위한 정책과제", 『한국 사회서비스 정책세미나 자료집』, 국회 사회서비스포럼/한국사회서비스학회 공동 정책세미나, 25-60.
최준욱(2009): "남북한 경제통합이 재정에 미치는 영향", 『재정포럼』, 2009. 8, 6-18.
통계청(2005): "세계 및 한국의 인구현황", 7월 11일 '세계인구의 날' 관련 보도자료.
홍경준(2005): "한국 복지체제의 전환을 위한 현실진단과 과제", 한국사회복지학회 춘계학술대회 발표논문.

Ahn, S.-H.(2000): *Pro-Welfare Politics: A Model for Changes in European Welfare States*. Uppsala: Univesitetstryckeriet.
Angelopoulos, K., Malley, J. and A. Philippopoulos(2007): "Public Education Expenditure, Growth and Welfare", *Cesiifo Working Paper,* No.2037.
Annabi, N., Harvey, S., and Y. Lan(2011): "Public Expenditures on Education, Human Capital and Growth in Canada: An OLG Model Analaysis", *Journal of Policy Modeling*, 33. 6, 852-865.
Aubyn, M.S., Pina, A., Garcia, F., and J. Pais(2009): "Study on the efficiency and effectiveness of public spending on tertiary education", *European Economy Economic Papers*, No.390.
Babatunde, M.A., and R.A. Adefabi(2005): "Long Run Relationship between Education and Economic Growth in Nigeria: Evidence from the Johansen's Cointegration Approach", *Paper presented at the Regional Conference on Education in West Africa: Constraints and Opportunities, Dakar,*

Senegal, Cornell University/ CREA/Ministerede 1'Education du Senegal.
Baldacci, E., Clements, B., Gupta, S., and Q. Cui(2004): "Social Spending, Human Capital, and Growth in Developing Countries: Implications for Achieving the MDGs", *IMF Working Paper*, WP/04/217, 1-39.
Bakare, A.S.(2006): "The Growth Implications of Human Capital Investment in Nigeria: An Empirical Study", *Journal of economics and Social Studies*, University of Ado-Ekiti, 110-125.
Barro, R.J., and X.I. Sala-i-Martin(2004): *Economic Growth*(Second Edition). The MIT Press, USA.
Biagi, F., and C. Lucifora(2005): "Demographic and Education Effects on Unemployment in Europe: Economic Factors and Labor Market Institutions", Institute for the Study of Labor (IZA), *IZA Discussion Paper*, No.1806.
Blankenau, W.F., Simpson, N.B., and M. Tomljanovich(2007): "Public Education Expenditures, Taxation and Growth: Linking Data to Theory", *American Economic Review*, 97. 2, 393-397.
Cameron, C., Mooney, A., and P. Moss(2002): "The Childcare Workforce: Current Conditions and Future Direction", *Critical Social Policy*, 22. 4, 572-595.
Cheng, B., and Y. Feng(2000): "Determinants of Economic Growth in China: Private Enterprise, Education, and Openness", *China Economic Review*, 11, 1-15.
Daniel, C.(1997): "Socialists and Equality" in Franklin, J.(ed.), *Equality*, London, Institute for Public Policy Research. 11-27.
Dauda, R.O.S.(2010): "Investment in Education and Economic Growth in Nigeria : An Empirical Evidence", *International Research Journal of Finance and Economics*, 55, 158-169.
Esping-Andersen, G.(1990): *The Three Worlds of Welfare Capitalism*, Cambridge, Polity Press.
Esping-Andersen, G. and Regini, M.(eds.)(2000): *Why Deregulate Labour Markets?*, Oxford, Oxford University Press.

Esping-Andersen, G.(1999): *Social Foundations of Post-industrial Economies*, Oxford, Oxford University Press.
Esping-Andersen, G., Gallie, D., Hemerijck, A., and J. Myles(2002): *Why We Need a New Welfare State*, Oxford, Oxford University Press.
European Commission(2004): *More and Better Jobs for All: The European Employment Strategy*, Luxembourg, Office for Official Publications of the European Communities.
Glomm, G., and B. Ravikumar(1998): "Flat-rate Taxes, Government Spending on Education, and Growth", *Review of Economic Dynamics*, 1, 306-325.
Gylfason, T., and T. Zoega(2003): "Education, Social Equality and Economic Growth: A View of the Landscape", *CESifo economic Studies*, 49, 557-579.
Hansson P. and M. Henrekson(1994): "A new Framework for testing the Effect of Government Spending on Growth and Productivity", *Public Choice*, 81, 381-401.
Huber, E. and J.D. Stephens(2001): *Development and Crisis of the Welfare State: Parties and Policies in Global Markets*, Chicago, The University of Chicago Press.
Jorgenson, D.W., and B.M. Fraumeni(1992): "Investment in Education and U.S. Economic Growth", *Scandinavian Journal of Economics*, 94, Supplement, 51-70.
Keynes, M.(1973): *The General Theory of Employment, Interest and Money*, London, Macillan.
Krueger, A. B. and M. Lindahl(2001): "Education for Growth: Why and For Whom?", *Journal of Economic Literature*, 39, 1101-1136.
Levine, R., and D. Renelt(1992): "A Sensitivity Analysis of Cross-Country Growth Regressions", *The American Economic Review*, 82. 4, 942-963.
Miller, D.(1976): *Social Justice*, Oxford, Oxford University Press.
Norströn, H.(1992): "Studies in Trade Policy and Economic Growth", *Monograph*, No.20, Stockholm, Institute for International

Economic Studies.

O'Connor, J., and G.M. Olsen(eds.)(1998): *Power Resources Theory and the Welfare State*, Toronto, University of Toronto Press.

Osipian, A.(2007): "Role of Education in Economic Growth in the Russian Federation and Ukraine", *MPRA paper*, No.7590.

OECD: Social Expenditure Database(SOCX).

Persson, T. and G. Tabellini(1994): "Is Inequality Harmful for Growth?", *American Economic Review*, 84. 3, 600-621.

Pierson, C.(1991): *Beyond the Welfare State?*, Cambridge, Polity Press.

Pierson, P.(2004): *Politics in time: history, institutions, and social analysis*, Princeton University Press.

Weede, E.(1991): "Functionality, Rent Seeking, and Government as Determinants of Inequality", *Rationality and Society*, 3. 4, 423-436.

≪5≫
비정규직법제의 개선: 차별 해소를 위한 과제

<조용만>*

Ⅰ. 차별시정제도의 진단과 과제

1. 차별시정제도 운영 현황

비정규직 차별시정제도는 「기간제 및 단시간근로자 보호 등에 관한 법률」(이하 '기간제법') 및 「파견근로자보호 등에 관한 법률」(이하 '파견법')에 근거하여 2007. 7. 1. 시행되었다. 노동위원회의 차별시정사건 접수 및 처리 현황은 아래와 같다(중노위 재심사건 포함).

〈표 1〉 연도별 노동위원회 차별시정사건 접수 및 처리 현황(단위: 건)

연도	접수	처리							진행
		계	시정	기각	각하	조정	중재	취하	
2015	175	127	37	27	3	6	0	54	39
2014	184	161	6	33	10	11	0	101	23
2013	103	99	23	13	6	20	0	37	4

* 이 글은 필자가 공동연구원으로 참여한 고용노동부의 연구용역 보고서 「노동시장 구조개선 방안과 실행전략」(2015. 12) 제3장 제2절의 내용('비정규직 차별해소를 위한 노사정의 역할')을 수정·보완한 것임을 밝힌다.

2012	101	78	7	13	14	17	0	27	23
2011	93	88	41	8	4	20	0	15	5
2010	199	152	24	26	55	19	2	26	47
2009	100	95	18	5	10	11	0	51	5
2008	1,966	1,948	41	577	81	477	0	772	18
2007	786	145	55	15	1	1	0	73	641
계	3,707	2,893	252	717	184	581	2	1,156	164

자료: 중노위 홈페이지(www.nlrc.go.kr) 통계자료 검색·종합

차별시정 신청건수는 2008년 1,966건으로 시행 초기에 급격히 증가한 후 2009년부터 대폭적으로 감소하였고, 2012년 이래 최근까지 소폭의 증가 추세를 보이고 있으나 200건 미만으로 미미한 수준이라고 할 수 있다.

〈표 2〉 연도별 노동위원회 심판사건 접수 및 처리 현황(단위: 건)

연도	접수	처리							진행
		계	전부인정	일부인정	기각	각하	취하	화해	
2015	14,229	12,488	1,347	233	2,005	843	4,923	3,137	1,741
2014	14,631	13,068	1,172	255	2,130	756	5,185	3,570	1,563
2013	14,323	12,769	1,095	255	1,989	757	4,396	4,277	1,554
2012	12,922	11,352	1,040	209	1,993	614	3,589	3,907	1,570
2011	12,681	11,418	967	149	2,601	620	3,438	3,643	1,263
2010	13,591	11,667	1,018	227	2,605	1,112	3,790	2,915	1,924
2009	11,935	10,714	1,069	187	1,995	667	4,072	2,724	1,221
2008	11,158	10,004	1,116	218	1,953	504	3,927	2,286	1,154
2007	9,389	8,028	1,030	249	1,812	357	3,360	1,220	1,361
계	114,859	101,508	9,854	1,982	19,083	6,230	36,680	27,679	13,35

자료: 중노위 홈페이지(www.nlrc.go.kr) 통계자료 검색·종합

차별시정 처리사건 중 차별을 인정한 비율(전부 또는 일부

시정)은 8.7%(252/2,893건), 차별을 인정하지 않은 비율(기각 및 각하)은 31.1%(901/2,893건)이다. 조정, 중재 및 취하를 제외한 판정사건(시정, 기각, 각하) 중 차별을 인정한 비율(시정)은 21.9%(252/1,153건), 차별을 인정하지 않은 비율은 78.1%(901/1,153건)이다.

같은 기간(2007-2015년) 노동위원회의 심판사건(부당해고 및 부당노동행위 사건) 접수 및 처리 현황은 〈표 2〉에서 보는 바와 같다.

심판 처리사건 중 부당해고 내지 부당노동행위를 인정(전부 및 일부 인정)한 사건의 비율은 11.7%(11,836/101,508건), 인정하지 않은 비율(기각 및 각하)은 24.9%(25,313/101,508건)이다. 취하 및 화해를 제외한 판정사건(인정, 기각, 각하) 중 부당해고 내지 부당노동행위를 인정한 비율은 31.9%(11,836/37,149건)이다.

차별시정사건과 심판사건의 인정률(구제률)을 비교한 [표3]을 보면, 차별시정사건에서의 구제률은 처리사건 기준 8.7% 및 판정사건 기준 21.9%인 반면 심판사건에서의 구제률은 처리사건 기준 11.7% 및 판정사건 기준 31.9%이다. 차별시정사건의 경우 심판사건에 비해 구제를 받을 수 있는 가능성이 훨씬 낮음을 확인할 수 있다.

〈표 3〉 차별시정사건과 심판사건의 인정률(구제률) 비교(단위: %)

구분	처리사건		판정사건	
	인정(구제)	불인정(기각·각하)	인정(구제)	불인정(기각·각하)
차별시정사건	8.7	31.1	19.8	80.2
심판사건	11.7	24.9	31.9	68.1

2. 차별시정제도 개선의 주요 내용

노동위원회 차별시정제도는 기본적으로 신청인의 당사자 적격성 판단, 비교 대상 근로자의 유무 판단, 불리한 처우 여부 판단, 불리한 처우의 합리적 이유 존부 판단을 거쳐서 이루어진다.[1] 차별시정제도 시행 후 현재까지 3차례 주요 제도개선이 있었다. 그 내용은 다음과 같다.

가. 2012년 법 개정(2012. 8. 2. 시행)

우선, 고용노동부장관에 의한 차별적 처우 시정요구제도가 신설되었다. 비정규직 근로자가 노동위원회에 차별시정을 신청하지 않은 경우에도 고용노동부장관이 차별적 처우를 행한 사용자에 대하여 그 시정을 요구할 수 있고, 사용자가 시정요구에 응하지 않을 경우에는 고용노동부장관이 노동위원회에 통보하여 노동위원회가 해당 사건을 심리하여 차별적 처우에 대한 시정을 명할 수 있도록 하였다(기간제법 제15조의2 및 파견법 제21조의2). 이러한 제도개선은 종래 차별시정제도가 차별적 처우를 받은 비정규직 근로자의 신청과 노동위원회의 시정명령을 통해 사후적으로 차별이 해소되는 구조이어서 당사자가 불이익을 우려하여 차별시정을 신청하지 않는 경우가 있으므로 고용노동부장관의 시정요구 제도를 신설함으로써 정부가 사전적·적극적으로 차별을 해소할 수 있도록 하기 위한 취지에서 이루어졌다.[2]

다음으로, 차별시정 신청기간의 연장이다. 차별시정제도의

---

1) 조용만, "비정규직 임금차별의 합리성 판단에 관한 연구 : 노동위원회 판정 사례 분석을 중심으로", 『노동정책연구』 제9권 제4호, 한국노동연구원, 2009, 158면.
2) 법제처 법령정보센터 홈페이지(http://www.law.go.kr/main.html) 참조.

활성화를 위해 차별시정 신청기간을 차별적 처우가 있은 날(계속되는 차별적 처우는 그 종료일)부터 3개월에서 6개월로 연장하였다(기간제법 제9조 제1항 및 파견법 제21조 제3항).

나. 2013년 법 개정(2013. 9. 23. 시행)

차별금지 영역이 구체화되었다. 합리적인 이유 없이 불리한 처우를 할 수 없는 영역이 종전 "임금 그 밖의 근로조건 등"에서 임금, 상여금, 성과금, 그 밖에 근로조건 및 복리후생에 관한 사항 등으로 구체화·세분화하였다(기간제법 제2조 제3호 및 파견법 제2조 제7호).

다. 2014년 법 개정(2014. 9. 19. 시행)

우선, 고의적 또는 반복적 차별에 대한 3배 배상명령제도가 신설되었다. 사용자의 고의적 또는 반복적인 차별적 처우의 경우 그로 인해 비정규직 근로자에게 발생한 손해액에 대하여 노동위원회가 최고 3배까지 배상을 명령할 수 있도록 하였다(기간제법 제13조 제2항 및 파견법 제21조 제3항).[3] 그 취지는 종래 차별시정제도의 경우 임금 및 근로조건의 보상 또는 원상회복 수준에 머물고 있어 사용자의 고의적이고 반복적인 차별행위에 대한 사전적 예방 효과가 미미하므로, 사용자의 고의적 또는 반복적 차별 행위에 대해서는 노동위원회가 비정규직 근로자에게 발생한 손해액의 3배 내에서 징벌적인 성격의 배상명령을 함으로써 차별을 근본적으로 차단하도록 하는데 있다.[4]

다음으로, 확정된 시정명령의 효력확대제도가 마련되었다. 노동위원회의 시정명령이 확정된 경우 고용노동부장관은 확정

3) 이에 관한 연구로 전윤구 외, 『징벌적 금전배상제도 등의 도입에 따른 차별시정제도 정비방안 연구』, 중앙노동위원회 연구용역보고서, 2014. 8.
4) 법제처 법령정보센터 홈페이지(http://www.law.go.kr/main.html) 참조.

된 시정명령을 이행할 의무가 있는 사용자(파견의 경우 파견사업주 또는 사용사업주)의 사업 또는 사업장에서 해당 시정명령의 효력이 미치는 근로자 이외의 비정규직 근로자에 대하여 차별적 처우가 있는지를 조사하여 차별적 처우가 있는 경우에는 그 시정을 요구할 수 있도록 하였다(기간제법 제15조의3 및 파견법 제21조의3). 그 취지는 종래 차별시정제도가 차별시정 신청을 한 근로자에 대해서만 시정명령을 하도록 되어 있어, 차별시정명령을 받은 사업주의 사업장에서 동일 또는 유사한 차별행위가 존재해도 차별시정 신청을 하지 않으면 차별시정명령의 대상이 될 수가 없는 바, 동일한 사용자의 사업 또는 사업장에서 한 명의 비정규직 근로자가 차별 인정을 받았을 때 동일 조건에 있는 근로자 모두의 차별적 처우가 개선될 수 있도록 확정된 시정명령의 효력을 확대하도록 하는데 있다.[5)]

3. 차별시정제도의 문제점과 차별해소를 위한 과제

가. 차별 예방책의 강구

비정규직 차별해소를 위한 현행 제도는 이미 발생한 차별적 처우에 대한 사후적 시정에 초점을 두고 있다. 반면에 차별을 예방하기 위한 제도적 장치는 미흡하고, 차별 방지를 위한 노사의 인식과 노력도 부족한 상황이다. 따라서 비정규직 차별을 예방할 수 있는 제도적 장치를 마련하고, 나아가 개별적 노동관계 및 집단적 노사관계에서 노사가 자율적으로 비정규직 차별을 예방할 수 있는 방안을 강구할 필요가 있다.

나. 차별시정 신청권자의 범위 확대

차별시정제도의 개선에도 불구하고 2012년부터 2015년까

5) 위와 같음.

지 4년간 차별시정 신청사건의 수는 연 평균 140건으로 제도 개선 이전 3년간(이례적으로 신청사건이 많았던 2007년과 2008년을 제외함)의 연 평균 131건과 비교해 별반 차이가 없고, 이는 차별해소를 위한 수단으로서 차별시정제도가 적극 활용되고 있지 않음을 보여주는 것이라 하겠다. 그 원인은 일차적으로 비정규직 근로관계의 특성적 측면, 즉 계약 갱신 내지 정규직 전환의 기대를 가지고 있는 비정규직 근로자가 갱신 거절의 위험 등을 무릅쓰고 계약기간 중에 직접 시정신청을 하기 곤란한 상황에서 비롯되는 것으로 볼 수 있다.[6]

위와 같은 문제점을 해결하기 위하여 2012년에 고용노동부장관에 의한 차별시정 요구제도가 신설되었지만, 이 제도가 효과적으로 시행되고 있다고 보기 어렵다. 따라서 차별시정제도가 적극적으로 활용될 수 있도록 차별시정 신청권자의 범위를 확대하는 방안을 모색할 필요가 있다.

다. 차별판단기준의 경직성 완화

차별시정사건에서 노동위원회가 차별을 인정한 비율은 심판사건에서 구제가 인정된 비율에 비해 상당히 낮으며, 이는 차별시정제도의 실효성을 저하시키는 원인으로 작용하고 있다. 차별금지영역의 확대, 고의적 또는 반복적 차별에 대한 3배 배상명령제도의 신설, 확정된 시정명령의 효력확대 등 제도개선이 있었지만, 노동위원회가 차별판단기준의 엄격성·경직성을 유지하는 한 차별시정 인정률의 제고를 기대하기 어렵다. 따라서 차별시정제도의 실효성이 제고될 수 있도록 차별판단기준의 경직성을 완화하는 방안을 마련할 필요가 있다.

---

6) 같은 취지로 조성혜, "제정취지에 비추어 본 비정규직법의 평가와 개선과제", 『노동법학』 제46호, 한국노동법학회, 2013, 284면 참조.

라. 간접고용(파견 및 사내하도급)에서의 차별 내지 격차의 해소

현행 제도에 따르면 파견근로자에 대한 차별적 처우가 있는 경우 그 시정의 책임은 근로조건의 종류에 따라 파견사업주와 사용사업주가 분담하도록 되어 있는 바(파견법 제21조 제1항 및 제34조), 사용사업주의 우월적 지위 및 파견사업주의 영세성 등을 고려할 때 파견사업주 일방에 의한 임금차별의 효과적인 시정을 현실적으로 기대하기 어렵다. 따라서 파견근로자에 대한 임금차별의 효과적 시정을 위한 제도적 방안을 강구할 필요가 있다.

한편, 현행 차별시정제도는 사내하도급 근로자가 실질적으로 파견근로자에 해당하는 경우를 제외하고 진정 사내하도급 근로자에게는 적용되지 않는다. 그렇지만 도급사업주는 사내하도급 근로자의 임금 등 기본적 근로조건에 관하여 실질적인 영향력 내지 지배력을 행사할 수 있는 지위에 있다. 따라서 사내하도급 근로자의 지위 향상 내지 도급사업주 근로자와 사내하도급 근로자 간 격차의 해소를 위한 방안을 강구할 필요가 있다.

Ⅱ. 차별 예방을 위한 노사정의 역할

1. 제도적 측면

가. 비정규직 근로자의 지위 및 보호 강화

비정규직 근로자에 대한 법적 보호가 취약하면 비정규직 규모가 증가하고 정규직과 비정규직 간 근로조건의 차이에 따른 차별이 발생할 가능성이 더 커지게 된다. 따라서 정규직과 비정규직 간 제도적 격차를 줄여 궁극적으로 차별을 예방하기 위해

서는 비정규직 근로자의 지위 및 보호를 강화하는 제도개선이 우선될 필요가 있다(이하 기간제근로자와 단시간근로자를 중심으로 살핀다).

현행 기간제법은 기간제근로자의 사용기간을 원칙적으로 2년으로 제한하고 있을 뿐이고, 그 외 기간제근로자의 보호 및 지위 개선을 위한 제도적 장치가 미흡하다.

첫째, 초단기간 계약(이른바 쪼개기 계약)에 따른 고용불안정의 심화를 방지하기 위한 방안으로서 기간제 계약의 갱신 가능 횟수를 제한할 필요가 있다. 이와 관한 입법례로서 독일의 「단시간 및 기간제 근로에 관한 법률」은 사용기간 2년 내 최대 3회 갱신이 가능하도록 규정하고 있고(제14조 제2항),[7] 프랑스의 경우 「노동법전」[8]은 사용기간(원칙적으로 18개월, 예외적으로 9개월, 24개월, 36개월) 내 갱신을 2회로 제한하고 있다(L.1243-13조 제1항).[9][10]

둘째, 사용기간의 제한을 회피하기 위해 약간의 계약 공백기를 두고 새로운 기간제 계약을 체결하는 것을 방지하지 않으면 기간제근로자의 불안정한 지위가 영속화될 수 있기 때문에

---

7) 다만, 단체협약으로 갱신횟수 또는 기간제의 최대 기간을 달리 정할 수 있다(제14조 제2항). 독일 법률의 내용은 김기선 외 편역, 『독일 노동법전』, 한국노동연구원, 2013을 참조하였다. 이하 같다.

8) 프랑스 노동법전의 내용은 프랑스 법률정보 홈페이지 (http://legifrance.gouv.fr)를 참조하였다. 이하 같다.

9) 이 규정을 위반하여 체결된 계약은 무기계약으로 간주된다(L.1245-1조).

10) '사회적 대화 및 고용'에 관한 2015년 8월 17일 법률(제2015-994호) 제55조에 의해 노동법전 L.1243-13조가 개정되어 갱신 가능 횟수는 1회에서 2회로 변경되었다. 그 취지는 직업경력의 안정화 및 고용복귀의 촉진에 있다. 프랑스 노동부 홈페이지(http://travail-emploi.gouv.fr/textes-et-circulaires,1651/2014-2015,2223/lois,2460/loi-no-2015-994-du-17-aout-2015,18879.html) 참조.

기간제 계약의 공백기에 관한 규제가 있어야 한다. 입법례로 일본의 경우 「노동계약법」에서 공백기간 전에 만료된 기간제 계약이 1년을 넘는 경우에는 6개월의 공백기, 1년 미만의 경우에는 그 기간제 계약기간의 1/2 공백기간을 두도록 하고 있다(제18조 제2항).[11] 프랑스의 「노동법전」은 기간제 계약 만료 시 동일한 직무에 새로운 기간제 계약의 체결이 가능한 공백기를 종전 계약기간의 1/3 이상(계약기간이 14일 이내인 경우에는 1/2 이상)으로 정하고 있다(L.1244-3조).[12]

셋째, 기간제근로자 사용기간(현행 2년)의 연장(예, 2년+2년)은 불안정한 지위 내지 차별적 처우의 장기화를 초래할 우려가 있기 때문에 이를 허용하는 경우에도 합리적 사유라는 요건을 두어야 한다. 예컨대, 독일의 「단시간 및 기간제 근로에 관한 법률」은 객관적으로 정당한 사유가 있는 경우에 기간제 근로계약이 허용됨을 원칙으로 하면서, 다만 2년 범위 내에서는 정당한 사유를 요구하고 있지 않다(제14조 제1항 및 제2항). 한편, 프랑스의 경우 「노동법전」은 무기계약의 원칙(L.1221-2조 제1항은 "기간의 정함이 없는 근로계약이 노동관계의 통상적이고 일반적인 계약형태이다"고 규정) 아래 통상적이고 상시적인 업무에의 기간제 사용의 금지(L.1242-1조) 및 사용 사유의 제한(L.1242-2조) 등을 규정하고 있다.

넷째, 사용기간 제한 범위 내에서 계약기간이 만료되고 무기계약으로 전환되지 않는 경우에는 기간제근로자의 불안정한 지위에 대한 보상 차원에서 적정한 수준의 금전을 지급하도록 개선할 필요가 있다. 입법례로 프랑스의 「노동법전」은 기간제근

11) 임서정, 『근로계약법에 관한 연구 - 일본의 사례를 중심으로』, 한국노동연구원, 2013, 242면.
12) 이 규정을 위반하여 체결된 계약은 무기계약으로 간주된다(L.1245-1조).

로자에게 지급된 총 임금의 10%에 상응하는 계약종료수당을 지급하도록 하고 있다(L.1243-8조).

다섯째, 일정한 경우에는 기간제 사용을 금지하여야 한다. 입법례로 프랑스의 「노동법전」은 i) 정리해고 후 6개월 내 정리해고 대상 직무에서 업무의 일시적 증가를 이유로 한 기간제 사용의 금지(L.1242-5조),[13] ii) 집단적 노동분쟁(파업)으로 근로계약이 정지된 근로자를 대체하기 위한 기간제 사용의 금지(L.1242-6조 제1항 제1호), iii) 위험작업의 수행을 위한 기간제 사용의 금지(L.1242-6조 제1항 제2호 및 제2항)[14] 등을 규정하고 있다.

현행 기간제법은 단시간근로자의 보호와 관련하여 소정근로시간을 초과하는 근로를 1주 12시간 한도로 제한하고 있고 초과근로에 대하여 통상임금의 50% 이상을 가산하여 지급하도록 하고 있다(제6조). 단시간근로자의 보호 및 지위 개선을 위한 제도적 방안으로 다음을 고려할 필요가 있다.

첫째, 초과근로의 남용을 통해 단시간근로자를 사실상 통상근로자처럼 사용하는 것을 방지하기 위해서는 실근로시간의 증가에 대응하여 소정근로시간이 변경될 수 있도록 규율하여 단시간근로자의 실근로시간이 법정근로시간 내지 통상근로자의 근로시간에 도달하는 결과가 초래되지 않도록 하여야 한다. 입법례로 프랑스의 「노동법전」은 연속하는 12주 동안에 또는 15주의 기간 중 12주 동안에 단시간근로자가 실제로 행한 평균적 실근로시간이 근로계약에서 정한 1주 소정근로시간을 2시간 이상

13) 이에 대한 예외로 3개월 이하의 계약기간, 수출 주문의 특별한 증가의 경우에는 사용 가능하나, 이 경우 사용자의 우선재고용의무가 면제되지 않는다(노동법전 L.1242-5조 제4항).

14) 다만, 관할 행정관청은 이러한 금지의 예외를 승인할 수 있다.

초과하는 경우, 해당 근로자의 반대가 없으면 근로계약상의 소정근로시간은 7일 후 초과된 시간만큼 증가하는 것으로 된다(L.3123-15조).

둘째, 현행 근기법은 단시간근로자의 1주 소정근로시간의 최저한도를 설정하지 않은 채 초단시간근로자(4주 또는 그 미만의 기간을 평균하여 1주 소정근로시간이 15시간 미만인 근로자)에 대하여 주휴와 연차유급휴가의 적용을 배제하고 있는데(제18조), 단시간근로자의 고용안정을 위해서는 원칙적으로 1주 소정근로시간을 일정 시간 이상으로 정하도록 하고, 일정한 사유가 있는 경우에 한하여 그 예외를 허용하는 방안을 고려할 필요가 있다. 입법례로 프랑스의 「노동법전」에 따르면, 단시간근로자의 소정근로시간은 원칙적으로 주당 24시간(또는 주당 24시간에 상응하는 월간 근로시간 내지 연간 근로시간) 이상이어야 하고(L.3123-14-1조 제1항),[15] 그 예외로서 7일 이하의 단시간 근로계약과 학업을 계속하는 26세 미만 근로자의 단시간 근로계약(L.3123-14-1조 제2항 및 L.3123-14-5조), 질병이나 근로계약의 정지 등으로 부재하는 근로자를 대체하기 위해 체결되는 기간제 근로계약이나 파견근로계약(L.3123-14-6조)에는 주당 24시간 원칙이 적용되지 않으며, 그 외 근로자가 개인적 사정에 대처할 수 있도록 하기 위해 또는 근로자가 통상적인 근로시간에 상응하거나 적어도 주당 24시간에 상응하는 복수의 근로활동을 할 수 있도록 하기 위해 근로자의 신청이 있으면 주

15) 이 규정은 '고용안정에 관한 2013년 6월 14일 법률'에 의해 신설되었고, 2014년 7월 1일부터 체결되는 단시간 근로계약에 적용된다. Ministère du travail, de l'Emploi, de la Formation professionnelle et du Dialogue social, *Guide pratique du droit du travail*, La documentation Française, 2015, pp.127-128.

당 24시간에 미달하는 소정근로시간을 정할 수 있도록 하고 있다(L.3123-14-2조 제1항).

나. 임금체계의 합리화 촉진

기간제법과 파견법은 임금, 상여금, 성과금, 기타 근로조건 및 복리후생 등에서의 합리적 이유 없는 불리한 처우를 금지하고 있다(기간제법 제2조 제3호 및 파견법 제2조 제7호). 대부분의 경우 정규직과 비정규직에 적용되는 임금체계가 상이하고, 특히 정규직의 임금체계는 연공급적 성격, 비정규직의 경우 직무급적 성격이 강한 상황에서 근속기간의 차이에 따른 임금의 차이를 합리적 이유가 있는 것으로 보게 되면 양자 간 임금의 현저한 격차가 합리화될 우려가 있기 때문에 차별의 예방 차원에서 근속기간에 따른 임금의 현저한 격차가 발생하지 않도록 하는 방안을 강구할 필요가 있다.

「고용상 연령차별금지 및 고령자고용촉진에 관한 법률」(이하 '연차법')은 정년을 60세 이상으로 정하도록 강제하면서 정년을 연장하는 사업 또는 사업장의 사업주와 근로자의 과반수로 조직된 노동조합(근로자의 과반수로 조직된 노동조합이 없는 경우에는 근로자의 과반수를 대표하는 자를 말한다)은 그 사업 또는 사업장의 여건에 따라 임금체계 개편 등 필요한 조치를 취하도록 요구하고 있다(제19조 및 제19조의2 제1항). 그러나 임금체계의 개편, 특히 임금피크제의 도입에 관한 노사합의가 이루어지지 않는 경우에 판례상 '사회통념상 합리성론'[16]에 입각하

16) 판례에 의하면, 사용자가 일방적으로 새로운 취업규칙의 작성·변경을 통하여 근로자가 가지고 있는 기득의 권리나 이익을 박탈하여 불이익한 근로조건을 부과하는 것은 원칙적으로 허용되지 아니한다고 할 것이지만, 당해 취업규칙의 작성 또는 변경이 그 필요성 및 내용의 양면에서 보아 그에 의하여 근로자가 입게 될 불이익의 정도를 고려하더라도 여전히 당해 조항의 법적

여 사용자가 일방적으로 취업규칙을 불이익하게 변경할 수 있는지에 관한 논란이 있는 등 노사 자율적인 임금체계의 합리화가 용이하지 않는 상황이다.[17)]

한편, 연차법은 합리적 이유 없이 연령을 이유로 하는 고용상의 차별을 금지하고 있을 뿐만 아니라 합리적인 이유 없이 연령 외의 기준을 적용하여 특정 연령집단에 특히 불리한 결과를 초래하는 경우에 연령차별로 간주하고 있다(제4조의4). 다만, 근속기간의 차이를 고려하여 임금이나 임금 외의 금품과 복리후생에서 합리적인 차등을 두는 경우에는 연령차별로 보지 아니하는 예외를 설정하고 있다(제4조의5 제2호). 이 규정에 따르면 근속기간의 차이에 따른 임금 등에서 차등을 둘 수 있지만 그러한 차등이 합리적인 경우에 한하여 연령차별에 해당하지 않는 것으로 해석된다. 그러나 어떠한 경우에 합리적인 차등 또는 불합리한 차등에 해당하는지에 관한 판례나 행정해석은 아직 존재하지 않는 것으로 보인다.

규범성을 시인할 수 있을 정도로 사회통념상 합리성이 있다고 인정되는 경우에는 종전 근로조건 또는 취업규칙의 적용을 받고 있던 근로자의 집단적 의사결정방법에 의한 동의가 없다는 이유만으로 그의 적용을 부정할 수는 없다고 할 것이고, 한편 여기에서 말하는 사회통념상 합리성의 유무는 취업규칙의 변경에 의하여 근로자가 입게 되는 불이익의 정도, 사용자측의 변경 필요성의 내용과 정도, 변경 후의 취업규칙 내용의 상당성, 대상조치 등을 포함한 다른 근로조건의 개선상황, 노동조합 등과의 교섭 경위 및 노동조합이나 다른 근로자의 대응, 동종 사항에 관한 국내의 일반적인 상황 등을 종합적으로 고려하여 판단하여야 할 것이지만, 취업규칙을 근로자에게 불리하게 변경하는 경우에는 그 동의를 받도록 한 근로기준법을 사실상 배제하는 것이므로 제한적으로 엄격하게 해석하여야 한다는 입장이다(대법원 2010. 1. 28. 선고 2009다32362 판결).

17) 관련 문헌으로 이정, "정년연장에 따른 임금체계 개편을 둘러싼 법적 쟁점과 과제 - 취업규칙 변경법리에 관한 비교법적 검토를 중심으로", 『노동법학』 제55호, 한국노동법학회, 2015, 213면 이하 참고 바람.

임금체계의 합리화를 촉진하기 위해서는 일차적으로 근속기간의 차이에 따른 임금 등에서의 차등이 합리적인 것으로 볼 수 있는 경우와 그렇지 않는 경우에 관한 행정지도지침을 마련하여 노사가 자율적으로 임금체계의 개편을 도모할 수 있도록 할 필요가 있다. 나아가 '정당한 사유'가 있어야 근속기간의 차이를 고려하여 임금 등에서 합리적 차등을 둘 수 있도록 연차법 제4조의5 제2호를 개정하여 동일·유사 직무에서 균등임금원칙이 확립될 수 있도록 하는 방안을 적극 고려할 필요가 있다. 예를 들어, 근속기간의 차이가 바로 직무능력(예, 경험, 숙련 등)이나 성과의 차이를 반영하는 것으로 볼 수 있는 경우 또는 근로자의 장기근속을 장려하여야 할 경영사정이 있는 경우(예, 이직률이 높아 사업의 정상적인 운영이 곤란한 경우)에는 정당한 사유가 있는 것으로 볼 수 있지만, 그와 같은 정당한 사유가 없는 경우에는 근속기간에 따른 임금의 차등을 연령차별로 규율해야 할 것이다.[18)]

다. 공정대표의무의 강화

현행 「노동조합 및 노동관계조정법」(이하 '노조법')은 교섭창구 단일화 절차에 참여한 노동조합 또는 그 조합원 간에 합리적 이유 없이 차별을 하여서는 아니 되는 공정대표의무를 교섭대표노조와 사용자에게 부과하고 있고(제29조의4 제1항),[19)] 공정대표의무 위반 시 교섭창구 단일화 절차에 참여한 노동조합은

18) 조용만·이인재, 『연령차별 금지제도의 사회경제적 영향분석 및 도입방안』, 노동부 연구용역보고서, 2007. 4, 79면 참조.

19) 이에 관한 문헌으로 송강직, "교섭대표노동조합의 공정대표의무", 『노동법연구』 제34호, 서울대학교 노동법연구회, 2013, 245면 이하 ; 조상균, "복수노조하의 조합간 차별과 공정대표의무", 『노동법학』 제52호, 한국노동법학회, 2014, 297면 이하 ; 조용만, 『공정대표의무 위반 사건 관련 쟁점 연구』, 중앙노동위원회 연구용역보고서, 2013. 9. 참고 바람.

노동위원회에 그 시정을 신청할 수 있다(같은 조 제2항). 공정대표의무는 단체교섭 과정, 단체협약의 체결, 단체협약의 해석·적용·시행을 둘러싼 분쟁 및 고충처리 등의 일상적 조합활동 등 노사 관계의 모든 영역에 미친다(중노위 2013. 1. 17. 2012공정12).[20]

공정대표의무제도는 교섭대표노조와 사용자 간 교섭과정에서 비정규직에 대한 차별을 예방하고, 나아가 협약체결 후에는 그 내용이나 적용에서의 차별을 시정할 수 있는 유용한 제도이나 비정규직 근로자를 대표하는 노동조합이 존재하지 않는 경우에는 그 실효성을 기대할 수 없다. 따라서 이에 관한 제도개선을 모색할 필요가 있다. 비정규직 근로자를 대표하는 노동조합이 존재하지 않는 경우에는 비정규직 근로자가 교섭대표노조와 사용자의 공정대표의무 위반에 대하여 노동위원회에 그 시정을 신청할 수 있도록 예외를 허용하는 방안을 생각해 볼 수 있다. 이 방안은 비정규직 근로자가 단체교섭 및 단체협약 체결 과정에서의 차별적 행위를 예방·시정할 수 있게 할 뿐만 아니라 단체협약의 내용과 적용에서의 차별에 대하여는 노조법상 공정대표의무 위반에 대한 시정 또는 비정규직법상 차별적 처우에 따른 시정을 선택할 수 있게 함으로써 차별 시정의 범위와 수단을 확대한다는 점에서 의미가 있다.

라. 비정규직을 대표하는 근로자의 노사협의회 참여 보장

근로자와 사용자 쌍방이 참여와 협력을 통하여 노사 공동의 이익을 증진함을 목적으로 하는 현행 「근로자참여 및 협력증진에 관한 법률」(이하 '근참법')은 노사협의회의 구성과 관련하여

20) 중앙노동위운회의 업무매뉴얼에도 같은 취지의 내용이 있다. 중앙노동위원회, 『복수노조 업무 매뉴얼』, 2011. 6, 179-181면 참조.

비정규직 근로자의 참여를 제도적으로 보장하고 있지 않다.[21)] 근참법에 의하면, 근로자위원은 근로자의 과반수로 조직된 노동조합이 있는 경우에는 노동조합의 대표자와 그 노동조합이 위촉하는 자로 하고(제6조 제2항), 근로자의 과반수로 구성된 노동조합이 조직되어 있지 아니한 사업 또는 사업장의 근로자위원은 근로자의 직접·비밀·무기명투표로 선출하되, 사업 또는 사업장의 특수성으로 인하여 부득이하다고 인정되는 경우에는 작업 부서별로 근로자 수에 비례하여 근로자위원을 선출할 근로자(이하 '위원선거인')를 선출하고 위원선거인 과반수의 직접·비밀·무기명투표로 근로자위원을 선출할 수 있도록 규정하고 있다(근참법 시행령 제3조 제1항).

비정규직 근로자의 처우 개선 및 차별의 예방을 노사협의회 차원에서 도모할 수 있도록 비정규직 근로자를 대표하는 자의 노사협의회 참여를 제도적으로 보장하는 방안을 강구할 필요가 있다. 나아가 비정규직 사용 현황(예, 비정규직 유형별 규모와 사용기간, 비정규직 종사 업무 및 임금수준 등 주요 근로조건)과 사용 계획에 관한 사항을 노사협의회 보고 내지 협의 사항으로 명문화하는 방안을 적극 고려할 필요가 있다. 근로자위원의 구성에 있어서는 기간제 및 단시간 근로자를 독립된 선출단위의 근로자집단으로 간주하여 그 대표자가 근로자위원으로 선출될 수 있도록 현행 제도를 개선하는 방법을 생각해 볼 수 있다.[22)] 파견근로자와 관련해서는 그 대표자가 참관인 자격으로 사용사

---

21) 노사협의회의 지위 및 근로자대표제도의 구성에 관한 문헌으로 신권철, "노사협의회의 법적 지위와 역할", 『노동법연구』 제35호, 서울대학교 노동법연구회, 2013, 267면 이하 ; 박제성, 『근로자대표제도의 재구성을 위한 법이론적 검토』, 한국노동연구원, 2013 참고 바람.

22) 김훈·이승욱, 『노사협의회의 쟁점과 과제』, 한국노동연구원, 2000, 110면 참조.

업주의 노사협의회 회의에 출석해 파견근로자에 관한 사항에 국한하여 의견을 개진할 수 있도록 참가권과 발언권을 부여하는 방법을 생각해 볼 수 있을 것이다.

2. 개별적·집단적 노사관계 측면

가. 정규직과 비정규직 간 업무의 명확한 구분과 비정규직 업무의 구체적 명문화

차별의 존부는 비교를 전제로 한다. 비정규직법에 따르면, 비정규직 근로자의 업무와 동종 또는 유사한 업무에 종사하는 비교 대상 근로자가 존재하여야 한다(기간제법 제8조 및 파견법 제21조 제1항). - 판례는 비교 대상 근로자로 선정된 근로자의 업무가 비정규직 근로자의 업무와 동종 또는 유사한 업무에 해당하는지 여부는 취업규칙이나 근로계약 등에 명시된 업무 내용이 아니라 근로자가 실제 수행하여 온 업무를 기준으로 판단하되, 이들이 수행하는 업무가 서로 완전히 일치하지 아니하고 업무의 범위 또는 책임과 권한 등에서 다소 차이가 있다고 하더라도 주된 업무의 내용에 본질적인 차이가 없다면, 특별한 사정이 없는 이상 이들은 동종 또는 유사한 업무에 종사한다고 보아야 한다는 입장을 취하고 있다(대법원 2012.10.25. 선고 2011두7045 판결 참조).

차별 분쟁의 예방을 위하여 사용자는 정규직과 비정규직 간 업무의 분장에 관한 사항을 업무분장리스트나 업무매뉴얼 등을 통해 사전에 명확히 하고, 비정규직 근로자와 근로계약을 체결할 때에는 가급적 업무의 범위와 내용을 구체적으로 명문화하며, 업무수행 과정에서 사전에 정한 업무와 다른 업무를 비정규직 근로자에게 부여할 필요가 있는 경우에는 주된 업무에서 정규직의 업무와 동종성이 인정되지 않는 범위에서 해당 비정규직 근로자의 동의를 받아서 부여하는 것이 바람직하다.

기간제법은 사용자가 기간제근로자 또는 단시간근로자와 근로계약을 체결하는 때에 종사하여야 할 업무에 관한 사항 등에 관하여 서면으로 명시하도록 하고 있다(제17조). 사용자가 서면으로 명시하지 않는 경우 비정규직 근로자는 사용자에게 서면에 의한 명시를 요구하고, 자신이 수행할 업무의 구체적 사항을 근로계약의 내용으로 명문화하거나 근로계약서에 첨부하여 근로계약을 체결함으로써 향후 발생할 수 있는 차별 분쟁에 대비할 필요가 있다.

나. 차별 예방적 임금제도의 수립과 관리

업무의 동종·유사성이 인정되는 정규직과 비정규직 간 임금의 차이가 있더라도 합리적 이유가 있으면 비정규직법이 금지하는 차별적 처우에 해당하지 않는다. 판례에 따르면, 합리적인 이유가 없는 경우란 비정규직 근로자를 다르게 처우할 필요성이 인정되지 않거나 다르게 처우할 필요성이 인정되는 경우에도 그 방법·정도 등이 적정하지 않은 경우를 의미한다(대법원은 2012. 10. 25. 선고 2011두7045 판결 등 참조). 여기서 주목해야 할 부분은 '달리 처우하는 방법과 정도의 적정성' 여부다. 즉 정규직과 비정규직 간 임금을 달리 정할 필요성이 있더라도 임금의 차이는 그 필요성에 비추어 적정한 것이어야 하고, 그렇지 않으면 차별적 처우에 해당한다는 것이다.

차별 분쟁 발생 시 사용자는 합리적 이유가 있다는 점에 대한 입증책임을 부담하기 때문에 차별을 예방하기 위해서는 비정규직에 대하여 정규직과 다른 임금의 체계와 항목 등을 정할 수밖에 없는 이유가 무엇인지, 나아가 정규직과 비정규직 간 임금의 격차가 어떤 점에서 적정한지를 객관적으로 설득할 수 있도록 비정규직 임금제도를 설계하고 관리할 필요가 있다. 이 경우 정규직과 비정규직 간 업무의 내용과 범위, 권한과 책임, 임금 등 근로조건 결정요소(학력, 경력, 기술, 성과 등)에서 어느 정도 차이가 있는지를 확인할 수 있는 체크리스트를 작성하여 점검하고 그 결과를 임금수준 등 비교하여 적정한 비례관계가 성립하는지를 확인하는 방식이 유용할 것이다.

다. 노사의 공동 참여와 협력을 통한 비정규직 해법의 자율적 모색 활성화

비정규직 차별 예방을 위한 사용자의 의지와 노력이 우선되어야 하지만 그것만으로는 정규직과 비정규직 간 이해관계의 충돌, 차별해소 등의 문제를 기업 내부적으로 해결하기에 충분하지 않다. 노사의 공동 참여와 협력 차원에서 비정규직 문제를 바라보고 해결책을 찾고자 하는 노사 자율적 노력이 있어야 한다.

현행 근참법은 노사협의회 보고사항(인력계획에 관한 사항 등), 협의사항(근로자의 채용·배치 및 교육훈련, 근로자의 고충처리, 인사·노무관리의 제도 개선, 임금의 지불방법·체계·구조 등의 제도 개선, 근로자의 복지증진 등), 의결사항(각종 노사공동위원회의 설치 등)을 규정하고 있다(제20조에서 제22조). 노사는 이러한 노사협의회 틀 내에서 비정규직 사용의 필요성과 규모, 비정규직에 대한 처우 등 비정규직 활용에 따른 전반적 문제를 노사 협력적 차원에서 자율적으로 풀어나가는 노력을 기울여야 한다. 비정규직 문제를 특화하여 정기적으로 다루는 노사공동위원회를 설치하여 운영하는 것도 좋은 방안이 될 것이다.

Ⅲ. 차별시정의 실효성 제고를 위한 노사정의 역할

1. 제도 및 운영의 측면

가. 차별시정의 신청권자 범위 확대

현행법상 차별시정의 신청권자는 차별적 처우를 받았다고 주장하는 기간제근로자, 단시간근로자 또는 파견근로자이다. 차별시정 신청권이 없는 자가 신청한 경우에 해당 신청사건은 각하된다.차별시정 신청권자의 범위 확대 여부가 논란이 되고 있는 주요 배경은 차별시정제도가 시행된 상당한 시간이 경과하였고 수차례 제도개선(특히 고용노동부장관에 의한 차별시정요구제도의 도입)이 있었음에도 불구하고 이 제도의 이용이 활성화되고 있지 않다는 점이다. 그 주요 원인은 비정규직 근로자가 차별시정 신청에 따른 불이익을 우려하여 신청에 적극적일 수 없는 점(비정규직 특성에 기인하는 신청 기피), 고용노동부장관에 의한 차별시정요구제도 집행의 능력적 한계(근로감독의 한계), 신청을 하더라도 차별로 인정받기 쉽지 않은 점(차별판단기준의 엄격·경직성), 차별이 인정되더라도 그에 따른 구제의 결과가 비용 대비 효과 면에서 충분치 않다는 점(구제의 불충분성) 등이다,[23] 그 중 특히 첫 번째와 두 번째 요인과 관련하여 신청권자의 범위 확대 문제가 제기되고 있는 상황이다.

노동조합에게 차별시정 신청권을 부여하는 방안에 찬성하는 견해는 그 근거로 i) 비정규직을 조직대상으로 하는 노동조합은 그 활동 목적상 차별금지 관련 이해관계자로서 자기관련성

---

23) 강성태, “비정규직법 시행 1년의 평가 - 차별시정제도의 현황과 개선과제를 중심으로”, 『법학논총』 제25집 제4호, 한양대학교 법학연구소, 2008, 180면 참조 ; 조용만, “비정규직 차별금지의 쟁점과 과제”, 『노동법학』 제42호, 한국노동법학회, 2012, 3면 참조.

이 있는 점, ii) 개별적 구제가 차별시정의 당위적 본질이라 할 수 없고 집단적 차별에 대해 집단적 구제를 인정하는 것이 신속하고 효과적인 차별시정이라는 제도의 취지에 부합하는 점, iii) 등을 제시한다.[24] 반면에 부정론은 i) 근로자의 의사와 무관하게 노동조합이 직접 신청할 수 있게 하는 것은 개별적 구제를 본질로 하는 차별시정제도의 취지와 부합하지 않는 점, ii) 노동위원회의 승인을 받는 경우 노동조합도 대리인의 지위에서 신청절차에 참여할 수 있는 기회가 보장되고 있는 점 등을 그 근거로 제시하고 있다.[25]

차별시정 신청권자 범위 확대의 방안으로서 노동조합에게 차별시정 신청의 당사자 지위를 인정하는 것이 바람직하다고 본다. 노동조합에게 대한 차별시정 신청사건의 대리권 부여는 차별시정제도가 시행된 날부터 현재까지 노동위원회법 및 노동위원회규칙상 가능하였다는 점, 노동조합의 대리권은 비정규직 근로자가 당사자로서 차별시정을 신청할 것을 전제로 하여 인정되는 것이라는 점, 노동조합이 차별사건을 대리할 수 있는 전문적 능력을 갖추고 있는지가 의문시된다는 점 등을 고려할 때 노동조합에 대한 대리권 부여는 현재 문제가 되고 있는 차별시정 신청의 저조 상황에 대응하여 신청의 활성화를 도모할 수 있는 타당한 해법으로 보기 어렵다.[26]

비정규직 근로자가 직접 차별시정을 신청하지 않더라도 고용노동부장관에 의한 차별시정요구제도를 통한 차별해소를 기

---

24) 전윤구, "비정규직 관계법의 입법적 개선방향", 『노동법학』 제28호, 한국노동법학회, 2008, 374면 참조 ; 조용만(2012), 위의 논문, 12-13면 참조.
25) 박종희, "차별시정제도 시행 1주년 평가와 향후 입법정책적 논의 방향", 『월간 노동리뷰』 통권 제47호, 한국노동연구원, 2008, 41-42면 참조.
26) 같은 취지로 전윤구, "차별시정신청권의 노동조합 확대방안에 관한 해석론적 쟁점 연구", 『노동법학』 제41호, 한국노동법학회, 2012, 337면 참조.

대할 수 있지만 2012년 동제도의 도입 후 현재까지의 운영 실태에 비추어 볼 때 주목할 만한 진척이 있었다고 평가하기 어렵다. 또한 고용노동부장관에 의한 차별시정요구제도가 도입·운영되고 있다고 해서 차별시정 신청권자의 범위 확대가 부정되어야 하는 것은 아니고, 양자의 병행은 상호 보완적 관계에서 차별시정제도의 발전에 기여할 수 있다.[27]

어떤 요건 하에서 노동조합에게 신청 당사자자격을 부여할 것인지, 당사자적격이 있는 노동조합은 어떤 사항에 대하여 시정신청을 할 수 있는지, 시정명령의 효력은 어떤 범위에서 누구에게 미치는지 등에 관한 면밀한 검토와 그에 따른 제도의 설계가 있어야 하겠지만,[28] 이러한 작업의 필요성 때문에 차별시정 신청권 확대 자체가 부정되어서는 아니 될 것이다. 현행 비정규직법은 노동위원회 시정명령의 내용으로 '취업규칙, 단체협약 등의 제도개선 명령'을 열거하고 있으므로 적어도 이에 대한 노동조합의 신청 당사자적격을 인정하는 방향으로 제도개선을 고려할 필요가 있다.

나. 비교 대상 근로자의 확대

현행 차별시정제도는 비정규직 근로자의 업무와 동종 또는 유사한 업무에 종사하는 비교 대상 근로자가 존재할 것을 요구하고 있다. 문제는 이와 관련하여 노동위원회가 제도를 운영함에 있어서 경직적인 입장을 취하고 있다는 점이다. 즉 비정규직 근로자와 비교 대상 근로자가 병존하면서 동종 내지 유사한 업무에 종사한 기간에 대해서만 차별적 처우에 대한 시정명령을 내리고 있다. 이러한 입장에 따르면, 예컨대 사용자가 특정 업무

27) 조용만(2012), 앞의 논문, 13-14면 참조.
28) 이에 관한 논의로 전윤구(2012), 앞의 논문, 342면 이하 참고 바람.

에서 정규직을 비정규직으로 완전히 대체하여 비정규직만이 해당 업무를 수행하는 경우 비교 대상 근로자가 존재하지 않기 때문에 차별시정이 불가하다. 또한 비교 대상 근로자와 비정규직 근로자가 같은 업무에 종사하던 중 사용자의 인사조치로 비교 대상 근로자가 다른 장소에서 다른 업무를 수행하게 되는 경우 인사 조치 시점부터 비교 대상 근로자는 존재하지 않기 때문에 그 부재 기간에 대한 차별시정은 불가하게 된다.

차별사건에 관한 주요 외국의 사례를 보면 우리와 달리 비교 대상 근로자를 넓게 인정하고 있다. 프랑스의 경우 「노동법전」에서 기간제근로자의 임금은 같은 기업에서 대등한 직업자격을 가지고 같은 직무에 종사하는 무기계약 근로자가 지급받는 임금액에 미달할 수 없는 것으로 규정하고 있고(L.1242-15조), 이 규정과 관련하여 판례는 기간제근로자가 무기계약 근로자를 대체하기 위하여 채용된 경우 기간제근로자가 무기계약 근로자와 동일 또는 유사한 자격을 가지고 있고 동일한 업무에 종사하는 한 기간제근로자의 임금은 대체된 무기계약 근로자의 임금보다 낮아서는 아니 된다는 입장을 취하고 있다(Soc. 15 octobre 2002, n° 00-40623).

영국의 경우 「평등임금법」 위반 사건과 관련하여 초기에는 비교 대상 근로자의 병존 원칙에 입각하여 전임자나 후임자를 적절한 비교대상자로 인정하지 않았으나 유럽사법재판소(ECJ)의 판결(Macarthys Ltd v Smith 사건, Case 129/79 [1980] ECR 1275)에 따라 전임자를 비교대상자로 인정하고 있다. Smith 사건에서 원고인 여성 근로자는 주급 50파운드의 공장매니저로 채용되었으나 같은 직책을 담당했던 전임자인 남성 근로자는 주급 60파운드였다. 이 사건에서 유럽사법재판소는 동일노동이라는 개념은 전적으로 해당 업무의 성질과 관련되는 질적인 개념이기 때문에 비교 대상 근로자의 동시적 존재라는 조건을 도입하여 그 개념의 범위를 제한할 수 없다는 입장을 취하였다.[29] 한편, Diocese of Hallam Trustees v Connaughton 사건([1996] IRLR 505)에서 항소고용법원(EAT)은 남성 후임자가 여성 전임자보다 더 높은 임금을 받았던 것과 관련하여 후임자를 "개념상 동시적으로 존재하는 비교대상자"(a notional contemporaneous comparator)로 인정하였으나, 그 후 Walton Centre for Neurology and Neurosurgery NHS Trust v Bewley 사건([2008] I.C.R. 1047)에서는 후임자와의 비교는 지나치게 가정적인 비교로서 허용되지 않는다는 입장을 취하였다.[30]

미국의 경우 「동일임금법」 위반 사건과 관련하여 전임자와 후임자 모두가 비교대상자로 인정되고 있다. 예를 들어, 남성 근로자를 대체하는 후임 여성 근로자가 임금을 더 적게 받은 경우나 여성 근로자를 대체하는 후임 남성 근로자가 더 많은 임금을 받는 경우 동일임금법 위반이 성립할 수 있고, 다만 해당 사업장에서 여성 근로자들이 수행하는 업무와 실질적으로 동일한 업무를 수행하는 남성 근로자가 단 한명도 존재한 적이 없었던 경우에는 동일임금법 위반이 성립될 수 없다(단, 그러한 상황이 장기간 계속되면 민권법 제7편 위반의 성차별이 될 수도 있음)는 것이 EEOC가 취하고 있는 입장이다.[31]

비정규직 차별시정제도는 동종 내지 유사한 업무에 종사하

---

29) S. Deakin and G. S Morris, *Labour Law*, 3rd., Butterworths, 2003, p.626.

30) C. Palmer and others, *Discrimination Law Handbook*, Legal Action Group, 2002, p.648-649.

31) EEOC, "Compensation Discrimination" (EEOC Compliance Manual, December 2000), *Sex Discrimination*, 2002, p.375.

는 비정규직에 대한 평등대우를 궁극적 목적으로 한다. 비교 대상 근로자의 존재 요건을 동시적 존재의 의미로 한정 해석해서 차별시정을 부정하거나 차별시정의 대상 기간을 제한하는 것은 차별시정제도의 취지에 반한다. 노동위원회는 지금까지의 경직된 입장에서 벗어나 차별시정제도의 취지에 부합할 수 있도록 비교 대상 근로자의 범위를 확대하는 방향으로 제도를 운영할 필요가 있다. 궁극적으로는 현행 비정규직법상 "동종 또는 유사한 업무에 종사하는 …"이라는 법문을 "동종 또는 유사한 업무에 종사하였거나 종사하고 있는 …"으로 개정하는 것이 바람직할 것이다.

한편, 근로자가 수행하는 업무의 내용, 범위 등과 관계없이 특정 수당이나 금품(예컨대, 정액의 교통비, 중식비 등)이 정규직 모두에게 일률적으로 지급되는 경우에는 비정규직의 업무와 동종 내지 유사한 업무에 종사하는 비교 대상 근로자가 존재하지 않더라도 해당 수당이나 금품을 비정규직에게 지급하지 않거나 차등 지급하는 행위를 차별적 처우로 보아서 시정하는 방향으로 제도를 운영할 필요가 있다고 하겠다.

다. 파견근로자 임금차별 관련 사용사업주의 연대책임 부과

현행 파견법상 파견근로자의 임금은 파견사업주의 책임 영역이기 때문에 파견근로자에 대한 임금차별의 시정책임을 사용사업주에게 물을 수 있는지가 문제된다. 이와 관련하여 최근 중앙노동위원회가 파견근로자에 대해 상여금을 적게 지급하고 연차휴가를 부여하지 않은 차별행위에 대하여 사용사업주와 파견사업주가 연대하여 손해액의 2배를 지급하라고 명령한 사례(중노위 2015. 6. 30. 2015차별3-11)가 있다.[32]

---

32) 그 요지는 다음과 같다. 파견법 제21조가 사용사업주와 파견사업주 모두에

파견근로자의 임금을 파견사업주의 책임 영역으로 규정하고 있는 현행법의 한계 때문에 위 사례를 근거로 사용사업주의 연대책임을 해석론상 일반화하기에는 무리가 있다. 또한 파견근로자에 대한 임금차별은 사용사업주와 파견사업주 간 파견계약에 기인하는 측면이 있음에도 불구하고 우월적 지위에 있는 사용사업주를 배제하고 파견사업주에게 임금차별에 대한 책임을 묻도록 한 현행법의 태도는 차별시정제도의 실효성을 저해할 우려가 있다. 따라서 파견근로자에 대한 임금차별의 경우 사용사업주에게 연대책임을 물을 수 있는 법적 근거를 마련하는 제도 개선이 필요하다.

2. 개별적·집단적 노사관계 측면

가. 차별 문제에 대한 노사의 인식과 자세의 전환

차별시정제도가 실효성 있게 작동하려면 우선 사용자부터 차별감수성을 제고하려는 노력을 하여야 한다. 비정규직의 사용은 항상 차별의 소지를 안고 있다는 인식 하에 비정규직 문제를

게 파견근로자에 대한 차별적 처우의 금지 및 시정 의무를 부여하고 있는 점, 사용사업주가 차별행위가 있음을 충분히 알 수 있었던 점, 파견근로조건에 대해 파견사업주들이 단독·자율적으로 정할 수 없었던 점 등을 고려할 때 사용사업주와 파견사업주가 연대하여 파견근로자에 대한 차별적 처우의 금지·시정 의무를 부담한다. 파견근로자들이 비교 대상 근로자들과 같은 생산라인에서 함께 근무하면서 업무대체가 가능하여 동종·유사 업무에 종사하고 있음에도 불구하고 사용사업주와 파견사업주가 합의하여 파견근로자들의 상여금을 적게 지급하고 연차유급휴가수당을 지급하지 않은 것은 합리적 이유가 없는 차별적 처우에 해당한다. 사용사업주와 파견사업주들이 차별적 처우가 포함된 근로자파견계약을 반복적·연속적으로 체결하면서 차별행위 금지를 위해 필요한 정보를 제공하지 아니하는 등 수년간 다수의 파견근로자들에게 차별적 처우를 지속한 것은 고의성이 명백한 반복적인 차별에 해당하므로, 차별적 처우로 인해 발생한 손해액의 2배(약 44,915천원)를 지급하도록 함이 타당하다.

바라보아야 한다. 사용자는 비정규직 근로자가 어떤 사항에 대하여 어떤 이유로 차별적이라고 생각하는지를 늘 파악하고 해결하려는 자세를 가져야 한다. 사용자는 비정규직 근로자가 노동위원회에 차별시정을 신청하였다고 해서 그 근로자를 직장 내에서 따돌리는 분위기를 형성하거나 계약갱신을 거절하는 등의 불이익을 가하려고 해서는 아니 된다. 노동위원회의 시정명령이 있는 경우 사용자는 그것에 대한 법적 다툼을 계속하기 보다는 적극 수용하여 같은 처지에 있는 다른 비정규직 근로자들에 대한 처우 개선의 기회로 삼아야 한다. 또한 사용자는 차별의 원인이 된 요소를 제거한다는 명목 하에 동종 업무에 종사하던 정규직 근로자를 다른 직무로 배치(예, 정규직 영양사를 사무직 내지 영업직에 배치)하는 탈법적 행위를 하여서는 아니 된다.

정규직과 비정규직 간 평등대우원칙의 확립은 사용자와 비정규직 근로자의 노력만으로 이루어질 수 없다. 정규직 근로자와 노동조합은 비정규직 근로자들을 노동공동체의 일원으로 받아들이고 그들의 차별 문제를 공동으로 해결하고자 하는 자세를 가져야 한다. 비정규직에 대한 사용자의 처우가 부당하고 차별적이라고 느낀다면 정규직 근로자와 노동조합이 먼저 나서서 이를 사용자에게 알리고 그 해결을 요청하여야 한다. 그래도 문제가 해결되지 않으면 관할 근로감독부서에 진정하여 신속히 해결될 수 있도록 일조해야 한다. 차별 문제가 노동위원회 등에서 법적 분쟁으로 전개되는 경우에는 참고인 내지 증인으로서 진실을 밝혀야 하고, 사실관계의 일부를 숨기는 그릇된 행위나 허위를 진술하는 위법한 행위를 하여서는 아니 된다.

비정규직 근로자도 차별 해소에 적극적으로 임하는 자세를 가져야 한다. 고용평등 내지 고용상 차별에 관한 사업장 내 교육의 실시를 노동조합 등을 통해 사용자에게 요구할 수 있어야 한다. 비정규직 근로자 본인이 차별적 처우를 받고 있다고 여긴다면 사업장 내에서 해결하려는 노력과 더불어 노동위원회에 차별시정의 신청을 적극적으로 할 필요가 있다. 근로계약이 종료된 후를 기다려 신청을 할 수도 있지만 그렇게 하면 결국 개별적인 차별구제에 그치게 되고 같은 처지에서 여전히 근로를 제공하고 있는 다른 비정규직 근로자의 차별 해소에 직접적이고 즉각적인 도움이 되지 않을 수 있다.

나. 사내하청 근로자와의 상생 및 격차 해소

형식적으로는 사내하청 근로자이나 실질적으로는 파견근로자에 해당하는 경우 사내하청 근로자에 대한 차별적 처우는 현행 차별시정제도를 통해 시정될 수 있다. 그러나 진정 사내하도급의 경우 원청회사 소속 근로자와 사내하도급 근로자 간 임금 등 근로조건의 격차 문제는 차별시정제도를 통해 해결될 수 없다.[33]

사내하청의 경우 원청회사의 사업과 하청회사의 사업은 일종의 노동·경제적 단일체를 구성하게 된다. 여기서 원청회사는 사내하청 근로자의 임금 등 기본적 근로조건에 관하여 실질적인 영향력 내지 지배력을 행사할 수 있는 지위에 있다. 따라서 원청회사는 자신의 주도로 가칭 사내하도급협의체를 구성하고 여기에 원청회사의 사용자와 근로자대표, 하청회사의 사용자와 근

---

33) 파견과 도급의 구별 기준에 관해 판례는 근로자를 고용하여 타인을 위한 근로에 종사하게 하는 경우 그 법률관계가 파견근로자보호법이 적용되는 근로자파견에 해당하는지 여부는 당사자들이 붙인 계약의 명칭이나 형식에 구애받을 것이 아니라, 계약의 목적 또는 대상에 특정성, 전문성, 기술성이 있는지 여부, 계약당사자가 기업으로서 실체가 있는지와 사업경영상 독립성을 가지고 있는지 여부, 계약 이행에서 사용사업주가 지휘·명령권을 보유하고 있는지 여부 등 그 근로관계의 실질에 따라 판단하여야 한다는 입장을 취하고 있다(대법원 2013. 11. 28. 선고 2011다60247 판결).

로자대표를 참여케 하여 사내하청 근로자의 지위 및 근로조건 개선에 기여할 수 있는 논의의 장을 마련하는 데 적극 나설 필요가 있다.

≪6≫ 최저임금제도의 개선

<허재준>*

경제사회 환경이 급변하고 있다. 지난 수십 년간 한국 경제와 사회를 규율해 온 제반 규범과 관행들에 새 옷이 필요한 것처럼 보인다. 노동시장제도도 새 옷을 부지런히 준비하고 만들어야 하는 것은 더 말할 나위 없다. 이러한 맥락에서 노사정이 논의하고 컨센서스를 형성해야 할 사항 중에는 최저임금제도를 빠뜨릴 수 없다. 본고는 향후의 진전된 논의를 위해 지금까지 진행되었던 논의에 기초하여 개선방안을 제시해 본다.

Ⅰ. 통계기준

합리적으로 최저임금 수준을 결정하고 노동법을 합리적으로 개선하기 위해서는 우선적으로 통계기반을 정비할 필요가 있다. 이는 최저임금 영향률과 미만율을 정확히 측정할 수 있도록 원천 통계자료를 개선하고 통계기준을 선정하는 것을 포함한다.

최저임금 계산을 위한 임금 자료 원천으로는 가구조사 자료

---

* 이 글은 허재준, 최저임금 제도개선을 위한 예비적 논의, 월간노사정 제85호, 경제사회발전노사정위원회, 2016. 6을 수정한 것이다.

보다는 사업체조사 자료가 바람직하다. 그러므로 고용형태별 근로실태조사와 같은 사업체 조사의 대상 범위를 확대하고 가중치를 조정하는 등의 통계자료 개선 노력이 필요해 보인다.

현재 최저임금의 영향률과 미만율 계산을 위해 측정하는 시간당 임금에는 근로기준법상의 주휴수당을 고려하고 있지 않다. 이는 지급된 시간당 임금 수준을 일괄적으로 과대평가함으로써 최저임금 영향률과 미만율을 실제보다 과소평가하는 결과를 낳는다. 최저임금위원회 논의에서 사용하는 시간당 임금을 계산할 때에는 유급주휴시간까지 고려해서 월임금을 소정지불근로시간으로 나눈 시간당 임금을 사용하는 것이 향후의 제도 개선에 기여하리라고 사료된다.

〈최저임금 영향률·미만율이 과소평가되고 있는 이유〉

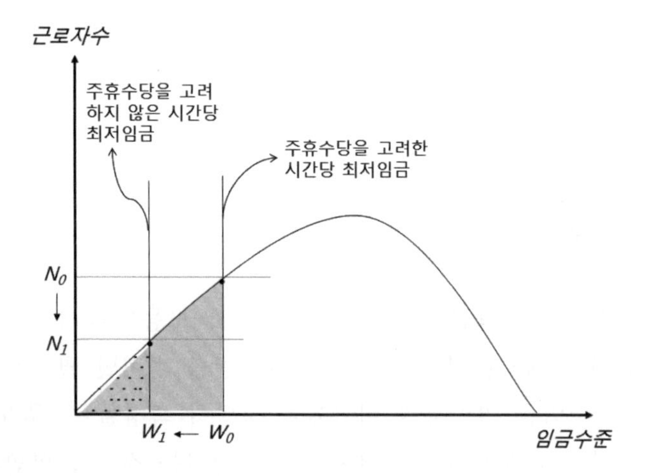

사실 이보다 근본적인 개혁은 근로기준법에서 무노동무임금 원칙이 구현되도록 주당 1일의 유급휴일을 무급으로 바꾸는

일이다. 지금까지 유급주휴에 기업들이 적응해왔는데 제도를 바꾸면 더 혼란스럽다는 견해도 있다. 또한 시간당 임금이 인상되어 통상임금이 인상되는데 대해 기업의 우려가 있고, 노조 또한 실질적으로 통상임금을 높이는 효과를 지님에도 불구하고 그보다는 유급을 무급으로 돌리는 데 대한 거부감을 더 갖고 있는 것처럼 보인다. 하지만 현행 최저임금수준이 갖고 있는 일반상식과의 괴리를 낳는 가장 중요한 요인 중의 하나가 유급주휴의 존재이고 계산이 어려워 근로자나 사용자도 모르게 최저임금법을 위반하게 만드는 요인 중 하나가 주급유휴의 존재라는 점을 감안할 때 장기적으로 조정해야 할 점이다.

현재 매년 최저임금위원회가 고려하는 생계비 통계는 조사를 통해 확인된 미혼 단신 임차가구 근로자의 지출 평균액이다. 그런데 모든 소비지출은 소득수준의 영향을 받는다. 현실의 미혼 단신 임차가구도 예외가 아니다. 즉 현실의 미혼 단신 임차가구근로자로부터 포착된 지출이라는 점에서 최저임금위원회가 현재 고려하는 생계비는 이론생계비가 아닌 실태생계비이다. 더군다나 예산 제약상 충분히 다양한 소득수준의 미혼 단신 임차가구 근로자를 확보하기 어려운 탓에 매번 표본수가 적어서 표본편의가 개입할 수밖에 없는 지출 표본이다. 이처럼 신뢰도가 낮으므로 매년 생계비를 고려한다고는 하지만 그다지 적극적으로 고려되지 못한다.

한편, 최저임금 수준을 결정할 때 생계비 통계를 참고하는 이유는 최저임금이 미혼 단신근로자의 최저생계비를 보장할 수 있도록 고려하기 위해서이다. 이 목적에 부합하기 위해서는 최저임금 논의에서 생계비 통계를 사용할 때 소득수준의 영향을 받지 않는 '이론적 최저생계비'를 계측하여 참고해야 한다. 구체적으로는 과거 중앙생활보장위원회가 최저생계비를 정하는 방식을 참조하되 이를 보완하여 사용하는 방법을 생각해 볼 수 있다.

그에 더하여 중장기적으로 최저임금 심의에서 참고하는 생계비 통계의 분석내용을 더 풍부하게 개선할 필요가 있다. 예컨대 가구원이 2인 이상이면서 최저임금 혹은 저임금근로자 1인 소득자만 존재하는 가구의 비중과 소득을 검토할 필요가 있다. 그 외 다양한 가구 유형별 최저생계비와 그 비중을 생계비 통계 분석 내용에 포함시킬 필요가 있다. 저소득근로자의 생계가 최저임금과 함께 근로장려금, 자녀장려금, 사회보험료 지원금, 한부모 가족 자녀양육비 등 사회보장제도에 의해서도 지원되는 점을 고려해서 생계비 통계 분석에서 사회보장제도에 의한 지원효과 분석도 포함시킬 필요가 있다.

Ⅱ. 산입범위

최저임금법의 취지를 살리면서도 거래비용을 줄이고 제도 발전에도 기여하게 하기 위해서는 먼저 두 가지 사실을 확인해 둘 필요가 있다. 첫째 현행 최저임금 산입범위는 근로자, 사용자, 근로감독관 모두 판단에 어려움을 겪을 정도로 명확성이 낮아 개선 필요성이 존재한다는 점이다. 둘째 최저임금의 산입범위를 실질적으로 지급되는 임금과 부합시키고 단순·명확화하는 것이 법 준수를 용이하게 한다는 점이다. 준수율 제고는 다른 무엇보다 근로자와 사용자가 최저임금 준수여부를 손쉽게 판단할 수 있게 하는 데에 있다. 최저임금을 준수하지 않으면 형사처벌 대상이 된다. 그러므로 산입범위를 구체적이고 간명하게 하는 것이 법률 강제의 취지에 부합하고 그래야만 실효성을 높일 수 있을 것이다.

이러한 점에 입각해 볼 때 최저임금 산입범위를 간명하게 하는 하나의 기준은 '최대한 통상임금과 일치를 추구하되 1임금지급기에 지급하는 금원으로 한정하는 것'이다. 통상임금 판단은 명확성·실질성 제고를 위해 정기성·일률성·고정성에 주로 주목한다. 반면 최저임금에는 최소한의 '근로자 생활안정'을 목적으로 삼는 취지가 더해져 있다. 이 때문에 1임금지급기와 같은 기준이 필요해 보인다. 물론 이러한 기준을 정했다고 해서 쟁점이 불식되는 것은 아니다.

위와 같은 기준을 택하는 경우 고정상여금처럼 1개월 초과하는 주기로 지급되는 금품은 통상임금에는 포함되지만 최저임금에는 산입되지 않게 된다. 통상임금은 높으면서도 현행 최저임금 기준에는 미달할 수 있는 상황이 있다면 교정할 필요성이 존재한다고 볼 수 있다. 반면 최저임금근로자 중에는 단기간 근로하는 사람의 비중이 높아 상여금이 존재하는 사업장에서 근무하더라도 실질적으로는 월할(月割)이나 일할(日割)로 상여금을 받지 못하는 경우가 많다. 이러한 현실을 고려하면 1개월 초과하는 주기로 지급되는 금품을 최저임금 산입범위에서 제외하는 것이 최저임금제도의 취지에 부합한다.

이러한 제반 사항을 고려해 볼 때 최저임금 근로자 보호에 소홀하지 않도록 최저임금이나 최저임금 미만 근로자의 상여금 수령비율, 최저임금 근로자의 근속기간, 전체 임금에서의 상여금 비중 등 실태조사와 연구를 진행하고 개선안을 마련하는 것이 바람직하다고 사료된다. 물론 모든 기업이 1개월 초과하는 주기로 지급되는 금품을 매월 지급하는 방식으로 바꾼다면 '1임금지급기에 지급하는 금원'은 통상임금과 일치하고 최저임금이 통상임금과 괴리되는 현상도 없을 것이다. 그러므로 적어도 최저임금근로자에 대해서는 1임금지급주기를 넘는 상여금 지급은 고정상여금 아닌 순수성과급에 한정하도록 지도하고 고정상여금의 지급주기에 대한 실태조사를 주기적으로 실시해서 어느 시점에는 고정상여금은 최저임금에 산입하는 방식으로 제도를 개선해 나가야 할 것이다.

Ⅲ. 업종별 지역별 최저임금

최저임금을 업종별 생산성을 반영하여 결정하고 차등을 두는 것은 최저임금을 말 그대로의 최저 기준으로 간주하기보다는 지급할 임금의 표준으로 간주하는 것이다. 반면 최저임금은 '국민경제 차원에서 임금의 최저한도(national minimum)'를 정하는 것이 취지이다. 그러므로 임금에 업종별 생산성 차이를 반영하는 노력은 국민경제 차원에서 임금의 최저 수준을 정한 상태에서 노사가 업종별 협의와 노력을 통해 정하는 것이 바람직해 보인다.

반면 최저임금 고려요소 중의 하나가 생계비임에 비추어 볼 때 지역별 최저임금 차등화는 생계비에 지역 간 차이가 있다면 검토해 볼 여지가 존재한다. 단일한 최저임금 수준은 지역별 불균형발전이 낳은 결과를 희석해서 결정할 수밖에 없다. 그러므로 지역별 최저임금 차등화는 지역 간 불균형을 방관하기보다는 축소하는 장치를 제공한다는 취지에서 검토될 수 있다.

다만 지역별 노동시장 개념을 갖더라도 행정구역별보다는 권역별 개념에 입각하여 접근함이 적절해 보인다. 가장 단순하게는 예컨대 수도권과 비수도권의 지역별 차등을 고려할 수 있을 것이다. 그보다 세분된 수준에서는 생계비와 상관성을 갖는다고 판단되는 지역내총생산(GRDP)의 현저한 차이를 고려할 수도 있을 것이다. 과거 최저생계비가 대도시, 중소도시, 농촌으로 나누어 발표되었던 점에 비추어서, 예컨대 수도권과 비수도권의 대도시, 중소도시, 농촌으로 나누어 최저임금을 결정하는 접근법을 검토할 수 있을 것이다.

수도권 비수도권 지역별 최저임금 차등 결정을 위해서는 과거 중앙생활보장위원회가 최저생계비를 결정하는 과정에 이용한 통계와 분석의 수준을 취지에 맞게 개선하는 작업과 병행할 필요가 있다. 권역별 최저임금 결정은 중앙에서 권역별 대표가 참여해서 일괄 결정하는 방안과 권역별로 최저임금위원회를 설치 운영하는 방안을 고려할 수 있는데 법집행의 일관성과 안정성 등을 위해서는 후자의 경우라도 결정시기는 일치시킬 필요가 있어 보인다. 다만 노사 간 합의를 전제로 하더라도 구체적으로는 향후 상승률을 차등화하는 방안을 고려할 수밖에 없을 것이다.

Ⅳ. 단시간근로자

현행 근로기준법은 단시간 근로자에 대한 초과근로 규정을 통상근로자보다 엄격하게 적용하고 있다. 단시간근로자 문제는 취약근로자 처우개선 차원에서 진행되는 측면이 존재한다. ‘정규시간을 근무하는 전통적 범주의 통상근로자를 벗어난 각종 유형의 근로자를 어떻게 보호할 것인가'의 문제이기도 하다. 여기에는 특수형태근로종사자 등의 사회보험 가입, 교섭권 인정 등 다양한 사안이 포함된다.

2014-15년간에 진행된 노사정 협의 결과 마련한 합의문에서 단시간 근로자의 처우 개선은 최저임금 개편안 아래 위치하고 있어서 후속 최저임금 관련 논의에서 '단시간 근로자의 최저임금은 어떻게 산정하는 것이 적절한가' 라는 문제가 제기된 바 있다. 한편으로는 '유급주휴가 정규적으로 전일제로 일하는 근로자에게 휴일을 부여할 필요성에 입각해서 정의되었는데 단시간근로자에게도 유급주휴를 고려하는 것이 필요한가' 라는 문제가 제기되고, 다른 한편으로는 '만일 주당 15시간 이상을 근로하는 경우만 유급주휴를 비례적으로 계산한다면 15시간 미만과 15시간 근로 사이에 그렇게 단절적 격차를 두는 것이 바람직한가'라는 문제가 존재하기 때문이다.

한편 단시간근로자에 관한 논의를 이처럼 최저임금 개선안의 일부로 논의하는 것은 단시간근로자를 포함한 비전형 근로자 처우개선 문제를 지나치게 협소한 범위로 축소할 우려가 있어 바람직하지 않은 측면이 있다. 그러므로 단시간 근로자의 소득보전 문제는 비전형근로자의 사회안전망 보장이라는 별도의 상위수준 틀 속에서 종합적으로 논의하는 것이 바람직해 보인다.

다만 15시간 미만 근로자의 주휴수당 제도 도입에 국한할 경우 저임금 단시간근로자부터 주휴수당 등 적용배제 항목들을 우선적으로 보장하기 시작한다는 취지에서 15시간 미만 단시간 근로자에게는 '통상적인 최저임금 + 알파(예컨대, 적용배제분 보상 성격의 추가분)'를 최저임금으로 설정하는 최저임금법 틀에서의 개선방안을 고려할 수는 있어 보인다. 주 15시간 이상 근로자와 15시간 미만 근로자가 근로보상에 있어 근본적인 차이를 갖는다고 보기는 어려우므로 단시간 근로자라 하더라도 비례적으로 주휴수당을 보장받는 것이 합리적이라고 판단할 수 있기 때문이다. 다만 이는 최저임금제도를 복잡하게 하는 요인이 되고 그 준수 여부를 감독하는 일에는 실질적 어려움을 제기할 것이다. 앞에서 제기한 바처럼 근로기준법에서 무노동무임금 원칙이 구현되고 주당 1일의 유급휴일도 무급으로 바뀐다면 이러한 어려움은 불식될 수 있을 것이다.

≪7≫ 산업안전보건청의 설립 필요성과 추진 방안

<정진우>

Ⅰ. 서 론

우리나라 산업안전행정업무는 1948년 11월 사회부의 내국(內局)이었던 노동국의 기준과에서 담당하는 것으로 출발하였다. 그리고 1963년 8월 보건사회부의 노동국이 외청인 노동청으로 승격 발족된 후인 1966년 12월 노동국에 산업안전보건업무를 담당하는 과 단위의 조직(산업안전과)이 신설되었다. 1976년에는 산업안전보건업무가 노동국에서 근로기준관 소관업무로 변경되었고, 1981년 4월에는 노동청이 노동부(현 고용노동부)로 승격되면서 산업안전보건업무는 근로기준국 산업안전과에서 수행하게 되었다. 1989년 1월에는 노동부에 산업안전보건업무만을 전담하는 국(局)인 산업안전국을 신설하여 산업안전보건행정을 비로소 노동부 내의 국 단위의 조직에서 담당하게 되었다. 그리고 산업안전보건업무를 담당하는 지방행정조직의 경우는, 당초에는 특별행정기관인 지방노동관서의 근로감독과에서 일반근로기준업무와 함께 담당하던 것을 1987년부터는 산업안전과(현 산재예방지도과)를 신설하여 산업안전보건업무만을 전담하게 되었다. 또한 1987년 12월에는 노동부 산업안전국(현 산재

예방보상정책국)의 외곽조직으로 공공기관인 한국산업안전공단(현 한국산업안전보건공단)을 설립하였는바, 1977년 4월 설립되어 운영되어 왔던 국립노동과학연구소의 기능은 동 공단으로 점진적으로 이관되었다(MoL, 2006).

이와 같이 우리나라의 산업안전보건행정조직은 장기적으로 볼 때 계속적으로 확대·발전되면서 외양적으로는 상당한 규모와 기본적인 형태를 갖추어 왔다. 그런데 산업안전보건행정조직의 질적인 측면에서는 오래 전부터 전문성의 부족을 중심으로 행정조직 안팎에서 많은 문제점이 지속적으로 제기되어 왔다. 특히, 1982년 12월에 근로감독관의 전문성 향상을 위해 신설된 근로감독관직렬이 일반행정직렬과의 승진소요기간 차이 등 당시 노동부의 내부사정으로 1992년 12월에 폐지된 것은(Kim et al., 2006) 산업안전보건업무담당 근로감독관의 전문성이 정체하거나 오히려 퇴보하는 한 원인이 되기도 하였다.

초창기에 산업안전보건행정조직을 구축하는 단계에서는 기초적인 인프라도 형성되어 있지 않은 관계로 물량을 투입하는 것만으로도 그리고 이에 비례하여 소기의 성과를 거둘 수 있었지만, 사회가 전문화되고 복잡·다양해짐에 따라 물량 위주의 행정은 한계에 부딪힐 수밖에 없고, 오히려 산업안전보건에 걸림돌로 작용하는 등 점점 많은 문제점을 드러내게 된다. 다시 말해서, 산업안전보건행정의 초기에는 담당인력의 경우 성실성 중심의 범용인재를 다수 확보하는 것이 중요한 과제였지만, 유해위험요인이 고도화·전문화·복잡화됨에 따라 성실성보다 직무전문성을 갖춘 인재의 필요성이 점점 증대하게 되면서 산업안전보건행정의 제너럴리스트(generalist)적 접근은 점점 많은 부작용을 초래하게 된다. 산업안전보건행정이 산업안전보건을 둘러싼 외부환경의 변화에 부응하지 못하고 여전히 개발시대의 아마추어 행정에 머물고 있다는 비판이 제기되는 핵심적인 이유도 바로 여기에 있다고 할 수 있다.

민간부문의 안전보건조직은 대기업을 중심으로 산업안전보건영역의 전문성, 독립성(자율성) 등을 확보하기 위하여 채용, 경력관리 등에서 꾸준한 발전을 하여 왔다. 이에 반해, 산업안전보건행정조직은 그동안 선진화를 위한 노력이 부분적으로 없었던 것은 아니지만, 구조적인 부분에 대한 손질과 개선이 없었던 관계로 선진적인 안전보건행정조직과 비교하여 많은 문제를 여전히 안고 있다.

산업안전보건은 규제행정의 비중이 큰 특징을 가지고 있기 때문에, 한 나라의 산업안전보건의 발전에 있어 산업안전보건행정이 차지하는 위상과 역할은 클 수밖에 없다. 따라서 산업안전보건행정조직의 수준 여하와 정도가 우리나라의 산업안전보건의 발전에 큰 영향을 미치게 되는 만큼, 이 문제를 해결하지 않고는 우리나라 산업안전보건의 전체적인 발전도 더딜 수밖에 없다는 것은 그간의 경험을 통해서도 쉽게 확인할 수 있다.

본 연구는 이상과 같은 문제의식 하에 산업안전보건 4개 학회(한국안전학회, 한국산업보건학회, 대한직업환경의학회, 한국직업건강간호학회)의 공동요청으로 수행되었다. 4개 학회에서는 현행 산업안전보건행정구조로는 선진적인 산업안전보건행정을 하는 데 근본적인 한계를 가지고 있다는 데 의견을 같이 하였고, 필자 또한 그 취지에 공감을 하면서 이 글을 통해 산업안전보건행정조직이 기본적으로 갖추어야 할 요건과 이를 충족하기 위한 방안으로 산업안전보건청을 설립하는 방안을 구체적으로 고찰하고자 한다.

Ⅱ. 연구대상 및 방법

1. 연구대상

본 연구에서는 우리나라 산업안전보건행정조직을 강화하는 방안으로 산업안전보건청 설립의 필요성과 그것의 추진방안을 고찰하고자 한다.

이를 위하여, 먼저 산업안전보건청에 요구되는 행정적 가치가 무엇인지를 도출하고, 이 도출된 행정가치들에 대한 각각의 내용을 살펴보았다. 그리고 이 행정가치에 비추어 보았을 때, 현행 우리나라 산업안전보건행정조직이 갖고 있는 문제점을 검토하였다. 그 다음으로 주요선진외국의 산업안전보건행정조직의 사례를 살펴보았다. 마지막으로 우리나라에 산업안전보건청을 설립하는 방안을 제시하였다.

2. 연구방법

산업안전보건청에 요구되는 행정적 가치로서 전문성, 효과성(효율성), 독립성(자율성), 특수성, 능동성의 내용을 이론적으로 고찰하여 밝히고, 이러한 각 가치에 비추어 본 우리나라 산업안전보건행정조직의 문제점을 행정경험에 입각하여 경험적으로 논구(論究)하였다. 선진외국의 산업안전보건행정조직 사례로, 산업안전보건청 조직을 가지고 있는 대표적인 국가인 영국·미국, 산업안전보건청 조직은 아니지만 실질적으로 산업안전보건청과 같은 전문성을 확보하고 있는 독일, 그리고 우리나라와 외양상 유사한 행정조직을 갖고 있는 일본의 사례를 각각 조사·분석하였다. 마지막으로, 앞의 논의를 토대로 우리나라의 산업안전보건행정조직을 선진화하는 방안으로서 산업안전보건청을 설립하는 방안을 단기적 방안과 중기적 방안으로 구분하여 구체적으로 제시하였다.

Ⅲ. 연구결과 및 고찰

1. 산업안전보건행정조직에 필요한 가치

가. 전문성

산업안전보건행정은 주로 사업장의 유해하거나 위험한 기계·설비·시설, 화학물질 등을 제조하거나 취급하는 작업으로서 많은 유해위험성이 수반되는 작업을 관리·규율하는 업무이기 때문에 행정담당자에게도 당연히 높은 전문성이 요구된다. 이와 관련하여 ILO의 「공업 및 상업부문에서의 근로감독에 관한 협약」(제81호)에서도 이미 오래 전부터 "산업안전보건법규 집행 및 공정·재료·작업방법의 안전보건에 미치는 영향의 조사를 위하여 산업안전보건행정조직에 의학·공학·전기학·화학 분야의 전문가를 포함한 충분히 역량을 갖춘 기술자 및 전문가가 감독업무에 관여할 수 있도록 필요한 조치를 확실히 취하여야 한다."(제9조)고 규정하고 있다(ILO, 1947).

특히 유해위험요인, 작업환경 등이 점점 고도화·대규모화되고 복잡화·다양화되고 있는 점을 고려할 때, 전문성이 확보되지 않고는 산업안전보건업무에 적절하고 적확하게 대응하는 데 근본적 한계가 노정될 수밖에 없고, 이는 의도하든 의도하지 않든 심각한 결과를 초래할 수 있다. 휴브글로벌 불화수소 누출사고, 세월호 침몰사고, 가습기살균제 사고, 메르스(MERS) 사태 등 최근에 발생한 대형사고도 행정기관의 전문성 미흡이 사고 발생 및 대형화에 한몫을 하였음은 주지의 사실이다.

그리고 행정기관에 전문성이 확보되어 있어야 정교하고 내실 있는 사전예방 지도뿐만 아니라, 사고발생 후 면밀한 재해조사(감독)를 통해 사고원인을 정확하게 찾아내고, 또 이를 토대로 적절하고 실효성 있는 대책을 마련할 수 있다. 그렇지 않으면 행정기관은 책임회피용으로 사고 발생 후의 당사자 처벌에 치중되고 여론제스처용의 대증요법으로 당장의 급한 불을 끄는 데에만 매몰될 가능성이 커진다.

한편, 근로감독관들은 현재 모두 특별사법경찰관리로 임명되고 있는데, 이 특별사법경찰제는 전문화된 기능별로 전문성이 부족한 일반사법경찰관리로서는 직무수행이 불충분한 점을 고려하여, 전문적 지식이 정통한 행정공무원에게 사법경찰권을 부여하여 수사활동을 하도록 하기 위해 제도화한 것이다(Sin et al., 2012). 따라서 특별사법경찰제의 취지로 볼 때, 산업안전보건업무담당 근로감독관에게는 산업안전보건감독업무에 대한 전문성을 갖추는 것이 필수불가결하게 요구된다고 할 수 있다.

나. 효율성(효과성)

산업안전보건행정의 경우에도 다른 행정과 마찬가지로 재원과 인원이 제약되어 있는 상황에서 업무를 할 수밖에 없기 때문에 당연히 효율적이고 효과적인 행정이 도모되어야 한다. 즉, 가능한 한 적은 비용으로 높은 효과를 달성하는 것은 산업안전보건행정 또한 반드시 추구하여야 할 가치이다. 그래야 산업안전보건행정이 경영계를 위시한 산업안전보건관계자들로부터 실질적인 신뢰와 협력을 얻을 수 있을 것이다.

산업안전보건규제는 전형적인 사회규제로서 다른 분야에 비하여 상대적으로 규제를 강화할 필요성이 크지만, 그렇다고 산업안전보건규제 자체가 선이라는 식으로 등식화하는 것은 결코 올바른 접근이라고 할 수 없다. 사회가 복잡해지고 다양화됨에 따라 고려하여야 할 변수가 많아질수록 규제의 품질과 효율적 집행이 중요한 가치로 등장하게 된다. 이를 위해서는 산업안전보건규제 집행기관인 산업안전보건행정기관이 규제를 정교하고 효과적으로 제정하고 운용하는 능력을 반드시 구비하여야 한다.

또한 산업안전보건행정조직의 구성원들이 기본적인 업무에 대해서는 다른 기관의 조력을 받지 않고 독자적으로 판단하고 수행할 수 있는 능력을 갖추어야 한다. 그렇지 않으면, 혼자서도 할 수 있는 일을 불필요하게 두 명 이상이 중복적으로 하게 되는 행정의 비효율성이 초래되고 유관기관 모두의 발전에 지장을 줄 수 있기 때문이다.

다. 특수성

산업안전보건업무는 업무의 성격, 학문적 배경 등에 있어서 고용노동분야의 다른 업무와 달리 기본적으로 전문기술적 지식[공학(기계공학·전기공학·화학공학·건축공학), 자연과학(화학·생물학·물리학), 의학·간호학 등]이 많이 요구되는 업무로서, 고용노동부 내의 다른 부서의 업무와 이질적이고 특수한 성질을 가지고 있다. 산업안전보건업무의 이러한 이질성과 특수성은 산업안전보건법령의 내용을 보더라도 쉽게 알 수 있다.

따라서 산업안전보건행정조직의 담당인력은 채용 시부터 산업안전보건업무의 성격에 적합한 전문인력을 별도의 채널을 통해 확보하고, 채용 후에는 이들이 산업안전보건에 관한 전문적 경력관리를 할 수 있는 기회를 제공하여야 하며, 또한 동 업무에 요구되는 역량의 확보를 위하여 전문적인 교육훈련이 지속적으로 이루어지는 구조를 제도적으로 갖출 필요가 있다.

라. 독립성(자율성)

산업안전보건업무 담당자들과 관리자들의 전문성이 확보되기 위해서는 산업안전보건분야의 독립적인 인사구조를 확보하는 것이 필요하다. 그래야 산업안전보건업무 담당자들이 자신들의 지식과 경험을 축적할 수 있고, 관리자들 또한 산업안전보건업무에 대해 전문적이고 실질적인 리더십을 발휘할 수 있기 때문이다.

그리고 산업안전보건부서가 고용노동부의 1개국으로만 존재하는 관계로 이론적 지식 외에 경험에 있어서도 산업안전보건에 문외한일 가능성이 큰 장관까지의 결재과정에서 초래되는 비효율성, 고용노동부 내의 다른 부서와의 인사상의 안배 등으로부터의 해방을 통해 산업안전보건업무가 전문성을 바탕으로 강력한 추진력을 가지기 위해서는 산업안전보건부서의 독립성과 자율성이 행정구조적으로 보장될 필요가 있다.

마. 능동성

산업안전보건업무(특히 산업보건업무)는 다른 업무와 비교하여 덜 가시적(可視的)이고 즉각적이지 않으며, 그 발생확률도 낮은 특징을 가지고 있어 현실적으로 기업 등 행정대상이 스스로 안전보건을 관리하는 정(正)의 인센티브를 갖기 어렵다. 다시 말해서, 산업안전보건관리는 일을 한다고 하여 바로 효과가 나타나는 것이 아니고, 거꾸로 일을 하지 않는다고 바로 문제가 겉으로 표출되는 것이 아니기 때문에, 생산업무 등과 달리 기업 등 조직에서 자율적으로 이루어지기 어렵다는 특징을 가지고 있다. 산업안전보건분야가 시장실패가 발생하는 전형적인 영역이라고 말하는 이유가 여기에 있다.

그런 만큼 행정기관의 역할이 중요할 수밖에 없고, 특히 행정기관에서는 기업 등 조직에 대하여 다양한 방식으로 산업안전보건관리를 적극적으로 추진하도록 능동적인 역할을 하는 것이 매우 중요하다.

그리고 산업안전보건업무는 재난관리업무와 달리 사고발생 후 대책(대응, 구조, 복구)이 아닌 사전예방업무를 그 주된 대상으로 하고 있기 때문에, 밖으로 문제가 드러나거나 발생하기 이전에 미연에 문제를 파악하고 대처하는 것이 무엇보다 중요하고, 따라서 능동적 접근과 자세가 행정기관에게 중요하게 요구되는 가치라고 할 수 있다.

2. 현행 산업안전보건행정조직의 문제점

현대 산업안전보건행정에 요구되는 앞에서 언급한 행정가치들의 관점에서 볼 때 우리나라 산업안전보건행정조직은 재해예방 선진국가들과 비교하여 그들 나라에서 찾아볼 수 없는 많은 문제점을 가지고 있는 것으로 지적되고 있다. 전술한 바와 같이 한 나라의 산업안전보건분야에서 행정조직이 차지하는 비중이 그 무엇보다 크다고 볼 때, 우리나라 산업안전보건행정조직의 문제점은 고스란히 우리나라 산업안전보건의 발전에 기여하는 역할을 하지 못하거나 나아가 걸림돌로 작용하는 것으로 연결될 수 있다. 따라서 우리나라 산업안전보건수준의 선진화를 위해서는 우선적으로 우리나라 산업안전보건행정조직이 안고 있는 문제점을 구체적으로 진단하고 살펴보는 것이 필요하다고 할 수 있다.

가. 전문성의 부족

전문성은 산업안전보건행정조직에 요구되는 핵심적 가치라

고 할 수 있다. 바꾸어 말하면, 전문성 부족은 우리나라의 현행 산업안전보건행정조직이 가지고 있는 문제의 근본원인에 해당하는 것이다. 그런데 현행 산업안전보건행정조직은 채용, 교육훈련, 경력관리 어느 단계에서도 전문성이 확보되기 어려운 구조로 되어 있다.

채용단계를 보면, 산업안전보건업무에 종사하는 자를 동 업무의 특수성을 감안하지 않은 채 산업안전보건에 대한 기초지식과 경험, 즉 직무전문성을 고려하지 않고 대부분 일반공채를 통해 범용인재를 선발하는 구조를 취하고 있다. 그러다 보니 산업안전보건에 대해 아무런 전문성을 갖추지 못한 자가 본인의 의사에 관계없이 산업안전보건부서에 배치되고 있다. 게다가 채용 후에는 고용노동부 내의 모든 업무를 대상으로 순환보직을 하는 인사구조인 관계로, 산업안전보건업무에 대한 지식과 경험이 축적될 수 없어 제너럴리스트가 양산될 수밖에 없는 구조로 되어 있다. 그리고 교육훈련의 경우도, 설령 산업안전보건에 대한 경험이 있는 자라 하더라도, 체계적으로 전문지식을 습득할 기회가 턱없이 부족하다 보니 실무경험만 가지게 될 뿐이고 전문지식까지를 겸비하는 것은 개인적인 노력을 하지 않는 한 매우 어려운 구조로 되어 있다고 할 수 있다.

그러다 보니 산업안전보건에 대한 이론적 지식과 경험이 없거나 일천한 자들이 산업안전보건분야에서 가장 중요한 위상을 갖는 산업안전보건행정을 책임지거나 담당하는 역할을 하는 아이러니한 현상이 벌어지고 있는 것이다. 이는 산업안전보건행정의 전문적 권위의 결여와 기업 등 산업안전보건관계자의 산업안전보건행정에 대한 깊은 불신으로 연결되고 있다.

산업안전보건을 둘러싼 시대적 요구 및 환경 변화에 제대로 부응하지 못하고 후진적인 행정문화인 아마추어 행정에 머물러 있는 것도 기본적으로 전문성 부족에 기인한다. 그러다 보니 근로감독관제 또는 특별사법경찰제의 취지 또한 제대로 살리지 못하고 있는 것이다.

산업안전보건행정기관의 전문성 문제를 해결하지 않고는 선진적 산업안전보건은 요원한 일이 될 수밖에 없다. 즉 선진적 산업안전보건수준의 달성을 위해서는 산업안전보건행정의 전문성은 반드시 해결되어야 할 문제이다. 산업안전보건행정의 비전문성은 업무의 집행에 있어 한편으로는 소극적이고 미봉적인 행정을 초래할 가능성이 크고, 다른 한편으로는 처벌을 위한 처벌과 권한남용을 불러올 가능성이 높다.

나. 효율성(효과성)의 미흡

고용노동부의 산업안전보건업무에 대한 전문성 부족으로 산업안전보건행정의 상당부분이 고용노동부의 산하기관인 산업안전보건공단의 지원에 의존하거나 동 기관의 손을 한 번 거치는 구조를 취하고 있다. 쉽게 말하여 한 개의 기관이 해도 될 것을 두 개의 기관이 하는 행정의 비효율이 구조적으로 발생하고 있는 것이다. 비교법적으로 보더라도 행정기관의 비전문성을 전제로 행정기관을 보좌(지원)하는 기관을 제도화하고 있는 사례는 선진외국에서는 찾아볼 수 없다. 선진외국의 경우 (준)공공기관이라 하더라도 그 역할이 행정기관과 엄연히 구분되어 있다.

순환보직 인사 제도 하에서 산업안전보건에 전문성이 없는 자가 산업안전보건에 배치되고, 배치 후 업무수행과정에 전문성이 없어도 행정조직 내에서 양해가 되며, 당사자 스스로도 그다지 부끄러워하지 않는 분위기가 관행으로 굳어져 있다. 그리고 승진 등의 인사에 있어 능력과 성과가 실질적인 기준으로 활용되지 않는 등 업무의 효과를 담보하지 못하는 구조로 되어 있다.

아무리 좋은 산업안전보건제도를 갖추고 있다 하더라도, 집행기관이 이를 제대로 운용할 능력을 갖추고 있지 못하면 산업안전보건행정의 실효성을 거둘 수 없다. 현재 산업안전보건법규상의 많은 제도가 그 취지와 내용에 대한 산업안전보건행정조직의 몰이해로 잘못 집행되거나 방치되는 등 현장작동성을 확보하지 못하는 일이 광범위하게 벌어지고 있다는 것은 많은 전문가들에 의해 오래 전부터 지적되고 있는 부분이다.

산업안전보건행정조직에 전문성이 없다 보니 행정조직에서 수행하여야 할 일까지 '정책연구'라는 이름하에 무차별적으로 외부에 연구용역을 의뢰하는 일이 다반사로 발생하고, 전문성 및 일관성의 부족으로 연구용역 결과가 제대로 활용되지 않음으로써 국가재정의 큰 낭비를 초래하고 있다.

한편, 산업안전보건공단의 위상의 모호성(회색조직) 및 비효과성의 문제를 지적할 수 있다. 먼저 동 공단의 기업 등을 대상으로 한 직접적인 기술지원 또는 기술지도(교육을 포함한다)의 효과에 대해 많은 의문이 제기되고 있다. 법정의무사항에 대한 기술'지원'이라면 공공기관에서 수행하는 것이 바람직하지 않고, 즉 민간기관에서 수행하는 것이 바람직할 것이고, 벌칙을 수반하지 않는 권고적 성격의 기술'지도'라면 전문성 확보를 전제로 고용노동부에서 감독권을 배경으로 수행하는 것이 보다 효과적일 것이고, 이것이 국제적으로도 일반적인 양태이다. 선진외국에서는 사업장을 대상으로 한 직접적인 기술지원 또는 기술지도를 주된 목적으로 업무를 수행하는 (준)공공기관을 찾아볼 수 없다. 독일의 산재보험조합, 일본의 중앙노동재해방지협회가 외양상으로는 산업안전보건공단과 유사한 것 같지만, 업무수행 내용에서 보면 본질적으로 차이가 있다는 것을 알 수 있다.

다. 특수성의 미 고려

산업안전보건업무는 고용노동부 내의 다른 업무와 매우 이질적인 특성을 가지고 있다. 따라서 채용, 교육훈련, 경력관리에 있어 고용노동부의 다른 부서와 특수한 접근이 필요하다. 그러나 현재는 단지 고용노동부 내의 한 부서로 존재하는 구조로 되어 있어 업무의 특수성이 제대로 반영되지 않는 관계로 인사 및 조직관리 등에 있어 다른 부서와 동질적으로 취급되고 있는 실정이다. 그러다 보니 채용, 교육훈련, 경력관리 등에 있어 과거와 비교하여 별다른 변화 없이 여전히 초보적인 수준에 머물러 있고, 그 결과 행정의 전문성과 효과성 등을 충분히 제고시키지 못하고 있다.

지방노동관서의 설치지역을 정할 때에도 산업안전보건분야와 다른 분야는 고려하여야 할 요소가 이질적이다. 그런데 현재는 동일한 지방노동관서에 다른 부서와 같이 존재하는 관계로 산업안전보건분야의 지역적 특수성을 제대로 반영하기 어렵다. 예를 들면, 서울지역은 다른 지역에 비하여 업종의 특성상 산업안전보건부서의 필요성이 적음에도 불구하고, 행정기관(지방관서)의 한 부서로서의 최소조직(인원)을 갖추어야 하기 때문에, 서울지역 전체적으로 보면 유해위험업종이 많이 존재하는 다른 지역보다 산업안전보건부서가 기형적으로 많이 설치되어 있는 모순이 존재하고 있다.

그리고 고용노동부 내에서 감독행정인 산업안전보건업무가 고용업무와 같은 급부행정과 한 울타리에 존재하다 보니, 기획관리(또는 총무)부서와 관리자들의 상당수가 감독행정의 특수성을 고려하지 않고 산업안전보건행정에 급부행정의 논리를 그대로 적용하거나 양자를 동일한 방법으로 접근하려고 하는 등 엉

뚱한 일이 종종 벌어지기도 한다.

라. 독립성(자율성)의 미약

현재 산업안전행정조직은 고용노동부의 한 부서로 존재하고 있어, 즉 산업안전보건부서의 독립성이 결여되어 있어 일선의 산업안전보건업무 담당자(근로감독관)뿐만 아니라 관리자 또한 비전문가로 채워지는 경우가 비일비재하다. 그러다 보니 일선담당자와 관리자 모두 어려운 문제에 무관심하거나 소극적이고 무책임하게 대응할 가능성이 높고, 특히 관리자의 경우에는 자신이 모르는 문제에 대해 지휘와 판단 등을 제대로 하지 못하여 소위 '주사(主事)행정'을 조장할 수 있으며, 관심이 높다 하더라도 전문성이 없는 상태에서는 오히려 '선무당이 사람 잡는' 부작용이 발생하는 등 전문적 리더십을 발휘하지 못할 가능성이 높다.

그리고 고용노동부 내의 다른 부서와 동일한 기준을 적용받고 산업안전보건부서에 독립성이 보장되어 있지 않다 보니, 채용, 직무교육 등에 있어서도 독자적인 경로를 갖기 어렵고, 또한 고용노동부 내부직원들에게 선호부서와 비선호부서(기피부서) 간에 공평한 인사기회를 부여한다는 이름하에 산업안전보건부서도 다른 부서와 동일선상에서 순환보직 인사의 대상이 되고 있다.

역사적으로 볼 때 재해예방의 필요성과 전문성은 위험도가 가장 높은 산업안전보건분야에서 출발하였고, 현재도 유해위험요인에 접촉할 가능성이 가장 많은 곳은 산업안전보건분야라는 사실에는 변함이 없다. 그런데 우리나라의 경우, 식품의약안전처, 국민안전처 등 위험도에 있어 산업안전보건분야보다 높다고 볼 수 없는 분야에서는 독립적 행정기관이 설치되어 있음에도 불구하고, 도리어 위험도가 상대적으로 높은 산업안전보건분야는 독립된 행정기관으로 존재하지 않는다는 것은, 그만큼 산업안전보건행정이 아마추어 행정으로 흐를 개연성을 높인다고 할 수 있다.

한편, 고용노동부 산업안전보건행정조직의 외곽기구라고 할 수 있는 산업안전보건공단은 고용노동부가 비전문적이라는 전제 하에 고용노동부의 업무를 보좌하는 것을 그것의 주된 역할로 삼고 고유의 자율적인 영역을 제대로 구축하지 못하고 있다. 고용노동부의 비전문성이 산업안전보건공단의 자율성에도 역기능을 미치는 결과를 초래하고 있다고 말할 수 있다.

마. 능동성의 결여

산업안전보건분야에 종사하는 직원들의 전문성 부족은 산업안전보건문제에 대한 능동적·선제적인 접근, 근본적 원인분석보다는 제재 위주의 단기적이고 피상적 접근, 대증요법으로 연결되기 쉽다.

그리고 잦은 보직 이동으로 인한 산업안전보건부서에 단기간 보임하는 관계로 업무에 대한 열정 투여와 전문성 향상 노력에 대한 인센티브 기제가 작동하기 어렵고, 관리자들에 의한 책임행정 또한 이루어지기 어렵다. 이것은 산업안전보건업무의 비가시성(非可視性)이라는 특성과 맞물려 수동적 뒷북행정, 대충주의, 전시성·캠페인성 행정을 조장하고 권한-책임의 불일치의 결과를 초래하는 방향으로 작용하기 십상이다.

한편, 고용노동부의 자율적 능력이 부족한 상태에서 산하기관인 산업안전보건공단의 존재는 고용노동부(본부, 지방조직)의 동 공단에 대한 의타심 조장과 자율적 능력 신장 필요성에 대한 둔감을 초래하고 있다. 전문성이 요구되는 업무일수록 자신의 업무를 스스로 처리한다는 인식보다는 산하기관인 산업안전보건공단으로부터 도움을 받으면 된다는 안이한 인식을 하는 관행이 자리 잡고 있는 것이다. 현행 산업안전행정구조 하에서 양 기관은, 당장은 외양상으로 상호보완관계인 것으로 보이지만, 중장기적으로는 각 기관의 발전에 역기능을 초래하고 있고 앞으로는 그 역기능이 점점 심해질 것으로 보인다.

3. 선진외국의 산업안전보건행정조직

가. 영 국

노동연금부(Department for Work and Pensions)의 외청조직으로 보건안전청(Health and Safety Executive, HSE)이 설치되어 있다. HSE는 노동연금부의 소관업무 중 사업장의 안전보건업무만을 독립적이고 전문적으로 수행한다. HSE는 노동연금부 산하에 있지만, 사업장의 안전보건에 관한 업무는 대부분 HSE 책임 하에 이루어진다. 즉 사업장의 안전보건에 관한 업무는 사실상 HSE가 담당하고 있다고 할 수 있다. HSE에는 보건안전감독관 외에 다양한 직무별 기술자, 과학·의학전문가 등이 골고루 배치되어 있다. 이 중 근로감독관은 안전보건 관련지식을 가지고 있는 자를 중심으로 채용하여 2년간의 교육훈련을 받아 정식의 근로감독관으로 채용되고, 채용 후에는 높은 전문성을 바탕으로 산업안전보건업무에만 종사하면서 그들의 직업세계에서 뒤지지 않도록 대학기관 등에서 지속적으로 전문적인 직무교육을 다양하게 받는다(AllAboutCareers, 2017; GTI Media Ltd., 2017).

나. 미 국

노동부(Department of Labor)의 외청조직으로 산업안전보건청(Occupational Safety and Health Administration, OSHA)이 설치되어 있다. OSHA는 노동부의 소관업무 중 산업안전보건만을 독립적이고 전문적으로 수행한다. OSHA는 노동부 산하에 있지만, 산업안전보건에 관한 업무는 대부분 OSHA 책임 하에 이루어진다. 즉 산업안전보건업무는 실질적으로 OSHA가 담당하고 있다고 볼 수 있다. OSHA에는 안전보건감독관 외에 다양한 직무의 전문가, 기술자 등이 다수 배치되어 있다. 안전보건감독관은 빈자리의 직무요건에 맞는 자, 즉 산업안전보건 관련지식과 실무경험을 이미 상당히 가지고 있는 자 중에서 선발한다(Bauer, 2017; Study, 2017). 그리고 채용 후에는 산업안전보건분야의 특정업무에만 오랫동안 종사하고 산업안전보건 전문교육기관(Occupational Training Institute, OTI)에서 다양하고 심층적·전문적인 직무교육을 지속적으로 받는다.

다. 독 일

독일에서는 산업안전보건업무가 연방정부의 노동사회부와 주정부의 노동 관련부처에서 고용업무와 조직적으로 분리하여 수행되고 있다. 고용업무는 연방고용청(Bundesagentur für Arbeit, BA)에서 별도로 담당하고 있어 고용업무는 산업안전보건업무 등 다른 업무와 조직적으로 명확하게 분리되어 있다. 산업안전보건업무를 담당하는 지방조직은 주(Land)마다 다르지만, 노동보호(주로 산업안전보건)업무만을 전담하여 수행하는 형태와 환경, 제품안전 등 다른 업무와 함께 수행하는 형태로 대별된다(BAuA, 2016; Wikipedia, 2017b). 어떤 형태이든 산업안전보건업무에 대해 채용과정을 포함한 인사의 독립성을 보장하고 있어 산업안전보건업무는 고도의 전문성이 유지되고 있다. 구체적으로 보면, 감독관은 이공계 전공자 중에서 2년간의 전문교육을 실시한 후 정식으로 채용되고, 채용 후에는 산업안전보건업무에 지속적으로 근무하면서 전문적인 재교육을 받고 있다. 노동보호업무만을 전담하는 조직형태에서는 모성 및 청소년 보호업무도 일부 이루어지고 있지만, 양적으로 볼 때 주로 산업안전보건업무를 수행하고 있어, 감독관을 포함한 조직구성원의 대부분은 지위고하를 막론하고 산업안전보건 관련분야의 전공자로 구성되어 있다(Bayerisches Landesamt für Gesundheit und Lebensmittelsicherheit, 2017). 다른 업무와 통합적으로 수행하는 형태는 종전의 지방의 노동보호청(Die Staatlichen Amt für Arbeitsschutz, StÄfA)이 행정개혁의 일환으로 산업안전보건과 유사한 다른 전문기술부서가 통합된 것으로서 산업안전보건업무의 전문성은 여전히 높은 수준으로 유지되고 있다(BAuA, 2013; Wikipedia, 2017a).

라. 일 본

일본에서 산업안전보건업무는 후생노동성 본성의 안전위생부와 지방의 도도부현 노동국 감독과, 노동기준감독서의 안전과, 노동위생과에서 수행되고 있다. 그리고 산업안전보건업무는 노동기준감독관과 산업안전전문관/노동위생전문관, 노동위생지도의(勞動衛生指導醫)에 의해 수행되고 있는데, 이들은 고용업무 및 일반사무 담당자와 채용, 경력관리 등 인사에 있어 확연히 분리되어 있다. 산업안전전문관/노동위생전문관은 산업안전보건업무 중 특히 전문적인 지식을 필요로 하는 사무를 담당하는 자로서 중앙(본성)과 지방(도도부현 노동국, 노동기준감독서)에 각각 배치되어 있고, 노동위생지도의는 도도부현 노동국에 비상근으로 배치하여 근로자의 건강 확보에 필요한 업무를 수행하도록 하고 있다(JMoHLW, 2017). 노동기준감독관은 노동기준감독관직렬(법문계, 이공계)을 별도로 두어 노동기준감독업무의 범위 내에서만 정기채용 및 경력관리 등이 이루어지도록 함으로써 그 나름대로 감독관의 전문성을 확보하고 있고, 추가적으로 높은 전문적 지식을 필요로 하는 업무에 대해서는 전문관과 노동위생지도의를 통해 제도적으로 보완하고 있다.

4. 산업안전보건청 설립의 필요성 및 효과

가. 산업안전보건청 설립의 필요성

이상에서 우리는 우리나라의 산업안전보건행정조직이 그에 요구되는 행정적 가치기준에 비추어 볼 때 많은 구조적 문제점을 가지고 있다는 것을 알 수 있었다. 그에 반해, 재해예방 선진외국의 경우에는 조직형태·방법에 있어서 차이는 있지만 공통적으로 높은 수준의 직무전문성을 각국의 특성에 맞게 확보하고 있다는 사실 또한 알 수 있었다.

그렇다면 우리나라 산업안전보건행정조직이 안고 있는 문제를 해결하기 위해서는 어떠한 방법이 있을까. 먼저 우리나라와 행정문화가 유사한 일본의 산업안전보건행정구조와 같이 노동기준감독직렬과 전문관제도 등을 법제화하는 방안을 생각해 볼 수 있다. 물론 이 방안 역시 여러 가지 면에서 현행 산업안전보건행정조직에 긍정적인 효과를 가져 올 수 있지만, 일본과 달리 임금 등 일반감독의 비중이 매우 큰 우리나라 현실을 고려하면, 이 방안에 따른 행정구조 하에서도 채용, 직무교육 등이 일반감독업무를 중심으로 또는 일반감독업무를 안배하면서 운영될 가능성이 크기 때문에 여전히 산업안전보건업무가 일반감독업무에 치이거나 부차적인 위치에 놓일 가능성이 매우 높다. 즉, 일본과 같은 방식으로는 산업안전보건업무의 특수성을 충분히 반영하는 것이 어려워 감독관 개인 및 관리자의 전문성 확보, 행정효율성 개선 등에 일정 정도의 효과는 거둘 수 있겠지만 큰 효과는 기대하기 어려울 것으로 보인다.

독일의 산업안전보건행정조직은 전통적으로 많은 주에서 일반근로감독 등 다른 노동보호분야와 통합적으로 운영되어 일견 우리나라와 유사한 구조인 것처럼 보이지만, 일반근로감독업무에 우리나라에서 가장 많은 업무비중을 차지하고 있는 임금업무가 제도적으로 제외되어 있고 산업안전보건업무와 유사한 모성 및 연소자 보호업무만이 포함되어 있기 때문에 산업안전보건업무가 업무의 중심을 이루고 있고, 이에 따라 산업안전보건업무의 독자성과 전문성 등이 철저히 보장되고 있다고 말할 수 있다. 그리고 최근 일부 주의 경우에는 환경, 제품안전 등의 업무와 물리적으로 통합되어 운영되고 있기도 하지만 이들 업무가 안전보건업무와 유사한 성격을 가지고 있어 산업안전보건업무의 독자성과 전문성 등이 훼손되었다고 보기 어렵다. 요컨대, 독일은 산업안전보건행정조직은 외양상 다른 업무와 통합 운영되는 것으로 보이지만, 실질적으로는 산업안전보건업무의 기술전문성에 높은 가치를 부여하면서 산업안전보건업무를 독립적으로 운영하고 있다고 말할 수 있다.

영국과 미국은 북유럽의 여러 국가와 마찬가지로 산업안전보건업무만을 독립된 외청조직에서 전문적으로 수행하는 전형적인 유형의 국가이다. 산업안전보건업무가 고용노동부 업무의 부차적인 위상이 아닌 중심적인 위상을 가지고 있으면서 산업안전보건행정이 국내뿐만 아니라 대외적으로 두터운 신뢰를 받고 있으며, 이러한 산업안전보건행정조직은 세계의 산업안전보건을 선도하는 데에도 중요한 역할을 하고 있다.

위에서 살펴본 것처럼, 산업안전보건행정조직을 강화하더

라도 그것이 고용노동부 내부의 국 또는 실의 형태(본부)로 존재하는(지방의 경우 한 과의 형태로 존재하는) 조직개편인 경우에는, 우리나라의 현실에서는 앞에서 지적한 문제를 해결하는 데 있어, 즉 산업안전보건행정조직에 요구되는 전문성 등의 행정가치를 실현하는 데 있어 그 실효를 충분히 거두기 어려울 것으로 판단된다. 산업안전보건행정에 독립성이 보장되지 않는 상태에서는, 기술직 등 일부 직원을 주로 산업안전보건부서에 배치하더라도, 산업안전보건행정조직 전체적으로 볼 때 채용, 직무교육 및 경력관리에 산업안전보건업무의 특수성을 충분히 반영하는 것이 불가능할 것이고, 따라서 그 개선효과는 낮을 수밖에 없을 것이다. 따라서 산업안전보건행정조직을 고용노동부와 독립적인 행정구조인 외청, 즉 산업안전보건청을 설립하는 것이 타당하다고 생각된다.

한편, 산업안전보건업무는 고용노동부에서 오래 전부터 하나의 국(지방관서의 경우에는 과)으로 존재하여 온 사실에서도 알 수 있듯이 이미 불충분하나마 업무의 독자성을 인정받아 왔고 그 성격에 있어 고용노동부 내의 다른 업무와 이질적이어서 산업안전보건부문과 다른 부문이 명확하게 구분될 수 있기 때문에, 산업안전보건부문이 고용노동부에서 청으로 독립하여 나오는 것은 논리적·현실적으로 충분히 가능한 일이라고 생각된다.

나. 산업안전보건청 설립의 효과

산업안전보건청 설립은 순환보직제도와 같은 제너럴리스트만을 양산할 뿐 직원 개개인들의 경험과 지식의 축적을 방해하고 직무전문성이 제대로 존중되지 않는 현재의 행정조직구조를 개선하는 데 크게 기여할 것이다. 즉, 산업안전보건업무의 노하우 전수체계를 갖추고 직원들이 일을 해나가면서 체계적으로 경력을 쌓아가는 환경을 조성하는 역할을 할 것이다. 그리고 직원들의 전문성 확보를 통하여 인력을 증원하는 효과를 거둘 수 있고, 기업 등 행정대상으로부터 전문적 권위를 인정받을 수 있는 토대가 마련될 것으로 생각된다.

이를 통해, 고용노동부 산업안전보건행정조직이 자체적이고 독자적인 역량을 갖출 수 있는 조직으로 거듭남으로써, 산업안전보건공단 역시 고용노동부 산업안전보건업무의 보좌적인 역할이 아닌 자신들의 본연의 역할을 충실하게 수행할 수 있는 기반이 형성될 수 있을 것으로 생각된다. 또한 청장을 포함한 관리자들이 산업안전보건 전문가로 채워짐에 따라 조직 전체적으로 비전문가에 의한 아마추어적 판단과 지휘 등이 제거되고 전문적 리더십이 발휘될 수 있는 체제가 구축되는 만큼, 산업안전보건행정에 적극적이고 강한 추진력이 생길 것으로 예상된다. 이에 따라 조직의 확장성도 그만큼 커지면서 명실상부한 산업안전보건행정조직의 면모를 갖출 수 있을 것이라고 판단된다.

한편, 산업안전보건청 설립은 산업재해 예방에 대한 정부의 책무를 본 궤도로 올려놓는 계기이자 정부의 책무를 실질적으로 강화하는 시그널이 될 수 있을 것으로 보인다. 현재는 산업재해 예방의 많은 역할을 사업주가 부담하는 산재보험료(산업재해보상보험및예방기금)로 운영하는 산업안전보건공단(100% 정부출연기관)이 수행하고 있는데, 동 공단이 현재 수행하고 있는 역할 중 정부조직인 산업안전보건청이 수행하는 것이 보다 적절한 업무는 일반회계로 운영되는 산업안전보건청이 수행하는 것으로 전환될 것이기 때문이다. 산업안전보건공단의 조직과 인력이 일부 산업안전보건청으로 전환되는 것은 국가 재정이라는 관점에서 보면 재원이 바뀌는 것일 뿐 비용이 추가적으로(새롭게) 소요되는 것은 아니다.

물론 산업안전보건청이 설립된다고 하여 자동적으로 산업안전보건행정이 선진화되는 것은 아닐 것이다. 즉, 산업안전보건청 설립이 선진적인 산업안전보건행정의 필요충분조건이라고는 할 수 없을 것이다. 그러나 청 설립은 선진적인 산업안전보건행정을 달성하기 위한 기반을 구축하는 것으로서, 우리나라의 산업안전보건행정, 나아가 산업안전보건수준의 질적 도약을 위한 필요조건으로서의 위상을 갖는다고 할 수 있다.

5. 산업안전보건청 설립 방안

산업안전보건청을 설립하는 방안으로는 여러 가지가 있을 수 있다. 그 중 하나의 방안으로, 산업안전보건청 설립과 동시에 그 체제(구성)를 모두 갖추거나 채우는 방안도 생각해 볼 수 있지만, 우리나라에서 산업안전보건청 설립문제를 검토할 때는 불가피하게 산업안전보건행정조직의 외곽기구인 산업안전보건공단의 기능·인력조정을 전제하여야 하기 때문에, 이에 따른 혼란을 최소화하고 연착륙을 하기 위해서는 단계적으로 추진하는 것이 합리적일 것으로 생각된다. 그래서 이 글에서는 단기적 방안과 중기적 방안으로 구분하여 제안하고자 한다.

가. 단기 방안

고용노동부의 산업안전보건조직인 본부의 산재예방부서와 지방고용노동관서의 산재예방지도과를 고용노동부로부터 분리하여 산업안전보건청으로 이전한다. 본부는 외청으로서 최소규모인 2개국 체제(인사, 감사 등 지원부서는 청장 직속의 과 체제)로 출발하고, 지방관서는 그 규모 및 관할구역을 산업안전보건의 지역적 특성에 기초하여 고용노동부 지방관서의 소재지 및 분포와 별개로 설치한다.

6개 광역청과 규모가 큰(산업안전보건업무가 많은) 지청은 산업보건부서를 신설하여 산업안전부서와 산업보건부서로 편제하고, 중소지청에도 산업보건전문인력을 필수적으로 배치한다. 산업보건분야는 시장기능이 거의 작동되지 않아 정부의 기능이 상대적으로 강하게 요구되고 전문성이 보다 많이 요구되는 점을 감안할 때, 산업보건행정을 강화할 필요가 시급하기 때문이다.

산업안전보건공단의 기능 중 산업안전보건청으로 이관이 필요하면서 단기간에 이관이 가능한 기능과 조직을 산업안전보건청에서 일부 흡수하는 것으로 하고, 이와 병행하여 동 공단 인력의 일부를 특별(경력)채용의 형식으로 산업안전보건청으로 채용하는 것으로 한다.

나. 중기 방안

산업안전보건청 본부, 지방 모두 크게 감독부서와 지도·지원부서로 편제한다. 감독부서는 안전부서와 보건부서로 구성하고, 지도·지원부서는 기계안전, 전기안전, 화공안전, 건설안전, 산업위생, 산업의학·간호 등으로 구성하여 분야별 전문성을 골고루 갖춘 독자적인 전문행정체제를 갖춘다. 산업안전보건청이 자신의 기능과 역할을 독자적으로 수행할 수 있는 체제를 온전히 구축한다면, 청과 중복되거나 청을 단순보좌하는 산업안전보건공단의 기능과 역할은 폐지하고, 이에 따른 유휴인력은 동 공단의 고유의 기능과 역할을 강화하는 데 활용할 수 있을 것이다.

그리고 산업안전보건공단의 업무 중 산업안전보건청에서 수행하는 것이 보다 효과적인 기술지원(지도) 등의 업무는 산업안전보건청으로 단기적인 이관에 이어 중기적으로도 이관을 해나간다. 이와 병행하여 산업안전보건공단은 산업안전보건에 관한 조사·연구, 교육(강사양성교육, 안전보건감독관 전문화교육 등), 기법·자료 개발·보급, 평가 등 산업안전보건의 플랫폼(인프라)을 조성하는 업무를 중심으로 조직개편을 한다. 이 과정에서 조정되는 기술지원(지도)인력의 일부는 산업안전보건청 조직·기능의 강화를 위한 인력으로 순차적으로 전환되도록 유도한다.

Ⅳ. 결 론

본 연구에서는 현행 산업안전보건행정조직이 산업안전보건을 둘러싼 환경과 요구에 다음과 같은 점에서 적절히 대응하지 못하고 있다는 점을 지적하였다.

첫째, 현행 행정조직은 높은 전문성을 요구하는 산업안전보건업무에 범용인재를 채용하여 고용노동부 내의 모든 업무를 대상으로 순환보직을 시키는 등 구조적으로 아마추어 행정을 조장하고 있다.

둘째, 산업안전보건행정의 전문성의 부족으로 비효율적인 업무처리가 구조화되어 있고, 능력과 성과에 따른 인사가 이루어지지 않는 등 산업안전보건행정의 효과성이 담보되고 있지 않다.

셋째, 산업안전보건업무의 특수성과 이질성이 제대로 반영되지 않아 인사·조직관리, 업무처리 등이 산업안전보건행정의 발전에 걸림돌로 작용하고 있다.

넷째, 산업안전보건행정 담당직원의 채용, 직무교육, 경력관리 등에서 독자적인 채널과 운영체제를 갖지 못하고 있고, 이는 전문성의 약화로 연결되고 있다.

다섯째, 능동적이고 선제적인 행정보다는 제재 위주의 단기적이고 현상적인 접근이 산업안전보건행정의 주된 기조를 이루고 있다.

본고에서는 현행 산업안전보건행정조직에서 발견되는 이상과 같은 문제점을 해결하기 위한 방안으로, 고용노동부로부터 독립한 외청조직인 산업안전보건청의 설립을 제시하였다. 그리고 산업안전보건청을 다음과 같이 단계적으로 추진하다면, 국가적으로 추가적인 비용소요와 과도기적 혼란을 최소화하면서 빠른 시일 안에 이를 설립·정착시킬 수 있을 것이라고 판단하였다.

단기적으로는, 산업안전보건청을 최소한의 규모로 설립하고, 청의 설립과 밀접한 관련이 있는 산업안전보건공단의 기능도 청의 기능이 강화되는 범위에서만 점진적으로 재조정을 추진하는 방안을 제안하였다. 중기적으로는, 「산업안전보건법」에서 정부(고용노동부)에 요구하는 역할을 스스로 수행할 수 있는 명실상부한 전문행정체제를 갖추도록 하고, 이에 따라 산업안전보건공단은 산업안전보건에 관한 조사·연구, 교육, 기법·자료 개발·보급 및 평가 등 인프라 조성업무 중심으로 기능을 재조정하는 방안을 제안하였다.

현재 산업안전보건청 설립에 대해서는, 지난 2월 10일 산업안전보건 관련 4개 학회 공동심포지움에서 확인할 수 있었던 것처럼, 학계, 노·사단체뿐만 아니라 약간은 유보적이지만 정부(고용노동부) 또한 청 설립에 대해 원칙적으로 찬성하고 있다. 따라서 정부에서 청 설립에 대한 의지를 가지고 있다면, 산업안전보건에 관한 중요쟁점 중 어떤 사항보다도 그리고 어느 때보다 청 설립이 순조롭게 현실화될 수 있을 것으로 생각한다.

마지막으로, 산업안전보건청의 설립을 찬성하는 자들로부터 제기되고 있는 일부 우려사항을 검토하는 것으로 이 글을 마무리하고자 한다. 산업안전보건청이 고용노동부의 외청으로 설립되더라도 소속기관으로서의 정체성을 갖기 때문에, 고용노동부에서 필요하다고 판단하는 경우에는 얼마든지 청에 대하여 업무지휘를 할 수 있으므로, 고용노동부의 다른 부서와의 협력이 어려워지거나 약화될 가능성은 없을 것이다. 그리고 법령 등의 제·개정과 관련하여 최종적인 권한은 고용노동부장관에게 있지만, 청장이 법령 제·개정안 성안(成案) 및 입법예고, 고시 제정 등에 대한 권한을 가지는 등 실질적인 면에서 청장에게 상당한 자율적 권한이 부여되기 때문에, 청 설립으로 인하여 법령 등의 제·개정업무가 위축될지 모른다는 우려는 기우라고 할 수 있다.

≪8≫ 휴식제도의 개정을 통한 실근로시간 단축 방안

<강성태>*

Ⅰ. 서론: 장시간 노동 체제의 극복

장시간 노동 체제의 극복 혹은 정상시간(정상 노동) 체제로의 전환은 시대적 과제이다. 장시간 체제는 그동안 우리 경제와 사회의 발전을 이끈 중심 동력이었다. 고도성장 시대 기업에게는 낮은 자본력과 기술력을 보완하여 경쟁력을 제고시키는 수단으로, 대부분의 근로자와 그 가족에게는 소득 획득의 유일한 방식으로, 우리 사회에는 인간관계를 조경하고 조율하는 핵심적인 생활방식으로 기능하여 왔다.

최고의 장점이던 이 체제는 어느 순간 우리 모두에게 큰 짐이 되고 있다. 삶의 질을 중시하고 일과 생활을 조화시키려는 근로자 개인이나 그 가족에게도, 노동의 과정보다는 성과와 결과가 중요해진 기업에게도, 더 많은 일자리를 만들어야 하는 경제에도, 나아가 다양한 문제들을 해결하기 위해 건강한 시민의 자발적이고 적극적인 참여가 더욱 중요해진 사회공동체에도 장

---

* 이 글은 강성태, "근로기준법상 휴식제도의 개정", 노동법연구 41호(서울대 노동법연구회, 2016)를 이 책의 발간 목적에 맞게 요약, 수정한 것임.

시간 노동 체제는 먼저 극복되어야 할 과제가 되고 있다. 장시간 노동 체제는 기업시간으로의 과도한 집중 또는 기업시간과 생활시간의 현저한 불균형이라고 바꾸어 불러도 무방하다. 기업에 집중된 시간을 시민활동에 쓰도록 하자는 것은 경제적으로는 생산에 투자하던 시간을 소비로 전환시키자는 말이고 경제와 사회의 올바른 관계를 정립하자는 말이기도 하다.

방향이 정해지면 다음은 방법이다. 장시간 체제의 극복이든 정상시간 체제로의 전환이든 주된 방향은 실근로시간의 단축이다. 문제는 어떻게 실근로시간을 단축할 것인가에 있고, 이 글의 목적은 그 방안을 휴식 제도의 개정에서 찾는 데 있다. 두 가지 인식에 기초한다. 하나는 장시간 노동 체제의 형성과 유지에는 근로시간법의 실패가 큰 역할을 하였으며,[1] 따라서 그 극복을 위해서는 근로시간법의 개혁이 필수적이라는 인식이다. 다른 하나는 장시간 노동 체제로부터 벗어나 정상시간 체제로 전환하기 위해서는 휴식 제도의 개편이 필요하며 효율적이라는 인식에 기초한다. 개선 방안의 검토에 앞서 현재 휴식 제도의 모습과 근로시간법이 장시간 노동을 방임하고 있는 구조를 먼저 알아 둘 필요가 있다.

---

1) 근로시간법이란 근로기준법, 최저임금법, '고평법', 산업안전보건법 등 노동관계법에 있는 근로시간과 휴식에 관한 법규정의 총체를 말한다.

Ⅱ. 휴식 제도의 현황

1. 현행 휴식 제도

가. 개 관

근로기준법은 일반 근로자의 기본적인 휴식 제도로서 휴게, 주휴일 및 연차휴가를 두고 있다. 기본적 휴식 제도는 장시간 근로로부터 근로자의 건강을 보호하는 한편, 근로자에게 시민생활에 필요한 시간(여가)을 확보해 주는 제도이다. 또한 휴식 제도는 일정한 한도에서 근로시간의 길이와 배치를 규제한다.

휴게는 근로자가 하나의 근로일 도중에 사용자의 지휘명령으로부터 벗어나 자유로 이용할 수 있도록 하는 시간으로, 근로기준법은 근로시간이 4시간인 경우에는 30분 이상, 8시간인 경우에는 1시간 이상의 휴게시간을 근로시간 도중에 주어야 하고(제54조제1항), 휴게시간은 근로자가 자유로 이용할 수 있다고 정하고 있다(제54조제2항).

주휴일은 근로주와 근로주 사이에 근로자에게 보장되는 휴식일로서, 근로기준법은 1주일에 평균 1회 이상의 유급휴일을 주어야 하고(제55조), 휴일근로에 대해서는 통상임금의 50% 이상을 가산한 임금을 지급하여야 한다고 규정한다(제56조). 주휴일 부여 의무의 위반(제110조제1항)과 가산임금 지급의무의 위반(제109조제1항)에는 각각 벌칙이 따로 있다.

연차휴가는 비교적 장기에 걸쳐 근로자가 휴식일을 선택하는 제도이다. 근로기준법은 첫째, 계속근로연수가 1년 이상인 근로자에게는 1년간 8할 이상 출근시 15일의 유급휴가와 근속년수에 따른 가산휴가를 주되(제60조제1항, 제60조제4항) 1년 미만인 근로자에게는 1월간 개근시 1일씩 유급휴가를 주도록 한다(제60조제2항). 둘째, 연차휴가는 근로자가 청구한 시기에 주어야 하나, 사용자는 사업운영에 막대한 지장이 있는 경우에는 그 시기를 변경할 수 있다(제60조제5항). 셋째, 연차휴가는 1년간 행사하지 아니한 때에는 소멸되며(제60조제7항), 사용자는 연차휴가사용촉진 조치를 취한 경우 미사용 휴가에 대하여 보상할 의무가 없다(제61조).

나. ILO 및 유럽연합의 기준

ILO 국제기준은 휴식과 관련하여 휴게와 일간휴식에 대해서는 언급하지 않고, 주휴일과 연차휴가만을 별도의 협약으로 규율하고 있다. 주휴일에 관한 핵심적인 기준은 제14호 협약(공업 부문의 주휴일 협약, 1921년)과 제106호 협약(상업 및 사무직 부문의 주휴일 협약, 1957년)이다. 이 두 협약에서 나타난 주휴일 원칙은 네 가지다. 첫째 정기 부여의 원칙(Regularity)으로 주휴일은 매주 정기적으로 주어야 한다. 둘째 계속 부여의 원칙(Continuity)으로 휴식 기간은 단절 없이 24시간 이상 부여되어야 한다.[2] 셋째 일제 부여의 원칙(Uniformity)으로 주휴일은 해당 사업장의 모든 근로자에게 일제히 부여되어야 한다. 마지막으로 전통이나 관습의 존중(Respect for established traditions or customs)으로 주휴일은 가능한 해당 국가와 지역의 전통이나 관습상 휴일로 정해진 날과 일치하도록 정해야 한다.

연차휴가와 관련한 국제노동기준은 1970년의 제132호 협약(연차유급휴가 개정 협약)으로 그 주요 내용은 다음과 같다. 첫째, 연차휴가를 부여받을 수 있는 최저 근무기간은 6개월을 넘을 수 없다(제5조제1항과 제2항). 둘째, 휴가일수의 최저한도

2) 제103호 권고(상업과 사무직 부문의 주휴일 권고)는 '가능한 한' 36시간 이상의 계속된 휴식을 부여받아야 한다고 정하고 있다.

는 1년간의 근무에 대하여 3근로주이다(제3조제3항). 셋째, 휴가기간에는 통상적이거나 평균적인 보수(normal or average remuneration)를 지급하여야 하며(제7조제1항), 특별한 약정이 없는 한 보수는 휴가 전에 지급하여야 한다(제7조제2항). 넷째, 휴가의 시기는 근로자 또는 근로자대표와 협의하여 사용자가 결정하되, 업무의 필요성, 근로자가 이용할 수 있는 휴식 및 휴양을 위한 기회를 고려하여야 한다(제10조).

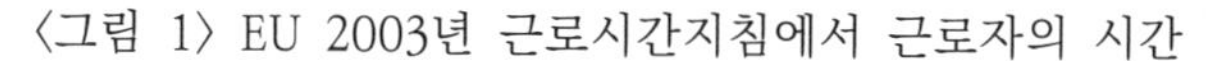

〈그림 1〉 EU 2003년 근로시간지침에서 근로자의 시간

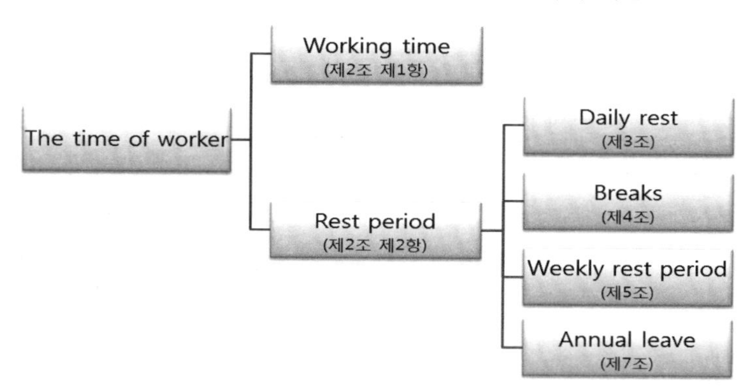

유럽 차원에서 근로시간의 본격적 규율은 1993년 9월 23일 지침(93/104/EC: 1993년 근로시간지침)에서 시작된다. 이후 유럽연합이 만들어지면서 1993년 지침(2000년의 개정지침 포함)은 폐지되고 2003년 11월 4일 새로운 지침(2003/88/EC : 2003년 근로시간지침)이 제정된다. 이 지침에서는 휴식의 종류로서 일간휴식(daily rest), 휴게(break), 주휴일(weekly rest), 연차휴가(annual leave)를 열거하고 있다.[3)]

---

3) 이 지침에서 휴식(rest period)이란 근로시간이 아닌 모든 시간(제2조 2)으

먼저 일간휴식에 관한 제3조는 "회원국은 모든 근로자에게 24시간당 최저 11시간의 계속된 휴식이 매일 부여되는 데 필요한 조치를 취하여야 한다."고 규정하고 있다. 둘째 휴게에 관한 제4조는 "회원국은 하루의 근로시간이 6시간을 초과하는 경우에 모든 근로자에게 휴게시간이 부여되도록 하는 조치를 취하여야 한다. 길이와 부여 조건을 포함하여 구체적인 사항에 관해서는 단체협약 또는 노사협정으로 정하며 만약 그것이 불가능할 경우에는 각국의 법령으로 정한다."고 정하고 있다. 그리고 주휴일과 관련해서는 제5조에서 "회원국은 모든 근로자에게 매 7일마다, 제3조에 따른 매일 11시간의 휴식에 더하여 24시간 이상의 연속하는 휴식이 부여되도록 하는 조치를 취하여야 한다"고 정하고, 제7조에서는 "회원국은 모든 근로자에게 국내법령이나 관행에 따른 취득 자격과 부여 조건에 맞게 4주 이상의 연차휴가 부여를 보장할 수 있는 조치를 취하여야 한다(제1항)."고 정하며 "연차휴가의 최저기간은 고용관계가 종료되는 경우를 제외하고는 금전(수당)으로 대체할 수 없다(제2항)"고 명시하고 있다.

다. 국제노동기준과의 비교

아래 〈표 1〉은 근로기준법상 일반 근로자의 기본적인 휴식제도를 ILO와 EU의 관련 기준들과 비교한 것이다. 이 중에서 ILO 기준과 우리 기준을 비교해 보면 주휴일과 연차휴가에 관

로서, 근로자에게 보장되어야 '적절한 휴식'이란 근로자들이 정기적으로 부여되고, 그 지속 기간이 시간 단위로 명시되어야 하며, 보장 취지에 충분할 만큼 길고 연속적이어야 한다(제2조 9). 이러한 개념과 원칙에 따라 근로시간 지침은 제2장에서 최저 휴식을 규정하고 있다. 유럽연합의 휴식에 관해서는 김근주(2015), "근로시간에 관한 국제기준", 김기선 외, 「근로시간법제 주요 쟁점의 합리적 개편방안」, 한국노동연구원, 제3장 참고함

해서는 아래와 같은 차이가 있다.

〈표 1〉 휴식제도에 관한 국제기준(ILO, EU)과 국내기준의 비교

		ILO 국제기준	EU 지침	국내법
휴식 개념		O	O	X
일간휴식		X	O (11시간)	X
휴 게	규정	O	O	O
	기준	X	6시간 초과	4시간:30분 / 8시간:1시간
	방식	X	단체협약 (없으면 법령)	법률
주휴일	규정	O	O	O
	기준	협약 : 24시간 권고 : 36시간	24시간	1일(24시간)
	원칙	O	O	X
	유급	X(규정 없음)	X(규정 없음)	O(유급 규정)
연차 휴가	규정	O	O	O
	취득요건	6개월 근속	X(규정 없음)	1년 근속 + 8할 출근
	단기고용 비례부여	인정(명문상)	인정(해석상)	제한적 인정
	휴가일수	3근로주(15일)	4근로주(20일)	15일
	가산휴가	X	X	O(근속 비례)
	휴가분할	인정(1회)	불인정(해석상)	인정
	미사용 시 금전보상	금지(원칙)	금지(원칙)	허용
	부여방식	X	X (통상 auto-matic)	O (trigger)

* 김근주(2015)를 기초로 일부 수정함

주휴일에서는 우선, 주휴일의 길이 측면에서 우리 법은 협약 기준(24시간)은 충족하나 권고 기준(36시간)에는 미달한다. 둘째, 정기 부여, 일제 부여, 전통이나 관습의 존중은 우리 법에 명문의 규정이 없다. 셋째, 계속 부여의 원칙에 관해서는 우리 법에 명시된 바 없으나 해석상 이견이 없이 긍정한다. 넷째, 주휴일의 유급성은 국제노동기준에는 없는 우리 법의 특징이다.

연차휴가에서 우리 제도의 가장 큰 특징은 출근율에 있다. 국제노동기준에서 휴가권의 요건으로 정하는 6개월의 근무기간은 우리 법에서 규정하는 1년 이상의 근속년수에 상응하는 것이고, 우리 법에서 연차휴가권 취득을 위해 매년 요구하는 직전년도의 8할 이상 출근율은 국제기준에서는 요구하지 않는다. 둘째, 휴가일수의 최저한도는 15일인데, 이는 국제노동기준과 거의 같은 수준이다. 셋째, 우리 법은 단기근무자에 대한 휴가부여의 요건(개근)과 효과(매월 1일)에서 비례적 취급에 미달한다. 넷째, 우리도 연차휴가를 유급으로 하고 있다. 다섯째, 휴가부여 시스템에서 우리 법은 근로자의 청구(시기지정권의 행사)로써 시작되는 체제(이른바 trigger system)인 반면에, 국제노동기준은 별다른 언급이 없다.

2. 장시간 노동과 근로시간법

가. 하나의 사례

「시내버스 운전사인 김씨는 작년 한 해, 월요일부터 토요일까지는 매일 12시간씩 일요일에는 8시간씩 단 하루도 쉬지 않고 버스를 운전했다. 김씨는 연장근로와 휴일근로에 미리 동의를 하였고 회사는 해당 시간의 가산임금을 지급하였다. 또 김씨는 단 하루도 연차휴가를 사용하지 않고 대신 연말에 2014년도 개근에 상응하는 연차휴가수당과 연차휴가근로수당을 회사로부터 받았다.」

위 사례는 실제 일어난 것이 아니라 순수하게 상상하여 본 것이다. 그렇다면 위 사례는 현행법상 허용(방임)될까? 저렇게 해도 버스회사는 아무런 공법적 제재를 당하지 않는가? 답은, 적어도 행정해석과 다수설에 따르면, 놀랍게도 '그렇다'이다.

법정기준시간은 40시간이고 연장근로의 주간한도는 12시간이긴 하지만, 시내버스와 같은 운수업은 연장근로특례사업에 속해 1주 12시간을 초과하는 연장근로가 가능하다. 이에 더하여 행정해석은 휴일근로는 연장근로의 주간한도에 포함되지 않는다고 하고, 다수설은 주휴일도 근로자의 동의가 있으면 근로가 가능하다고 한다. 나아가 현행법상 반드시 주어야 하는 연차휴가일이라는 것도 없다. 현행법은 절대적으로 금지하는 근로 혹은 절대적으로 보장해야 하는 휴식 다시 말해 사용자가 형사처벌될 수 있는 경우로는 연장근로나 휴일근로가 강제근로에 해당하거나 사용자가 가산수당 등 관련 임금을 지급하지 않은 때로 한정하고 있다(고 한다). 위의 사례는 이런 두 가지 경우 어디에도 해당하지 않는다.

근로시간법의 이런 시스템은 현실의 장시간 노동으로 연결되고 있다. 아래 〈표 2〉에서 보듯이 우리나라의 연간 근로시간은 경제협력개발기구 국가들 중에서 가장 긴 국가들에 속한다. 2014년 기준으로 우리나라(2,124시간)보다 연간 근로시간이 긴 국가는 멕시코와 코스타리카(2,216시간)뿐이고, 근접한 국가로도 그리스(2,042시간) 정도이다. 근로시간이 짧은 독일(1,371시간)보다는 무려 753시간이나 길고 나머지 대다수 국가의 연간 근로시간보다 상당히 길어서, 우리나라 근로자는 OECD 평균 1,770시간보다는 연간 354시간 즉 2.4달(우리나라 평균으로는

2달)을 더 일하고 있다.

〈표 2〉 2005-2014 OECD 주요 국가의 연간 근로시간

국가/연도	2005	2006	2007	2008	2009	2010	2011	2012	2013	2014
Australia	1,730	1,720	1,711	1,717	1,690	1,692	1,699	1,679	1,663	1,664
Canada	1,747	1,745	1,741	1,734	1,702	1,703	1,700	1,713	1,708	1,704
Denmark	1,474	1,479	1,456	1,450	1,446	1,436	1,455	1,443	1,438	1,436
France	1,507	1,484	1,500	1,507	1,489	1,494	1,496	1,490	1,474	1,473
Germany	1,411	1,425	1,424	1,418	1,373	1,390	1,393	1,374	1,363	1,371
Greece	2,136	2,125	2,111	2,106	2,081	2,019	2,131	2,058	2,060	2,042
Italy	1,812	1,813	1,818	1,807	1,776	1,777	1,773	1734	1,733	1,734
Japan	1,775	1,784	1,785	1,771	1,714	1,733	1,728	1,745	1,734	1,729
Korea	2,351	2,346	2,306	2,246	2,232	2,187	2,090	2,163	2,079	2,124
Mexico	2,281	2,281	2,262	2,260	2,253	2,242	2,250	2,226	2,237	2,228
Spain	1,726	1,716	1,704	1,713	1,720	1,710	1,717	1,704	1,699	1,689
Sweden	1,605	1,599	1,612	1,617	1,609	1,635	1,632	1618	1,607	1,609
United Kingdom	1,673	1,669	1,677	1,659	1,651	1,652	1,625	1,654	1,669	1,677
United States	1,799	1,800	1,797	1,791	1,767	1,777	1,786	1,789	1,788	1,789
Russian Federation	1,989	1,998	1,999	1,997	1,974	1,976	1,979	1,982	1,980	1,985
OECD countries	1,807	1,808	1,802	1,794	1,700	1,776	1,773	1,773	1,770	1,770

자료 : https://stats.oecd.org/Index.aspx?DataSetCode=ANHRS 참조. 일부 국가를 제외함.

나. 근로시간법의 문제점

위의 사례가 가능하다는 점이나 위의 표에서 알 수 있듯이 우리 근로시간법은 그 자체로 장시간 노동을 가능하게 한다. 특히 세 가지가 중심적인 역할을 하고 있다. 하나는 최대시간을 특정하기 어려운 체제로 되어 있는 것이고, 둘은 근로시간 규율의 핵심을 가산임금제에 맡기고 있는 점이며, 셋은 휴식과 금전의 교환을 허용함으로써 휴일과 연차휴가 등의 이용이 법정 최저기준에 미달한다는 점이다.

먼저 최대근로시간의 불확정성이다. 근로시간의 길이를 규제하는 방법에는 근로시간의 길이 그 자체를 제한하는 방식(전방 규제형), 일간 또는 주간 최소휴식시간을 정함으로써 역으로 근로시간의 최대한도가 정해지는 방식(후방 규제형) 및 두 가지를 병행하는 방식(쌍방향 규제형)이 있다. 우리나라에서는 선원법상 선원을 제외하면 대다수 선진국에서 채택하고 있는 최소휴식시간과 같은 후방 규제가 없다. 그 결과 오직 법정기준시간의 길이, 연장근로시간에 따라 (통상적인) 최대한도가 설정된다(전방 규제형). 그러나 이렇게 설정된 최대한도가 최종적인 것이 아니다. 긴박한 경우의 연장근로를 비롯하여 탄력적 근로시간제, 선택적 근로시간제, 간주근로시간제, 연장시간의 특례 제도 등을 통해 통상적인 최대한도는 다시 늘어날 수 있으며, 심지어 근로시간 적용 제외 제도에 속하는 근로자는 이론상 근로시간의 길이 한도가 전혀 없다.

다음은 가산임금제의 중심적 역할이다. 현행법상 근로시간의 길이는 물론이고 배치에서도 핵심적인 역할을 하는 것이 가산임금제로서, 법정기준시간(1일 8시간, 1주 40시간)을 초과한 근로와 야간(오후 10시부터 오전 6시까지) 및 휴일의 근로에 대해서는 통상임금의 50%를 가산한 임금을 지급하게 하는 제도이다. 입법자는 경제적으로 가중된 부담을 통해 사전적으로 그러한 근로들을 억제하려고 하였으나, 현실에서는 가중된 경제적 유인으로서 노사 사이에 최소고용과 최대임금의 전략적 교환이 이루어질 수 있는 이유가 되고 있다. 포괄임금제는 연장근로에 따른 경제적 부담조차 배제시킬 수 있는 제도인데, 판례는 이런 계약의 합법성을 비교적 넓게 인정하였다. 지금까지 몇 차례에 걸쳐 이루어진 근로시간법의 개선이 현실에서의 실근로시간 단축으로 연결되지 못한 가장 큰 이유도 가산임금제와 관련이 있다. 법정기준시간을 줄였지만, 그 실질은 대개 연장근로의 연장을 통한 임금시간의 확대 즉 임금인상이었다. 근로시간 개혁을 임금 인상의 수단으로 접근한 데에는 낮은 기본급 등 임금체계의 복잡성과 후진성도 한 몫을 하였다.

마지막은 휴식이 금전과 교환되는 현실이다. 예를 들어 연차휴가의 실제 사용 비율은 법정 기준보다 상당히 낮다. 〈2011년 고용노동부의 기업체 노동비용조사 보고서〉에 따르면 우리나라 전체 근로자의 연차휴가 발생일수는 11.4일로 법이 예상하는 기본휴가일수인 15일에 못 미친다.[4] 또한 근로자들은 발생한 연차유급일수 조차 여러 가지 이유로 소진하지 못하고 있다.[5] 전체 근로자의 평균 사용일수는 7일로 평균 4.4일을 사용하지 않아 연차휴가소진율은 61.4%에 불과하다. 흥미로운 점은 기업의 규모가 클수록 소진율이 더욱 떨어진다는 점이다. 30인

4) 영세기업과 소기업들의 고용비중이 높고, 근속기간이 1년 미만이거나 비정규직인 근로자의 비율이 높으며, 우리나라 전체 근로자의 평균 근속기간이 낮은 것 등이 주요한 원인이다(배규식 외(2011), 「장시간 노동과 노동시간 단축」(I), 한국노동연구원, 159-160. 참고).

5) 배규식 외(2011), 160-161면 참고

미만(10-29인) 사업장의 경우 연차휴가발생일수 9.8일 중 미사용일수는 3.5일로 소진율은 64.3%인 반면, 500인 이상 사업장의 근로자의 경우 연차휴가발생일수 16.6일 중 미사용일수는 7.7일로 소진율은 53.6%에 불과하다.[6] 연차휴가를 전부 사용하지 않는 이유는 〈회사 업무가 집단적, 협력적인 작업이라서 다른 사람들의 업무에 지장을 초래할까봐 연차휴가 사용을 꺼리게 됨〉이 42.9%로 1위, 〈추후에 연차휴가수당을 지급받기 위해 실제 휴가 사용을 꺼림〉이 27.7%로 2위였고, 〈업무 자체가 많아서 연차휴가 사용이 곤란함〉이 3위로 24.9%이었다.[7]

Ⅲ. 휴식 제도의 개정

정상 노동 체제로의 전환을 위해서는 무엇보다 먼저 휴식 제도가 근로자의 건강보호와 여가 확보라는 본래의 취지에 맞게 바뀌어야 한다. 현행법의 해석과 적용에서도 그러해야 하지만, 휴식 제도 자체의 한계는 입법적으로 개선할 필요가 있다. 휴식 제도 개정의 목적은 일과 생활을 조화시키고 사회와 경제의 균형을 잡으며 근로자의 시간주권을 회복함에 있다. 몇 가지 중요한 방안은 다음과 같다.

1. 일간휴식의 도입

가. 현 황

현행 근로시간법은 일반근로자의 최대근로시간 규율에서

6) 고용노동부, 기업체 노동비용조사 2010(2011) 참고
7) 한국노동연구원, 사업체 패널 2009(2010) 참고

여러 가지 흠결을 가지고 있다. 통상적인 근로는 물론이고 특별한 관리를 필요로 하는 근로(야간근로, 휴일근로, 연장근로) 역시 연간 한도 등 1주를 초과하는 단위기간별 일체의 제한이 없다. 가장 심각한 점은 근로시간의 길이 규율에서 가장 중요한 1일 근로시간의 최대한도조차 없다는 사실이다.

하루 근로시간의 한도를 제한하는 가장 좋은 방법은 일간휴식(daily rest)을 설정하는 것이다. 즉 근로일과 근로일 사이에 절대로 근로시킬 수 없는 시간, 풀어쓰면 근로자가 노동(사용자의 지휘명령)으로부터 완전히 해방되어 자유롭게 휴식할 수 있는 시간 또는 기간을 정하는 것이다. 일간휴식 시간이 정해지면 해당일의 구속시간 즉 기업시간(근로시간과 휴게시간을 더한 시간)의 최대한도는 24시간에서 일간휴식을 뺀 시간이 되며, 또한 다음 날 시업시각도 전 날 종업시각에서 11시간 이후로 제한된다. 예를 들어 일간휴식이 11시간이고 어느 근로자의 특정 근로일의 종료시각이 오후 10시라면 그 근로자의 그 날의 구속시간은 13시간이며,[8] 다음 날 시업시각은 오전 9시 이후에만 가능하다.

현재 우리나라에서 휴식시간을 정하고 있는 규정은 선원법이다. 선원법 제60조 제3항은 "선박소유자는 … 선원에게 임의의 24시간에 10시간 이상의 휴식과 임의의 1주간에 77시간 이상의 휴식을 주어야 한다. 이 경우 임의의 24시간에 대한 10시간 이상의 일간휴식은 한 차례만 분할할 수 있으며, 분할된 휴식중 하나는 최소 6시간 이상 연속되어야 하고 연속적인 휴식사

8) 프랑스 판례에 따르면, 일간휴식은 연속하는 11시간 이상 부여되어야 하므로 1일 시업시각부터 종료까지의 시간(휴게시간 포함)은 원칙적으로 13시간을 초과할 수 없다. Soc. 23 septembre 2009, n° 07-44226, *Bull. civ.* V, n° 202.

이의 간격은 14시간을 초과하여서는 아니 된다"고 규정하고 있다.[9] 선원을 제외한 일반 근로자를 대상으로 하는 휴식시간 또는 일간휴식 관련 규정은 없다. 이에 비해 유럽의 선진국들은 일간휴식의 보장을 사용자의 의무로서 강제하고 있다. 대체로 11시간 정도의 최소 일간휴식 부여의무, 특별한 업무나 상황에서의 특례(일간휴식의 단축), 호출대기에 관한 특례 등을 정하고 있다.[10]

나. 독일과 프랑스[11]

(1) 일간휴식의 강행적 보장

독일의 근로시간법은 11시간 이상의 '일간휴식'(Ruhezeit) 보장을 의무화하고 있다. 근로시간법 제5조 제1항에 따르면, 사용자는 통상적인 근로자에게 1일 근로시간이 종료한 후 그에 계

---

9) 선원법상 휴식시간에 관한 권창영 판사의 설명은 다음과 같다. "근기법상 휴식이 휴게·휴일·유급휴가를 모두 포함하는 개념임에 비하여(근기법 제4장 참조), 선원법은 휴식, 휴일, 유급휴가를 구분하여 사용하고 있다." 고 하면서, 「선원법상 '휴식시간' 이란 근로시간 외의 시간(근로 중 잠시 쉬는 시간은 제외)을 말한다(법 2조 17호). 즉 "근로시간의 종료 후에 선박소유자의 지휘명령으로부터 완전히 해방되어 선원이 자유로이 이용할 수 있는 시간" 을 의미한다.」고 한다. 권창영, 「선원법 해설」, 법문사, 2016, 555면. 권 판사는 이러한 휴식시간은 "근로일의 계속된 근로로부터 선원의 건강을 보호하는 것과 자유로운 시간보장을 목적으로 한다" 고 한다(같은 책, 556면).

10) 프랑스의 경우, 호출대기제도(astreintes)의 적용을 받는 근로자에게도 일간휴식이 부여되어야 한다. 즉 대기상태에서 호출에 따른 업무수행이 끝나면 그 때부터 연속하는 11시간의 일간휴식이 보장된다. 다만, 일간휴식 11시간을 산정함에 있어서 업무수행이 없는 대기시간은 일간휴식에 포함된다(L.3121-6조). 즉 업무수행 없이 대기시간이 11시간 경과하면 일간휴식이 부여된 것으로 된다.

11) 이하 독일의 휴식 제도와 관련해서는 한인상, "독일의 근로시간법제", 김기선 외, 「근로시간법제 주요 쟁점의 합리적 개편방안」, 한국노동연구원, 제5장을, 프랑스의 휴식 제도와 관련해서는 조용만, "프랑스의 근로시간법제", 같은 책, 제6장을 각각 참고함

속하여 연속된 11시간을 일간휴식으로 주어야 한다. 판례는 일간휴식이란 근로자의 어느 근로일 종료로부터 다음 근로일 시작 사이의 기간, 즉 해당 근로자의 두 개의 근로일 사이의 시간적 공백을 의미한다고 해석한다.

프랑스의 경우, 노동법전에서 11시간 이상의 일간휴식을 근로자의 권리로 규정하고 있다. 즉 근로자는 연속하는 11시간 이상의 일간휴식(repos quotidien)을 향유한다(L.3131-1조). 11시간 이상의 일간휴식은 어떤 근로일의 종료 시부터 다음 근로일의 시작까지의 사이에 부여되는 것으로 근로 종료 후 근로자에게 충분한 일간휴식을 보장하려는 것이다. 예를 들어, 어떤 날 오후 8시에 일을 마친 근로자는 다음 날 오전 7시 전까지는 취로할 수 없다. 일간휴식은, 그 예외가 허용되는 경우를 제외하고, 근로자가 사용자를 위한 근로제공의무에서 완전히 면제되는 시간으로서, 근로자도 포기할 수 없는 강행법규로서의 성질을 갖는다.

(2) 일간휴식의 요건

독일과 프랑스에서는 다음 세 가지를 일간휴식의 기본적인 요건으로 설명한다. 첫째, 해당 근로일의 근로시간이 종료된 이후 보장되어야 한다. 해당 근로일의 근로시간은 근로시간법 제3조에 따른 개별 근로자의 1일 근로시간이다. 만약 1일의 근로일에 근로시간대가 복수인 경우, 1일의 근로시간은 그 날의 마지막 근로시간대에 종료된다. 11시간의 의무적인 일간휴식은 그 때부터 다음 근로일의 시작시간까지 사이에 보장되어야 한다. 둘 이상의 단시간근로에 종사하는 경우처럼 다수 사용자들에 근로를 제공하는 경우에 일간휴식의 개시 시점은 해당 근로자의 최종적인 근로제공이 종료하는 시점 이후이다. 예를 들어 어떤 근로자가 A사용자의 사업장에서 아침 0800부터 1400까지 근무한 후, B사용자의 사업장에서 1500부터 2000까지 근무한 경우, 해당 근로자의 일간휴식은 최종 근로제공이 종료한 2000부터 시작된다고 한다.

둘째, 일간휴식은 기본적으로 11시간 이상 보장되어야 하고 중단 없이 보장되어야 한다. 따라서 일간휴식을 작은 단위로 쪼개는 것은 허용되지 않는다. 일간휴식이 중도에 사용자의 근로나 대기 지시 등에 따라 중단되었다면 근로자에게는 근로 종료 후 새로이 연속하는 11시간의 일간휴식을 주어야 한다.

셋째, 일간휴식동안은 근로자가 실질적으로 어떤 종류의 근로에 관해서도 요구를 받지 않아야 한다. 즉 일반적인 근로 제공은 물론이고 근로대기나 대기근로 역시 없어야 한다. 다만 그 기간 중에도 근로자는 경업피지의무 등 근로계약상 부수적 의무를 질 수 있으며, 출퇴근을 위한 이동시간은 일간휴식에 속한다. 근로자가 실질적으로 근로제공을 하지 않는 한, 호출대기의 시간들은 근로시간법상 근로시간으로 보지 않기 때문에 일간휴식으로 본다.

(3) 일간휴식의 특례: 일간휴식의 단축

독일의 근로시간법은 일간휴식과 관련해서 업종과 직무에 따른 예외를 인정하고 있다. 제5조 제2항에 따르면, 병원, 기타의 치료·요양·간병기관, 여관 및 기타의 숙박업소, 운수업, 방송사업, 농업 및 동물사육업의 경우에 일간휴식은, 1개월 또는 4주 이내에 다른 날에 12시간 이상의 일간휴식으로써 보상되는 조건 하에, 1시간 이내에서 단축될 수 있다. 이때 1시간은 1분부터 60분까지 단축할 수 있다는 의미이다. 각 일간휴식의 단축이 몇 분에 불과하더라도 다른 일간휴식은 적어도 1시간 이상

연장되어야 한다.[12)]

프랑스 노동법전에서도 일간휴식은 연속하는 11시간 이상 부여해야 하는 것이 원칙이다. 이에 대한 예외로서 일간휴식의 단축이 인정되는 경우는 다음의 세 가지이다. 첫째, 사업의 계속을 보장할 필요가 있는 활동 등 법령이 규정하는 활동(① 주거와 취로장소 간 거리가 멀거나 서로 다른 취로장소 간 거리가 먼 활동, ② 재산과 사람을 보호하기 위한 경비·감시 내지 시설관리의 활동, ③ 연속적인 작업조에 의한 노동방식으로 서비스 또는 생산의 계속을 보장할 필요가 있는 활동, ④ 운송서비스 관련 화물의 취급·보관 내지 운반의 활동, ⑤ 하루 중 근로시간이 분할되는 활동)에 종사하는 근로자에 대하여는 단체협약('효력확장의 산별협약', 기업협약 또는 사업장협약)으로 11시간에 미달하는 일간휴식을 부여할 수 있고, 다만 이 경우에도 일간휴식은 9시간 이상 보장되어야 한다(L.3131-2조 제1항, D.3131-1조 및 D.3131-3조). 둘째, 사업 활동이 일시적으로 증가하는 경우에 단체협약이 정한 바에 따라 일간휴식이 단축될 수 있지만(D.3131-2조), 이러한 단체협약이 없으면 사용자는 근로감독관의 승인을 받아서 일간휴식을 단축할 수 있다(L.3131-2조 제2항, D.3131-4조). 이 경우 위에서 언급한 단체협약에 의한 예외와 달리 법령에서 일간휴식단축의 한도를 별도로 규정하고 있지 않기 때문에 근로감독관은 9시간에 미달하는 일간휴식을 승인할 수 있다. 셋째, 즉각적인 수행이 필요한 긴급작업(구조조치, 임박한 사고의 예방, 시설 등에 발생한 사고의 수습)의 경우 사

12) 근로시간법 제5조 제3항은 호출대기와 관련한 일간휴식의 단축을 허용하고 있고, 제7조 제1항 제3호에서는 단체협약이나 단체협약이 허용한 서면합의로써 일의 특성상 일간휴식의 단축이 필요하고 정해진 기간 내에 보상이 이루어지는 경우에는 최대 2시간까지의 단축을 허용하고 있다.

용자는 자신의 책임하에 일간휴식을 단축할 수 있고, 사후에 근로감독관의 승인을 받으면 된다(L.3131-2조 제2항, D.3131-5조). 이 경우에도 법령에서 일간휴식단축의 한도를 별도로 규정하고 있지 않다. 위 세 가지의 경우 단축되는 일간휴식에 상응하는 보상휴식이 부여되어야 한다(D.3131-6조 제1항). 보상휴식이 유급이어야 하는 것은 아니지만 보상휴식으로 인해 임금의 상실이 초래되어서는 아니 된다. 보상휴식의 부여가 불가능한 경우에는 단체협약으로 보상휴식에 상응하는 금전급부를 정하여야 한다(D.3131-6조 제2항).

다. 개정 방안

근로기준법에 일간휴식 제도를 신설하여 원칙적으로 모든 근로자에게 연속하는 11시간 이상의 일간휴식을 보장한다. 새 조문의 위치는 휴게(제54조)와 주휴일(제55조)가 가장 적절해 보인다. 한편, 「근로시간 및 휴게시간의 특례 제도」(제58조)와 「근로시간 등의 적용의 제외 제도」(제63조)의 규율을 받는 근로자에게는 일간휴식의 특례를 인정하여 1시간 정도의 단축은 인정하되, 적어도 10시간 이상의 일간휴식은 부여하도록 해야 한다. 이를 통해 현행법상 무한정한 연장근로가 가능한 두 제도의 적용 근로자들에게도 최소한도의 휴식시간을 부여함으로써 건강보호를 확보할 수 있도록 해야 한다.

2. 주휴일과 휴일

가. 주휴일

만약 어떤 근로자가 일주일 즉 연속하는 7일간 계속 근로한다면 현행 근로기준법상 어떤 규정이 적용될까?

(1) 주휴일과 휴일

휴일이라는 용어는 여러 노동관계법에서 사용하고 있는데, 가장 많은 규정은 근로기준법에 있다. 근로기준법상 '휴일'이란 용어는 두 가지 의미 중 하나로 사용된다. 하나는 주휴일이고, 다른 하나는 그냥 휴일이다. 물론 후자로 사용될 때는 전자를 포함한다. 제55조는 그 제목에도 불구하고 주휴일을 의미하며 제17조의 〈제55조에 따른 휴일〉에서 말하는 휴일 역시 주휴일이다. 제55조를 구체화하여 유급휴일의 요건을 정하고 있는 근로기준법시행령 제30조의 제목은 명시적으로'주휴일'이다. 반면에 제53조제4항에서 휴일, 제56조와 제57조에서 휴일근로라고 할 때의 휴일은 근로계약상 근로의무가 없는 날이라는 의미에서의 휴일을 말한다. 여기에는 주휴일을 비롯하여 '근로자의 날'과 같은 법정휴일은 물론 취업규칙이나 단체협약 등을 통해 근로계약상 근로의무가 없는 날로 정한 약정휴일도 포함한다.

양자의 구별은 특히 그 위반에 대한 벌칙의 적용에서 중요하다. 제56조에서는 가산임금의 대상을 휴일근로로 넓게 파악하면서 그 위반에 대해서는 제109조에 따라 3년 이하의 징역 또는 2천만원 이하의 벌금에 처하도록 하고 있다. 반면에 제55조에서는 주휴일을 부여하도록 하면서 그 위반에 대해서는 제110조제1호에 따라 2년 이하의 징역 또는 1천만원 이하의 벌금에 처하도록 하고 있다.

(2) 주휴일 부여 의무

근로기준법 제55조에 따라 사용자는 주휴일 부여 의무와 함께 수당('주휴수당')지급 의무를 진다. 근로기준법시행령 제30조는 "법 제55조에 따른 유급휴일은 1주 동안의 소정근로일을 개근한 자에게 주어야 한다."고 하여, 1주간 소정근로일의 개근을 유급주휴일 부여의 요건으로 정하고 있다. 시행령 제30조를 형식적으로만 해석하면, 1주의 소정근로일을 개근하지 않은 근로자에게는 유급휴일을 주지 않아도 되겠지만, 판례는 결근한 근로자에게도 (무급)주휴일은 주어야 한다고 본다.[13] 언제 주휴일을 주어야 하는가는 법에 명시적인 규정도 없고, 판례와 학설도 별다른 언급이 없다.

(3) 주휴일 근로의 효과

주휴일에 근로를 하면 그 법적 효과는 무엇인가? 다시 말해 주휴일 근로를 시킨 사용자는 어떻게 되는가? 이와 관련된 규정이 네 개가 있다.

근로기준법 제55조는 주휴일 부여 의무를 정하면서 그 위반의 경우 제110조에 따라 “2년 이하의 징역 또는 1천만원 이하의 벌금”에 처하도록 하고 있다. 다른 한편 같은 법 제56조는 휴일근로에 대한 가산임금의 지급을 규정하면서 그 위반에 대해서는 제109조에 따라 “3년 이하의 징역 또는 2천만원 이하의 벌금”에 처하도록 하고 있다. 제55조와 제110조를 보면 어떠한 경우에도 1주일에 1일 이상의 주휴일을 부여하지 않으면 형벌의 대상이 된다고 해석된다. 반면에 제56조를 보면 휴일근로의 합법성을 전제한 것으로 볼 수도 있다.

이와 관련하여, 이병태 교수는 주휴일 근로의 경우에는 근로자의 자발적 의사에 따른 것인가와 무관하게 제110조에 따라 벌칙이 적용된다고 한다.[14] 반면에 임종률 교수는 주휴일 근로

13) 대법원 2004. 6. 25. 선고 2002두2857 판결.

14) 이병태(2008), 「최신노동법」(제9전정판), 중앙경제, 818면. 한편, 김형배 교수는 주휴일 부여 의무 위반의 효과에 대해서는 침묵하면서도, 대체휴일의 근로에 대해서는 벌칙이 적용된다고 한다. “다른 날로 정해진 휴일에 근로자가 쉬지 못하고 근로를 하면 사용자는 주휴 1일의 규정(근기법 제55조)

는 주휴수당과 휴일근로수당이 지급되는 이상 제55조에 위반하지 않는다고 한다.[15] 임종률 교수는 적법한 연장근로와 함께 휴일근로가 명시적으로 병기된 점을 들어 주휴일 근로의 적법성을 전제하지만, 이는 두 가지 점에서 적절하지 않다. 하나는 가산임금 지급대상인 연장근로에도 적법한 연장근로뿐만 아니라 위법한 연장근로(근로자의 동의를 얻지 못하거나 1주 12시간을 초과한 근로) 역시 포함된다는 점이고, 다른 하나는 주휴일 근로 이외에도 적법한 휴일이 있을 수 있다는 점 즉 1주에 휴일이 2일 이상일 때 그 중 하루를 제외한 날의 근로가 가능하다는 점을 간과한 주장이다.

근로기준법을 체계적으로 해석하면, 주휴일 근로 즉 1주간 1일의 휴일을 부여하지 않고 계속해서 7일을 근로시키는 것은 근로기준법 제55조의 위반으로서 제110조에 따른 벌칙이 적용된다고 보아야 한다. 입법자는 주휴일과 휴일을 명확하게 구분하고 있고, 주휴일 부여의무에 대한 위반과 휴일근로에 대한 가산임금 지급의무 위반에 대해서도 별개로 벌칙을 두고 있기 때문이다. 이런 체계는 1953년 구 제정 근로기준법부터 지금까지 일관된 것이다.[16] 그러므로 우리 입법자는 애초부터 주휴일 외

을 위반하는 것이 되어 벌칙(제110조제1항)이 적용되고 근로자는 당일분의 근로에 대하여 가산임금의 지급을 청구할 수 있다." 김형배(2015), 「노동법」(24판), 박영사, 473-474면.

15) 임종률(2015), 「노동법」(24판), 박영사, 444면. "연장근로의 경우와 달리 주휴일의 근로에 대해서는 이를 제한적으로 허용하는 명시적 규정이 없고 쉬지 않은 것을 휴일을 준 것으로 볼 수 없다고 전제할 때에는 주휴일 근로는 주휴수당과 휴일근로수당의 지급 여부에 관계없이 유급주휴일 부여 의무에 위반된다고 보게 될 것"이라고 하면서도, 다른 한편 현행법이 주휴일 근로를 연장근로와 달리 제한적으로 규정하지 않은 것은 당사자의 합의가 있으면 휴일근로를 허용하려는 것으로 볼 수 있고, 가산임금의 지급사유로 적법한 연장근로와 함께 휴일근로도 병기한 것은 적법한 휴일근로를 전제한 것으로 볼 수 있다고 한다.

16) 1953. 5.10. 구 제정 근로기준법을 보면 좀 더 이해하기 쉽다. 1953년의 최

에 여러 휴일이 있을 수 있음을 전제로 하였다. 그 중에서 주휴일은 반드시 부여하도록 형벌로써 그 준수를 강제한 반면, 다른 휴일들의 근로는 가산임금을 통해 억제함으로써 간접적으로 근로자의 휴식권을 보장하려고 하였다. 요컨대 주휴일이 아닌 휴일의 근로는 가산임금이라는 금전적 방식으로 억제한 반면, 주휴일의 근로는 가산임금에 의한 억제 외에도 형벌을 통해 직접적으로 억제하려고 한 것이다.

나. 독일과 프랑스

(1) 독 일

근로시간법에 따르면, 일요일과 법정휴일의 근로는 원칙적으로 금지되고(제9조),[17] 법이 정하는 16개 업무에서는 예외적으로 허용된다(제10조). 이러한 기본적 구조에는 두 가지 특별한 예외가 있다. 하나는 단체협약 당사자 사이의 약정을 통한 예외이고(제12조),[18] 다른 하나는 연방 또는 주의 법규명령에

초 근로기준법은 제45조제1항에서 "사용자는 근로자에 대하여 1주일에 평균 1회 이상의 휴일을 주어야 한다."고, 제45조제2항에서 "정휴일(定休日), 법정공휴일은 임금 산출의 근로일로 인정한다."고 규정하여 모든 휴일을 유급으로 하였다. 그 후 1961. 12. 4. 구 개정 근로기준법에 따라 제45조 제2항은 삭제되고, 제1항의 '평균 1회 이상의 휴일'은 '평균 1회 이상의 유급휴일'로 개정되었다. 그러나 휴일근로에 관한 가산임금을 정한 제46조는 원래부터 '휴일근로'라고 규정하여 지금까지 이르고 있다.

17) 근로시간법 제9조 제2항과 제3항은 일요일과 법정휴일의 개시 시점 및 그 변경을 정하고 있다. 즉「근로자는 일요일 또는 법정휴일 0시부터 24시까지 근로를 제공하여서는 아니 된다. 주기적인 주·야간 교대제 근무가 시행되는 사업에서 휴일 개시 시점으로부터 24시간 사업이 중단된다면, 일요일 또는 법정휴일의 시작 또는 종료시점을 최대 6시간까지 앞당기거나 늦출 수 있다. 운전기사와 동승자에 대해서는 일요일 또는 법정휴일의 시작시점을 최대 2시간까지 앞당길 수 있다.」

18) 근로시간법 제12조는 단체협약 또는 단체협약에서 허용한 근로자 대표 또는 공무원 대표와의 서면합의로써 일요일과 법정휴일에 관한 제9조 내지 제11조의 규정과 달리 정할 수 있는 사항을 규정하고 있다. 일요일 근로에는

따른 예외이다(제13조).[19] 일요일과 법정휴일의 근로에 대한 보상은 제11조에서 정하고 있다. 일요일 휴식은 독일 기본법에서 정하고 있는 법적 보호이다. 독일 기본법 제140조가 준용하는 1919년 8월 11일 독일 바이마르 제국헌법 제139조는 「일요일과 국가적으로 인정된 법정휴일에는 근로휴식으로서 법적으로 보호된다.」라고 규정하고 있다.[20]

일요일과 법정휴일의 근로에 대한 보상은 대체휴일이 근로시간법상 원칙이다(제11조). 금전보상은 단체협약이나 근로계약에서 정하고 있다. 근로시간법 제11조에 따르면, 1년 중 최소 15번의 일요일에는 근로제공이 없어야 한다(제1항). 또한 근로자가 일요일에 근로를 제공한 경우 해당 근로자에게는 근로제공일을 포함한 날로부터 2주 이내에 대체휴일이 부여되어야 하고, 근로자가 평일인 법정휴일에 근로를 제공한 경우 근로자에게 근로제공일을 포함한 날로부터 8주 이내에 대체휴일이 부여되어야 한다(제3조). 기술상 또는 노동조직상의 이유에 반하지 않는 한, 제9조의 일요일·법정휴일 또는 제3항의 대체휴일은 제5조에 따른 휴식시간에 연속하여 부여되어야 한다(제5항). 휴일근로에 대한 가산수당에 대해서는 법률에서 규정하고 있지 않다. 따라서 개별적인 근로계약이나 단체협약에서 명시하지 않는다

대개 "근로를 제공한 날을 포함한 날로부터 2주 이내에 대체휴일이 부여되어야 한다. 근로자가 평일에 해당하는 법정휴일에 근로를 제공한 경우에, 근로자에게는 근로를 제공한 날을 포함한 날로부터 8주 이내에 대체휴일이 부여되어야 한다." 등의 조건이 붙는다.

19) 근로시간법 제13조에서 일요일·법정휴일 보장, 보상 등에 관한 예외를 인정하고 있다.

20) 일요일과 법정휴일의 휴식은 종교적인 요청과 함께 사회정책적인 요청에 근거를 두고 있다. 종교적으로는 기독교적인 전통이 개입된 것이며, 사회정책적으로는 산업화시기에 일요일 휴식이 근로자의 건강보호에 기여한다는 것에 기인한 것이다. Baeck/Deutsch, Vor §§ 9-13 Rn. 4.

면, 기본임금률이 그대로 적용된다.

(2) 프랑스

노동법전이 규정하는 주휴(repos hebdomadaire)의 원칙은 다음과 같다. 1주에 6일을 초과하는 근로는 금지된다(L.3132-1조). 주휴는 일간휴식 시간에 더하여 연속하는 24시간이 부여되어야 한다(L.3132-2조). 주휴는 근로자의 이익을 위하여 일요일에 부여되어야 한다(L.3132-3조).

이러한 원칙의 예외는 크게 두 가지로 나눌 수 있다. 하나는 근로일이 1주 6일을 초과하지 않으면서 일요일에 근로하는 경우이고(이른바 주휴변경), 다른 하나는 1주 6일을 초과하면서 일요일에 근로하는 경우이다. 전자에는 법률상 상시적 예외,[21] 단체협약에 따른 예외,[22] 행정승인에 따른 한시적 예외[23]가 있다. 후자 즉 1주 6일을 초과하는데도 일요일 근로가 허용되는 경우로는 ① 사고 수습 등을 위한 긴급작업(travaux urgents)의 경우(L.3132-4조 제1항), ② 부패되기 쉬운 원료를 취급하는 사업 또는 일정 시기 노동의 특별한 증가에 대응하여야 하는 사업

---

21) 법률상 명시적으로 일요일 근로가 허용되는 경우는 ① 생산 내지 경제적 활동의 계속성을 보장할 필요가 있거나 일반 공중의 생활상 욕구를 충족시킬 필요가 있어 일요일에도 영업이 불가결한 사업장의 경우 (L.3132-12조)로서, 허용 사업의 종류와 업무는 시행령에서 구체적으로 규정하고 있다(R.3132-5조). ② 식료품 판매점의 경우 일요일 오후 1시부터 주휴를 부여할 수 있기 때문에 일요일 오후 1시까지는 일요일 근로가 가능하다(L.3132-13조 제1항). ③ 도지사가 지정한 관광·온천지역 또는 관광·문화단지에 위치한 식료품점을 제외한 소매점의 경우 종업원 전부 또는 일부에게 순번제로 주휴를 부여할 수 있기 때문에 일요일 근로가 가능하다(L.3132-25조).

22) 제조업에서 단체협약으로 계속근로제 또는 휴무일근로팀제를 도입하는 경우에는 일요일 근로가 허용된다(L.3132-14조, 16조, 17조, 18조).

23) 시장 또는 도지사가 승인하는 경우에는 일정기간 동안 일요일 근로가 예외적으로 허용된다 (L.3132-20조, 25조, 26조).

(L.3132-5조 제1항), ③ 항만, 부두 및 역에서 강선(江船) 제조 및 수리, 선박에서의 작업, 과일·야채·생선의 통조림 가공 등과 관련한 하역작업의 근로시간이 연장될 수 있는 경우(L.3132-6조, R.3132-2조), ④ 계절적 성격으로 인해 연중 일부 기간 동안에만 사업의 전부 또는 일부를 운영하는 경우(L.3132-7조 제1항), ⑤ 집단적 주휴일에 반드시 해야 할 건물의 청소 및 유지관리의 업무(L.3132-8조), ⑥ 연속 가동하는 제조업의 경우(L.3132-10조 제2항), ⑦ 국가기관에서 그리고 국가 및 국방을 위한 노동이 수행되는 사업장의 경우(L.3132-9조) 등이다.

노동법전은 크리스마스 등 11일을 법정축일로 규정하고 있다(L.3133-1조).[24] 18세 미만 근로자는 법정축일 근로가 금지되지만(L.3164-4조), 다른 근로자들은 5월 1일[25]을 제외한 나머지 법정축일의 절대적 휴식이 보장되어 있지 않다. 단체협약에서 법정축일 휴식을 규정하고 있는 경우 사용자는 이에 구속되고, 근로자는 해당일 근로를 거부할 수 있다.[26]

다. 개선 방안

현행 근로기준법으로도 1주일에 하루는 반드시 휴일로 보장하여야 하며, 지금부터라도 이에 위반한 사용자에게는 벌칙규정을 적용해야 한다고 생각한다. 다만 주휴일 및 휴일근로에 대한 지금까지의 법의식과 현실 등을 고려할 때, 근로기준법 제55조를 다음과 같이 개정할 필요가 있다.

---

24) 그 외 1월 1일, 부활절의 월요일, 5월 1일(노동절), 5월 8일, 승천절, 오순절의 월요일, 7월 14일, 만성절, 11월 11일 등이 법정축일이다.

25) 사업의 성질상 근로를 중단할 수 없는 사업장(예컨대, 운수업, 병원, 호텔, 경비업 등)에서 사용자는 5월 1일 근로한 경우 해당 근로에 대한 통상적인 임금 외에 적어도 이와 동일한 액수의 별도 수당을 지급하여야 한다(L.3133-6조).

26) Soc. 19 décembre 1990, n° 87-45621, NP.

첫째, 주휴일과 그 밖의 휴일을 명확하게 구별한다. 가산임금제(제56조)의 대상이 되는 근로는 후자 즉 주휴일 이외의 휴일에 한정됨을 명시할 필요가 있다.

둘째, 1주에 6일을 초과하는 근로는 금지하고, 그 예외는 엄격한 요건 하에 허용하되, 보상휴일 등 대상조치를 명시한다.

셋째, 주휴일은 일간휴식에 더하여 연속하는 24시간 이상이 되도록 한다.

넷째, 주휴일은 특정된 요일에 정기적으로 부여하도록 정하되, 만약 주휴일이 특정되지 아니한 경우에는 일요일을 합의한 것으로 보도록 한다.

다섯째, 주휴일은 무급을 원칙으로 한다. 다만 단시간 근로자나 최저임금대상 근로자 등에게는 유급으로 지급하도록 한다.

3. 연차휴가

가. 현행 제도의 문제점

(1) 대법원 2013. 12. 26. 선고 2011다4629 판결

이 판결은 정당한 파업 기간과 육아휴직 기간을 '연차휴가권의 발생 여부'와 '연차휴가일수의 계산'에서 달리 처리하였다. 전자 즉 출근율 계산에서는 해당기간을 제외하되, 후자에서는 그것을 포함시켜 해당 기간의 비율만큼 비례적으로 삭감된 휴가일수를 부여해도 무방하다고 했다(비례적 삭감설). 연간 근로의무가 있는 일수를 '연간 소정근로일수', 현실적으로 근로한 날을 '연간 실근로일수', 파업 기간이나 육아휴직 기간은 '파업기간 등'이라고 할 때, 판결의 논리는 아래와 같다.

> ① **연차휴가권 발생 요건으로서 출근율**
> 연간 실근로일수÷(연간소정근로일수-파업기간 등)
>
> ② **연차휴가일수**
> 취득예상 휴가일수(출근율에 따른 휴가일수+근속년수에 따른 휴가일수)× (연간 소정근로일수-파업 기간 등)÷연간 소정근로일수

이 판결은 파업 기간 등을 결근으로 처리하는 것도 그렇다고 출근으로 처리하는 것도 관련 법령에 맞지 않다고 한다.[27) 따라서 한편으로는 헌법과 관련 법률에 따라 쟁의행위 등 근로자의 정당한 권리행사를 보장하고 연차유급휴가 제도의 취지를 살리면서도, 다른 한편 연차유급휴가가 1년간의 근로에 대한 대가로서의 성질을 갖고 있고 현실적인 근로의 제공이 없었던 쟁의행위 등 기간에는 원칙적으로 근로에 대한 대가를 부여할 의무가 없는 점 등을 종합적으로 고려하면 비례적 삭감설이 타당하다는 것이다. 위 판결에 대해 학계의 의견은 갈린다. 김형배 교수와 박종희 교수는 원칙적 찬성의 입장인 반면에,[28)] 임종률

---

27) 파업 기간이나 육아휴직 기간은 헌법이나 법률에 의하여 보장된 근로자의 정당한 권리행사이고 그 권리행사에 의하여 쟁의행위 등 기간 동안 근로관계가 정지됨으로써 근로자는 근로의무가 없으며, 쟁의행위 등을 이유로 근로자를 부당하거나 불리하게 처우하는 것이 법률상 금지되어 있으므로(노동조합 및 노동관계조정법 제3조, 제4조, 제81조 제5호, 남녀고용평등법 제19조 제3항), 근로자가 본래 연간 소정근로일수에 포함되었던 쟁의행위 등 기간 동안 근로를 제공하지 아니하였다 하더라도 이를 두고 근로자가 결근한 것으로 볼 수는 없다고 한다. 다른 한편, 해당 기간 동안 근로자가 현실적으로 근로를 제공한 바가 없고, 근로기준법, 노동조합 및 노동관계조정법, 남녀고용평등법 등 관련 법령에서 그 기간 동안 근로자가 '출근한 것으로 본다'는 규정을 두고 있지도 아니하므로 이 기간을 근로자가 출근한 것으로 의제할 수도 없다고 한다.

28) 김형배(2015), 노동법(제24판), 박영사, 481면; 박종희(2014), "연차휴가일수 비례산정의 타당성", 월간노동법률 274호, 중앙경제, 63면. 박종희 교수는 "현행법상 연차휴가제도가 보상적 성격에서 입안되어 있다는 점을 감안한다면 이와 같은 해석은 합리적으로 판단"된다고 하면서, 다만 근속년수

교수는 비례적 삭감설은 근로의무 없는 기간을 이유로 근로자의 연차휴가에 불이익을 주는 것으로 불합리하다고 비판한다.[29)]

(2) 비 판

비례적 삭감설은 이 사건의 원심인 서울고법 2010. 12. 10. 선고 2010나70676 판결에서 나왔는데, 여기에는 두 가지 논리적 전제가 있다. 하나는 정상 소정근로일수(파업이나 육아휴직 기간 등이 없이 일반적으로 노사가 예정하고 있던 연간 소정근로일수)와 실질 소정근로일수(파업이나 육아휴직 기간 등을 제외한 연간 소정근로일수)를 구별해야 한다는 것이고, 다른 하나는 연차휴가일수를 삭감할 수 있다는 것이다. 그런데 이러한 전제들은 매우 위험하다.

첫째, 정상 소정근로일수와 실질 소정근로일수의 구분은 법령상 근거가 없을 뿐더러 뚜렷한 이유도 없이 소정근로일에 관한 기존의 안정적인 법해석 즉 법령이나 취업규칙 또는 단체협약 등을 통해 근로계약상 근로의무가 있는 날이 소정근로일이라는 해석론과도 상치된다.

둘째, 이 구분의 기초에는 비록 근로의무가 존재하지 않더라도 실제의 근로제공이 없다면, 해당 기간이 근로자의 권리 행사로서 법적으로 존중될 수 있는가와 상관없이, 사용자는 연차휴가에서 불이익을 줄 수 있다고 본다. 이러한 생각은 결과적으로 근로자로 하여금 근로의무가 없는 날을 만드는 권리 행사를 하지 못하도록 할 수 있는 바, 이는 근로기준법의 목적에 정면으로 반한다.[30)]

에 따른 가산휴가일수까지 비례적 삭감의 대상에 포함시킨 것은 잘못이라고 한다.

29) 임종률(2015), 노동법(제13판), 박영사, 451-452면

30) 피고 회사의 취업규칙은 매년 연말 다음 해의 연차유급휴가일수에 상응하는

셋째, 연차휴가일수를 삭감할 수 있다는 생각은 근로기준법의 최저기준성에 반한다. 주지하다시피 근로기준법상 근로기준은 최저 기준으로서 그에 미치지 못하는 근로계약이나 취업규칙은 무효로 되고, 무효로 된 부분은 근로기준법에서 정한 기준에 따른다(근로기준법 제15조 참고). 그러므로 근로기준법상 최저 연차휴가일수는 삭감의 대상이 될 수 없다.

넷째, 비례적 삭감설은 정당한 파업에 참가한 근로자나 육아휴직을 한 근로자를 종종 불법파업에 참가하거나 무단결근한 근로자보다 불리하게 처우할 수 있다. 하나의 예로서 2015년 1월 1일에 근속년수가 1년이 된 근로자의 연차휴가일수를 계산해보자. 그 근로자의 2014년 정상 소정근로일수가 300일이고 파업 기간이 60일이며 나머지는 모두 출근하였다고 가정한다. 그러면 실질 소정근로일수는 240일(정상 소정근로일수 300일-파업 기간 60일)이 된다. 먼저 정당한 파업에 참가한 경우에 비례적 삭감설을 적용하면, 출근율은 실질 소정근로일수 240일을 모두 출근하였으므로 개근(10할)으로서 법정 출근율(8할)을 충족하고, 연차휴가일수는 기본휴가일수 15일에 정상 소정근로일수에서 실질 소정근로일수가 차지하는 비율 0.8(실질 소정근로일수 240일÷정상 소정근로일수 300일)을 곱한 12일(15일×0.8)이 된다. 그에 비해 불법파업에 참가한 경우에는 정상 소정근로일수와 실질 소정근로일수는 모두 300일이고 파업 기간 60일은 결근으로 처리된다. 그러면 연차휴가권은 연간 소정근로일수 300일에 출근일 240일로 출근율 8할이 됨으로써 발생하고,

보상금을 전액 지급한 후, 다음 해 근로자가 실제 연차휴가를 사용하면 그 일수만큼의 보상금을 월급에서 공제하도록 규정하고 있었다. 이런 시스템은 금전보상의 유인을 통해 연차휴가의 실제 사용을 제한하기 때문에 연차휴가의 사전매수로 볼 수도 있다.

연차휴가일수는 기본휴가일수 15일에 정상 소정근로일수에서 실질 소정근로일수가 차지하는 비율 1.0(실질 소정근로일수 300일÷정상 소정근로일수 300일)을 곱한 15일이 된다. 요컨대 파업 기간이 정상 소정근로일수의 2할 이하인 경우에 불법파업 참가 기간이 합법파업 참가 기간보다 연차휴가에서 유리해진다. 합법파업에 참가한 기간이 비례적 삭감설의 적용 결과 유리해질 수 있는 경우는 이번 사건처럼 파업 기간이 정상 소정근로일수의 2할을 넘는 경우이겠지만, 대다수 파업의 경우 개인 근로자의 파업참가일수는 정상 소정근로일수의 2할을 넘지 않는다. 게다가 그런 경우의 결과조차 그 기간을 소정근로일에서 제외하는 방법보다 결과가 근로자에게 유리하지는 못하다.

(3) 법 개정의 필요성

위에서 보듯이 이 판결은 올바른 법해석을 보여주지 못했다. 그러나 바로 그 때문에 이 판결은 현행 연차휴가 제도의 문제점을 가장 잘 드러낸다. 근로보상적 법규정에 근로보상적 법해석이 더해질 때의 어처구니없는 결과이기 때문이다. 현행 규정을 그대로 둔다면 이런 법해석이 재현될 위험성은 늘 있다. 주지하다시피, 위 판결 외에도 판례는 연차유급휴가의 근로 보상적 성격을 줄곧 강조하였다. 즉 연차유급휴가는 “근로자가 사용자에게 근로를 제공하는 관계에 있다는 사정만으로 당연히 보장받을 수 있는 것이 아니라, 1년간 8할 이상 출근하였을 때 비로소 부여받을 수 있는 것이므로 다른 특별한 정함이 없는 이상 이는 1년간의 근로에 대한 대가”라고 하였다.[31] 결국 문제를 제대로 해결하기 위해서는 현행 연차휴가 제도 자체의 개정이 필

31) 대법원 1991. 11. 12. 선고 91다14826 판결, 대법원 2000. 12. 22. 선고 99다10806 판결, 대법원 2013. 12. 26. 선고 2011다4629 판결 등

요하다.

나. 독 일[32)]

독일에서 근로자의 연차휴가에 관해서는 연방연차휴가법(Bundesurlaubsgesetz, BUrlG; 연차휴가법)이 규율한다. 이 법의 적용에 있어 근로자에는 생산직 근로자와 사무직 근로자 외에도 직업훈련생, 경제적 종속성으로 인해 근로자와 유사한 자[33)] 및 가내근로자도 근로자로 본다(제2조). 근로관계가 6개월이 넘는 근로자는 매년 24근로일 이상의 휴가를 청구할 수 있다(제1조 및 제3조).[34)] 근로관계의 존속기간이 6개월이 미만인 경우 등에는 근로자는 근로관계가 존속된 각 달에 대해 위의 연차휴가일(24근로일)의 12분의 1에 해당하는 휴가일에 대한 청구권을 가진다(제5조 제1항).[35)]

---

32) 독일 연방휴가법에 관한 소개는 박귀천(2015),「연차유급휴가에 관한 독일 연방노동법원의 최근 판례에 대한 검토」,『법학논집』19 (4), 이화여자대학교 법학연구소, 376-380면 참고

33) 연차휴가법상 "근로자와 유사한 자"에 대해서는 단체협약법상 정의 규정을 원용하여 판단한다. 단체협약법 제12a조 제1항 제1호는 "근로자와 유사한 자"의 개념에 관하여 "경제적으로 종속되고 근로자와 유사하게 사회적 보호의 필요성이 있는 자로서 고용계약 또는 도급계약에 근거하여 본질적으로 다른 근로자의 도움 없이 타인을 위하여 노무를 제공하는 자가 주로 한 사람을 위하여 노무를 제공하거나 혹은 평균적으로 소득활동의 대가로 얻은 전체 소득의 절반 이상을 한 사람으로부터 지급받는 경우"라고 규정하고 있다.

34) 이렇게 완전한 연가청구권은 근로관계가 6개월간 존속한 이후에 비로소 부여된다. 6개월 동안의 근로관계 유지가 휴가취득을 위한 요건이 된다. 따라서 근로자는 근로관계가 개시된 후 7개월째 되는 때부터 처음 휴가를 사용할 수 있게 된다.

35) 이런 경우는 a) 근로관계의 존속 기간이 6개월 미만이기 때문에 완전한 휴가청구권을 취득하지 못한 해의 기간, b) 6개월이 되기 전에 근로관계가 종료된 경우, c) 해당 연도의 전반기에 6개월 이상의 근로관계라는 요건이 충족된 후에 근로관계가종료된 경우이다. 단, 소수점 0.5이상에 해당에 해당하는 휴가일은 1일로 반올림한다(제5조 제2항). c)의 경우 근로자가 이미 취득한 휴가일수 이상으로 휴가를 사용한 경우에 휴가에 대해 지불된 휴가급여

휴가 부여는 사용자의 의무이며, 휴가 시기는 사용자가 정한다. 사용자는 긴박한 경영상의 이익 또는 사회적 관점에서 우선순위에 있는 다른 근로자의 휴가희망시기와 충돌되지 않는 한, 휴가시기 지정 시 근로자의 요구를 고려하여야 한다.[36] 휴가는 한꺼번에 부여하는 것이 원칙이다. 즉 긴박한 경영상의 이유 또는 근로자의 개인적인 사유에 의한 휴가의 분할이 필요하지 않는 한 휴가는 일시에 부여되어야 한다. 앞의 두 가지 사유 중 하나로 인해 휴가를 일시에 부여될 수 없는 경우에도 어느 하나의 휴가는 최소한 연속하는 12근무일이상이어야 한다(제7조 제2항). 휴가는 휴가권이 발생한 해당 연도에 부여하고 또한 사용하여야 한다. 다만 긴박한 경영상 이유 또는 근로자의 개인적 사유가 있는 경우에는 이월이 허용되지만, 그 때에도 휴가는 다음해 3월 이내에 부여하고 사용하여야 한다(제7조 제3항 제1문). 미사용휴가에 대한 금전보상은 오직 근로관계의 종료에만 허용된다. 즉 근로관계의 종료로 인해 휴가의 전부 또는 일부가 더 이상 사용될 수 없는 경우 그 휴가에 대해서는 보상이 이루어져야 한다(제7조 제4항).

연차휴가법 중에서 제1조(근로자는 매년 연차유급휴가를 청구할 수 있다는 규정), 제2조(적용범위) 및 제3조 제1항(휴가는 매년 최소 24근무일이어야 한다는 규정)을 제외하면 단체협약으로써 연차휴가법과 다르게 정할 수 있다(제13조 제1문). 단체협약으로 정하는 경우에도 연차휴가법의 기준보다 근로자에

는 반환하지 않는다(제5조 제3항).

36) "사회적 관점에서 우선순위에 있는" 경우는 과도한 업무상 부담이나 질병 등으로 인해 휴양이 필요한 경우, 자녀의 방학기간에 휴가를 사용해야 하는 경우 또는 배우자나 동거인의 휴가시기에 맞추어야 하는 경우 등을 고려할 수 있다. 특히 근로자가 의학적 예방조치 또는 재활치료에 이은 휴가사용을 희망하는 경우에 사용자는 그 요구에 따라 휴가를 부여해야 한다(제7조 제1항).

게 불리한 합의는 허용되지 않는다(제13조 제3문).[37]

다. 연차휴가 제도의 개선

(1) 기존의 주장

연차휴가 제도의 개편론은 오래전부터 최근까지 꾸준히 주장되고 있다. 1999년 이철수 교수의 "휴일·휴가제도에 관한 비교법적 연구"에서는 현행 휴가제도가 가지는 임금보전적 측면을 강하게 비판하면서, ① 연차유급휴가권의 성립요건에서 출근율을 삭제하고 6개월 이상의 근속 요건만 두고, ② 단기근속자의 휴가일수를 상향 조정하며, ③ 휴가의 완전사용을 장려하기 위한 제도적 장치가 필요하다고 주장하였다.[38] 최근에 들어와 2014년 김근주 박사는 "연차휴가의 입법적 개선방안"에서 연차휴가의 시기지정권과 변경권의 요건 등을 명시 또는 구체화하고 연차휴가의 일괄 사용을 주장하였다.

올해 초 김홍영 교수는 연차휴가를 근로 보상적인 것에서 휴식 보장적인 것으로 개편하기 위한 방안으로 다음 세 가지를 주장했다.[39] 첫째, 출근율 요건을 삭제한다. "우리 근기법상의 연차휴가도 1년 중 6개월의 근무기간을 경과하면 15일의 연차

---

37) 다만 제7조 제2항 제2문(근로자의 휴가일수가 12근무일을 초과하는 경우로 휴가가 긴박한 경영상의 이유 또는 근로자의 개인적인 사유에 의해 일시에 부여될 수 없는 경우에는 분할된 휴가 부분에 최소한 연속되는 12근무일이 포함되어야 한다는 규정)은 그러하지 않다.

38) 이철수(2011), "연차휴가제도", 박제성 외, 「장시간 노동과 노동시간 단축」(II), 한국노동연구원, 131-146면에서도 같은 주장을 하였다. "휴가 사용의 촉진을 위하여 휴가의 집단적·계속적 사용을 촉진하는 방향으로의 입법적 개선이 요구되는데, 이를 위해서는 ILO가 제시하고 있는 바와 같이 휴가의 시기를 집단적·공동적으로 지정하는 방식을 입법적으로 고려해 볼 만하다. 아울러 휴가를 분할해서 사용하는 경우에도 최소한도의 휴가기간을 법적으로 강제하는 방법도 고려해 보아야 할 것이다."(같은 글, 146면)

39) 김홍영, 휴식 보장을 위한 연차휴가의 제도개선론", 서울대노동법연구회, 노동법연구 40호(2016. 3.), 161면 이하 참고.

휴가를 부여하고, 6개월의 근무기간 전이라도 근무기간에 비례하여 연차휴가 일수를 부여하는 방식으로 개선하여야 한다." 둘째, 10일 이상 연속하여 휴가를 사용할 수 있도록 개정한다. "일정 규모 이상 사업장에 집단휴가계획을 의무화하거나, 연차휴가 일수의 휴가사용에 관해 근로자대표와 서면합의할 수 있게 허용하여 집단계획휴가를 도입하는 방식도 적극적으로 검토하여야 한다." 셋째, "연차휴가의 사용에 미사용 보상수당이 사실상 장애가 된다면 이를 폐지하는 것도 바람직할 수 있다. 대신 휴가 저축 제도를 도입하여 미사용 휴가에 대해 휴가를 보상하여야 한다."한편 근기법상 '연차휴가' 또는 '연차유급휴가'라는 명칭을 '연가(年暇)'로 고칠 것을 제안했다.

(2) 개선안

김홍영 교수의 주장은 종전 연구자들의 주장을 수렴한 것으로 필자도 대부분 찬성하는 내용들이지만, 보충 또는 수정의 뜻에서 몇 가지를 보태면 다음과 같다.

첫째, 연차휴가권의 요건은 6개월 근속으로만 한다. 여기서 6개월은 매 연도마다 6개월 이상의 근무를 뜻하는 것이 아니라 근로관계가 시작된 후 6개월이라는 의미이다. 즉 6개월은 완화된 출근율(50%)이 아니라 근속기간을 말한다. 실제 근로 제공일과는 무관하며 근로관계가 지속된 기간이라는 말이다.

둘째, 6개월 미만의 근로자에게 부여하는 연차휴가일은 비례부여 원칙에 부합해야 한다. 현행 제도는 출근율과 부여일수 모두에서 비례부여 원칙에 미달한다. 개정을 한다면 출근율은 삭제하고 근로관계가 유지된 각 월마다 1년 단위 연차휴가일의 12분의 1 이상이 부여되어야 할 것이다.

셋째, 연차휴가 부여를 근로자의 청구(시기지정)에 의존하는 체제(trigger system)에서 사용자가 당연히 부여할 의무를 지는 체제(automatic system)로 전환하는 것이 좋다. 청구 방식은 근로자의 시기 선택권을 보장하여 주는 긍정적인 측면을 가지고 있지만, 사용자의 의무적 부여 방식에 비해 연차휴가의 실제 사용을 촉진하지 못하는 단점이 있다. 이 점은 연차휴가가 실제 사용되지 못하였을 때의 책임 귀속이 어떻게 되며, 따라서 연차휴가 이용에 사용자를 보다 적극적으로 나서게 할 수 있는 방식이 어느 쪽인지 생각해보면 쉽게 이해가 될 것이다. 다만 사용자의 의무적 부여 방식에는 두 가지 보완이 필요하다. 하나는 독일 연차휴가법처럼 사용자가 연차휴가 시기를 정할 때 근로자의 요구와 필요를 고려하도록 하는 것이고, 다른 하나는 가산휴가 또는 6개월 미만 근로자의 휴가에서는 근로자의 시기지정권을 예외적으로 허용하는 것이다.

넷째, 미사용휴가에 대한 금전보상은 원칙적으로 금지하고 오직 근로관계의 종료로 인해 휴가를 더 이상 사용할 수 없는 경우에는 금전보상이 가능하도록 명시한다. 미사용 휴가의 이월 또는 저축에는 독일 연차휴가법과 같은 휴가 사용의 시기적 제한(다음 연도의 3월까지 등)이 필요하다.

Ⅳ. 결 론

휴식은 근로시간과 함께 근로계약의 본질적 요소로서 우리 사회의 지속가능성을 위한 필수적 전제이다. 앞에서 제안한 휴식 제도 개정의 방향을 한 마디로 정리하자면, '근로보상에서 휴식보장으로'이다. 기업에 집중된 시간을 개인과 가정과 사회로 돌려야 한다. 일하는 시간을 줄여서, 만나고 수다 떨고 사랑하고 연애할 시간을 확보해야 한다. 연예하고 사랑하고 애도 낳고 가정도 만들려면 시간이 절대적으로 필요하다. 그래야 우리 사회가 유지될 수 있다. 우리나라 저출산의 가장 큰 원인은 낮은 소득과 미래불안정과 함께 너무 긴 근로시간이며 그런 점에서 장시간 노동은 우리 사회의 유지를 위협하는 만성질환이다. 젊은이에게 일자리를 만들어주기 위해 줄여야 할 것도 중장년층의 임금이 아니라 근로시간이다.

장시간 노동 체제로부터 정상 노동 체제로의 전환을 위해서는 휴식 제도를 근로자의 건강보호와 여가시간 확보라는 본래의 취지에 맞게 운영되도록 해야 한다. 특히 휴식을 금전적 보상으로 전환하는 노사의 담합을 배제하여야 한다. 이른바 ‘노동을 둘러싼 노사 간의 견고한 담합’을 깨야 한다. 이하 장시간 노동 체제의 극복과 휴식 보장을 위해 필요하다고 생각하는 몇 가지 주장을 추가하는 것으로 결론에 대신한다.

첫째, 야간근로, 휴일근로 및 연장근로는 단순히 가산임금제만으로 규율할 수는 없으며, 그러한 근로를 특별히 억제할 수 있는 방안을 마련하여 시행하여야 한다. 우리나라 근로시간 법제의 낮은 실효성 즉 취약성은 여러 연구자에 의해 종종 지적되어 왔다. 그런데 대부분의 연구에서 인용하거나 서술한 취약성은 외국과의 근로시간의 단순한 총량 비교였다. 사실 그것만으로도 놀라운 차이가 나긴 하였지만, 이런 양적 비교는 우리 근로시간 법제의 현실적 취약성의 진면목 즉 실질적 취약성을 다소 은폐하여 온 느낌이다. 근로시간법제의 취약성은 근로시간의 총 길이라는 양적 측면에서뿐만 아니라 법적으로 그래서 원칙적으로 억제되어야 하는 시간(대)의 비율이 전체 시간 중 얼마나 되는지 혹은 절대적으로 그러한 시간은 얼마인지와 같은 질적 측면에서도 파악할 필요가 있기 때문이다. 현행 근로기준법은 가산수당 제도를 통해 연장근로를 비롯한 휴일근로와 야간근로를 억제하려고 한다. 그러므로 근로시간의 질적 측면까지 파악하려면 가산수당제도의 대상이 된 노동의 비율 혹은 절대 시간수를 반영한 시간 즉 임금시간의 파악이 필요하다.[40] 또한 현행법과 같은 가산임금제를 통한 간접 규제 방식에서는 야간근로 및 휴일근로의 최대시간을 제한할 필요가 있다. 근로자의 건강과 휴식의 권리를 중대하게 침해하거나 위협하는 시간은 사실적으로나 규범적으로나 질이 나쁜 시간의 근로로서 단순한 금전적 보상을 통한 자율규제에 방임할 성질의 것이 아니기 때문이다. 즉 야간 근로와 휴일 근로를 제한하는 방법은 근로시간의 총량 규제에 더하여 이렇게 질이 나쁜 시간의 총량만을 특히 제한해야 한다. 그 방법으로는 야간근로나 휴일근로의 주간, 월간 또는 연간 총량을 직접적으로 제한하는 방법, 가산임금을 지급할 뿐더러 그에 더하여 보상휴가를 주도록 하는 방법, 할증률을 야간근로나 휴일근로의 시간에 따라 누진적으로 할증하는 방법 등이 있을 수 있다. 필자는 이 중에서 프랑스처럼 첫 번째 방법과 두 번째 방법의 혼합이 적절하다고 생각한다.[41]

---

40) 지금은 실근로시간의 수를 셀 때, 해당 시간의 질적 요소를 배제하고, 모든 시간수를 동등한 가치로서 계산한다. 자동차 공장에서 일하는 30세의 남성 근로자가 어느 월요일에 10시간의 노동을 했다면 실근로시간은 10시간으로 계산한다. 이에 비해 근로시간의 질적 요소 즉 법적 취급을 감안하여 시간수를 계산할 수도 있다. 질적으로 환산한 근로시간은, 현행법상 질적 고려는 가산임금제도에서 하고 있으므로, 결국 임금시간으로 표시될 수 있다. 위의 예에서 임금시간은 법정기준시간 8시간 * 1.0 = 8시간에 연장근로에 해당하는 2시간 * 1.5 = 3시간이 되어 전체적인 임금시간은 11시간이 된다. 만약 10시간에 야간근로(오후 10시부터 오전 6시까지의 근로)나 휴일근로가 포함되어 있다면, 해당 시간 수에 다시 50%를 가산한 시간을 더한 것이 임금시간의 합계가 될 것이다. 이런 임금시간이 질적 요소를 감안한 근로시간 즉 질적 근로시간이다.

41) 프랑스에서는 연장근로와 달리 야간근로에 관해서는 법적 규제가 엄격하

둘째, 일본형 법제는 장시간 노동 체제를 극복할 수 있는 방안이 될 수 없다. 일본의 노동기준법은 근로시간의 총량, 즉 법정기준근로시간과 시간외근로시간을 포함한 근로시간의 상한에 대한 규제는 원칙적으로 과반수 노조 또는 근로자과반수 대표의 협정에 의하도록 하고 있을 뿐 법적으로 일률적인 총량의 상한을 설정하는 방법은 취하고 있지 않다. 다시 말하면 근로시간의 총량은 노사자치에 맡겨져 있다. 이 점은 야간근로에서도 마찬가지로서 법적으로 절대적으로 금지되는 야간근로의 수준이 없다. 휴일근로에 대해서도 원칙적으로 과반수 노조 또는 근로자과반수 대표와의 협정에 의하도록 할 뿐 휴일근로의 허용사유나 절대적으로 확보되어야 하는 휴일의 일수 등에 관해서는 아무런 제한을 두고 있지 않다. 뿐만 아니라 주휴일제를 원칙으로 하면서도 예외적으로 4주간을 통산하여 4일 이상의 휴일이 보장된다면 휴일을 1주 단위로 주지 않아도 된다고 한다.

셋째, 포괄임금제를 폐지해야 한다. 포괄임금제는 외견상으로는 특별한 임금계약인 듯이 보이지만, 실상은 근로시간 특히 자유로운 연장근로의 이용이 핵심이다. 이 계약은 연장근로에 관한 각종의 특례 제도와 적용 제외 제도와 더불어 장시간 근로를 심상한 것으로 만들고 우리 사회의 건전한 생활 리듬을 무너뜨린다.

넷째, 대기업부터 시작해야 한다. 과거 근로시간법의 개혁

다. 사용자는 근로자에게 연장근로를 일방적으로 지시할 수 있지만, 일정 시간 이상의 통상적인 야간근로(1일 3시간 이상 및 1주 2회 이상의 야간근로 또는 연간 270시간 이상의 야간근로)에 종사하는 야간근로자의 사용은 단체협약의 체결(단체협약이 없는 경우에는 근로감독관의 승인), 1일 및 1주 근로시간의 상한에 대한 특별한 제한(원칙적으로 1일 8시간, 12주 평균 1주 40시간), 유급의 휴식 부여, 산업의에 의한 정기적 건강검진 등을 요건으로 한다.

은 실근로시간 단축으로 연결되지 않고 오히려 연장근로의 연장을 통해 임금인상으로 연결되었다. 최소고용·최대근로이라는 기업의 욕구와 임금소득의 증대라는 근로자의 욕구가 전략적으로 거래된 것이다. 이러한 노사담합은 근로시간법 실패의 핵심적인 원인이며, 이 문화의 형성과 전파에 큰 역할을 해 온 것이 대기업 노사관계이다. 그러므로 근로시간 단축과 휴식 증대를 위한 개혁은 장시간 노동 체제를 이끌고 있는 중심적인 대기업에서 근로시간 총량의 제한부터 시작해야 한다. 연간 근로시간이 상대적으로 긴 업종에 정책 관심과 수단을 집중하는 한편, 작년 9월 15일 노사정이 근로시간 개혁의 첫 번째 과제로 합의했던 2020년까지 연간 1,800시간 체제로의 전환을 위한 실무기구부터 구성해야 할 것이다.

≪9≫

취업규칙 관련 법리의 문제점과 대안: 근로자위원회의 사업장협정 도입 모색

<김홍영>

Ⅰ. 논의의 배경

1. 사업장의 근로조건은 취업규칙으로 규율되고 있다. 사업장에 취업규칙이 있는지도 모르면서 근무하는 근로자들이 많다.[1] 근로기준법(이하 '근기법')은 취업규칙을 근로자들에게 알릴 의무를 사용자에게 부과한다(근기법 제14조 제1항). 새로운 근로자와 근로계약을 체결할 때 취업규칙의 내용을 알릴 의무를 사용자에게 부과한다(근기법 제17조 제1항 제5호 및 근기법시행령 제8조 제1항 제2호 참조). 근로자들이 취업규칙의 내용을 잘 알고 있다면 근로조건이 보호되어 취업규칙은 좋은 제도인가?

근로관계는 근로자가 사용자에게 근로를 제공하고 사용자

* 서울대학교 노동법연구회 주최, 2016년 춘계공동학술대회 〈노동법의 신화 [1] : 취업규칙〉(2016. 5. 21. 개최)에서 같은 제목으로 발제한 글을 토론 내용을 참조하여 보완하였다.

1) '송곳'을 보고 근로자들이 사업장에 취업규칙이 존재함을 알게 되었다는 말들이 많다. 일반인들에게 노동법의 교육이 필요하다.

가 근로자에게 임금을 지급하는 관계이다. 근로관계의 내용을 근로자와 사용자가 합의하여 정하는 제도가 근로계약이다(근기법 제2조 제4호 참조). 계약은 자유인들이 관계로 결합하는 도구이다. 관계의 내용을 정할 때 대등한 지위에서 합의하여 정하여야 한다. 근기법은 "근로조건은 근로자와 사용자가 동등한 지위에서 자유의사에 따라 결정하여야 한다"며 '근로조건 대등결정 원칙'을 말한다(근기법 제4조).

2. 사업장에는 다수의 근로자들이 일하고 있다. 사용자는 근로관계의 내용을 집단적으로 통일하여야 근로자의 사용에 편리하다. 근로계약은 개별 근로자들마다 체결하므로 근로조건을 통일하기 어렵다. 취업규칙을 통해 근로조건을 통일하여 규율할 필요성이 인정된다. 통일을 위한 필요가 사용자로부터 나온다는 점 때문에 근기법은 사용자에게 취업규칙을 일방적으로 작성하고 변경하게 한다. 즉 취업규칙을 통해 근로조건을 일방적으로 형성하는 권한을 사용자가 갖는다(근기법 제94조 참조). 그래서 취업규칙 제도는 근로조건 대등결정 원칙에 어긋난다.

통일적인 근로조건을 근로자들이 일방적으로 변경할 수 있다고 가정해보자. 종업원대표[2]를 통해 앞으로의 퇴근시간을 1시간씩 당긴다고 사용자에게 통보하면 그대로 법적 효력이 있다

---

2) 이 글에서 '종업원대표'라는 용어는 근로자 계층 일반의 대표가 아니라 사업장에 소속된 근로자들의 대표라는 의미에서 사용하고 있다. 또한 현행 근기법은 실정법상의 용어로 서면합의의 주체로서 '근로자대표'를 사용하고 있지만(근기법 제24조 제3항, 제51조 제2항 등), 이 글에서는 근로자 과반수의 대표 여부를 떠나 통상적인 대표로서의 의미를 강조하기 위해 '종업원대표'라는 용어를 사용하고 있다. 한편 이 글에서 언급되는 문헌에서는 '근로자대표'가 다양한 의미로 사용되고 있지만 그 용어 그대로 인용하도록 한다. '근로자대표'의 용법은 i) 근로자 계층 일반의 대표, ii) 종업원의 대표, iii) 근기법상의 서면합의 주체인 근로자대표 등으로 나눌 수 있겠다.

고 상상해보자. 근로제공은 근로자측의 사정이므로 근로제공에 대해 근로자측이 일방적으로 정하겠다는 식이다. 사용자는 근로제공은 근로자들의 의무이므로 스스로 의무를 줄일 수 없다고 항변한다. 그러면 종업원대표를 통해 대신 앞으로 임금을 종전 수준에 추가하여 성과급을 더 지급하여야 한다고 사용자에게 통보하면 그대로 법적 효력이 있다고 상상해보자. 임금지급은 사용자의 의무이므로 근로자측에서 일방적으로 정하겠다는 식이다.

현행 취업규칙 제도는 사용자가 일방적으로 정한 취업규칙을 근로자가 따를 수 없다면 사용자는 근로관계를 종료할 수밖에 없다고 한다. 앞의 가정들에서 근로자들이 일방적으로 정한 근로조건대로 사용자가 따를 수밖에 없는데 사용자가 그렇게는 사업할 수 없다고 하면, 근로자들은 사용자에게 다른 사용자로 바꾸겠다고 말한다.

이러한 가정들이 현행 법제도라면 사용자는 당혹스러울 것이다. 근로관계의 내용이 되는 근로조건을 근로자들이 일방적으로 결정하여 대등결정 원칙에 어긋나기 때문이다.

3. 사용자는 기업은 사업주의 것이므로 앞의 가정들을 받아들일 수 없다고 항변할 것이다. 기업은 사업주의 것이다. 그러나 근로관계의 내용은 근로자와 사용자가 대등하게 결정하여야 한다. 사용자가 일방적으로 정하고 또 변경하고, 근로자들은 따라야 한다면, 노동은 사업장에 투입된 상품이고, 근로자는 사업장 조직의 구성 부품이고, 근로자는 사용자가 시키는 대로 근로를 제공하는 노예와 다름없다. 노동은 상품이 아니고, 근로자는 인격체이며 자유인이다.

대등하게 결정하는 방법은 서로의 합의이다. 근로계약 이외에 집단적으로 정하여야 할 필요가 있다면, 근로자들의 집단과 사용자가 합의함으로써 대등하게 결정할 수 있다. 모든 근로자들이 모여 통일적인 의사를 만들 수 없다면, 종업원대표를 통해 집단적으로 합의하는 제도를 고안할 수 있다.

4. 취업규칙 제도는 근로조건을 불이익하게 변경할 때에 이르러서야 근로자들이 그 변경을 집단적으로 반대할 수 있는 권한을 인정한다(근기법 제94조 제1항 단서 참조). 판례는 근로자들의 동의를 받지 못한 취업규칙은 효력이 없다고 말한다. 그러한 제도적 보완으로 취업규칙 제도는 대등결정 원칙에 충실해지는가?

2016년 현실 노동관계에서 취업규칙의 불이익변경에 관한 분쟁과 논란이 발생하였다. 공공부문에서 정부의 지시에 따라 성과연봉제를 도입하기 위해 취업규칙을 불이익 변경하면서, 과반수 노조가 있음에도 과반수 노조의 동의를 받지 않고 근로자들로부터 개별적인 동의서를 강압적으로 받았다.[3] 고용노동부는 종전의 고정적인 임금 부분을 변동적인 성과급으로 변경하는 것은 근로조건의 '불이익' 변경이 아니어서 근로자집단의 동의를 받을 필요가 없다고 말한다.[4] 또 한편으로는 60세 법정정년이 시행된 사업장에서 임금피크제를 도입하기 위해 근로자들로부터 동의를 받는 과정에서 충돌이 발생하고 있다고 보도되었다. 고용노동부는 근로자들의 동의 없이 임금피크제를 시행해도 사회통념상 합리성이 인정되는 상황이라면 합법이라고 설명한

---

3) 더불어민주당 진상조사단, 「공공·금융부문 성과연봉제 관련 불법·인권유린 행위에 대한 더불어민주당 진상조사단 조사결과 보고서」, 2016. 6, 4면 등 참조.

4) 고용노동부, 「취업규칙 해석 및 운영 지침」, 2016. 1. 22, 59-66면; 고용노동부, 「공정인사지침」, 2016. 1. 22, 38-39면.

다.[5] 취업규칙 불이익 변경에 관한 정부의 잘못된 해석은 재판을 통해 바로잡으면 되고, 근로자들에게 동의를 강요하는 사용자의 잘못된 태도는 재판을 통해 개정된 취업규칙을 무효로 하면 된다는 해결방식도 제시될 수 있겠다.

5. 이 글에서는 판례 법리에 따른 해석으로도 취업규칙 제도가 근로조건 대등결정 원칙에 충분하지 못한 문제점은 여전히 남는다는 점을 설명하고자 한다.[6] 우리는 너무나 오랫동안 취업규칙 제도에 안주해왔다.[7] 대등결정의 원칙에 충실할 수 있는 제도개선의 방안을 모색하여야 하는데,[8] 이 글에서는 종업원대

---

5) 고용노동부, 앞의 「취업규칙 해석 및 운영 지침」, 60-64면; 고용노동부, 앞의 「공정인사지침」, 39-40면.

6) 이 글에서는 취업규칙의 판례 법리에 대해 대등결정의 원칙에 초점을 맞추어 비판적으로 고찰한다. 아울러 판례 법리에 대해 전반적으로 검토하는 비판 논의로, 신권철, "노사협의회의 법적 지위와 역할", 「노동법연구」 제35호, 서울대학교노동법연구회, 2013. 9, 267-304면을 참조할 수 있겠다.

7) 취업규칙 제도는 1953년의 근기법 제정 법률에서부터 오랫동안 도입되어 온 제도이다. 제도적인 기원으로 독일의 취업규칙 제도를 비교법적으로 고찰한 비판적인 논의로, 박귀천, "독일 노동법상 근로조건 결정시스템 - 취업규칙으로부터 사업장협정으로 -", 「노동법연구」 제41호, 서울대학교노동법연구회, 2016. 9, 41-96면을 참조할 수 있겠다. 특히 위 글에서 박귀천 교수는 "19세기 중반 이후 사업내의 집단적 규범설정의 당사자로서의 근로자대표위원회에 대한 인식이 확산됨에 따라 약 12년간의 나치정권 시대(1933년~1945년)를 제외하고는 근로조건과 근로환경을 둘러싼 사업 내 제반 문제에 관한 규칙을 사용자가 일방적으로 정하는 방식은 역사의 뒤안길로 사라지게 되고 노사공동결정에 의한 자치규범으로서의 사업장협정이 자리 잡게 되었다."는 점을 설명한다.

8) 이 글이 작성되기까지, i) 근로관계에서 근로조건의 결정이 근로자와 사용자 사이의 의사의 합치에 의해 결정되어야 한다고 근로조건 대등결정 원리를 강조한, 김성진, "근로조건 대등결정의 원리", 「노동법학」 제54호, 한국노동법학회, 2015. 6, 1-24면 내용과, ii) 근로조건 대등 결정의 원칙은 우리 노동법 전체를 관통하여 적용되는 원칙이며 그 실현을 가능하게 하는 메커니즘이 바로 '대표'임을 강조한, 박제성, 「근로자대표제도의 재구성을 위한 법이론적 검토」, 한국노동연구원, 2013, 1-17면 내용에 깊은 감명을 받아,

표의 사업장협정 제도를 구상하고자 한다.

Ⅱ. 취업규칙 제도의 문제점과 제도개선의 방향

1. 근로조건 대등결정 원칙에 비춰본 취업규칙 제도의 문제점

사업장에서 근로자의 근로조건은 법령, 단체협약, 취업규칙, 근로계약 및 노사관행에 따라 규율된다. 법령이 아니라 노사가 자주적으로 정하는 근로조건은 단체협약, 취업규칙, 근로계약 등으로 규율된다. 그 중 여러 근로자들에게 집단적으로 적용되는 근로조건은 단체협약[9]과 취업규칙[10]에 따라 규율이 이루어지고 있다.

사업장 중에는 단체협약이 없는 사업장이 많다. 노동조합이

근로조건 대등 결정의 원칙에 대한 고민이 깊어지고, 이를 취업규칙 제도의 개선 논의로 발전시켰음을 밝혀둔다.

9) 단체협약은 노동조합이 조직되어 있는 사업장에서 노동조합과 사용자간에 단체교섭을 거쳐 노사 간의 합의한 내용을 문서로 작성된다. 「노동조합 및 노동관계조정법」(이하 '노조법')은 단체협약에 근로조건을 규율하는 효력을 인정한다. "단체협약에 정한 근로조건 기타 근로자의 대우에 관한 기준에 위반하는 취업규칙 또는 근로계약의 부분은 무효로 한다."고 규정하여(노조법 제33조 제1항) 단체협약이 취업규칙이나 근로계약보다 상위의 효력이 부여된다. 또한 "근로계약에 규정되지 아니한 사항 또는 제1항의 규정에 의하여 무효로 된 부분은 단체협약에 정한 기준에 의한다."고 규정하여(노조법 제33조 제2항) 근로조건을 보충하는 효력을 인정한다. 이러한 효력들을 단체협약의 규범적 효력이라 한다.

10) 취업규칙은 사용자가 사업장의 근로자 전체에 적용될 사항을 내용으로 문서로 작성된다. 근기법은 "취업규칙에서 정한 기준에 미달하는 근로조건을 정한 근로계약은 그 부분에 관하여는 무효로 한다. 이 경우 무효로 된 부분은 취업규칙에 정한 기준에 따른다."고 규정하여(근기법 제97조) 취업규칙이 근로계약보다 상위의 효력이 부여되며, 근로조건을 보충하는 효력을 인정한다. 이러한 효력들을 취업규칙의 규범적 효력이라 한다.

조직되어 있지 않거나 또는 조직되어도 단체협약 체결을 이루어낼 정도의 단결력을 가지지 못하는 사업장들이 그러하다. 그러한 경우 근로조건의 집단적 규율은 취업규칙에 따르게 된다. 결국 근로조건의 집단적인 규율에는 취업규칙이 매우 중요하게 작용해 오고 있다.

흔히 취업규칙의 규범적 효력에 정당성을 부여하는 취지를 사용자도 취업규칙의 내용에 스스로도 규율 받는다는 점을 든다. 이로써 근로자는 사용자의 자의적인 처분이 방지되고 취업규칙에 따른 처분을 받는다고 이해된다. 취업규칙의 내용이 되는 근로조건에는, 근로의 제공과 임금의 지급이라는 쌍무계약관계에서 중요한 계약조건인 임금, 근로시간 등 협의의 근로조건뿐만 아니라, 직장질서를 유지하려는 징계처분 및 승진, 전직 등의 인사처분 등 다양한 내용들이 아울러 취업규칙에서 정하는 근로조건에 포함된다.

그런데 취업규칙은 사용자가 일방적으로 작성하거나 주도적으로 작성하게 된다는 점에서 근로조건을 규율하는 효력을 부여하는 정당성에 대해 의문이 제기된다. 사용자가 다양한 근로조건들을 일방적으로 작성할 수 있게 한다는 점에서 근본적인 문제가 있다.

근대 이후 인간 사이의 관계는 '신분에서 계약으로'라고 설명하듯이, 대등한 당사자로서 자유의사에 따라 합의하는 계약에 의해 규율되도록 변해 왔다. 또한 근기법은 "근로조건은 근로자와 사용자가 동등한 지위에서 자유의사에 따라 결정하여야 한다."고 규정하여(근기법 제4조) 근로조건 대등결정의 원칙을 선언한다. 취업규칙을 사용자가 일방적으로 작성하고 변경한다는 점은 대등결정의 원칙에 어긋난다. 이하에서는 이에 대해 자세히 살펴보겠다.

가. 취업규칙 작성·변경 권한은 사용자가 보유

취업규칙은 노사 간에 대등한 지위에서 작성되고 변경되는 것이 아니다. 최초의 작성인 제정은 사용자가 근로자 집단의 의견을 청취하고서 사용자가 원하는 대로 작성할 수 있으며, 변경도 마찬가지이다. 다만 변경이 근로자에게 불이익한 변경일 경우만 근로자 집단의 동의를 요구할 뿐이다(근기법 제94조 제1항). 근로자들의 집단적 동의를 요구하는 이유는 종전의 취업규칙의 적용을 받던 근로자들의 기존의 이익을 보호하기 위하여서이다. 즉 기득이익의 보호의 차원에서 종전 근로자들의 동의가 요청될 뿐이다.[11] 그래서 판례는 종전 근로자가 아닌 앞으로 새로이 채용될 근로자들을 위해 근로조건을 형성할 수 있는 권한은 여전히 사용자에게 남겨 있다고 이해한다.[12] 근로계약의 체

---

11) 대법원 2008. 2. 29. 선고 2007다85997 판결: “취업규칙의 작성·변경에 관한 권한은 원칙적으로 사용자에게 있으므로 사용자는 그 의사에 따라서 취업규칙을 작성·변경할 수 있고, 다만 취업규칙의 변경에 의하여 기존 근로조건의 내용을 일방적으로 근로자에게 불이익하게 변경하려면 종전 취업규칙의 적용을 받고 있던 근로자 집단의 집단적 의사결정방법에 의한 동의를 요한다.”

12) 대법원 1992. 12. 22. 선고 91다45165 전원합의체 판결: “취업규칙의 작성·변경에 관한 권한은 원칙적으로 사용자에게 있으므로 사용자는 그 의사에 따라 취업규칙을 작성·변경할 수 있으나, 다만 근로기준법 제95조(현행 제94조)의 규정에 의하여 노동조합 또는 근로자 과반수의 의견을 들어야 하고 특히 근로자에게 불이익하게 변경하는 경우에는 동의를 얻어야 하는 제약을 받는바, 기존의 근로조건을 근로자에게 불리하게 변경하는 경우에 필요한 근로자의 동의는 근로자의 집단적 의사결정방법에 의한 동의임을 요하고 이러한 동의를 얻지 못한 취업규칙의 변경은 효력이 없다.” “사용자가 취업규칙에서 정한 근로조건을 근로자에게 불리하게 변경함에 있어서 근로자의 동의를 얻지 않은 경우에 그 변경으로 기득이익이 침해되는 기존의 근로자에 대한 관계에서는 변경의 효력이 미치지 않게 되어 종전 취업규칙의 효력이 그대로 유지되지만, 변경 후에 변경된 취업규칙에 따른 근로조건을 수용하고 근로관계를 갖게 된 근로자에 대한 관계에서는 당연히 변경된 취업규칙이 적용되어야 하고, 기득이익의 침해라는 효력배제사유가 없는 변경

결에는 취업규칙상의 근로조건이 근로자에게 명시된다(근기법 제17조 및 근기법시행령 제8조 참조). 새로이 채용되는 근로자들은 변경된 취업규칙의 근로조건을 수용함을 전제로 채용된다. 사용자는 취업규칙을 통해 근로조건을 집단적으로 규율하는 힘을 여전히 보유하며 사용자는 일방적으로 그 힘을 행사할 수 있다. 이는 근로조건 대등결정의 원칙에 충실하지 못하다.

나. 불이익 변경 시 집단적 동의 절차의 의미와 한계

또한 종래 취업규칙의 불이익 변경 법리에서 근기법과 판례가 근로자들의 집단적 동의를 요구하는 것조차도 근로조건 대등결정 원칙에 비추어 충분하지 못하다. 근기법은 "취업규칙을 근로자에게 불리하게 변경하는 경우에는 그 동의를 받아야 한다."고 규정하는데 여기서 '그'란 "해당 사업 또는 사업장에 근로자의 과반수로 조직된 노동조합이 있는 경우에는 그 노동조합, 근로자의 과반수로 조직된 노동조합이 없는 경우에는 근로자의 과반수"를 의미한다(근기법 제94조 제1항). 즉 사업장의 근로자 과반수를 조직한 노동조합의 동의 또는 그러한 노동조합이 없을 때 근로자 과반수의 동의를 요구한다. 과반수의 근로자의 지지를 받도록 하는 것은 기득 이익의 변경 내지 포기에 대해 결정할 때 최후적으로라도 채택하게 되는 결정 방식일 뿐이다. 장래에 적용될 근로조건을 노사 간에 대등하게 형성한다고 평가할 수 없는 방식이다.

후의 취업근로자에 대해서까지 변경의 효력을 부인하여 종전 취업규칙이 적용되어야 한다고 볼 근거가 없다." "위와 같은 경우에 취업규칙변경 후에 취업한 근로자에게 적용되는 취업규칙과 기존근로자에게 적용되는 취업규칙이 병존하는 것처럼 보이지만, 현행의 법규적 효력을 가진 취업규칙은 변경된 취업규칙이고 다만 기존근로자에 대한 관계에서 기득이익침해로 그 효력이 미치지 않는 범위 내에서 종전 취업규칙이 적용될 뿐이므로, 하나의 사업 내에 둘 이상의 취업규칙을 둔 것과 같이 볼 수는 없다."

첫째, 근로자측은 사용자의 제안에 대한 찬반의 의사만을 가질 수 있을 뿐이다. 즉 사용자가 일방적 또는 주도적으로 제시한 변경 내용에 대해 찬성, 반대를 선택하는 방식이다. 근로자측의 의사를 반영하여 수정이 이루어지거나, 근로자측의 의사를 사전에 반영하는 방식이 아니다.

둘째, 과반수 노동조합의 동의로 결정하는 방식은 노동조합이 대표하지 않는 근로자들의 이해관계를 고려하도록 담보하지 못한다. 과반수 노동조합의 동의는 단체협약의 형식으로 합의할 수 있는 내용을 사용자의 제안대로 동의해 주는 것이므로 노사대등한 지위라고도 볼 수 있다. 그러나 노동조합은 노동조합에 가입된 근로자들을 대표할 뿐이다.[13] 취업규칙의 불이익 변경에서 과반수 노동조합이 동의하면 노동조합의 가입 자격이 없는 근로자에게도 변경된 취업규칙이 통일적으로 적용된다.[14] 그럼

---

13) 노동조합이 체결한 단체협약은 조합원에게 적용됨이 원칙이나, 과반수 노동조합이 체결한 단체협약은 일반적 구속력 제도를 통해 비조합원에게 적용이 확대될 수 있다. 동종 근로자의 과반수를 조직한 노동조합과 체결한 단체협약은 일반적 구속력이 인정되어 단체협약의 내용이 비조합원에게도 확장되어 적용될 수 있다(노조법 제35조). 그렇지만 단체협약의 효력이 확장되는 '동종의 근로자'에는 노동조합의 가입 자격이 없는 자는 애초에 포함되지 않는다. 대법원 2003. 12. 26. 선고 2001두10264 판결: "노동조합및노동관계조정법 제35조의 규정에 따라 단체협약의 일반적 구속력으로서 그 적용을 받게 되는 '동종의 근로자'라 함은 당해 단체협약의 규정에 의하여 그 협약의 적용이 예상되는 자를 가리키며, 단체협약의 규정에 의하여 조합원의 자격이 없는 자는 단체협약의 적용이 예상된다고 할 수 없어 단체협약의 적용을 받지 아니한다."

14) 대법원 2009. 11. 12. 선고 2009다49377 판결: "여기서 근로자의 과반수로 조직된 노동조합이란 기존 취업규칙의 적용을 받고 있던 근로자 중 조합원 자격 유무를 불문한 전체 근로자의 과반수로 조직된 노동조합을 의미하고, 종전 취업규칙의 적용을 받고 있던 근로자 중 조합원 자격을 가진 근로자의 과반수로 조직된 노동조합을 의미하는 것이 아니므로, 정년퇴직 연령을 단축하는 내용으로 취업규칙의 기존 퇴직규정을 변경하고 이에 관하여 기존 퇴직규정의 적용을 받던 근로자 전체의 과반수로 구성된 노동조합의

에도 불구하고 노동조합은 단체협약을 체결할 때에나 취업규칙의 불이익 변경에 동의할 때 비조합원의 이해관계를 살펴야 할 의무가 없다.

셋째, 근로자 과반수의 동의로 결정하는 방식은 근로자들의 자유의사에 따른 결정을 담보하지 못한다. 판례는 근로자들 집단의 회의체 방식으로 동의하여야 한다고 판시하였다. 그러나 점차 판례는 근로자들의 동의 방식을 엄격하게 요구하지 않는다. 사업장의 부서별로 근로자들의 찬반 의견을 취합하는 것도 가능하며, 사용자측의 개입이나 간섭이 없어야 한다면서도 사용자측이 동의를 강요하는 것이 아니라면 개입이나 간섭은 없다고 해석해주고 있다.[15]

넷째, 판례는 사회통념상 합리성이 있는 변경이라면 불이익 변경이 근로자측의 동의가 없더라도 유효한 변경이라고 스스로 법리의 제약을 인정한다.[16] 판례가 사회통념상 합리성을 인정한

동의를 얻은 경우 그 취업규칙의 변경은 적법·유효하여 일정 직급 이상으로서 노동조합에 가입할 자격은 없지만 기존 퇴직규정의 적용을 받았던 근로자에게도 그 효력이 미친다."

15) 대법원 2010. 1. 28. 선고 2009다32362 판결: "사용자가 취업규칙의 변경에 의하여 기존의 근로조건을 근로자에게 불리하게 변경하려면 종전 근로조건 또는 취업규칙의 적용을 받고 있던 근로자의 집단적 의사결정방법에 의한 동의를 요하고, 이러한 동의를 얻지 못한 취업규칙의 변경은 효력이 없으며, 그 동의의 방법은 노동조합이 없는 경우에는 근로자들의 회의방식에 의한 과반수의 동의를 요하고, 회의방식에 의한 동의라 함은 사업 또는 한 사업장의 기구별 또는 단위 부서별로 사용자측의 개입이나 간섭이 배제된 상태에서 근로자 간에 의견을 교환하여 찬반을 집약한 후 이를 전체적으로 취합하는 방식도 허용된다. 여기서 사용자측의 개입이나 간섭이라 함은 사용자측이 근로자들의 자율적이고 집단적인 의사결정을 저해할 정도로 명시 또는 묵시적인 방법으로 동의를 강요하는 경우를 의미하고 사용자측이 단지 변경될 취업규칙의 내용을 근로자들에게 설명하고 홍보하는 데 그친 경우에는 사용자측의 부당한 개입이나 간섭이 있었다고 볼 수 없다."

16) 대법원 2001. 1. 5. 선고 99다70846 판결; 대법원 2010. 1. 28. 선고

사례는 극히 드물었지만, 고용노동부는 지침을 통해 임금피크제 도입에 관해 사회통념상 합리성을 넓게 인정하여 취업규칙 변경 신고를 받아들이겠다고 선언했다.[17] 사회통념상 합리성 판단을 인정하는 판례 법리는 취업규칙의 불이익 변경에 대해 대등결정의 원칙을 완전히 포기하는 것이다. 사용자가 종전보다 자신에게 유리하게 일방적으로 근로조건을 변경해도 근로자로서는 불리해진 근로조건을 거부하지 못하고 효력이 발생하기 때문이다.

2. 노사협정 방식으로 근로조건 형성과 규율

노사간에 근로조건을 대등하게 결정하는 방식은 노사가 집단적으로 협정하는 방식이다. 개별적인 근로계약은 노사간에 힘의 우열 또는 종속적인 관계에 비추어 대등하게 근로조건을 형성하기 어렵다. 그래서 집단적으로 협정하는 방식이 필요하다.

가. 단체협약 제도의 개선 논의

노사협정의 방식으로 대표적인 것은 단체협약의 체결이다. 단체협약은 근로조건 대등결정 원칙을 충족한다.[18] 그러나 단체협약은 취업규칙의 문제점을 해결하기 위한 방식으로는 부족하다.

첫째, 단체협약은 사업장의 근로자 즉 종업원 모두에게 적용되지 않는다. 단체협약은 조합원의 근로조건을 규율하며, 단체협약이 적용되지 않는 비조합원들의 근로조건을 규율하지 못

2009다32362 판결 등.

17) 고용노동부, 앞의「취업규칙 해석 및 운영 지침」, 59-64면.

18) 헌법재판소는 “헌법 제33조 제1항이 “근로자는 근로조건의 향상을 위하여 자주적인 단결권, 단체교섭권, 단체행동권을 가진다”고 규정하여 근로자에게 “단결권, 단체교섭권, 단체행동권”을 기본권으로 보장하는 뜻은 근로자가 사용자와 대등한 지위에서 단체교섭을 통하여 자율적으로 임금 등 근로조건에 관한 단체협약을 체결할 수 있도록 하기 위한 것이다”고 설명한다(헌재 1998. 2. 27. 94헌바13·26, 95헌바44(병합)).

한다. 다만 사업장의 종업원의 과반수가 단체협약을 적용받을 때 나머지 비조합원들도 단체협약의 효력이 확장될 수 있다(노조법 제35조).

둘째, 단체협약이 체결되지 못한 사업장이 너무 많다는 사실상의 제약이 있다. 노동조합의 조직률이 낮으며, 단체협약이 체결된 사업장은 사업장 내에 노동조합의 조직률이 상대적으로 높은 사업장들일 뿐이다. 조합원이 적거나 노동조합이 조직되지 않은 많은 사업장에서 근로조건의 규율은 취업규칙에 따르게 된다.

셋째, 단체협약이 체결된 사업장에서도 취업규칙은 여전히 존재하고 있다. 단체협약은 취업규칙의 내용 중 일부를 수정할 뿐이다. 취업규칙을 통해 사용자가 근로조건을 선제적으로 형성하는 권한을 인정한다.

그러므로 단체협약을 체결함으로써 취업규칙의 문제점을 극복할 수 있다는 주장은, 취업규칙의 문제점을 근원적으로 해결하는 방법을 제시하지 못한다. 노동조합의 가입 여부는 근로자들의 자유이므로 제도개선 논의에서 이를 탓할 수는 없다.

또한 산업별 협약을 통해 단체협약의 적용 범위를 확대하자는 주장도 이러한 문제점들을 해결하지 못한다. 산업별 협약을 체결하도록 법제도적인 지원(예를 들면 산업별 교섭의 강제)이 필요하다는 주장대로 산업별 협약이 체결되더라도 각 사업장별 근로조건을 산업별 협약으로 통일적으로 동일하게 규율하지 못한다. 산업별 협약은 최저기준 내지 표준기준이 될 수 있을 뿐이다. 각 사업장에 맞는 근로조건을 어떻게 형성하여야 하는지를 해결하여야 하며 결국 사업장별 단체협약이나 취업규칙이 여전히 필요하게 된다.

한편 박제성 박사는 단체협약의 보편적용성에 기초하여 사업장의 규범을 단체협약으로 통일하자고 제안한다.[19] 그 방법으로 박제성 박사의 첫 번째 제안은 사업장의 단체협약을 전체 종업원에게 확장하는 방식으로 현행 단체협약제도의 개선을 주장한다. i) 종업원 과반수 노동조합이 체결한 단체협약은 종업원 전체에 적용한다. ii) 종업원 과반수에 미치지 못하는 소수 노조가 체결한 단체협약은 종업원위원회의 인준을 거쳐 종업원 전체에 적용한다. iii) 무노조인 경우에는 종업원위원회가 (기업규모가 작은 경우는 근로자과반수대표자가) 단체협약을 체결하게 하고 종업원 전체에 적용한다.[20]

이러한 방식은 단체협약을 종업원 전체에 적용하는 근로조건 결정 형식으로 인정한다는 점[21]에서는 진일보하지만, i) 결국 사업장별로 (또는 기업별로) 단체협약이 체결되어야 근로조건을 규율하므로 협약이 체결되기 전에는 취업규칙대로 근로조건이 규율되는 점을 금지하지 않는다. 단체협약의 내용이 되지 않은 근로조건은 여전히 취업규칙에 따라 사용자의 뜻대로 근로조건을 형성한다. 따라서 근로조건 대등 결정의 원칙에는 여전히 부족한 점이 있다. ii) 사업장에 소수 노조가 존재하는지 무노조인지는 단순한 사실에 불과하고 그 사실은 가변적인데 각 경우에 따라 종업원위원회의 역할과 단체협약의 체결 절차가 달라질 수 있어 실제 운영에 혼란이 발생할 수 있다.

박제성 박사의 두 번째 제안(궁극적인 제안으로 파악된다)은 사업장에서 단체협약, 취업규칙 등의 근로조건 규율 형식을

---

19) 박제성, "근로자대표론 : 단체협약의 규범적 확대를 위하여", 「월간 노동리뷰」, 2015년 3월호, 한국노동연구원, 56-68면.

20) 박제성, 앞의 「근로자대표제도의 재구성을 위한 법이론적 검토」, 76-79면.

21) 단체협약을 조합원에게만 적용하는 것이 아니라 전체 종업원에게 적용한다는 이른바 '만인효(萬人效)'를 말한다.

통합하고 그 결정 권한을 기업의회에 주자는 주장이다.[22] 기업의회는 종업원들이 근로자위원단을 선출하며, 근로자위원단의 과반수의 의결을 거쳐 근로자위원단과 사용자가 합의로 단체협약을 체결하는 구상이다. 기업의회는 노동조합과 종업원위원회를 결합시킨 것으로, 근로자의원단 선거에는 노동조합뿐만 아니라 무소속으로도 출마할 수 있도록 한다고 밝힌다.[23]

이러한 구상은 '신(新) 단체협약' 체계의 구상이다. 앞의 노조 유무에 따른 구상에 대한 비판을 극복할 수 있다는 장점이 인정된다. 다만 기업의회라는 낯선 제도를 도입하기까지 많은 논의가 이루어져야 하는 부담이 존재한다.

나. 종업원대표와의 사업장협정 체결로 전환 논의

강성태 교수는 근로자대표시스템을 노동조합과 종업원대표기구로 이원화하고, 취업규칙은 노사합의에 기초한 협정으로 전환하며, 노동조합의 조직력과 단체협약을 통해 대표하는 대표성을 강화하도록 직·간접적으로 조력하는 제도를 고안하자고 주장한다.[24] 이는 단체협약의 대표성 강화에 더 관심을 가진 주장

---

22) 박제성, 앞의 「근로자대표제도의 재구성을 위한 법이론적 검토」, 79-81면.

23) 또한 박제성 박사는 기업의회의 장점으로 "복수의 노동조합이 존재하는 경우 소수 노동조합은 자신의 대표성에 상응하는 지지도를 획득하여 기업의회의 논의 테이블에 참여할 수 있기 때문에 교섭 과정에서 완전히 배제되는 현행의 교섭창구 단일화 제도보다는 교섭권이 보장되는 정도가 높다.", "기업의회는 종업원 전체의 선거로 구성되기 때문에 기업의회에서 의결된 단체협약이 종업원 전체에 적용되는 데 충분한 정당성을 갖는다.", "기업의회는 노동조합이 없는 경우에도 근로조건의 대등 결정이라는 헌법상 원칙을 실현하며, 피지배자의 자기 지배를 민주주의의 핵심 원리라고 이해할 때, 이로써 경제의 민주화라고 하는 헌법상 원칙에도 기여한다." 등의 점들을 주장한다(같은 곳에서 인용).

24) 강성태, "노동조합의 근로자 대표성에 관한 단상", 「월간 노동리뷰」, 2015년 3월호, 한국노동연구원, 39-40면. 노동조합 및 단체협약에 대한 입법적 조력의 예로서, 근로조건을 법정하되 단체협약에 의해서만 그것을 낮출 수

이지만 한편 취업규칙을 종업원대표기구와의 노사협정으로 전환한다는 제안도 포함되어 있다.

이철수 교수는 종업원대표와의 사업장협정에 대해 본격적인 제안을 펴오고 있는데, 사업장 차원의 근로조건 결정에 대해 종업원위원회가 사용자와 사업장협정을 체결하도록 하자고 주장한다.[25] 종업원대표기구로서 종업원들로만 구성되는 종업원위원회를 제안하고, 그 종업원위원회가 사용자와 합의한다는 점에서 종래의 노사협의회처럼 노사공동기구에서의 의결과는 구분되는 제안이다.

사업장협정 구상은 다음과 같은 특징을 갖는다. i) (노동조합이 아닌) 종업원대표에게 사업장의 근로조건을 규율하는 권한을 인정하며, ii) 사용자와 합의하여 근로조건을 규율하도록 하며, iii) 종업원대표들의 대표자인 한 개인의 뜻에 따라 합의하는 것이 아니라 종업원대표들의 다수의 의사에 따라 합의한다.

종업원위원회의 사업장협정을 사업장별 단체협약과 비교하면, 양자는 집단적인 노사협정으로서 사업장의 근로조건을 집단적으로 규율한다는 점에서 유사하나, 사업장협정은 종업원 전체를 규율한다는 점에서 단체협약과 차이난다.

사업장협정은 종업원 전체를 규율하므로 취업규칙을 대체하는 제도로 설정될 수 있다. 즉 사업장의 집단적인 근로조건은 취업규칙이 아니라 사업장협정으로 정하도록 하는 제도개선안을 고안할 수 있다. 사업장협정은 취업규칙이 근로조건 대등결정 원칙에 어긋나는 문제점과 한계를 극복할 수 있다. 현행 단

있도록 방안이나 국가입법 자체를 전국적 단체협약에 개방하는 방안을 언급한다.

25) 이철수, "제5장 새로운 종업원대표시스템의 정립", 유경준 편, 「노동조합의 경제적 효과와 근로자대표권 연구」, 한국개발연구원, 2013, 186-193면.

체협약이 취업규칙을 전제로 작동하므로 취업규칙의 문제점을 완전히 해결하지 못하는 점과 달리 사업장협정은 취업규칙을 완전히 대체할 수 있는 제도로서 장점을 갖는다.

Ⅲ. 종업원대표의 사업장협정의 구체적인 구상

1. 종업원대표로서 근로자위원회

가. 종업원대표

사업장협정의 내용을 구체적으로 형성하기 위해 근로자들이 모두 모이는 총회에서 논의하기는 쉽지 않다. 근로자들이 대표를 선출하여 논의하는 대표방식이 적절하다. 또한 사업장협정은 근로자대표의 뜻대로만 일방적으로 정할 수 없고 사용자와 합의로 정한다.

사업장의 근로자대표를 종업원인 근로자들의 대표라는 점에서 '종업원대표'라고도 부른다. 종업원대표는 i) 노동조합의 조합원인지 여부와 상관없이 종업원들 전체를 대표하므로 조합원들을 대표하는 노동조합과 대비되며, ii) 종업원들이나 종업원집단 그 자체가 아니라 그들을 대표하는 기능을 가진 다른 사람(또는 기구)을 가리킨다.

우리나라의 현행 제도로서 종업원대표로 볼 수 있는 기구로는 근로자가 선출하는 「근로자참여 및 협력증진에 관한 법률」(이하 '근참법')상의 노사협의회의 '근로자위원'과 그들이 활동하는 노사협의회를 들 수 있다.[26] 그러나 현행법상 노사협의회

26) 근로자위원은 근로자가 선출하되, i) 근로자의 과반수로 조직된 노동조합이 있는 경우에는 노동조합의 대표자와 그 노동조합이 위촉하는 자가 해당되

의 근로자위원이 취업규칙의 불이익 변경의 동의 주체가 되지 못한다. 근로자위원이 '근로자의 과반수' 그 자체가 아니기 때문이다. 근로자들이 근로자위원을 선출함에 있어 근로자위원들에게 근로조건을 불이익하게 변경할 때 근로자들을 대신하여 동의할 권한까지 포괄적으로 위임한 것이 아니다.[27] 판례는 근로자들 과반수로부터 취업규칙 개정안에 대한 동의 여부를 구체적으로 위임받은 근로자위원들에게 예외적으로 대리하여 동의할 수 있음을 인정할 뿐이다.[28]

제도개선론으로서 노사협의회에 근로조건을 규율하는 권한을 인정하자는 제안이 오랫동안 계속되어 왔다. 예를 들면 2003

고, ii) 그러한 노동조합이 없는 경우 근로자위원은 근로자의 직접·비밀·무기명투표로 선출하거나 위원선거인을 선출하여 위원선거인 과반수의 직접·비밀·무기명투표로 근로자위원을 선출한다(근참법 제6조 제2항 및 근참법 시행령 제3조 참조). 근로자위원은 i) 노사협의회를 통해 노사협조에 관한 사항에 대한 협의(근참법 제20조) 또는 ii) 의결(근참법 제21조 및 제20조 제2항), iii) 고충처리(근참법 제27조) 등을 다룬다.

27) 대법원 1994. 6. 24. 선고 92다28556 판결: "노사협의회는 근로자와 사용자 쌍방이 이해와 협조를 통하여 노사공동의 이익을 증진함으로써 산업평화를 도모할 것을 목적으로 하는 제도로서 노동조합과 그 제도의 취지가 다르므로 비록 회사가 근로조건에 관한 사항을 그 협의사항으로 규정하고 있다 하더라도 근로자들이 노사협의회를 구성하는 근로자위원들을 선출함에 있어 그들에게 근로조건을 불이익하게 변경함에 있어서 근로자들을 대신하여 동의를 할 권한까지 포괄적으로 위임한 것이라고 볼 수 없으며, 그 근로자위원들이 퇴직금규정의 개정에 동의를 함에 있어서 사전에 그들이 대표하는 각 부서별로 근로자들의 의견을 집약 및 취합하여 그들의 의사표시를 대리하여 동의권을 행사하였다고 볼 만한 자료도 없다면, 근로자위원들의 동의를 얻은 것을 근로자들 과반수의 동의를 얻은 것과 동일시할 수 없다."

28) 대법원 1992. 2. 25. 선고 91다25055 판결: "근로자들은 위 취업규칙 개정안에 대한 근로자의 의견개진을 피고 회사 육원노사협의회 근로자위원 5인에게 일체 위임한 바 있으므로, 비록 노사협의회의 규정에 의한 근로자위원의 업무 중에 취업규칙 개정안의 동의와 같은 사항은 포함되어 있지 않다고 하여도 위와 같이 위임받은 특정사항에 관하여는 근로자들의 의사표시를 대리할 권한이 있다."

년에 노사관계법제도선진화위원회는 i) 모든 근로자위원을 직접 선출하고, ii) 과반수노조가 없는 경우 노사협의회의 근로자위원이 근기법상 '근로자대표'의 권한을 수행하고(즉 유연근로시간제에 대한 서면합의 권한을 인정하고), iii) 노사협의회에 합의 또는 의결된 사항은 취업규칙과 동일한 효력을 부여하자고 제안하였다.[29)]

반면 이철수 교수의 종업원위원회 구상은 i) 상설적인 조직이며 ii) 종업원들만으로 구성되는 위원회 방식(work council) 이고[30)], iii) 사업장 차원의 근로조건 결정주체로서의 역할(즉 사용자와 집단협정을 체결하는 역할)을 부여한다. 종업원들만의 위원회라는 점에서 현행 법제도에 없는 새로운 종업원대표 방식이다. 노사협의회가 근로자위원과 사용자위원이 함께 회의를 한다는 점과 대비된다. 그래서 현행 근참법상의 노사협의회는 종업원위원회가 될 수 없고 새로이 종업원위원회를 제도화하여야 한다. 그것이 근참법의 전면 개정 또는 근참법의 폐지 및 대체입법의 신설을 의미한다면, 종업원대표제의 개선 논의 자체를 부담스럽게 하는 배경이 될 수 있다.

나. 근로자위원회

논의의 진행을 촉진하기 위해서는 현행 근참법상의 근로자위원 제도를 기초로 종업원대표제를 재정비하는 것이 효과적일

---

29) 노사관계제도선진화연구위원회, 「노사관계법·제도 선진화 방안」, 2003. 11, 35-47면.

30) 이철수 교수는 근로자대표와 사용자대표가 함께하는 '사업장협의회'라는 협의체 모델을 제안하였으나(이철수, "통일적인 종업원대표시스템 정립을 위한 소고", 「산업관계연구」, 제21권 제1호, 한국고용노사관계학회, 2011. 3, 28-30면), 종업원들만으로 구성되는 위원회 모델인 '종업원위원회'의 제안으로 수정하였다. 새로운 대표시스템은 경영참여의 기재로서 뿐만 아니라 사업장 차원의 근로조건 결정주체로서의 역할을 부여하며, 종업원들만으로 구성되는 단체로 관념하여 강한 실체성을 부여하는 것이 필요하기 때문이라고 설명한다(이철수, 앞의 "제5장 새로운 종업원대표시스템의 정립", 53-54면 참조).

수 있다. 그 방법론으로 필자는 근로자위원들의 회의체인 ‘근로자위원회’를 노사협의회 내에 설치할 수 있는 제도를 제안하고자 한다. 근로자위원은 노사협의회와 근로자위원회를 통해 종업원을 대표하여 활동한다. 근로자위원은 노사협의회에서 노사협조사항을 협의함은 물론, 근로자위원회를 통해 사용자와 사업장협정을 체결하는 권한을 부여한다.

현행법상 노사협의회의 근로자위원은 상시적으로 활동할 수 있는 주체이다. 위원의 임기는 3년이어서 그 동안 계속 활동할 수 있다(근참법 제8조 제1항). 노사협의회가 다룰 수 있는 주제에 대해 특별히 제한이 없다. 근로자위원은 ‘노사공동의 이익을 증진’하기 위하여(근참법 제1조 참조), ‘근로자의 복지증진과 기업의 건전한 발전을 도모하기 위하여’(근참법 제2조 제1호 참조), ‘노사협조’에 관한 사항을 협의하기 위하여(근참법 제20조 제1항 제16호 참조) 노사협의회에서 활동한다. 근로자위원 중 고충처리위원으로 선임된 근로자위원은 근로자의 다양한 고충을 처리하는 역할도 부여된다(근참법 제27조 제1항 참조). 또한 노사협의회의 근로자위원은 노동조합의 비조합원까지 포함하는 전체 근로자를 대표하는 주체이다. 이렇게 ‘상시 활동성’, ‘업무의 포괄성’, ‘전체 종업원 대표성’ 등의 점에서 노사협의회의 근로자위원은 종업원대표로서의 역할을 기대할 수 있는 장점이 있다.

그러나 현행 근참법상의 근로자위원이 종업원대표로서 제대로 활동할 수 있는가에 근본적인 의문이 제기된다.[31] 근로자

31) 신권철 교수는 “대표기관이라 함은 적어도 피대표자의 이익을 위해 그의 의사를 대신 결정하고 반영할 수 있는 절차적 시스템과 독립적 활동을 보장받아야 할 것인데, 노사협의회의 근로자대표는 그러한 독립성을 보장받지 못하고 있고, 의결절차상으로도 근로자 측의 의결을 실현시키거나 사용자 측의 일방적 조치를 저지시킬 법적 권한들(동의권, 거부권, 이의제기권 등)을 가지고 있지 못하다.”고 지적한다(신권철, “노사협의회의 법적 지위와 역

위원은 사용자위원과 함께 노사협의회를 구성한다. 현행법상으로 근로자위원은 사용자위원과 합동, 연석 회의체인 노사협의회를 통해 활동할 뿐이다. 노사협의회의 근로자위원과 사용자위원은 같은 수이다(근참법 제6조 제1항). 근로자위원끼리만 모이는 회의체를 통해 근로자위원들이 사전에 협의한 바도 없이 사용자위원과 함께 합동 회의에 참석하여 동수의 사용자위원을 마주하면서 노사협의회 회의를 진행하는 모습이다. 근로자위원 각자가 다양한 근로자들의 이익을 조직적으로 체계적으로 제대로 대표할 수 있는 모습이 아니다. 반면 독일의 사업장위원회[32]처럼 유럽 나라들의 종업원대표 조직은 근로자들을 대표하는 위원들로만 구성한다. 종업원대표들끼리만 모이는 회의체에서는 근로자들간의 이해관계가 달라 상반되게 제기되는 의견도 토론을 통해 스스로 조율하는 기회를 가질 수 있다. 그 결과에 따라 근로자측의 통일적인 의견을 상대편인 사용자에게 제시함으로써 종업원대표로서의 기능을 수행한다.

근로조건을 집단적으로 규율하는 사업장협정을 체결하기 위해서는 근로자들이 다양한 이해관계를 스스로 조율할 수 있어야 한다. 그래서 근로자위원들만의 회의체 조직이 필요하다. 그것이 근로자위원회이다. 판례가 애초에 근로자 과반수의 동의를 근로자들의 회의 방식에 의한 과반수의 동의로 해석한 것도 근로조건의 대등결정 원칙에 부합하려는 취지였다. 노사협의회의 회의는 근로자위원이 사용자위원과 연석하여 회의를 하므로, 근로자위원이 사용자위원의 개입이나 간섭이 배제된 상황에서 근로자위원 간에 의견 교환을 하여 동의 여부를 결정하였다고 보

할", 「노동법연구」 제35호, 서울대학교노동법연구회, 2013. 9, 281-282면).

32) 'Betriebsrat'로 영어로는 'work council'이라고 번역되며, 한글로는 '종업원평의회', '사업장위원회' 등으로 번역된다.

기 힘들다.

근로자위원회에서 근로자위원들이 사업장협정의 신설 또는 개정안에 대해 의견을 교환하고 사용자와의 합의 여부를 의결하도록 한다. 그 과정에서 사용자와 근로자위원회는 사업장협정의 내용을 협의하고 합의를 이루어 시행하게 된다. 이는 근로조건을 노사 대등하게 결정하는 원칙에 충실하다.

다. 근로자위원회의 개념

근로자위원회는 노사협의회의 내부에 설치하는 근로자위원들의 회의체인 기구이다. 노사협의회의 근로자위원들이 모이는 기구, 즉 '근로자위원'의 '회'이다. 근참법에서 이미 법정화되어 있는 '근로자위원'에게 스스로의 회의체를 추가로 인정하는 것이다. '근로자'가 별도의 '위원회'를 추가로 조직하기 위하여 별도로 '위원'을 선출하는 것이 아니다.

라. 근로자위원회의 구성과 운영

노사협의회의 근로자위원들은 근로자위원들만이 모여 근로자위원회를 조직한다. 근로자위원회에는 회장을 둔다. 근로자위원회는 근로자위원들만이 모여 회의한다. 근로자위원회가 필요하다고 판단하는 경우 회의에 사용자측 또는 사용자위원의 출석을 요청하여 의견을 들을 수 있다. 근로자위원회의 역할은 집단적으로 근로조건 결정하는 사업장협정을 사용자와 합의한다. 경영해고(정리해고)의 협의 주체, 유연 근로시간제의 서면합의 주체 등도 근로자위원회로 통일한다. 다만 합의(동의)가 필요한 사항은 근로자위원회와 합의(동의)하도록 하고, 협의일 경우에는 근로자위원회가 아니라 노사협의회에서 협의하도록 하여 2원화하는 방식도 검토할만하다.

마. 노사협의회 활동과의 관계

근로자위원들은 사용자위원들과 함께 노사협의회 회의에도 참석한다. 노사협의회의 운영은 현행 근참법의 기본 체계를 유지한다. 근로자위원회가 사용자의 상대방으로서 활동한다면, 노사협의회는 사용자측과 근로자측이 함께 하는 합동회의체이다. 따라서 노사협의회는 노사 간 이익공동의 사항 등 더 유연한 논의 주제를 다루게 된다. 현행 근참법의 협의사항(근참법 제20조), 의결사항(근참법 제21조) 등은 그대로 유지한다.

또한 노사협의회의 정기회의는 사용자측이 근로자위원들에게 사업 경영과 관련된 여러 정보를 제공하는 기회를 갖는다. 평소에 노사협의회를 통해 노사협조를 위한 협의가 진행될 수 있는 분위기와 기반을 형성한다. 근로자위원들이 기업의 운영과 경영 상황에 관심을 가지고 이해의 폭을 넓힐 수 있기에, 근로자위원들이 근로자위원회에서 다루는 안건들에 대해서도 제대로 종업원을 대표하여 의견을 개진할 수 있는 토대를 마련할 수 있다.

2. 사업장협정의 효력

근로자위원회의 의결로 사용자와 사업장협정을 체결하는 경우 그 노사합의의 법적 효력을 어떤 수준으로 인정하느냐는 중요한 문제이다. 현행 법제도로서 근로조건을 집단적으로 규율하는 제도로서 취업규칙 및 단체협약이 있다. 두 제도는 상호간에 단체협약의 우위가 인정되고 두 제도는 근로계약과의 관계에서 우위가 인정된다. 사업장협정이 취업규칙과 단체협약 간에 어떠한 효력을 인정하는가를 제도적으로 결정되어야 한다.[33]

---

33) 현행 근기법상의 근로시간제도에서 근로자대표와의 서면합의(근기법 제51

가. 취업규칙 수준의 효력 인정

사업장협정은 취업규칙을 대체하는 제도이므로 종전 취업규칙 제도와 같은 위상을 갖는 효력을 인정하는 것이 적절하다. 즉 근로조건에 관하여 근로계약이 사업장협정에 미달하는 경우 사업장협정대로 근로조건이 결정되며, 종전에 취업규칙으로 정한 근로조건은 앞으로 사업장협정으로 정한 바에 따라 변경된다.

사업장협정에 종전 취업규칙 수준의 효력을 인정하고, 또한 후술하듯이 단체협약으로서의 효력은 인정하지 않는다면, 사업장협정의 명칭을 굳이 '사업장협정'으로 고집할 필요도 없다. 근로자위원회와 사용자가 합의로 체결하는 사업장협정을 다시 '취업규칙'이라 부르면 된다.

즉 i) 사용자는 근로자위원회와 합의하여 취업규칙을 작성 또는 변경하여야 하며, ii) 근로자위원회는 취업규칙의 작성 또는 변경에 대해 근로자위원회의 의결을 거쳐 사용자와 합의하며, iii) 이러한 절차들을 거치지 않은 취업규칙의 작성 또는 변경은 효력이 없다고 근기법에서 규정하는 방식이다.

오랫동안 노사가 취업규칙이란 제도와 그 용어에 익숙하여

조 탄력적 근로시간제 등)는 취업규칙, 단체협약과의 관계에서 어떠한 설명도 규정하지 않고 있어 않아 그 법적 효력에 대해 논란이 제기되어왔다. 첫째, 서면합의 '그 자체만으로도 근로자와 사용자 관계를 직접 규율하는' 사법상의 효력을 인정할 수 있는지 여부의 견해가 나뉜다. 서면합의만으로도 그러한 사법상의 효력을 인정할 수 있다는 견해와 달리 취업규칙이나 단체협약으로 다시 규정되어야 그러한 사법상의 효력을 인정할 수 있다는 견해의 대립이다. 둘째, 서면합의에 사법상의 효력을 직접 인정할 수 있다면 다시 그 효력을 취업규칙 및 단체협약과의 관계에서 어떠한 위상을 갖는지의 견해가 나뉜다. 즉 취업규칙과 동위의 효력을 인정할지, 단체협과 동위의 효력을 인정할지, 취업규칙과 단체협약 사이의 위상을 갖는 효력을 인정할지의 견해가 나뉜다. 결국 사업장협정도 그 효력에 관해 위와 같은 논점들을 제도적으로 해결하여야 한다.

왔다는 점에서 사업장협정 제도를 도입할 때 취업규칙 용어를 그대로 사용하는 방법도 이점이 있겠다.

나. 단체협약으로서의 효력 인정 여부

(1) 단체협약 체결 권한 인정 제안의 취지

사용자와 근로자위원회의 합의인 사업장협정은 종업원대표로서 근로조건을 대등하게 결정하려는 것이라는 점에서 단체협약의 위상을 부여하는 것이 바람직한지가 검토되어야 한다.

종업원대표가 어떠한 기구인가, 어떠한 모습인가는 별론으로 하고, 종업원대표가 비록 노동조합이 아니지만, 종업원대표와 사용자의 합의인 사업장협정에 대해 단체협약과 동일한 효력을 인정하여야 한다는 제안이 있다. 이러한 제안은 종업원대표에게 단체협약 체결 권한을 사실상 인정함으로써 종업원대표의 위상을 강화하려는 것으로 두 가지 측면에서 주목된다.

첫째, 단체협약이 체결되지 않은 사업장이 다수라는 점에서 종업원대표에게 단체협약 체결 권한을 사실상 인정함으로써 헌법이 보장하는 근로자의 노동삼권을 현실화하려는 취지이다.

둘째, 종업원대표는 전체 종업원을 대표하므로 사업장의 근로조건을 통일적으로 규율할 수 있게 하려는 취지이다.

(2) 기존 노동조합제도 및 단체협약제도와의 충돌

그러나 위와 같은 점들 때문에 오히려 기존의 노동조합 제도 및 단체협약 제도와의 충돌을 피할 수 없다.

첫째, 종업원대표에게 마치 노동조합과 유사한 위상을 부여한다면 종래 노동조합에게 인정해온 노동삼권 보장 내용을 그대로 종업원대표에게 인정하여야 하는지의 논란이 제기된다. i) 단결권 보장과 관련하여 조합활동권의 인정과 그 반면으로서 부당노동행위 금지제도(노조법 제81조), 노조전임자제도와 근로시간

면제제도(노조법 제24조) 등과, ii) 단체교섭권 보장과 관련하여 사용자의 단체교섭의무(노조법 제30조 및 제81조 제3호), 교섭창구 단일화절차 제도(노조법 제29조 제2항 및 제29조의2 내지 제29조의5) 등과, iii) 단체행동권 보장과 관련하여 쟁의행위권(노조법 제3조 및 제4조), 노동쟁의조정제도(노조법 제53조) 등이 그대로 종업원대표와의 관계에서도 적용되어야 하는가의 문제이다.

이러한 제도들은 역사적으로 근로자들이 스스로 조직한 노동조합이라는 제도적 산물을 대상으로 고안된 규율이다. 특히 헌법상의 노동삼권 보장을 기반으로 한다.

반면 종업원대표는 근로자들이 스스로 조직하는 것이 아니라 법령에 따라 강제적으로 설치되는 것이다. 비록 노동조합보다도 다수인 종업원 전체를 대표한다고 해도 노동조합을 전제한 제도들을 그대로 종업원대표에게 적용할 수는 없다.

둘째, 기존 노동조합의 활동을 침해할 수 있다는 논란이 제기된다. 종업원대표에게 노동조합과 동일한 위상이 부여됨으로써 근로자들이 굳이 노동조합을 조직할 욕구를 가지지 않게 되는지는 쉽게 단정할 수 없는 문제이다. 그렇지만 노동조합이 조직된 사업장의 경우 비록 그 노동조합의 조직 실태가 일부 종업원들에 불구하더라도 종업원대표가 있다는 이유로 노동조합의 활동이 침해되어서는 안된다. 종업원대표는 노동조합이 아니기 때문이다. 종업원대표가 창구단일화절차에 노동조합으로서 참가할 수 없음은 분명하다. 종업원대표와 체결한 사업장협정이 단체협약과 마찬가지라는 이유에서 사업장협정의 유효기간 중에 사용자에게 노동조합과의 단체교섭의무가 부인되거나 노동조합에게 쟁의행위권이 부인될 수는 없다.

셋째, 종업원대표와 체결한 사업장협정과 노동조합과 체결한 단체협약과 서로 다른 내용인 경우 조합원인 종업원에게 어떠한 내용이 적용되는지의 문제가 발생한다. 사업장에 통일적인 규율에 중시하여 사업장협정에 우위를 인정하거나 신법 우선의 원칙에 따라 새로운 사업장협정으로 기존의 단체협약의 내용이 변경됨을 인정한다면, 단체협약이 헌법상 단체교섭권에 기반하여 노동조합의 근로조건 규율 권한을 보장하려는 것이라는 취지에 반하게 된다.[34)]

이러한 논란 점들은 나아가 종업원대표에게 근로조건 규율 권한을 부여하려는 제도개선 논의에 장애가 되고 있다.

(3) 단체협약으로서의 효력 부인

필자는 종업원대표의 사업장협정에 단체협약과 동일한 위상을 부여할 필요는 없다고 본다. i) 애초에 종업원대표에게 근로조건 규율 권한을 인정하려는 취지 중에는 사업장에 단체협약 제도가 제대로 기능하지 못하는 경우가 많아 이를 보완하려는 취지가 중요하며, ii) 사업장에 단체협약이 있는 경우 단체협약의 효력을 받는 조합원들에게는 단체협약대로의 효력을 인정하여도 무방하고 그것이 조합원들의 자주적 의사를 존중하는 것이어서 바람직하기 때문이다.

따라서 사업장협정은 취업규칙의 효력만 인정되므로 단체협약을 위반할 수 없으며, 단체협약이 적용되는 조합원은 사업장협정과 다른 단체협약의 내용대로 근로조건이 규율된다. 현행 근참법 제5조(노동조합과의 관계)가 "노동조합의 단체교섭이나 그 밖의 모든 활동은 이 법에 의하여 영향을 받지 아니한다"고

---

34) 이러한 측면을 지적하면서 종업원대표의 역할을 단체협약 자치보다 열위로 이해하는 견해가 많다. 그러한 예로, 박종희, "근로자대표제 논의의 필요성과 법적 기초에 관한 소고", 「월간 노동리뷰」, 2015년 3월호, 한국노동연구원, 42-55면을 들 수 있겠다.

규정하는 바도 그대로 유지된다.

또한 단체협약의 내용이 일반적 구속력 제도(노조법 제35조)에 의해 사업장 내에 법적으로 주도적인 효력을 갖거나 그 밖의 사정으로 사업장 내에서 단체협약의 내용이 사실상 주도적이거나 중요해지는 경우 사용자는 종업원대표와 동일한 내용의 사업장협정을 체결하여 전체 종업원에게 적용하는 것이 가능하다. 이는 현행법상 취업규칙과 단체협약의 관계와 마찬가지이다.

종업원대표의 사업장협정은 단체협약이 없는 사업장에서 단체협약을 대신할 뿐이며, 단체협약이 있는 사업장에서 단체협약을 대체하는 것은 아니라면, 굳이 사업장협정에 단체협약의 효력을 인정한다고 설명할 필요는 없다. 사업장협정은 사업장협정으로서 효력을 인정하면 족하다. 사업장협정은 단체협약보다 하위의 효력을 인정하는 것이 바람직하다. 즉 사업장협정과 다른 내용의 단체협약의 효력을 우선하여 인정하는 것이 적절할 것이다.

(4) 초기업별 단체협약과 기업별 사업장협정의 이분론 제안 검토

논자 중에는 단체협약은 산업별 단체협약처럼 초기업별 단체협약제도로 발전하고 기업 내부에서는 종업원대표와 사업장협정이 체결되어야 한다는 구상을 제안한다. 이러한 제안도 사업장협정이 곧 단체협약과 동일하다는 취지는 아니다. 또한 사업장에서는 단체협약이 아니라 사업장협정만이 인정된다고 규율하는 것은 불가능하다. 단체협약 체결을 위한 교섭을 초기업별 교섭으로 강제한다는 것인데, 초기업별 단체협약이더라도 기업 소속 근로자의 근로조건을 규율하는 효력은 여전히 인정되어야 한다(비록 최저기준으로 작용한다고 하더라도 기업 소속 근로자의 근로조건을 규율하는 것임에는 변함이 없다). 초기업별 노동조합이더라도 특정 기업과의 관계에서 대각선교섭을 통해 특정 기업 소속 근로자들만의 특정 이해관계를 해결하려는 시도를 금지하는 것은 바람직하지 않다. 유럽에서도 초기업별 교섭구조에서, 고용형태의 다양화와 기업환경의 변화에 따라 기업별 교섭구조까지 포함하게, 교섭구조가 다양해지고 있다는 점에서 교섭구조에 관한 법제도도 유연한 접근이 필요하다.

다. 사업장협정 체결을 위한 제도적 지원

사업장협정의 효력이 단체협약보다 하위이더라도 해당 사업장의 근로조건을 집단적으로 규율하고 근로계약에 우선한다는 점, 사용자와 근로자위원회와의 합의를 통해 가능하다는 점 등을 고려하면, 사업장협정이 체결되도록 지원하는 법제도가 아울러 필요하다. 단체교섭의무와 부당노동행위제도를 고안한 미국에서도 그 목적이 사업장에서 근로조건을 규율하는 단체협약의 체결을 촉진하기 위함이었다. 사업장에서의 집단적 근로조건의 규율이 근로자위원회의 사업장협정에 맡겨지는 경우에도 사업장협정의 체결을 촉진하기 위한 지원제도들이 필요하다. 예를 들면, i) 사업장협정 체결을 위한 교섭이 제대로 진행되기 위하여 필요한 정보를 사용자가 근로자위원회에게 제공하도록 의무를 설정하는 것, ii) 근로자위원에게 전임을 인정할 수 있도록 허용하는 것, iii) 사업장협정 체결에 관한 교섭이 제대로 진행되지 않는 경우 사적인 조정기구나 공적인 조정기구(노동위원회법상의 노동위원회)의 조정·중재의 도움을 받을 수 있도록 허용하는 것 등이 검토될 수 있겠다.

라. 사업장협정과 근기법상 서면합의의 통합

현행 근기법은 근로시간제에 관해 근로자대표와 서면합의의를 정하고 있다.[35] 근기법상 '근로자대표'는 i) 그 사업 또는 사업장에 근로자의 과반수로 조직된 노동조합이 있는 경우에는 그 노동조합을 말하며, ii) 근로자의 과반수로 조직된 노동조합이 없는 경우에는 근로자의 과반수를 대표하는 자를 말한다(근기법 제27조 제3항). 서면합의의 내용은 근로시간 또는 휴가에 관한 내용이며 근로조건에 해당한다. 따라서 사업장의 근로조건을 사업장협정으로 규율하는 체제에서는 종전의 서면합의 제도도 근로자위원회와 사용자가 합의하는 사업장협정으로 통일하는 것이 적절하다.[36][37]

---

35) 근로시간제의 서면합의는 근기법 제51조 탄력적 근로시간제, 제52조 선택적 근로시간제, 제57조 보상 휴가제, 제58조 근로시간 계산 특례, 제59조 근로시간 및 휴게시간 특례, 제62조 유급휴가의 대체 등이 있다.

36) 근기법상 근로자대표의 서면합의 제도는 근로자대표의 대표성의 문제, 서면합의의 효력 문제(앞의 각주 33) 내용 참조) 등의 측면에서 논란이 제기된다(자세히는, 김재훈, "개별적 근로관계법상 근로자대표제의 법적 고찰", 「노동법학」 제24호, 한국노동법학회, 2007. 6, 171-195면; 도재형, "근로기준법상 근로자대표 및 서면 합의 제도", 「노동법학」 제37호, 한국노동법학회, 2011. 3, 87-122면; 박제성·도재형·박은정, 「기업 내 근로조건 결정 법리: 근로자대표와 서면합의를 중심으로」, 한국노동연구원, 2010, 3-82면; 박은정, "집단적 의사결정주체로서의 근로자대표", 「월간 노동리뷰」, 2015년 3월호, 한국노동연구원, 7-21면 등 참조). 근로자대표의 서면합의 제도를 근로자위원회와 사용자가 합의하는 사업장협정으로 통일하는 것은 이러한 논란을 해소하는 제도 개선이 될 수 있겠다.

37) 현행 여러 노동관계법에서 '근로자대표'라는 용어로 다양한 권한 내지 기능이 부여되고 있는데(박은정, 앞의 "집단적 의사결정주체로서의 근로자대표", 7-10면 참조), 이 글에서는 근로조건을 결정하는 측면에 초점을 맞추어 근기법상의 근로자대표의 서면합의만을 고찰하였음을 밝혀둔다.

Ⅳ. 근로자위원의 대표성 제고

종업원대표가 사용자와 사업장협정을 체결하여 근로조건을 집단적으로 규율하는 권한을 인정하려는 논의는 종업원대표가 그러한 권한에 상응하는 정당한 대표성을 갖추고 있는가의 문제를 해결하여야 한다. 특히 노사협의회의 근로자위원들이 근로자위원회를 조직하고 사용자와 사업장협정을 체결하는 권한이 부여되는 필자의 개선방안은 근로자위원이 그러한 대표성을 가질 수 있도록 제도적인 보완이 필요하다.

이철수 교수는 종업원위원회 구상에서 종업원위원회는 가입의사를 묻지 않고 법에 의하여 강제된 제도이기 때문에 집단자치를 실현하기 위한 요건으로 다음을 제도화하여야 한다고 주장한다. i) 대표로서의 정통성이 확보되어야 한다. ii) 선출절차 및 운영에 있어 민주성이 확보되어야 한다. iii) 사용자로부터 독립성이 확보되어야 한다. iv) 사용자와의 대등성이 확보되어야 한다. v) 조직으로서의 상설성과 지속성이 보장되어야 한다.[38]

필자는 근로자위원회를 구성하는 근로자위원의 대표성이 제고되어야 할 점들에 관해 다음과 같이 세 가지 점에서 검토하고자 한다. i) 근로자위원으로 선출되는 과정에서 공정하게 대표되어야 하고(선출에서의 대표성 제고), ii) 근로자위원으로서 활동함에 민주적으로 대표하여야 하고(활동에서 민주적 대표성 제고), iii) 근로자위원으로서 업무를 수행함에 책임있게 대표하여야 한다(업무수행에서 책임있는 대표성 제고).[39]

---

38) 이철수, 앞의 “제5장 새로운 종업원대표시스템의 정립”, 188면.

39) 대표의 공정성, 민주성, 책임성 등 세 가지 구성은 배규식 외, 「서울시 투자출연기관 참여형 노사관계 모델 도입방안 연구」, 서울특별시 수탁연구과제 보고서, 한국노동연구원, 2015. 12, 219-228면 이하로부터 시사 받았음을 밝힌다.

그러한 대표성 제고는 근참법 규정의 개정을 필요로 한다. 즉 대표성 제고의 내용을 법상의 제도로 지지하는 법규정이 필요하다. 현행 근참법의 대부분 규정들이 강행규정으로 이루어져 있지만, 대표성 제고를 위한 개정 규정들이 반드시 강행규정으로 도입되어야 하는 것은 아니다. 강행규정, 가능(허용), 권장, 원칙선언 등 다양한 규정 방식 중 어떠한 규정 방식이 제도 변화에 도움이 될지를 검토하여야 한다. 강행적 규율만을 선호한다면, 사업장내에서 형식적, 편법적인 운영을 하거나 법 무시가 확대될 수 있다는 점에서 적절한 규제방안이 될 수 없다. 규율 형식에 대해서도 신중한 접근이 필요하다.

1. 선출에서 공정한 대표성 제고방안

근로자위원은 노사협의회의 위원이면서 동시에 근로자위원회의 위원이다. 따라서 근로자위원의 선출에서부터 종업원대표로서 공정하게 대표된다는 점(공정한 대표성)이 제고되어야 한다. 노동조합의 가입자격, 가입 여부, 고용형태와 무관하게 전체 종업원들로부터 공정하게 대표하여 근로자위원들이 선출되어야 한다.

가. 근로자들의 선거로 선출

현행 근참법의 근로자위원 선출 방식은 전면적인 보완이 필요하다. i) 현행법은 근로자 과반수로 조직된 노동조합이 있는 경우에는 노동조합의 대표자와 그 노동조합이 위촉하는 자로 근로자위원을 선출한다(근참법 제6조 제2항). 이 경우 근로자위원들은 비조합원인 종업원을 대표하지 못한다. ii) 과반수 노동조합이 없는 경우 근로자가 선출하도록 되어 있다. 구체적인 선출 절차는 시행령에 따라 규율되는데, 근로자의 직접 투표로 근로자위원을 선출함이 원칙이고 부서별 '위원선거인'을 선출하고 위원선거인이 근로자위원을 선출하는 간선 방식도 허용한다.[40] 비록 "사업 또는 사업장의 특수성으로 인하여 부득이하다고 인정되는 경우"라고 제한하지만 간선 방식은 근로자위원의 민주적 대표성에 의문이 제기될 소지가 크다.

근로자위원은 전체 종업원의 대표이므로 노동조합 조직 정도와 무관하게 근로자들이 직접 선거하여 근로자위원을 선출하는 방식으로 통일하는 것이 바람직하다. 부득이하게 간선 방식이 필요한 사업장이라도 법령으로 일률적으로 간선 방식을 허용하기 보다는, 근로자위원회가 간선 선출절차를 정한 경우에는 그에 따르도록 허용하여, 간선 여부를 근로자위원회가 스스로 정하도록 하는 것이 바람직하다.

근로자위원의 선출 절차에서 노동조합에게 후보자 추천권한을 주는지에 관해 면밀한 검토가 필요하다. 노동조합은 공식적인 후보자 추천권한을 통해 근로자위원을 배출할 수 있어 근로자위원회의 활동과 노동조합의 활동을 연계할 수 있다는 장점이 있다. 반면 그러한 점이 오히려 근로자위원들의 역할이 노동조합의 지배를 받는다는 우려도 제기된다. 또한 어느 정도 (예를 들면 10%) 조직된 노동조합을 최소요건으로 하는가의 문제, 요건의 충족 여부는 누가 판단하는가의 문제 등도 아울러 해결되

40) 근참법시행령 제3조(근로자위원의 선출) ① 법 제6조 제2항 및 제4항에 따라 근로자의 과반수로 구성된 노동조합이 조직되어 있지 아니한 사업 또는 사업장의 근로자위원은 근로자의 직접·비밀·무기명투표로 선출한다. 다만, 사업 또는 사업장의 특수성으로 인하여 부득이하다고 인정되는 경우에는 작업 부서별로 근로자 수에 비례하여 근로자위원을 선출할 근로자(이하 이 조에서 "위원선거인"이라 한다)를 선출하고 위원선거인 과반수의 직접·비밀·무기명투표로 근로자위원을 선출할 수 있다. ② 근로자위원 선출에 입후보하려는 자는 해당 사업이나 사업장의 근로자여야 하며, 해당 사업 또는 사업장의 근로자 10명 이상의 추천을 받아야 한다.

어야 한다. 제도개선의 차선책으로는 법령이 직접 공식적인 노조추천권한을 규정하지 않고 근로자위원회가 스스로 노조추천권한의 인정 여부와 그 세부적인 내용을 정할 수 있도록 허용하는 규정 방식도 고려해 볼 수 있다.

근로자들이 근로자위원을 직접 선출하는 방식은 선거절차를 규정화하고 그 절차를 진행하거나 감시할 기구(선거위원회)가 필요하게 된다. 근로자위원회가 운영규정으로 선거절차를 세부적으로 정하도록 하되 민주적인 절차이어야 한다는 원칙선언은 법령으로 제시하는 것이 바람직하다. 또한 민주적인 선거가 될 수 있도록 고용노동부 또는 중앙선거관리위원회로부터 선거관리에 관한 지원을 받을 수 있도록 법령에 규정을 두는 것도 바람직하다.

나. 취약 계층의 대표를 추가 선출

선출에서 공정한 대표성을 제고하기 위해 취약 근로자 계층의 대표가 포함되어야 한다는 제안이 있다. 예를 들면, 여성 대표, 비정규직 대표, 특정 직종의 대표, 상위 직급 대표 등등을 생각해 볼 수 있다. 근로자의 직접 선출은 취약 근로자 계층에 속한 근로자가 종업원대표로 사실상 선출되기 어려워지는 면이 있다. 그렇다고 취약 근로자 계층을 대표하는 근로자를 종업원대표로 의무적으로 선출하도록 법정한다면, 다시 그러한 부류가 무엇을 기준으로 어디까지 해당되는가의 문제가 제기된다. 그러므로 우선은 의무보다는 허용 방식으로 접근이 필요하다. 성별, 고용형태, 직종, 직급 등을 고려하여 대표성이 취약한 근로자 계층이 있는 경우 그 계층을 대표한 근로자위원을 추가로 선출할 수 있다고 허용하는 규정을 두는 방식이 적절하다.

다. 근로자위원의 수의 규제 완화

근로자위원과 사용자위원은 굳이 동수로 할 필요가 없다. 사업장의 상황에 따라 근로자위원이 사용자위원보다 많이 있는 것이 다양한 직종의 종업원을 대표하는데 도움이 될 수도 있기 때문이다. 근로자위원의 수는 현행법에서는 3명 이상 10명 이하로 제한된다(근참법 제6조 제1항). 이 또한 사업장의 상황에 따라 탄력적인 구성이 불가능해지는 지나친 규제이다. 법령에서는 근로자의 규모에 따라 근로자위원의 최소 및 최대 범위를 유연하게 정하는 방식으로 규제를 완화할 필요가 있다. 또한 취약계층을 대표하는 근로자위원을 추가하는 경우 그 인원수는 법령이 제한하는 위원수 범위에 포함시키지 않도록 하면 될 것이다. 사용자위원 수는 실제 근로자위원 수와 같은 수일 필요 없이 법령에서 근로자위원 수를 정한 범위 내에서 적절히 그 수를 정하도록 하여도 무방할 것이다.[41]

2. 활동에서 민주적 대표성 제고방안

근로자위원이 사용자위원과 함께 회의하는 노사협의회는 노사 이익공동의 사항을 협의하는 것이므로 민주적 대표성의 문제가 심각하게 제기되지는 않을 것이다. 반면 근로자위원들만의 모임인 근로자위원회는 사용자의 상대방으로서 근로조건을 결

41) 노사협의회의 정족수에 관해 현행법은 "회의는 근로자위원과 사용자위원 각 과반수의 출석으로 개최하고 출석위원 3분의 2 이상의 찬성으로 의결한다."고 규정한다(근참법 제15조). 근로자위원과 사용자위원의 수가 다를 수 있으므로, 의결 정족수도 근로자위원과 사용자위원을 각각 나누어 의결정족수를 충족하도록 한다. 예를 들면 근로자위원과 사용자위원 각각 출석위원 3분의 2 이상의 찬성으로 의결하도록 하는 방식을 고려할 수 있겠다. 필자는 출석위원보다는 재적위원을 기준으로 각각 3분의 2 이상의 찬성으로 의결하도록 하는 것이 민주성과 책임성의 측면에서 더 바람직하다고 생각한다.

정하는 권한을 가지므로 근로자위원회 내부에서 근로자위원 상호간에 민주적으로 대표할 수 있는가가 중요한 문제로 다루어져야 한다.

가. 근로자위원회의 의결 정족수

근로자위원이 종업원대표로서 활동하는 과정에서 민주적 대표성이 제고되어야 한다. 피대표집단인 근로자집단의 의사를 충실하게 반영하도록 활동하여야 한다. 민주적인 의사형성을 위해 근로자위원은 피대표집단인 근로자들의 의견을 진심으로 청취하면서 다른 한편으로는 여론의 형성을 주도하여야 한다. 근로자위원 상호간에는 토의와 설득을 통해 합리적인 다수를 형성해 가야 한다. 민주적 결정은 종국에는 표결이 필요할 수 있다. 이 경우에도 단순 과반수가 근로자들의 의사를 제대로 반영하지 못하는 경우가 있다. 특히 근로자위원회가 사업장협정을 체결하여 근로조건을 결정함에 있어 단순 과반수의 의사에 따르는 것이 오히려 민주적인 대표성에 역행할 수도 있다. 다수가 소수에게 불리한 근로조건의 부담과 손해를 강요하는 경우가 그러하다.

결국 근로자위원회에서 의결은 근로자위원 재적 인원의 3분의 2 이상의 찬성으로 의결하도록 하는 가중의결 정족수 방식이 적절할 수 있다.

나. 근로자위원회의 운영규정

근로자위원회의 운영에 관해 세부적인 룰이 있어야 민주적인 운영이 가능해진다. 운영규정은 근로자위원회 회장의 자의적인 운영을 방지할 수 있다.

운영규정을 노사협의회에서 제정하는 것[42]은 논리적으로도

---

42) 근참법은 노사협의회의 조직과 운영에 관한 규정(협의회규정)을 제정하도록 하고 있는데(근참법 제18조), 노사협의회의 협의회규정에서 근로자위원

타당하지 않다. 근로자위원회의 구성원이 아닌 사용자위원이 근로자위원회의 운영의 틀을 형성하는데 간섭할 수 있기 때문이다. 근로자위원회의 운영규정은 근로자위원회에서 근로자위원들이 스스로 정하도록 하는 것이 타당하다.

근참법시행령은 노사협의회의 협의회규정에 포함되어야 할 사항과 협의회규정의 제정·변경 절차에 관해 규정하고 있다.[43] 그러나 근로자위원회의 운영규정의 내용에 무엇을 담는가도 근로자위원회에서 스스로 정하도록 하는 것이 바람직하다. 법령에서는 근로자위원회의 운영규정을 두도록 한다는 점, 근로자위원회 운영규정은 근로자위원회의 의결을 거쳐 제정하거나 변경한다는 점 등만을 강행적 규정으로 제시하도록 한다. 근로자위원회 운영규정에서 근로자위원의 선출 절차와 후보 등록 등 선출에 관한 사항을 규정하는 경우 운영규정대로의 효력을 인정하는 것이 필요하다. 현행 근참법시행령은 근로자위원의 선출에 관해서도 노사협의회의 협의회규정에서 정하도록 하고 있지만, 근로자위원회를 설치하는 경우까지도 노사협의회의 협의회규정을 통해 근로자위원의 선출에 사용자위원이 간섭하는 것은 바람직하지 못하다.

근로자위원회의 운영에 있어 법령으로 강행적인 규제가 필요한지는 신중히 검토할 문제이다. 근로자위원회가 근로조건을

회의 운영에 관해 정하는 방식을 예로 들 수 있겠다.

43) 근참법시행령 제5조(협의회규정) ① 법 제18조에 따른 협의회규정(이하 "협의회규정"이라 한다)에는 다음 각 호의 사항이 포함되어야 한다. 1. 협의회의 위원의 수 2. 근로자위원의 선출 절차와 후보 등록에 관한 사항 3. 사용자위원의 자격에 관한 사항 4. 법 제9조제3항에 따라 협의회 위원이 근로한 것으로 보는 시간에 관한 사항 5. 협의회의 회의 소집, 회기(會期), 그 밖에 협의회의 운영에 관한 사항 6. 법 제25조에 따른 임의 중재의 방법·절차 등에 관한 사항 7. 고충처리위원의 수 및 고충처리에 관한 사항 ② 협의회규정을 제정하거나 변경할 경우에는 협의회의 의결을 거쳐야 한다.

결정하는 권한을 가질 수 있다는 점에서 민주적인 운영을 위한 법령의 규제가 필요하다는 측면이 부각될 수 있겠다. 예를 들면 근로자위원회의 운영에 관해서는 노사협의회의 운영에 관해 근참법이 정한 규정들(근참법 제12조 내지 제19조)을 준용한다는 준용규정을 두는 방식이 고려될 수 있겠다(강행규정의 준용규정 설정 방식). 그러나 한편으로는 종래의 노사협의회처럼 형식적인 운영을 초래할 수 있다는 점에서, 근로자위원회는 근참법에서 정한 노사협의회의 운영에 관한 규정들을 고려하여 자주적이고 민주적인 운영을 하여야 한다는 원칙만을 규정할 수도 있겠다(원칙규정 방식).

3. 업무수행에서 책임있는 대표성 제고방안

적절한 대우는 그에 상응하는 책임을 만든다. 근로자위원에게 종업원대표로서 적절히 활동할 수 있는 기반이 제공되어야 한다. 근로자위원이 갖는 종업원대표로서의 제대로의 업무 수행과 제대로의 능력 발휘가 필요하다.

가. 전임의 허용

현행 근참법은 "위원은 비상임·무보수로 한다."는 강행규정을 두고 있다(근참법 제9조 제1항). 근로자위원도 비상임·무보수이다. 다만 "위원의 협의회 출석 시간과 이와 직접 관련된 시간으로서 제18조에 따른 협의회규정으로 정한 시간은 근로한 시간으로 본다."는 예외가 허용될 뿐이다(근참법 제9조 제3항). 협의회규정에서 어떻게 정하는가에 따라 예외가 폭넓게 허용될 여지도 있겠지만, 법령의 원칙이 상임·전임을 허용하지 않는다는 점은 변함이 없다. 근로자위원이 3개월마다 개최되는 노사협의회 정기회의에 참석하는 정도로 직무가 크지 않을 수 있다는 점을 고려한 듯하다.

그러나 근로자위원이 근로자위원회를 통해 근로조건 결정 권한(사업장협정 체결권한)을 갖는다면 평상시에도 자신이 대표하는 근로자들의 이해에 관해 살피고 이해하는 노력을 기울여야 한다. 근로자위원이 종업원대표로서 제대로 활동하기 위해서는 전임이어야 할 필요도 있다. 다만 기업의 종업원 규모, 재정 상황 등 여러 사정을 고려하여 상임·전임인 근로자위원은 적절한 수로 정해야 한다. 근참법에서는 노사협의회가 정하거나 근로자위원회와 사용자가 합의한 경우에는 약간 명의 근로자위원을 전임으로 할 수 있도록 허용하는 규정을 두는 것이 바람직하다.

나 편의제공

현행 근참법은 "사용자는 근로자위원의 업무를 위하여 장소의 사용 등 기본적인 편의를 제공하여야 한다."고 규정하여(근참법 제10조 제2항) 근로자위원에 대한 편의제공을 인정한다. 다만 법령에서 편의제공의 룰에 관한 형식을 제시하지 못하고 있다.

편의를 제공하는 주체는 사용자위원이 아니라 사용자이다. 따라서 노사협의회에서 의결하거나 노사협의회의 협의회규정으로 정하는 방식은 비록 사용자위원에 사업장의 대표자가 포함된다지만 적절한 합의 형식이 아니다. 다만 사용자가 아무런 사전 룰도 없이 자의적으로 취급하는 것을 방지하고 계속적인 지원을 담보할 수 있기 위해서는 노사협의회가 스스로 의결하거나 노사협의회가 정하는 협의회규정으로 정하는 것이 바람직할 수 있다.

나아가 노사협의회에 근로자위원회가 설치된다면 근로자위원에 대한 편의제공에 관해 사용자와 근로자위원회가 합의하여 정하는 것이 바람직하다. 근로자위원회는 대내·대외적으로 근로자위원회 회장이 대표하지만, 사용자와 합의로 정하는 방식에서는 근로자위원회 내부에서 의결을 거쳐 정하는 방식이 적절하다.

Ⅴ. 사업장협정 제도를 단계적으로 도입

1. 단계적 도입의 필요성

종업원대표의 사업장협정 체결로 취업규칙 제도를 대체하는 구상은, 비록 종업원대표가 노사협의회의 근로자위원들로 조직된 근로자위원회이고, 비록 사업장협정이라는 용어 대신 종전처럼 취업규칙이라는 용어를 사용한다 하더라도, 사용자들에게는 종전 취업규칙 제도로부터 급격한 변화라고 받아들일 것이다. 근로조건을 취업규칙으로 사용자가 일방적으로 결정하였는데 이제는 종업원대표와 합의하여 정하여야하기 때문이다.

필자는 그것이 근로조건 대등결정 원칙에 충실하며 바람직한 제도 개선이라고 주장한다. 그럼에도 그 변화의 도입에는 시간적으로 단계적인 접근이 필요하다는 점을 아울러 주장한다. 노동법 제도는 단지 이론적으로 적합하다고 하여 노사 당사자가 현실 노사관계에서 제대로 수용할 수 있는 것이 아니다. 종종 법제도의 변화에도 불구하고 현실 노사관계는 변화되지 않는 경우가 발생한다. 현실 노사관계에 기반을 둔 제도개선이 이후 법령으로도 강행되어 지지될 때 전체적인 노사관계의 개혁이 이루어질 수 있다는 것이 역사적 경험이기도 하다.

단계적인 도입 방식으로 두 가지 점을 고려할 수 있다. 첫째, 기업규모에 따라 시기적으로 차등하여 강행하는 방식이다. 둘째, 임의적으로 도입하여 적응 또는 준비할 수 있도록 시기적 유예를 두는 방식이다.

종업원대표의 사업장협정도 그 두 가지 접근이 아울러 필요하다. 첫째, 기업규모와 관련하여, 예를 들어 300명 이상의 근로자를 사용하는 사업장에 우선하여 사업장협정 도입을 강제하고, 몇 년의 기간이 경과한 후 30명 이상의 근로자를 사용하는 사업장에 도입을 강제한다. 현행 근참법상 30명 미만의 근로자를 사용하는 사업장에는 노사협의회 설치가 강제되지 않고 있으므로, 그러한 사업장은 취업규칙의 작성 및 변경에 관해 근로자들 과반수의 동의를 얻도록 한다.[44]

둘째, 개정법의 시행 (또는 300명 이상 사업장에 적용) 시점까지 일정 기간 유예기간을 두되, 노사가 임의로 사업장협정 제도를 도입할 수 있도록 허용한다. 즉 사업장에서 임의로 근로자위원회를 설치하고 사업장협정을 체결한 경우에는 취업규칙 변경의 효력을 인정한다.

결국 변화된 제도의 적용의 단계를 근로자위원회의 설치를 기준으로 나누어 보면, [1단계] 임의설치, [2단계] 단계적 강제설치, [3단계] 전면적 적용(단 영세사업장 적용 예외)으로 구분될 수 있다.

44) 근로자위원회는 복수의 근로자위원들로 구성됨을 전제하고, 또한 근로자위원을 선출하는 다수의 근로자들이 있음을 전제한다. 따라서 영세 사업장에 근로자위원회의 설치를 강제하는 것은 부적절하다. 근로자 수가 30명 미만 사업장(현행 노사협의회 설치의무 기준) 또는 10명 미만 사업장(현행 취업규칙 작성의무 기준) 등을 적용 예외로 고려해볼 수 있다. 또한 단순히 적용 제외로 할지, 임의 설치를 가능하게 할지도 논의의 여지가 있다.

2. 법령 개정 시 제시하는 내용의 정도

근로자위원회의 임의설치 단계([1단계])를 법령으로 규정하는 방식으로 두 가지 모습을 상정할 수 있다.

첫째, [2단계] 강제설치의 법령 내용을 구체적으로 제시하면서 단지 그 적용 이전에 [1단계] 임의설치를 허용하는 방식이다. 이 방식은 [2단계]가 예정되어 있다는 점에서 로드맵이 확실한 장점이 있으나, 반대로 입법 개정을 할 때 [2단계]에서 강행규정으로 제시할 구체적 내용들을 이미 확정하고 있어야 하므로 입법 개정 논의가 지연되는 단점이 있다. 따라서 [2단계] 입법 내용에 다소 미진하더라도 우선 법개정을 하여 임의적 설치([1단계]) 및 단계적 강제설치([2단계])를 경험하는 가운데 [3단계] 전면적 적용 전까지 재개정 논의를 진행하는 것도 방법이 될 수 있다. 예를 들면 필자는 취약계층대표를 추가 가능하도록 허용하는 방식을 제안하였지만 [2단계]까지 시행 과정의 경험을 토대로 법령이 취약계층대표의 구체적 기준을 제시하고 의무적으로 포함하도록 재개정한 후 [3단계] 전면적 적용 단계로 들어오도록, 법제도 개선의 점진적 논의도 가능하다.

둘째, [2단계] 강제설치의 법령 내용을 제시하기 이전에 [1단계] 임의설치만을 법령 내용으로 제시하는 방식이다. 이 방식은 입법 개정 논의가 쉬울 수 있다는 장점이 있으나, 반대로 제도 개혁의 로드맵이 확실하지 않다는 단점이 있다. 따라서 부칙을 통해 정부 또는 노사정협의기구에게 [2단계]의 입법이 가능하기 위한 연구 검토와 논의를 하도록 선언하는 규정을 두는 것도 바람직할 수 있다.

3. [1단계] 임의설치 단계에서 법령의 규율 정도

근참법은 대부분의 조항이 강행규정의 형식이다. 노사협의회를 강제적으로 설치하고 운영하도록 하고 있어 형식적인 설치와 운영이 나타났다는 비판을 받는다. 근참법을 개정하여 근로자위원회의 설치에 관한 근거 규정을 두어야 하는데, [1단계] 시기에서는 임의적으로 설치할 수 있도록 허용하는 규정방식을 둔다. 예를 들면, "근로자위원으로 구성하는 근로자위원회를 노사협의회 내에 설치할 수 있다."고 규정하는 방식이다.

근로자위원회 제도는 새로이 법정화 하는 제도이므로, 처음부터 강제적으로 설치하도록 하면 형식적인 설치와 형식적인 운영에 그칠 우려가 크다. [1단계] 시기에는 근로자위원회의 의결로 취업규칙의 변경이 가능하다는 이점을 고려하여 각 기업에서 노사가 스스로의 판단에 따라 근로자위원회의 설치 여부를 결정할 수 있도록 하는 것이 바람직하다. 사회적으로 여러 기업에서 근로자위원회의 설치가 보편화되어 정착된다면 법적으로도 설치를 의무화할 수 있는 단계([2단계])로 발전할 수 있을 것이다.

[1단계] 시기에 근로자위원회 설치 여부는 현행 근로자위원들이 스스로 결정하는 것이 적절하다. 근로자위원회를 설치한 사업장은 근로자위원회의 의결을 얻어 취업규칙을 변경할 수 있다. 그러한 절차를 거쳐 변경된 취업규칙은 당연히 취업규칙으로서 유효하다.

근로자위원회가 설치된 경우 근로자위원회가 근로자위원회 운영규정을 만드는 것을 허용하되, 일정 내용을 운영규정으로 정하도록 강제하지는 않는다. "근로자위원회의 운영을 위한 세부 사항은 근로자위원회의 운영규정으로 정할 수 있다"고만 규정하는 방식을 고려할 수 있겠다(허용규정 방식의 권장규정 방식). 다만 다음 근로자위원의 선출 방식에 관해서는 근로자위원회가 운영규정으로 정하되 근로자들이 직접 근로자위원을 선출한다는 내용을 담도록 한다. 취약계층대표는 운영규정에 따라 추가할 수 있도록 허용한다.

법령에서 근로자위원회의 의결정족수는 재적 3분의 2 이상(가중의결 정족수 방식)으로 하도록 규정한다.

법령에서 전임을 허용하는 규정을 두며, 사용자가 근로자위원회와의 합의 또는 노사협의회의 의결에 따라 근로자위원회에 편의를 제공하도록 한다.

Ⅵ. 마치며

1. 이 글에서 필자는 종업원대표로서 근로자위원회를 제안하였다. 현행 근참법상의 노사협의회 근로자위원들이 모이는 회의체이며, 노사협의회 내에 설치하며, [1단계] 시기에는 임의로 설치할 수 있도록 근참법에서 가능 규정(허용 규정)을 두며, [2단계] 시기에는 대규모 사업장에서 우선하여 강제적으로 설치하도록 규정(의무 규정)을 둘 것을 제안하였다.

근로자위원회는 사용자와 사업장협정을 체결할 권한을 가진다. 사업장협정으로 취업규칙을 대체하므로, 법령에서는 취업규칙의 내용을 사용자와 근로자위원회가 합의하도록 규율하는 방식도 가능하다.

사업장협정의 효력에 대해 종래의 취업규칙의 효력을 인정한다. 사업장협정은 종래의 취업규칙을 대신하여 새로운 취업규칙으로 관념될 것이다. 이제는 취업규칙은 노사합의한 사업장협정을 의미한다는 '신(新) 취업규칙' 체계라고 불릴 수 있겠다.

2. 근로자위원회가 사용자와 합의를 통해 사업장 근로자들의 근로조건을 집단적으로 규율하는 권한을 가진다면, 그에 상응하도록 종업원대표로서의 대표성이 제고되어야 한다. [2단계] 시기의 입법개정 내용을 정리하였다.

첫째, 선출에서 공정한 대표성 제고방안으로 근참법 내용을 다음과 같이 개정한다. i) 근로자위원은 근로자들의 선거로 선출하도록 하며, 과반수 조직 노동조합에게 위촉권한을 부여한 것은 폐지한다. ii) 성별, 고용형태, 직종, 직급 등을 고려하여 대표성이 취약한 근로자 계층이 있는 경우 그 계층을 대표한 근로자위원을 추가로 선출할 수 있도록 허용하는 규정을 둔다. iii) 근로자위원의 수는 근로자의 규모에 따라 근로자위원의 최소 및 최대 범위를 유연하게 정하는 방식으로 규제를 완화하고(취약계층을 대표하는 근로자위원을 추가하는 경우 그 인원수는 법령이 제한하는 위원수 범위에 포함시키지 않음), 사용자위원 수는 실제 근로자위원 수와 같은 수일 필요 없이 법령에서 근로자위원 수를 정한 범위 내에서 적절히 그 수를 정할 수 있게 한다.

둘째, 활동에서 민주적 대표성 제고방안으로 근참법 내용을 다음과 같이 개정한다. i) 근로자위원회의 의결정족수를 근로자위원 재적 인원의 3분의 2 이상의 찬성으로 의결하도록 한다. ii) 근로자위원회의 운영을 위한 운영규정을 두는 것이 바람직한데, 근참법에 규정하는 형식으로는, 근로자위원회는 근참법에서 정한 노사협의회의 운영에 관한 규정들을 고려하여 자주적이고 민주적인 운영을 하여야 한다면서(원칙규정 방식), 운영에 관한 세부 사항은 근로자위원회 운영규정으로 정할 수 있다고만 규정하는 방식(허용규정 방식의 권장규정 방식)을 고려한다.

셋째, 업무수행에서 책임있는 대표성 제고방안으로 근참법 내용을 다음과 같이 개정한다. i) 근참법에서는 노사협의회가 정하거나 근로자위원회와 사용자가 합의한 경우에는 약간 명의 근로자위원을 전임으로 할 수 있도록 허용하는 규정을 둔다. ii) 노사협의회에 근로자위원회가 설치된 경우에는 근로자위원에 대한 편의제공에 관해 사용자와 근로자위원회가 합의하여 정하도록 한다.

3. 필자가 노사협의회 내에 근로자위원회의 설치를 제안하는 것은 종업원대표에 관한 논의가 발전적으로 진행되기 위해 그 기초가 되는 사회적 경험을 축적하기 위함이다. 기존 노사협의회 제도와의 관계를 고려하여 [1단계] 시기에는 노사협의회 내에 임의로 설치하도록 제안하였다. 만약 사회적 경험의 축적 속도를 높일 필요가 있다는 정책적 배려가 노사정간에 합의된다면, 일정 규모 이상의 사업(예를 들면 300명 이상 근로자를 사용하는 사업)에 대해 노사협의회 내에 근로자위원회의 설치를 의무화하고 취업규칙의 내용을 근로자위원회와 사업장협정으로 합의로만 정할 수 있도록 의무화하는 [2단계] 시기의 제도개선 로드맵을 제시하는 것이 가능하다.

4. 근로자위원회의 사업장협정 제도는 종전 취업규칙 제도에서 나타난 근로조건 대등결정 원칙에 소홀함을 극복하기 위함이다. 사업장에서 집단적인 근로조건을 근로자들이 종업원대표들을 통해 민주적으로 결정하고, 사용자와 종업원대표가 합의하여 결정하는 모습은 사업장에서 민주주의를 실현하는 모습이다. 사업장에서 풀뿌리 산업민주주의를 이루는 경험은 우리 사회의 민주주의 발전에 도움이 될 것이다.

≪10≫ 새로운 종업원대표시스템의 정립

<이철수>*

Ⅰ. 문제의식

현행법상 종업원의 집단목소리(collective voice)를 반영하는 제도로 근로기준법상의 근로자대표, 노동조합, 노사협의회를 상정하고 있다. 이들 제도 간의 규범적 위상과 기능이 불분명하고 때로는 착종되어 있어서 법 운용상 혼선을 빚고 있다. 더구나 기능적인 측면에서 노동조합의 대표성에 관해 의문이 제기되는 등 특히 사업장 차원의 노사관계에서 많은 변화가 일어나고 있다. 더구나 복수 노조 시대를 맞이하여 소수노조의 발언권 보장도 중요한 이슈로 부각되고 있다.

본고는 종업원대표제도에 대한 새로운 시스템이 왜 필요한지를 실증적으로 검토하고, 비교법적 관점에서 사업장 차원의 의사결정시스템이 어떻게 재형성되어 왔는지를 분석하고자 한다. 나아가 이를 토대로 우리의 법규범과 노동현실에 적합한 발전적 대안을 모색해 보고자 한다. 본고에서는 기존 필자의 입장

---

* 이 글은 이철수, 「통일적인 종업원대표시스템 정립을 위한 소고」, 산업관계연구 제21권 제1호, 한국노사관계학회, 2011. 3. 및 "새로운 종업원대표 시스템의 정립", 한국개발연구원, 2013의 내용에 기초한 것이다.

을 수정하여 노사공동의 회의체 방식인 노사협의회 대신 종업원들만으로 구성되는 종업원위원회 방식을 제안하고자 한다.

본고는 다음과 같이 구성된다. 제2절에서 왜 새로운 시스템이 필요한지를 실증적으로 검토한다. 즉, 노동조합의 현실적 기능 제약뿐만 아니라 법 운용과정에서 어떠한 혼선이 보이는지를 살펴본다. 제3절에서는 현재의 주류적 견해인 노동조합중심론의 한계를 지적하고 종업원 대표제에 적극적 의미를 부여하는 국내외 논의를 소개하고, 이가 한국의 헌법구조에 적합한지를 규범적으로 검토하고자 한다. 제4절에서는 비교법적 분석을 시도한다. 분석대상은 미국, 독일, 프랑스, 영국을 택하고, 분석 결과 추출된 관점을 토대로 우리 법제에의 원용 가능성을 타진해 본다. 제5절에서는 필자의 종업원위원회 방식의 도입을 제안하고, 그 기본 구상을 밝히고자 한다.

Ⅱ. 왜 새로운 시스템이 필요한가?

1. 현행 종업원대표제도의 문제점

현재 사업장 차원에서 종업원의 집단적 목소리를 반영하는 기제로는 노동조합, 노사협의회, 근로기준법(이하 근기법)상의 근로자대표[1])가 있다.

이 중 근기법상의 '근로자대표'는 1990년대 후반 이후 새롭게 등장한 개념이다. 이는 근로기준법에 처음 도입되었지만, 현

---

1) 이 외의 사항은 임무송, 「집단적 근로조건 결정시스템 개편에 관한 연구— 노사위원회 제도 도입과 관련하여」, 서강대학교 대학원 법학과 박사학위논문, 2012. p.156 참조.

재는 근로자퇴직급여보장법, 파견근로자 보호 등에 관한 법률, 산업안전보건법, 고용정책기본법, 고용상 연령차별금지 및 고령자 고용촉진에 관한 법률 등 여러 법률에서 이용되고 있다. 그러나 근로자대표는 법제도적 측면에서 보면 과반수노조가 존재하지 않는 경우 대표성의 취약이라는 치명적인 약점을 안고 있을 뿐만 아니라, 개념의 모호성으로 인해 해석론상 다툼이 많아 법적 안정성을 훼손시키고 있다. 예를 들어 근로자대표를 구성하는 근로자의 범위를 어떻게 설정해야 하는지, 서면협정이 단체협약 내지 근로계약과 관련하여 어떠한 규범적 위상을 가지는지,[2)]서면합의를 위반했을 경우 어떤 법적 효과가 발생하는지 등에 대하여 법은 침묵한다.

한편, 「근로자의 참여 및 협력 증진에 관한 법률」(이하 근참법)에서는 상시근로자 30인 이상 사업장에서 의무적으로 노사협의회제도를 설치할 것을 법적으로 강제하고 있다. 노사협의회는 근로조건 결정기구로서보다는 노사 간의 참여와 협력을 증진하여 노사 공동이익과 산업평화를 도모할 목적으로 설계되었지만, 경영상 해고 시의 협의 기능이나 단체교섭의 보완적 역할을 통해 간접적으로 근로조건의 형성에도 영향을 미친다. 그러나 이는 어디까지나 과반수노조가 존재하는 경우이고 규모가 작고 노조 설립의 가능성이 낮은 사업장에서는 사용자들이 노사협의회 설치를 꺼리거나 그 운영이 다분히 형식에 치우치고 있는 실정이다.[3)] 노사협의회가 종업원 전체의 이익을 대변해야 함에도 불구하고 정규직 또는 노동조합 중심으로 운영되어 사업장

2) 이철수, 「복수노조체제하에서의 근로자대표제도 개선방안연구」, 노동부 용역보고서, 2010 참조. 관련 연구로 김인재(1999), 박종희(1998), 이승욱(1998), 박제성(2003), 박제성·도재형·박은정(2010) 등이 있다.
3) 이에 관한 자세한 내용은 이철수, 위의 보고서, 2010, p.152 이하 참조.

내 취약 근로자를 대변하지 못하고 있다.[4] 근로자위원 선출 절차 이행의 주체가 불명확하고 근로자 참여를 위한 절차규정이 미비함으로써 무노조 사업장의 경우 직접선거를 행하는 사업장은 50%에 미치지 못하고, 회사가 지명하거나 추천하는 경우(22.8%) 또는 일부 선거 일부 추천을 행하는 사업장(17.3%)도 다수이다. 단체법제도론적인 관점에서 노사협의회의 구성이나 이익대표자 선출 과정에서 민주성을 제고시킬 방안이 없는지, 과반수노조가 위원 선출을 독점하는 것이 타당한지, 노사협의회 의결사항의 실효성을 담보하기 위한 방안은 없는지 등의 문제에 관해 재검토가 시급한 상황이다.

2. 노동조합, 과반수근로자대표, 노사협의회 간의 불명확한 관계

이영면(2011)의 실태조사에 따르면 노사협의회에서 가장 큰 비중을 차지하는 안건으로는 '임금인상, 임금체계, 성과배분 등'이 가장 높았고, 노동조합이 없는 사업장에서는 임금을 포함한 보상 관련 사항이 노동조합이 있는 사업장보다 상대적으로 더 높은 비중을 차지하였다.[5] 또한 2006년 조사에서는 무노조 사업장에서 노사협의회가 ① 사실상 임금교섭을 하는 경우가 16.8%, ② 임금인상 및 근로조건에 관한 노사협의를 하는 경우가 52.0%에 이른다.[6]

---

4) 실태조사에 따르면 비정규직 대표 근로자위원이 있는 사업장은 3.5%(29개소/802개소)에 불과하다. 이하의 통계는 이영면, 『노사협의회 운영실태 조사 및 개선방안 연구』, 고용노동부, 2011 참조.

5) 이영면, 위의 연구, 494~495면 참조.

6) 배규식 외, 무노조 기업의 고용관계—노사협의회와 대안적 근로자대표기구를 중심으로 , 한국노동연구원, 2007, 225면.

노사협의회와 노동조합의 단체교섭 기능이 중복되는 기본적 원인으로 기업별 교섭관행이 형성되어 있다는 점을 들 수 있지만, 이 외에도 현행 근참법이 과반수노동조합의 대표자가 당연직 근로자위원으로 되고, 과반수노동조합이 근로자위원을 위촉하도록 하고 있는 점(근참법 제6조 제2항), 협의사항, 의결사항이 근로자의 채용·배치 및 교육훈련, 각종 노사공동위원회 설치 등 근로조건과 관련된 사항을 광범위하게 포함하고 있어 노동조합의 단체교섭 사항과 일부 겹친다는 점 등의 요인이 작용한 것으로 볼 수 있다.

노사협의회가 본래의 자기 영역을 넘어 단체교섭 기능을 대행하거나 근기법상의 대표 기능을 수행하는 것이 바람직하지 않음은 물론이다. 왜냐하면 노동조합을 약화시키거나 단체교섭 기능을 저해할 위험성이 있고, 현행근기법상 근로자대표의 노동조합과의 연관성은 상정하고 있으나 노사협의회와는 아무런 관련이 없는 것으로 설계되었기 때문이다. 따라서 노사협의회의 근로조건 결정 기능에 대해서는 항시 규범적 평가가 수반되지 않을 수 없는바, 우리의 현 실태와 규범과의 조화를 위한 해석론적 고민이 따를 수밖에 없다. 소송으로 제기되는 사건 유형은 주로 노사협의회가 과반수대표의 또는 노동조합의 역할을 대행했을 경우 그 효력에 관한 것이다. 판례의 경우를 살펴보면, 이와 같은 노사협의회의 실제적인 운용실태를 감안하여 과반수노동조합이 노사협의회 형식을 통해 사용자와 체결한 협약(약정)에 대해 단체협약으로서의 법적 효력을 부여하기도 하고,[7] 정리해고의 협의방식으로 노사협의회를 거친 경우 정당성을 부여하

---

7) 노사협의회를 통한 퇴직금 관련 부속협정의 효력과 관련하여 대법원 2005. 3. 11. 선고 2003다27429 판결 참조; 신권철, 「노사협의회의 법적지위와 역할」, 서울대 노동법연구회 발표문, 2013. 6., 11-12면 참조.

기도 하였다.[8] 그러나 취업규칙의 불이익변경과 관련하여서는, 노사협의회와 노동조합의 제도적 취지가 다르다는 점을 들어 노사협의회의 동의권한을 부정한 바 있다.[9]

과반수근로자대표나 노사협의회제도는 각각에 대하여 부여된 목적에 따라 별개로 운영되는 제도이지만, 이들 두 제도가 또 하나의 기업 내 의사결정시스템인 노동조합과 혼재되면서 여러 가지 해석상 논란을 부르고 있는 실정이다. 세 가지의 의사결정시스템이 현행대로 유지되는 한 이러한 혼란은 계속될 것이다.

3. 근로자대표로서 노동조합의 현주소[10]

오늘날 노동조합의 근로자대표로서의 기능에 대해 의문을 제기하는 많은 사실들이 나타나고 있는바, 그러한 모습들에 대한 검토도 필요하다.

첫째는 노동조합의 추정 조직률이 꾸준히 저하되고 있다는 것이다. 조합원 수의 경우는 최근 몇 년간 공공부문(공무원, 교원 등) 노조의 조직으로 인해 그 감소가 크지 않으나,[11] 조직률의 경우 조직률 집계가 이루어진 1977년 25.4% 이후 지속적으로 감소하여 현재는 10%선에 머물고 있다. 조직률을 기업규모별로 볼 때, 근로자 수 기준으로 300인 이상 기업의 경우 42.7%

---

8) 대법원 2005. 6. 9. 선고 2004도7218 판결.
9) 대법원 1994. 6. 24. 선고 92다28556 판결 참조.
10) 이철수, 「통일적인 종업원대표시스템 정립을 위한 소고」, 산업관계연구, 제21권 제1호, 한국노사관계학회, 2011, 4면.
11) 전체 조합원 수는 1989년에 190만명을 넘어섰다가 꾸준히 감소하여 1998년 140여 만명에 이르면서 최저점에 이른 후 공무원 및 교원노조의 가세로 현재는 대략 170여 만명선에서 움직이고 있다. 노동부, 「2011년 전국 노동조합 조직현황」, 2012.

인 반면, 100~299인 기업의 경우 12.7%, 30~99인 기업의 경우 2.4%, 30인 미만 기업의 경우 0.1%까지 떨어진다. 특히 50인 미만의 노조 수는 2,627개소로 전체의 51.3%를 차지하지만 조합원 수의 비중은 2.5%에 불과하다.[12] 이를 통해 보면 조직률의 기업규모 간 격차가 명확히 존재하고, 중소기업에서 노동조합의 존재가 지극히 미미하다는 실태가 엿보인다. 게다가 2011년 말 기준으로 조직형태별 노동조합 수를 보면 기업별 노조 90.7%(4,646개소), 초기업 노조 9.3% (474개소, 산별노조, 지역업종 노조, 총 연맹 수 포함) 등의 순으로 기업별 노조가 압도적이다.

둘째는 기간제·단시간 근로자 등 소위 비정규직 종업원이 증가하고 있다는 점이다. 노동조합은 종래 정규직(풀타임으로 기간을 정하지 않은 근로자)의 대표를 그 임무로 해왔기 때문에, 비정규직의 대표시스템이 충분하지 않다는 문제가 생겨났다. 최근의 조사에서는 비정규직 근로자의 추정 조직률은 2% 안팎으로 알려져 있고,[13] 비정규직 근로자 수는 점점 늘어나고 있지만 여전히 다수의 비정규직 근로자들은 노조로 조직되지 않은 상황이다.

셋째, 근로조건 결정시스템이 변화하고 있다는 점이다. 최근에는 종래 연공서열적 인사처우로부터 개인의 능력과 성과에 기초한 성과주의형 인사처우로 이행하는 경향이 강해졌다. 특히 사무직 근로자를 중심으로 하여 근로조건을 개별적으로 결정하는 움직임이 급격하게 드러나고 있다. 이러한 상황은 조합원을 집단적으로 파악하여 평등주의적인 근로조건 결정을 주안점으

12) 노동부, 「2011년 전국 노동조합 조직현황」, 2012.
13) 김동원, 「비정규·간접고용 근로자의 노동조합 운영실태 및 노사관계 분석」, 노동부 연구용역보고서, 2005 참조.

로 해 온 노동조합의 역할에 수정을 요구하게 된다.

넷째, 법적인 관점에서 보아도 노동조합의 근로조건 규제력에 있어서 약화 경향이 나타나고 있다는 점이다.[14] 저성장 시대로 접어들면서 단체교섭 기능이 임금인상이나 근로시간 단축보다도 고용안정에 더 많은 비중을 두는 관계로 이른바 양보교섭(concession bargaining)이 자주 발생하고 있고 그 합법성이 인정되고 있다. 또한 취업규칙과 단체협약보다 오히려 근로조건 규제를 중심으로 작용하는 현실을 인정하지 않을 수 없다. 취업규칙의 작성·변경에 발언권을 행사할 수 있으려면 당해 노동조합이 종업원 과반수의 지지를 획득하고 있어야 할 뿐만 아니라, 취업규칙의 작성·변경에 있어 주도권을 쥐는 쪽은 사용자이다. 불이익변경의 경우 과반수 동의가 필요하지만 이른바 '합리성설'을 취하고 있는 법원의 판단에 따라 과반수대표의 권한이 다시 한편 위축될 개연성을 안고 있다.

4. 복수노조 시행에 따른 소수조합의 보호

2011년부터 사업장 내에 복수 노조가 허용되었지만 단체교섭의 난맥상을 방지하기 위해 창구단일화를 기본 전제로 삼고 있고, 창구단일화의 방법과 관련하여 미국과 달리 종업원이 아닌 조합원을 모집단으로 하는 과반수대표제를 도입하였다. 이로 인하여 소수노동조합의 단체교섭권이 사실상 박탈되는 결과가 초래되기 때문에 창구단일화에 대해 위헌성의 시비가 논란되고 있다.[15]

---

14) 이것은 법·제도적 관점으로부터의 약체화를 의미하는 것이고, 노동조합이 근로조건의 유지를 위해 기능하지 않는다는 것을 의미하는 것은 아니다. 노동조합은 임금의 유지·개선이나 고용보장에 있어서 여전히 그 역할을 하고는 있다.

15) 자세한 내용은 이철수, 위의 보고서, 2010 참조.

이와 더불어 근로기준법이나 근참법에서는 종업원을 모집단으로 하여 과반수의 지지를 획득한 노동조합에 대해 근로자대표의 자격을 부여하거나 노사협의회 위원 선출을 독점할 수 있는 권한을 부여하고 있다. 이 경우 소수노조는 근로자대표나 근로자위원 선출 과정에서 아무런 발언권을 행사할 수 없게 된다.

그 결과 과반수노동조합은 배타적인 단체교섭권을 가질 뿐만 아니라 근기법 등 근로자대표에 관한 규정을 두고 있는 영역에서의 대표권과 함께, 노사협의회에서의 대표권을 모두 획득하게 된다. 집단적 영역과 개별적 영역을 불문하고 근로자대표권이 과반수노동조합에 전일적으로 귀속되는 반면, 소수노동조합은 어떠한 영역에서도 참여권 내지 발언권을 확보하지 못하게 된다. 유니언숍(union-shop)이나 일반적인 구속력 제도 외에는 소수조합도 과반수노조와 마찬가지로 동일한 헌법적 지위를 향유할 수 있게 설계되어 있다는 점을 감안하면, 동일한 헌법상 단결체이면서도 현실적으로는 부당할 정도로 그 권리의 행사 범위에 있어서 큰 차이가 발생하는 것이다. 이는 소수노동조합의 활동권을 과도하게 제약할 뿐만 아니라 소수노조의 설립을 방해하는 결과를 초래함으로써 헌법상의 단결권 침해 문제가 제기될 수도 있다.

Ⅲ. 노동조합이 유일한 대안인가?

우리나라의 주류적 견해는 헌법 제33조상의 노동3권 향유주체로 근로자와 노동조합만을 상정하고 있다. 단결권의 경우에는 근로자 개인의 단결권과 노동조합의 단결권으로 나누어 양자의 충돌 문제를 조화시키기 위한 해석론이 전개되고 있기는 하지만(대표적으로 조직 강제 논의), 단체교섭권과 단체행동권의 경우 이를 집단적 권리로 이해하면서 노동조합만이 그 주체가 되는 것을 당연한 전제로 삼으면서 입론을 전개하고 있다(이를 '노동조합중심론'이라 칭하자). 현행법상 인정되고 있는 근기법상의 근로자대표나 근참법상의 노사협의회는 기능적으로 종업원의 이익을 대표하지만, 이는 입법정책적 산물로 이해할 뿐이지 그 헌법적 기초에 대해서는 대부분의 학설이 침묵하고 있다. 우리의 오랜 경험상 노동조합 외의 근로자대표를 헌법 제33조의 향유 주체라고 주장하는 것은 자칫 노동조합의 약체화를 도모하는 불손한 주장으로 비춰질 정도로 금기시되고 있다고 해도 과언이 아니다.

이러한 노동조합중심론이 통시대적인 보편적 진실일까? 노동조합이 현실 세계에서 제대로 기능하지 못할 때 다른 대안은 반헌법적 발상으로 비난받아야만 하는가? 이러한 물음에 대해 본격적으로 논급한 글을 찾기 힘들지만, 사업장 차원에서는 노동조합 외의 다른 대안을 찾아야 한다는 주장이 종종 제기된다. 다음에서 이와 관련한 국내외 논의를 간단히 소개하고자 한다.

1. 국내의 논의

가. 김형배의 4층 구조론[16)]

사업장 차원에서는 별도의 종업원대표 관념이 필요하다는 주장을 김형배가 최초로 주장한 것으로 보인다. 김형배는 "노동법은 노무제공으로 생활을 영위하는 근로자계층의 보호만을 위한 특별법에 그치는 것이 아니라, 국가의 모든 경제분야에서 활동하고 있는 대부분의 국민을 위한 법"으로 넓게 이해하여야 한

16) 이하의 내용은 이철수, 2010, 위의 보고서 23면 이하를 인용한 것임.

다고 전제하면서 "근로자들의 역할과 기능은 여러 가지 분야에서 상이한 의미를 지니고 있기 때문"에 "이들에 대한 보호는 다각적인 측면에서 종합적으로 규율"되어야 한다고 강조한다. 김형배는 근로자의 다양한 지위에 상응하여 노동법의 패러다임을 i) 개인 사용자와의 근로계약관계에서의 지위: 「근로계약(기본)법」, ii) 기업조직의 일원으로서의 지위: 「경영조직법」(또는 경영자치법), iii) 노동조합의 구성원으로서의 지위: 「노동조합 및 노동관계 조정법」, iv) 국민경제의 활동 주체로서의 지위: 「근로자정책기본법」 등 4층 구조로 제시하면서, 임금의 유지·개선과 노동의 기회 제공이 근로자보호의 핵심을 이루는 것이며, 이와 같은 분배의 개선과 노동기회의 제공은 효과적이고 생산적인 기업경영 활동을 통해서 창출된다는 이유로 4층 구조의 노동법 패러다임에서 그 중심은 경영조직법에 두어져야 한다고 주장한다.[17]

'4층 구조론'은 현행 3층 구조(근기법, 노조법, 근참법)의 노동법이 해고제한규정과 단체협약의 직률적 효력규정으로 인한 경직성 때문에 기업의 경쟁력 강화와 효율적 생산운영에 지장을 초래하는 것으로 판단하고, 이를 유연화하면서 동시에 기업경영 활동 조직원리를 바탕으로 노사협력체제 수립과 고용정책의 추진을 통해 근로자를 보호할 기본 구상을 한 것으로 풀이된다. 즉, 이는 현행 기준에서 본다면 근기법 및 노조법의 유연화와 근참법 및 고용정책법의 강화를 지향한다고 평가할 수 있다.[18] 노동법제가 4층 구조로 재편성되는 것을 전제로 하는 김

17) 김형배, 노동법, 박영사, 2008. 47-48면 참조.
18) 이흥재, 「21세기의 노동법적 과제와 새로운 패러다임의 모색」, 외법논집 제19집, 2005, 157면 참조. 그러나 이흥재는 이러한 4층 구조론에 대해 노동법의 기본목표 및 그 성격 그리고 노동법의 해석 관점 및 입법정책의 방향

형배의 주장은 그가 일찍이 노사관계의 중층화를 위한 노사관계법의 재편성을 주장해 오고 노동문제가 현대화되고 경제성장에 따라 근로자의 성격도 변화함에 따라 노동관계법에도 경영적 사고의 도입이 필요하다는 점을 역설하면서 구체적인 방법으로 기업자치적 노사관계법을 출발점으로 하여, 노동조합법은 초기업적인 차원에서의 조직과 활동을 규율하는 방향으로 근로기준법은 근로계약기본법이라는 형태로 변모하여야 한다고 주장해 왔다는 점에서, 노사협의회가 주체적으로 참여하여 기업자치적 노사관계 질서를 형성하는 것을 구상하고 있는 것으로 보인다.

김형배의 이러한 주장의 바탕에는 현행의 근로기준법과 노동조합법이 근로자들의 근로조건을 향상·개선하는 보호적 기능을 하고 있지만, 이와 같은 근로조건 개선의 정도와 범위를 경영적 관점에서 생산성 개선과 유기적 관계에서 실현할 것을 제도적으로 규정하고 있지 않다는 생각이 깔려 있는 것으로 보인다.[19] 노동조합은 강력한 교섭력과 단체행동권을 가지고 있으나 생산성 향상에 대한 협력의무 내지 책임을 부담하고 있지 않고, 사업장에 있어서 노동조합과 사용자는 상호 일방통행적인 대립관계를 유지하고 있을 뿐이기 때문에 기업의 경쟁력 강화와 합리적인 노사관계의 정립을 위해서 노사의 조직은 협력과 투쟁을 합리적이고 효율적으로 활용하는 것이 바람직하다는 것이다.[20]

김형배는 노동조합의 조직형태는 앞으로 초기업적 조직으로 바뀌는 것이 바람직스럽다고 전제한 후 근로자의 이해관계를

을 기업조직을 기초로 하여 경제질서와의 관계에서 노동법 유연화를 제고하는 데 초점을 맞추고 있는 점은 많은 의문을 갖게 한다고 지적한다.

19) 김형배, 「한국노동법의 개정방향과 재구성」, 법학논집 제30호, 고려대학교 법학연구원, 1994, 14면 참조.

20) 김형배, 「한국노동법학 50년의 성과와 21세기적 과제」, 서울대학교 법학 제36권 제2호, 1995, 121면 참조.

사회적·정치적으로 대변할 수 있게끔 노동조합 상급단체의 기능과 위상이 강화되어야 한다고 주장한다. 노동조합의 기능이 지역별·직종별 또는 산업별로 확대되면 기업별 경영·인사에 관한 문제는 기업 중심의 경영자치적 노사협의에서 전담하게 될 것이고, 그렇게 되면 기업과 근로자 사이에 제도적으로 존재하는 대립적 노사관계는 협조적·참가적·합리적 노사관계로 변모할 수 있는 계기를 마련할 수 있을 것이라 전망한다. 이 경우에 노동조합과 사업장별 노사협의회 또는 여타의 근로자대표 조직 사이에는 유기적 관련이 유지될 수 있도록 현행의 노사협의회법을 전면적으로 개정하거나 별도의 노사자치법을 제정해야 한다는 것이다.[21]

필자도 김형배의 이러한 접근방식에 대하여 우선 타당성을 인정한다. 그런데 이것이 현행법 체계하에서 어느 정도 가능할 것인가에 관한 규범적 평가와 관련하여 보면 그 해답이 그리 간단하지 않다는 점을 지적할 수 있을 것이다.

단체교섭과 노사협의를 이원화하는 방안은 그것이 사실적으로 실현되면 별문제가 없겠지만, 이를 법제도화할 수 있는가는 좀 더 면밀한 검토가 필요하다. 김형배의 방안은 독일식 모델을 원용하고 있다고 볼 수 있는데, 독일이 단결의 자유를 제도적으로 보장하는 것과는 달리 우리 헌법에서는 노동3권을 구체적 권리로 보장하고 있는 상황에서 앞의 4층 구조를 법률의 규정을 통하여 제도화할 수 있을지가 검토되어야 할 것이다. 좀 더 직접적으로는 사업장 내의 노동조합(이것이 단위노조이건 아니면 산별단위노조의 지부 또는 분회이건 불문하고)을 대체하는 의미에서 노사협의회를 설치하고, 이를 통한 사업장 내의 자치

---

21) 김형배, 위의 논문, 14~15면.

를 도모하는 것이 현재 우리의 헌법 질서상 가능할까라는 물음이다.

독일은 기본법 제9조 제3항에서 “근로조건 및 경제조건의 유지·개선을 위하여 단결체(Vereinigung)를 결성하는 권리는 누구에게나 그리고 어떠한 직업에도 보장된다”고 규정하여 일반적 결사의 자유와는 별도로 단결의 자유를 헌법적으로 보장하고 있다. 그런데 우리의 경우와 달리 단체교섭권 또는 단체행동권을 명시적으로 보장하고 있지 않고, 또한 헌법재판소나 연방노동법원의 판결에서는 한결같이 제9조 제3항에서는 단결의 자유의 핵심적 영역만을 보장하고 입법자가 단결체의 권능을 개별적으로 형성하고 보다 구체적으로 규율함으로써 단결의 범위를 결정할 권한을 갖는 것으로 해석하고 있다. 요컨대 헌법상의 단결의 자유는 실정법을 통한 법형성이 필요한데, 이러한 법형성 과정에서 입법자에게 광범한 재량권이 인정된다는 것이다(이른바 제도적 보장설).[22] 현재의 단체교섭제도나 쟁의행위의 내용과 한계도 결국은 입법자 또는 판례법[23]을 통해 형성·발전되어 온 것이라 할 수 있다. 이렇게 단결의 자유를 제도적 보장으로 이해하는 경우에는 초경영적 차원에서 조직된 노동조합에만 협약능력을 인정하고, 이를 통해 협약자치를 실현하는 제도를 창설하는 것은 입법자의 권능(다시 말해 법률의 제정)으로 가능하다.

이에 비해 우리나라는 헌법 제33조에서 “근로자는 근로조건의 향상을 위하여 자주적인 단결권·단체교섭권 및 단체행동

22) 독일연방헌법재판소, 1979. 3. 1-1 BvR 532/77, 419/78 und 21/78(BVerfGE 50,290) 판결.

23) 입법자의 법형성에 흠결이 있을 시 판결을 통해 이를 보충할 수 있다(독일연방헌법재판소 1964. 5. 6-1 BvR 79/62(BVerfGE 18, 18) 판결). 독일법상의 노동조합 요건 또는 협약능력론 및 쟁의행위의 정당성 요건 등은 판례법으로 형성된 것이다.

권을 가진다"고 규정하여 노동3권을 개별적·명시적으로 보장하고 있다. 그리고 이러한 노동3권은 헌법의 규정에 따라 바로 구체적 권리성을 인정받는 것으로 이해되고 있다. 이 점에 관해서는 다른 견해를 찾아보기 힘들다. 그 결과 노동조합법이나 노동쟁의조정법의 규정들은 이러한 헌법 규정을 구체적으로 확인하는 의미를 지니는 것으로 해석된다. 결국 노동3권의 내용이나 이를 보장한 취지 등은 입법자의 법형성을 기다릴 필요 없이 또는 이와 무관하게 법률을 지도하고 필요한 경우에는 헌법 수호의 차원에서 규범적인 통제를 가할 수 있다. 이렇게 본다면 단결권의 본질적 내용인 단결 선택의 자유를 제한할 소지가 있는 하위 법률의 제정은 위헌성이 논란될 수밖에 없을 것이다. 일례로 초경영적 차원에서 조직된 근로자단결체만을 노동조합으로 인정하는 독일 판례법상의 태도[24]는 우리나라의 법에서는 위헌의 소지가 많아 받아들여지기 힘들다는 사실은 양 국가의 차이점을 단적으로 드러내 준다고 할 수 있다. 김형배가 주장하는 바와 같이, '기업 내의 노사협의회를 통한 자치질서의 확립'은 제안의 참신성과 미래지향성에도 불구하고 우리의 헌법 구조하에서는 합헌성 여부를 검토받아야 할 것이다.

나. 박제성의 '근로조건 대등결정의 원칙'

박제성은 우리 헌법 제33조 제1항의 기본취지를 근로조건 대등결정 원칙을 보장하기 위한 것으로 이해하고, 이 원칙의 관

---

24) 독일연방노동법원 1977. 3. 15-1 ABR 16/75(AP Nr 24 zu Art.9 GG). 이러한 판례의 입장에 반대하는 입장도 있지만, 다수설은 기업별 노조는 어용화할 우려가 많고 그 임원도 사용자의 해고와 불이익 취급에 직면하게 된다는 점, 또는 경영조직법 등의 제정을 볼 때 집단적 노사관계를 이원적으로 처리하려는 입법자의 의도를 읽을 수 있다는 점 등을 들어 판례를 지지한다. 이철수, 「단체교섭의 근로자 측 주체에 관한 비교법적 연구」, 서울대학교 법학박사 학위논문, 1992, 38면 이하 참조.

철을 위해서는 노동조합이 아닌 다른 실체의 존재 가능성을 인정하고 있다.

"노동조합이 가장 역사적이고 가장 중요하고 가장 대표적인 단체교섭 담당자라는 점은 맞지만, 그렇다고 노동조합만이 단체교섭의 담당자가 되어야 한다는 논리는 성립하지 않는다. 설령 단체교섭의 개념상 개별 근로자는 그 주체가 될 수 없고 근로자의 단체만이 주체가 될 수 있다는 주장을 받아들인다 하더라도, 그 주체가 반드시 노동조합이어야 할 논리의 필연성은 없다. 근로자의 집단은 대표를 통하여 단체가 되어 단체교섭에 임하게 되는데, 노동조합이라는 대표 형식은 역사 속에서 등장한 한 형식일 뿐이지(근로자 집단은 반드시 노동조합이라는 형식으로 대표되어야 하며 언제나 그렇게 될 수밖에 없다는 식으로) 사물의 본성에 속하는 형식은 아니기 때문에, 노동조합이 없는 경우에는 다른 대표 형식을 마련하여 근로조건의 대등결정 원칙이 실현될 수 있는 제도를 모색할 필요가 있다."[25]

박제성은 다음과 같은 요인이 작용해 사업장 차원에서 근로조건 대등결정의 원칙이 형해화되고 있다고 진단하면서 새로운 제도적 보완책이 필요하다고 주장한다.[26]

첫째, 현실적으로 노동조합이 없는 사업장이 많은데, 무노조 사업장에서는 단체교섭을 통한 근로조건 결정 방식이 봉쇄당하고 있다. 우리 헌법 제33조 제1항은 "근로자는 단체교섭권을 가진다"고 하여 단체교섭권을 근로자에게 보장하고 있지만, 판례와 학설은 이를 노동조합에 한정시킴으로써 노동조합이 없는 사업장에서는 근로자의 단체교섭권이 보장받지 못하는 결과를

---

25) 박제성, 「무노조 사업장에서의 집단적 근로조건 결정법리」, 한국노동연구원, 2008, 5-6면.

26) 박제성, 위의 보고서, 2008, 3-4면.

초래하고 있기 때문이다.

둘째, 무노조 사업장에서는 따라서 집단적 근로조건이 노사협의회 또는 취업규칙에 의하여 결정되는 예가 많은데, 노사협의회와 관련해서는 현행법상 노사협의회가 근로조건을 결정할 권한이 있는지가 분명하지 않으며 또 결정할 수 있다고 하더라도 그 결정의 효력이 어디까지 미치는지도 명확하지 않다.

셋째, 근로기준법에서는 근로자과반수대표자에 의한 서면합의를 통한 근로조건의 결정을 규정하고 있는데, 현재의 근로자과반수대표자제도는 근로기준법에서 정하고 있는 몇 가지 특수한 근로조건의 결정에만 관련되어 있고, 그 선출 방식이나 권한의 범위 등 대표로서의 지위가 명확하지 않으며, 서면합의의 효력도 분명하지 않다는 등의 문제를 안고 있다.

넷째, 취업규칙과 관련해서는 근로기준법이 취업규칙의 사용자 일방 결정성을 근로자들의 의견 반영 또는 동의를 통해서 완화하는 규정을 두고 있긴 하지만, 불리한 변경이 아닌 경우에는 근로자들의 의견청취의무만 규정되어 있으며 사용자가 의견청취의무를 위반하더라도 취업규칙의 효력이 부정되는 것은 아니라는 점, 근로자들의 동의를 얻지 않고 불이익하게 변경된 취업규칙이더라도 신규 입사자에 대해서는 유효하며 또 사회통념상 합리성이 인정되는 경우에는 동의를 얻지 않아도 유효하다는 점 등에서 볼 때, 취업규칙의 사용자 일방 결정성은 여전히 관철되고 있다는 점에서 결국 근로조건 대등결정의 원칙에 반한다.

박제성은 프랑스의 입법례를 참조하여 무노조 사업장의 경우 근로조건 대등결정의 원칙을 실현하기 위해 노사협의회 근로자위원들에게 단체교섭권과 단체협약 체결권한을 부여하고, 노사협의회마저 없는 사업장의 경우 산별노조 또는 지역별 노조의

위임을 받은 근로자가 단체교섭을 하고 협약을 체결할 수 있도록 하여야 한다고 주장한다.[27)]

필자의 소견으로는 아마 기존의 노동조합중심론에 최초로 반기를 든 주장이 아닌가 싶다. 대안으로 제시한 집단적 결정방안에 대해 현행법의 해석상 다소 수긍하기 힘든 부분이 있지만, 헌법 제33조를 합목적적으로 해석하여 노동조합이 유일한 대안이 아님을 분명히 한 점은 매우 흥미로운 발상이라 하지 않을 수 없다.

2. 일본의 새로운 접근법[28)]

우리나라보다 일찍 근기법상의 과반수대표제를 도입한 일본에서는 상설적인 종업원대표기관을 설치하여야 한다는 주장이 줄곧 제기되어 왔다. 특히 小嶋典明가 과반수대표제가 일본 헌법 제28조(우리나라 헌법 제33조에 해당)의 보장을 받는다는 이례적인 해석론을 전개함[29)]으로써 논의가 활발해졌다.

일본의 과반수근로자대표제도의 법제화론의 쟁점은 노동조합과 과반수근로자대표의 관계를 어떻게 설정하느냐에 모아진다. 西谷敏는 노동조합이 근로자대표로서의 기능을 발휘할 것을 기대하기 어렵기 때문에 과반수노동조합이 존재하는 경우라 할지라도 별도의 근로자대표기구가 필요하다고 주장한다.[30)] 毛塚勝利는 근로자대표로서의 기능을 1차적으로 담당하는 것은 노동

27) 박제성, 위의 보고서, 2008, 68면 이하 참조.

28) 이하의 내용은 이철수, 위의 논문 1992, 22면 이하 참조.

29) 小嶋典明(1989), "わか國に從業員代表法制," 『富大經濟論集』, 第35卷, 第1号, p.199 이하(大內伸哉(2007), p.65에서 재인용).

30) 西谷敏(1989), "過半數代表と勞働者代表委員會," 『勞協』, 第356号, p.2 이하(大內伸哉(2007), pp.65~67에서 재인용).

조합이어야 하고 과반수노동조합이 존재하고 있다면 별도의 근로자대표제도는 필요하지 않지만, 그러하지 못할 경우 근로자대표로서의 역할을 담당할 과반수근로자대표 모델을 도입하여야 한다고 주장한다.[31]

이러한 일본 법제화론의 요체는 노동조합과 근로자대표와의 역할을 법적으로 구분·규정함으로써 여러 논란을 해소시켜 나가자는 것이다. 근로자대표제도를 법적으로 강제하는 것이 바람직한 것인지에 대한 논란이 있기는 하지만,[32] 각 법률에 혼재되어 있는 대표 제도들을 정비시켜 나갈 필요가 있다는 점에 대해서는 대체로 공감대가 형성되어 있는 듯하다. 2005년 9월 17일에 발표된 「今後の労働契約法制の在り方に関する研究会」 보고서에서 기존의 과반수근로자대표에게는 대표성이 결여되어 있고 임시적인 제도에 불과하다는 문제점을 지적하면서 과반수근로자대표제도를 대신할 상설적 노사위원회제도를 법제화할 것을 요청한 바 있으나 입법화에는 성공하지 못하고 있다.

---

31) 毛塚勝利(1992), "わか國における従業員代表法制の課題," 『學會誌』, 第79号, p.129 이하(大內伸哉(2007), pp.67~68에서 재인용).

32) 이러한 입법화론에 대하여 소극적인 입장도 있다. 대표적으로 道幸哲也 교수(그의 논문, "21世紀の勞働組合と團結權," 『講座21世紀の勞働法 第8卷 利益代表システム』, 有斐閣, 2000에서 그는 노동조합의 기능을 정비하고 확대시킴으로써 노동조합의 근로자대표 기능을 강화시켜야 할 것임을 주장한다) 및 大內伸哉 교수(그의 저서, 『勞働者代表法制に關する硏究』, 有斐閣, 2007에서 그는 노동조합이 근로자대표로서의 기능이 약화되었다는 점에 대해서는 인정하지만, 과반수근로자대표를 입법적으로 강제한다거나 하는 것은 결국 근로자의 자유로운 의사결정을 방해하는 것이기 때문에, 근로자대표로서 노동조합을 선택할 것인가 과반수근로자대표를 선택할 것인가는 오로지 근로자의 자유로운 의사결정에 맡겨야 할 것이라고 주장한다).

3. ILO 규범에서 단결권의 향유 주체

ILO(International Labour Office) 규범들을 통해 살펴본 근로자단체 및 근로자대표의 개념상 가장 큰 특징은 개방성이라고 할 수 있다. ILO는 trade union과 labor organization을 구분하고 있고, labor organization을 trade union을 포함하는 개념으로 보고 있다.[33]

그리고 1971년 '제135호 근로자대표협약'에 따르면, ILO는 근로자대표를 노조대표와 노조 이외의 피선출 대표를 포함하는 개념으로 보고 있음을 알 수 있다. 또한 노조대표와 피선출 대표는 그 임무 내지 역할이 서로 다른 것처럼 규정하고 있다.[34]

그러나 1981년 '제154호 단체교섭에 관한 협약'으로 오면, 단체교섭의 '단체'라는 개념이 노조에 한정된 것이 아님을 분명히 하고 있고, 노조 아닌 근로자대표와의 협상도 단체교섭에 포함되는 것으로 규정하고 있으며, "이 협약이 적용되는 활동분야의 모든 노사집단(all employers and all groups of workers)에 있어서 단체교섭이 가능할 수 있어야 한다"고 규정함으로써 심지어 노사협의회까지도 단체교섭의 영역에 포함될 수 있을 만한 여지를 만들어 두고 있다.

또한 결사의 자유위원회가 내린 다수의 결정문에서 노동조합과 근로자단체를 구별하면서 노동조합은 근로자단체의 한 예시로 보고 있고, 근로자들의 자발적인 선택을 통해 하나의 사업장에 하나 이상의 '근로자단체'가 설립될 것을 인정해야 하며,[35]

---

33) 1948년 제87호 협약에서 'labor organization'이라는 용어를 사용하고 있고, 이후 채택된 협약들에서 비로소 'union'을 한정적인 의미로 사용하고 있다

34) 135호 근로자대표협약 참조.

35) International Labour Office (2006), Digest of Decisions of the

단체교섭은 단체협약 그 자체가 목적이 아니라 사용자(단체)와 근로자단체 간의 자발적 협상을 위한 하나의 도구에 불과한 것이라고 판시하고 있는바,[36] 우리의 주류적인 노동조합중심론과는 다르게 접근하고 있음을 알 수 있다.

ILO 협약상의 결사의 자유와 우리 헌법상의 단결권의 규범적 위상이 다르다는 점을 인정한다 하더라도, 근로자 내지 종업원의 이익을 대변하는 단체로 노동조합만을 고집하지 않고 종업원위원회나 노사협의체를 역사적 실체로 인정할 뿐만 아니라 집단적 목소리를 보장하는 방식으로 전통적인 단체교섭 방식 이외에도 다양한 경로를 장려하고 있다는 점은 향후 입법론에 시사하는 바가 크다고 할 것이다. 뒤에서 소개하는 제 외국의 제도를 살펴보더라도 이러한 개방성은 각국의 입법례에서 확인할 수 있다.

4. 소 결

노동조합을 헌법 제33조의 근로3권을 향유할 수 있는 유일한 단체로 전제하고 있는 현재의 주류적 해석론에 따르면, 임의단체인 노동조합과 조직상 구별되는 종업원대표제도를 법정화하고 여기에 권한을 강화하고자 하는 방안은, 자칫 노동조합의 약체화 또는 단체교섭의 위축 등을 이유로 위헌론의 시비를 불러일으킬 소지가 없지는 않다. 그러나 노동조합의 조직률 하락으로 인한 대표성 약화, 고용형태의 다양화로 인한 다원적 채널의 필요성, 취약근로자의 조직화 미비 등의 현실적 요인을 고려하면 노동조합 외의 대안을 모색하는 일은 필요하다 할 것이다.

Freedom of Association, 5th revised edition, p.66(315번 요약문) 참조.
36) International Labour Office (2006), pp.211-212(1057번 요약문).

이러한 점에서 박제성의 이색적인 문제제기는 충분히 경청할 만하고 향후 관련 논의가 이어지길 기대한다. 아울러 일본의 학자들이 이 문제에 깊이 고민하고 있다는 사실은 타산지석으로 삼아야 할 것으로 보인다.

노동조합중심주의에 따라 노동조합을 제외한 여타의 종업원대표는 보충적 지위에 불과하다는 점을 시인한다고 하더라도, 노동조합이 없거나 소수노조가 있는 경우 종업원 전체의 의견을 반영할 수 있는 상시적 메커니즘의 필요성이 존재한다는 점을 부정할 수 없을 것이다. 그렇다면 현행 근기법상의 근로자대표나 노사협의회가 그 대안이 될 수 있을까? 앞서 언급한 바대로 현행의 근로자대표나 노사협의회는 문제점을 노정하고 있을 뿐만 아니라 그 대표성이 의심을 받고 있어 집단적 노사자치를 담보하기가 어렵다. 인식의 지평을 넓히고 제도로서의 보편성을 확보하기 위해 다른 나라의 경험을 참고할 필요가 있을 것이다.

Ⅳ. 근로자대표법제에 관한 비교법적 분석

1. 미 국[37)]

미국에서 근로자대표는 노동조합을 의미한다. 노동조합 이외의 근로자대표제도를 규율하는 법규정은 전혀 없다. 현행 미국 노동법을 설계한 뉴딜 시대의 입법자들은 비노조 기구의 필요성뿐만이 아니라, 그 합법성마저도 의심하였다. 다만, 대공황

37) 이하의 내용은 Orly Lobel & A. M. Lofaso, "System of Employee Representation at the Enterprise — The US Report," Systems of Employee Representation at the Enterprise: A Comparative Study, KLUWER, 2012, pp.205-227을 참고함.

이전에는 노동조합이 아닌 근로자대표의 원형과 유사한 것이 존재하기는 하였다. 노동조합은 아니지만 근로자 간 협동 강화, 생산성 향상 등을 위해 자발적으로 생성된 소모임들이 존재하였던 것이다. 그러나 루즈벨트 대통령의 뉴딜정책에서는 미국 노동법의 전체적인 나아갈 방향을 NLRA(National Labor Relations Act)로 규정하였고, 이와 함께 노조가 아닌 기구들은 위법으로 취급되며 역사 속으로 일단 사라지게 되었다. 뉴딜입법은 노조를 통한 단체교섭을 적극 장려하였던바, 이러한 상황에서 사용자들의 노조에 대한 반감이 더욱 커지게 된 측면도 있다.

그러나 비노조 기구에 대한 이러한 법적 금지에도 불구하고, 전통적 노동법의 약화 경향과 함께 근로자 참여와 사업장의 민주성을 위한 새로운 모델들이 자생적으로 등장해 왔다. 1960~70년대부터 노동법 학자들은 물론, 사용자들이 비노조 기구의 유용성을 '재발견'하게 되었고, 1980년대 중반부터는 비노조 기구들의 등장이 가속화되었다. 이는 노조 조직률의 급격한 하락과 관련이 있는데, 최근 조사에 의하면 전체 사용자의 75% 정도가 노조 아닌 형태의 기구를 이용하고 있으며, 설문대상 사용자 중 사업장 규모 5천명 이상의 사업장에서는 무려 96%가 이에 해당한다.

이렇듯 비노조 대표 기구가 현실에서 점차 확장되자, 사업장 개혁과 관련하여 이 문제가 주요 이슈로 부상하였다. 결국 1990년대 중반 클린턴 임기 때 NLRA를 대대적으로 개정하자는 움직임이 일어났다. 클린턴 행정부는 던롭위원회(Dunlop Commission)를 구성하여 「21세기 미국 사업장의 목표」라는 제목으로 향후 노사관계의 미래에 대한 보고서를 출간하였는데, 이 보고서의 핵심 목적은 사업장에서 근로자 참여와 노사협력 증진방안을 마련하는 것이었다. 동 보고서에서는 근로자대표가 여러 가지 형태로 증가하고 있음을 확인하였고, 그 원인은 시장경쟁 심화, 첨단기술 발전, 조직형태의 변화, 그리고 산업사회구조 자체가 변화하고 있기 때문인 것으로 분석하였다. 또한 많은 근로자들이 어떠한 형태로든 참여하고 싶어 하지만 그럴 기회가 주어지지 않고 있다는 현실을 포착하였다. 따라서 법상의 "company union"[38]의 금지가 근로자대표기구의 성장을 심각하게 막고 있다고 주장하였다. 그러나 동 보고서에서는 여전히 사용자가 시작한 어떠한 형태의 프로그램이 근로자들의 자발적인 노력으로 형성된 노조를 방해해서는 안 될 것이라고 강조하기도 하였다.

따라서 company union을 오랫동안 금지해 왔던 NLRA를 개정하는 내용의 '근로자-사용자 팀워크 법안'(TEAM Act)이 발의되기까지 했다. 기존에 부당노동행위로 금지되어 온 사용자개입, 원조를 부당노동행위에서 면제해주자는 것이 이 법안의 핵심 내용이었고, 발의된 후 하원 및 상원 모두에서 통과되었지만, 마지막에 클린턴 대통령 본인이 거부권을 행사함으로써 좌절되었다. 그 이유로는 여전히 'company union'을 합법화해 주면 사용자들이 이를 악용하고, 근로자들의 자치를 보장해 주지 않게 될 것이라는 우려가 있었기 때문이라고 본다.

그러나 TEAM Act의 좌절에도 불구하고 미국 노동시장에는 새로운 형태의 대표 기구들이 등장하고 있고, 다양한 형태의 기구가 위법성 여부에도 불구하고 계속 성장해 왔다. 그 대표적인 형태로 자가관리팀(Self-managed teams), 품질관리서클

---

38) 'company union'이란 1930년대 사용자들이 자생적으로 형성된 노조 탄압을 위해 사업장 차원에서 만든 소위 '어용조합'을 의미한다. 미 연방노동관계법(NLRA) 하에서 company union은 자발적 조직활동을 저해하는 부당노동행위의 범주에 속한다.

(quality circle), 안전위원회(Safety Committee), 이윤배분 프로그램(Profit-Sharing Programs), 정체성 그룹(Identity Group), 비공식적으로 결성된 노사협력협의회(Labor-Management Cooperation Committee) 등이 존재한다. 그 외에도 근로자훈련, 네트워킹 등의 목적으로 초사업장 차원에서 결성되는 단체들이 존재하며, 미국에서 노조 조직률의 급격한 저하는 미국 노동운동에도 파급효과를 끼쳐 기존의 역할 재정립 필요성이 여러 차원에서 논의되고 있다. AFL-CIO에서는 비조합원 근로자들에게도 각종 서비스와 상담 등을 지원하는 등 전향적 모습을 취하고 있는 것이 그 증거이다.

미국에서는 이러한 기구들이 계속 성장하려면, 현행 와그너법을 완전히 개정하지 않는 한 불가능하다는 주장이 제기되고 있는 실정이다.

2. 독 일[39]

독일 근로자대표제도의 핵심적 특징은 노동조합에 의한 대표와 사업장위원회(Betriebsrat, works council)에 의한 대표의 이원적 체제(dualism)라는 것이다. 독일에서 사업장위원회는 각각의 단위(사업단위, 공동사업단위, 기업집단단위)에서 근로자를

---

39) 이하의 내용은 Bernd Waas(2012), “Employee Representation at the Enterprise in Germany,” *Systems of Employee Representation at the Enterprise: A Comparative Study*, KLUWER, pp.71-91을 주로 하면서, Bernd Waas(2006), “Decentralizing Industrial Relations and the Role of Labor Unions and Employee Representatives in Germany,” Decentralizing Industrial Relations and the Role of Labour Unions and Employee Representatives, 2006 JILPT Comparative Labor Law Seminar, The Japan Institute for Labour Policy and Training, pp.13-31을 참조함.

대표할 역할을 가진 독립적인 법적 기구이다.

역사적으로 근로자대표로서의 독일 노동조합들은 1933년까지 직업별 내지 산업별 단체 체제에 따라 조직되었고, 이 중 특히 산업별 단체 체제는 오늘날의 독일 노동조합과 사용자단체의 산별조직 원칙으로 이어져 자리 잡게 된다. 제2차 세계대전 이후 독일의 노동운동계는 과거에 정파별로 분열되었던 노동조합들로 인하여 나치즘을 막지 못하였다는 반성하에 특정 정파를 지향하지 않는 중립적인 산별노조를 조직하게 된다. 특히 연합군 국가들의 영향하에 노동조합들이 새롭게 조직되는 모습을 보였는데, 예컨대 미군 점령 지역에서는 산별 조직시스템에 따른 노조들이 설립되었고, 영국군 점령 지역에서는 산별 조직시스템에 의한 노조들과 더불어 직업별 조직시스템에 따른 사무원노동조합(Angestelltengewerkschaft)이 설립되기도 했다.

규범적 차원에서 보자면, 독일법상 근로자의 단결권 행사는 독일기본법상의 기본권으로서 보장되는 단결의 자유(Koalitions-freiheit)와 단체협약법(Tarifvertragsgesetz: TVG)에 의하여 보장되고 규율된다. 독일기본법 제9조 제1항에서는 독일 국민의 결사의 자유(Vereinigungsfreiheit)에 대하여 규정하고 있고, 동 조 제3항에서는 국적에 관계없이 모든 사람(jedermann)이 단결의 자유를 가진다는 점을 밝히고 있다. 독일기본법상 단결의 자유는 각 개인이 누구나 향유할 수 있는 자유로 인정되고, 따라서 근로자뿐만 아니라 사용자도 단결의 자유를 가지는 것으로 해석된다는 것이 독일기본법상 단결의 자유의 특징이라고 할 수 있다. 또한 단결권의 기본법적 목적을 실현하기 위한 중심적 매개체가 되는 단결체, 즉 조직 자체도 독일기본법 제9조 제3항의 보호를 받는다. 즉, 독일기본법상 단결의 자유의 내용은 개인적인 단결의 자유와 집단적 단결의 자유에 관한 내용을 포함하는 것으로 해석된다는 점에서 이른바 '이중기본권(Doppelgrund-recht)'이라고 지칭된다. 개인의 단결의 자유에 의해 단결체를 조직할 자유, 기존 조직에 가입할 자유, 조직에 머무를 자유 등의 적극적 단결의 자유가 보장됨은 물론이고 지배적 학설과 판례에 따르면 단결하지 아니할 자유 내지 조직으로부터 탈퇴할 자유, 즉 소극적 단결의 자유도 포함하는 것으로 해석된다. 노동조합과 관련된 규범적 특징을 요약하자면, 독일의 경우 노동조합제도의 법적 기초는 단결의 자유를 규정한 독일기본법 제9조 제3항이며, 노동조합 자체에 대해 규율하는 별도의 법률이 없다는 점이다.[40]

한편, 근로자의 이해관계를 대변하는 대표 제도로서 초기업 단위의 노동조합 이외에 사업장 단위의 종업원대표제도, 즉 사업장위원회가 있다. 사업장위원회는 그 입법적 근거가 사업장조직법이며 동법은 노사가 공동으로 참여하여 사업장 내 주요 문제를 결정하는 기구인 사업장위원회에 관하여 규율한다. 통계적으로 보았을 때 중소규모 사업장의 경우는 법률규정에도 불구하고 실제로 사업장위원회가 구성되어 있지 않은 경우도 있다. 2009년 실증조사 결과, 민간부문 근로자의 45%가 사업장위원회를 통해 대표되고 있었다고 한다. 반면에 500인 이상 대규모 기업의 90%에 달하는 기업에 사업장위원회가 구성되어 있다.

사업장위원회는 제도적으로는 노동조합과 분리되어 있지만, 실무상으로는 매우 긴밀하게 관련되어 있다. 예컨대 노동조합은 사업장협의회의 구성에 큰 영향력을 행사한다. 사업장위원회의 위원이 반드시 조합원이어야 할 필요는 없지만 대개 사업장위원회 구성원 중 약 3분의 2 정도가 노동조합의 조합원이라

40) 독일 노동조합의 규범적 의미에 관해서는 이철수, 위의 논문, 1992 참조.

는 점에서 그러하다.

사업장위원회는 사용자와 사업장협정을 체결할 권리를 가진다. 사업장협정에서는 개별 근로자의 근로환경에 관한 일반적 원칙에 관하여 규정하고, 법령이나 단체협약과 같이 개별 근로관계에 관하여 구속력을 갖는다. 사업장협정은 직접적·강행적으로 적용되며, 사업장협정에는 법령과 단체협약에 의하여 규정되지 않은 사항도 포함될 수 있다.

사업장위원회와 노동조합이 근로자를 대표하는 것은 몇 가지 차원에서 구분된다. 노동조합의 권한은 노동조합에 가입한 근로자들에 의존하기 때문에 노동조합의 권한은 그 근로자가 조합을 탈퇴하면 소멸한다. 반면, 사업장위원회는 그 근로자와 사용자 사이에 고용관계가 있는 한 계속된다. 노동조합에 의한 근로자대표의 기본적 기제는 단체협약의 체결이고, 단체행동의 자유는 그러한 협약의 주요한 도구가 된다. 또한 협약이 체결될 수 없는 곳에서는 강제 중재가 가능하다. 그러나 사업장조직법(Betriebsverfassungsgesetz, BetrVG) 제74조 제2항에 의하면, 사업장위원회는 쟁의행위를 할 수 없다.

이상에서 보는 바와 같이, 독일은 근로자대표가 이원적 체계로 구성되어 있다. 근로자들의 이익은 한편에서는 (초기업별) 노동조합, 다른 한편에서는 사업장위원회로 대변된다. 노동조합은 주로 단체협약을 통해 그 조합원들을 대표한다. 사업장위원회는 선거를 통해 사업장 단위로 설치된다. 그들은 특정 사업장에 속한 모든 근로자들을 대표한다. 이러한 이유로 단체협약과 사업장협정의 충돌 문제가 야기될 수도 있다. 그렇지만 사업장위원회가 단체협약과 같은 효력을 가지는 집단적 협약을 체결할 수 있음에도 불구하고, 입법자들은 사업장협의회가 임금과 근로조건에 관해서는 쉽게 단체교섭을 할 수는 없도록 하였다. 즉,

단체협약과 사업장협정의 관계에 있어서는 단체협약이 우선적으로 적용되고 단체협약이 사업장협정과 충돌할 여지는 없다. 특히 사업장조직법 제77조 제3항에 따르면 단체협약을 통해 규율되고 있는 임금 및 기타 근로조건은 사업장협정의 대상이 될 수 없고, 다만 단체협약에서 보충적인 사업장협정을 명시적으로 허용하고 있는 경우에는 그러하지 아니한 것으로 되어 있다. 다만, 사업장협의회의 공동결정권과 관련해서는 판례가 단체협약 우선의 원칙이 적용되지 않는다는 입장을 취하고 있는바, 이러한 사항으로는 사업장 내 규칙, 사업장 내에서의 근로자 행태에 관한 문제, 근로시간, 휴게시간, 임금지급의 시기와 장소 등이 있다.

3. 영 국[41)]

영국의 노사관계는 전통적인 노사자치주의(the principle of laissez- faire)에 기초하고 있으며, 영국의 근로자대표제도 또한 이 원칙 아래 놓여있다. 전통적으로 정부는 영국에서 근로자대표를 규율하는 데 거의 관여하지 않았다. 근로자대표는 근로조건에 대한 단체교섭의 목적을 위해 사용자가 자발적으로 노동조합을 인정하는 것으로부터 발생했다. 근로자대표에 대한 중요한 다른 경쟁적 기능이 없기 때문에 이러한 영국의 시스템은 '단일채널 모델'이라고 불리었다. 이 모델은 두 가지의 중요한

---

41) 이하의 내용은 Ruth Dukes, "Systems of Employee Representation at the Enterprise - UK Report," Systems of Employee Representation at the Enterprise: A Comparative Study, KLUWER, 2012, pp.181~203과 이철수·강성태·조용만·박제성·박귀천·심재진·정영훈, 「산업별 노조의 실태에 관한 비교법적 분석」, 국제노동법연구원, 대법원 정책연구용역보고서, 2010 중 영국 부분을 요약한 것임을 밝힌다.

특징을 갖는데, 우선 근로자대표는 법에 의해 규정된 대표규정에 따라 조직되지 않고 단지 근로자대표의 사회적 관행이 있었다. 두 번째로 인정된 노동조합이 근로자대표 기능을 독점적으로 행사했다. 영국에는 다른 유럽연합의 국가들과 달리 노동조합과 근로자평의회(work council)와 같이 2개의 분리된 근로자대표 구조가 있는 2중 채널 모델이 발전되지 않았다.

물론 역사적으로 보았을 때 근로자대표제도를 의무화하는 법제의 입법화 노력이 전혀 없었던 것은 아니다. 전통적으로 지역 단위를 기반으로 하는 영국의 노동조합체제에서, 사업장 단위의 의사결정은 노동조합과는 별도의 사업장위원회가 담당하는 측면이 있었고, 2차 세계대전이 종식될 무렵 Clement Attlee가 이끄는 첫 번째 노동당 정부는 직장 내 근로자대표제도를 의무화하는 법제의 입법화를 시도한 바 있다. 그러나 사업장 내의 의사결정은 노사 자율에 의하여 결정할 문제임을 확인하면서 입법을 하지 않았다. 이후 Donovan위원회에서도 사업장 내의 의사결정 문제를 중요시하기는 하였고, 사업장 단위에 대한 노동조합의 역할을 강조하기는 하였지만, 별도의 근로자대표제도에 대한 입법화 노력은 존재하지 않았다.

이러한 단일채널 모델은 1970~80년대 영국이 유럽연합의 관련 지침을 이행해야 했을 때에도 변하지 않았다. 1970년대 후반에 사업이전(transfer of undertakings)이나 경영상 해고와 관련한 유럽연합의 지침이 영국에서 법률로 이행되었을 때에 사용자는 오직 인정된 노동조합과 협의하도록 의무가 부여되었다. 사용자가 노동조합을 인정하지 않는 경우나 혹은 노동조합이 없는 사업장에서는 사업의 이전과 관련해 근로자대표 등과 협의해야 할 의무가 전혀 없었다. 1992년 유럽연합집행위원회는 영국이 사용자가 노동조합의 인정을 거부한 경우에 사업장에서 근로자대표를 설정하는 기제를 전혀 보장하고 있지 않는 것이 관련 유럽연합의 지침에 위반한다며 유럽사법재판소에 소송을 제기했다.[42)]

유럽사법재판소는 1994년 유럽연합 집행위원회의 주장을 받아들여 영국이 관련 지침을 올바르게 이행하고 있지 않다고 판시했다. 이에 따라 당시의 영국 보수당 정부는 사업양도나 경영상 해고의 경우에 근로자들에 의해 선출된 근로자대표나, 자주적인 노동조합이 인정된 경우 노동조합의 대표자와 협의하도록 법을 개정했다. 이 이후에 들어선 노동당 정부는 인정된 노동조합이 없는 경우에만 근로자대표가 선출되도록 해 인정된 노동조합에 근로자대표로서의 우선권을 부여했다.

이러한 단일채널 모델의 역사적 변화에 대해 구체적으로 살펴보자. 1970년대에 들어서면서, 일정한 문제들과 관련하여 사용자가 사업장 내 대표자들과 협의해야 할 법적인 의무들에 관한 유럽공동체(현 유럽연합의 전신, EC)의 법이 마련되었고, 유럽공동체가 영국정부에 대하여 이를 법제화할 것을 요구함에 따라서 개별 법령 안에서 근로자대표와의 협의 의무가 도입되기 시작하였다. 1978년에는 근로자의 건강 및 안전에 관한 법제와 관련하여, 사용자에게 인정된 노동조합에 의하여 임명된 직장의 건강 및 안전 대표자들과 협의할 것이 요구되었다. 1975년에는 집단적 정리해고에 대하여 사용자는 노동조합의 사업장 대표자들에 알리고 협의해야 했고, 1980년부터는 사업의 양도, 합병 등 사업의 이전과 관련하여 사용자에게 그와 관련된 사항들을 노동조합의 사업장 대표자에게 알리고 협의할 의무를 부여하였다. 여기에서 알 수 있는 바와 같이, 근로자대표로서 정보를 제

42) Commission v UK, Case C-383/92 [1994] ECR I-2429.

공받고 협의의 주체가 되는 것은 인정된 노동조합이었고, 인정된 노동조합이 존재하지 않는 경우 근로자들은 위와 같은 사항에 대한 정보제공 및 협의의 권리가 부여되지 않았다.

영국이 본격적으로 근로자에 대한 정보제공과 협의에 관한 법제를 마련한 것은 유럽연합의 '근로자에 대한 정보제공과 협의 지침'(Information and Consultation of Employees Directive EC Directive 2002/14)의 영향을 받은 것이다. 즉, 2004년에 '근로자들에 대한 정보제공과 협의에 관한 규정'(Information and Consultation of Employees Regulations 2004, 시행은 2005년 4월 6일)(이하 ICE)을 마련하였다. 그러나 이것은, 앞서 드러난 바와 같이, 영국의 자발적 의지였다기보다는, 유럽의 확대를 도모하는 유럽연합체제하에서 유럽연합이 (사실상) 강제하는 지침을 무시하지 못했던 것이다. 그러나 이 규정은, 사업장 수준에서 근로자대표제도를 포괄적으로 도입하는 효과를 거두지는 못한 것으로 평가된다. 이 규정에서는 근로자 50명 이상의 사업장에 적용되도록 하고 있는 한편, 사용자가 근로자들에게 정보제공 및 협의의 의무를 다하도록 하기 위해서는 사용자 또는 근로자가 먼저 정보제공이나 협의를 요구할 것이 필요하기 때문이다.

ICE는 근로자들이 직접 또는 그들의 대표자를 통하여 사용자로부터 정보제공을 받을 수 있고 협의할 수 있도록 하고 있다. 선출되거나 임명된 근로자대표자들은 특정한 주제들 또는 특정한 사건의 발생에 관하여 정보가 제공되고 협의할 권리들을 갖는다. 근로자들의 건강과 안전에 관한 법(The Health and Safety at Work etc Act 1974) 아래에서, 사용자들은 근로자들의 건강과 안전에 실질적으로 영향을 미칠 수도 있는 조치들의 도입을 포함한 특정한 문제들에 관하여 대표자들과 협의할 것이 법적으로 요구된다. 「기업들의 사업 이전 시 고용보호에 관한 법」(The Transfer of Undertakings (Protection of Employment) Regulations 2006) 아래에서, 사용자들은 기업이 이전될 때에는 언제든지, 그들이 이전과 연관되기를 의도하는 조치들 중에 영향을 받는 근로자들의 대표자들에게 알리고 그들과 협의해야 한다. 「집단 정리해고에 관한 법」(The Collective Redundancies (Amendment) Regulations 2006) 아래에서, 사용자들은 90일 또는 그보다 적은 기간 안에 한 사업에서 20명 또는 더 많은 근로자들을 한 번에 정리해고하기 위해서는 언제든지 영향을 받는 근로자들의 대표자들에게 알리고 그들과 협의해야 한다. 그러한 경우들에 있어서, 사용자들은 그중에서도 해고를 피하거나 해고의 결과를 완화시키는 가능성이 있는 경우들을 협의해야 한다.

다만, 위와 같은 내용들은 관련법에 따라 정해진 최소한의 내용들일 뿐, 정보제공이나 협의와 관련하여 포함시킬 수 있는 주제에 대한 제한은 존재하지 않는다.

한편, '정보제공'이나 '협의'라는 용어와 관련하여, 각각의 용어가 의미하는 것이 무엇인가에 대한 논의가 있을 수 있지만, 일반적으로 이것은 사전적으로 이해되고 있다. 즉, 정보제공(information)은 사용자에 의하여 근로자들 또는 근로자대표자들에게 자료의 일방적인 이전을 의미하는 것이고, 협의(consultation)는 쌍방향적인 과정을 의미하는 것이다. 그러므로 정보와 협의는, 단순히 어떤 특정한 정보를 통지하여 그에 대한 답을 듣는 것 이상인 것이다.

전체적으로 살펴보았을 때, 영국에서 근로자대표는 세 가지의 종류로 유형화해 볼 수 있다. 첫째는 이미 존재하고 있는 근로자대표이고, 둘째는 특정한 사안과 관련하여 특별히 선출된 근로자대표이며, 셋째는 단체협약 체결을 위한 단체교섭을 위하여 인정된 노동조합이다. 어느 경우에 어떤 근로자대표이어야 하는지에 대해서는 개별적인 법령의 내용으로 정하는 바에 따르게 될 것이다. 예를 들어 정리해고나 기업의 이전과 관련하여 사용자는 근로자들에게 정보제공 및 협의 의무를 부담하는데, 이때 인정된 노동조합이 있는 경우에는 그 노동조합의 대표자에게, 인정된 노동조합이 없는 경우에는 일반적 근로자대표가 존재하는 경우에는 그 근로자대표에게, 그러한 근로자대표가 없을 경우에는 정리해고나 기업의 양도와 관련하여 정보제공 및 협의 의무를 이행하기 위하여 특별히 근로자대표를 선출하도록 해야 하는 한편, 그 절차에 따라서 선출된 근로자대표에게 그 의무를 부담하게 되는 것이다. 그런데 만약 정해진 절차에 근로자대표가 응하지 않았을 경우에는, 개별 근로자들에게 직접 해당 정보제공을 하도록 하고 있다.

2004년 ICE가 제정된 이후 근로자대표 실정을 보면, 정리해고와 관련하여 정리해고가 발생했던 사업장 가운데 75% 이상의 사업장이 근로자와 직접 또는 근로자대표에 대하여 정보제공 및 협의 의무를 다한 것으로 조사되었는데, 인정 노동조합이 존재하지 않는 사업장에서 이 의무를 위반한 경우가 가장 높았다고 한다. 한편, 별도의 근로자대표보다는 오히려 근로자들과 직접 하는 경우가 일반적이라고 한다.

한편, 사용자의 정보제공 및 협의와 단체협약의 관계를 규율하는 법은 존재하지 않는다. 개별적인 영역에서 각각의 적당한 주제와 관련하여 그 역할이 구분되고, 개별적으로 규율된다. 그러나 현실적으로는 사업장 단위에서 단체교섭에 대하여 인정된 노동조합이 근로자대표로서 역할을 하는 것이 가장 일반적이다.

4. 프랑스[43)]

프랑스의 근로자대표제도는 헌법에 기반을 두고 있다. 현재 시행 중인 프랑스 헌법의 일부인 1946년 헌법은 "모든 근로자들은 그들의 대표를 통해서 근로조건에 대한 단체적(집단적) 결정과 기업경영에 참여한다"고 규정하고 있다. 프랑스 노동법에 있어서 성문법이 극히 중요한 역할을 하고, 근로자대표제도가 노동법전에 기반을 두고 있다는 것이 주목할 만하다.

프랑스 근로자대표제도의 특징은 기업 내 근로자대표의 이중 채널이다. 기업위원회(comité d'entreprise)와 고충처리위원(délégué du personnel)은 종업원에 의해 선출되고, 노동조합대표위원(délégués syndicaux)들은 대표성이 인정되는 노동조합에 의해 지명된다. 법에 의한 기업 내 근로자대표제도의 복잡성이 기업규모에 따라 다르다. 법에 의하면, 종업원 11명 이상의 경우 근로자에 의해 선출되는 고충처리위원이 있어야 한다. 고충처리위원의 기능은 법규정과 단체협약 적용 관련 개인적·집단적 불만을 사용자에게 제기하는 것이다. 종업원 50명 이상의 기업에서는 같은 식으로 4년(대표적 노동조합이 체결한 단체협약에 해당 규정이 있는 경우 2년)마다 선출되는 위원으로 구성된 기업위원회가 있다. 기업위원회의 기능은 사용자가 근로자와 그 가족의 사회적·문화적 활동을 위해 지불하는 금액을 관리하는 것이고 기업의 구조, 경영과 일반 활동에 대해 정보를 제공받고 협의를 하는 것이다. 또한 근로자 50명 이상의 기업에서 사용자는 기업위원회와 고충처리위원에 의해 지명되는 위생안전

---

43) 이하의 내용은 Sylvaine Laulom, "System of Employee Representation in Enterprises in France," Systems of Employee Representation at the Enterprise: A Comparative Study, KLUWER, 2012, pp.51~70을 요약한 것임을 밝힌다.

위원회(comité d'hygiène, de sécurité et des conditions de travail)를 설립해야 한다. 위생안전위원회 활동의 목적은 근로자의 건강과 안전에 대한 보호를 강화시키고 근로조건을 향상시키는 것이다. 위생·안전 조건과 근로조건의 변경이 있는 경우 위생안전위원회가 이에 대한 통보를 즉시 받아야 한다. 근로자 50명 미만 기업에 기업위원회나 위생안전위원회가 없는 경우에는 고충처리위원이 활동해야 한다. 근로자 200명 이하의 기업에서는 사용자가 단일종업원대표기관(délégation unique du personnel)을 설립할 수 있다. 그러한 기관의 권리와 의무는 고충처리위원과 기업위원회의 권리와 의무로 구성된 것이다.

선거대표제도 외에 기업 내 노동조합의 존재도 인정된다. 각 노동조합은 지부(section syndicale)를 설립할 수 있다. 근로자 50명 이상 기업의 경우 각 대표적 노동조합이 노동조합대표위원을 지명할 수 있다. 프랑스에 복수노조주의가 존재하는 한, 한 기업에 몇 개의 대표적 노동조합이 있을 수 있으므로 여러 명의 노동조합대표위원들이 지명될 수 있다. 노동조합대표위원들은 기업 내에서 노동조합을 대표하고, 법적으로는 근로자의 물질적·비물질적 이익의 보호를 담당한다. 프랑스의 모델에 있어서 노동조합은 그 조합원뿐만 아니라 모든 근로자를 대표하는 것이다. 노동조합대표위원의 주요 기능은 기업별 단체교섭이다. 노동조합대표위원은 사용자와 교섭하고 기업별 협약에 서명할 수 있다.

이 복합적 제도는 노동조합대표위원과 선출된 종업원대표 역할의 정확한 분배에 기반을 두고 있다. 기업위원회는 기업 경영과 경제적·재정적 발전, 노동조직, 직업훈련 및 생산기술과 관련된 결정을 내리는 데 있어서 근로자들의 이익을 고려하도록 그들의 입장을 집단적으로 표현한다. 경제적 발전과 노동조직

분야에 있어서 기업위원회가 주로 자문적 역할을 하고 있다. 노동조합대표위원들은 자기가 속하는 노동조합과 그 노동조합 조합원 및 기업 내 모든 근로자의 이익을 대표한다. 그들의 주된 기능은 사용자와 교섭하는 것이다.

프랑스 법이 단체교섭을 할 노동조합의 역할과, 기업에 대한 정보수집과 사용자와 협의할 기업위원회의 역할을 분명히 분리하고 있으나, 그 두 개의 역할 사이에 중요한 제도적 관련성이 있다. 첫째, 노동조합이 기업위원회 선거 1차 투표에 있어서 후보추천에 대한 독점권을 가진다. 따라서 기업위원회 위원들이 노동조합에 속한다. 둘째, 대표적 노동조합이 한 근로자를 기업위원회에서 자신의 대표자로 지정할 수 있다. 그러므로 노동조합은 기업위원회가 어떻게 활동하고 있는지를 잘 알고 기업위원회와 똑같은 정보를 받는다. 셋째, 프랑스 노동법은 근로자가 다양한 대표기능을 수행할 권한을 부여한다. 따라서 같은 근로자가 기업위원회의 위원일 수도 있고 동시에 노동조합 대표일 수도 있다.

기업별 단체교섭에서는 원칙적으로 대표적 노동조합이 지명한 노동조합대표위원만이 단체협약을 교섭하고 체결할 수 있다. 그러나 1996년 11월 12일 법은 노동조합대표위원이 없는 기업에서 종업원의 선출직 대표(고충처리위원 및 기업위원회 근로자위원) 및 노동조합으로부터 위임받은 근로자에 의한 단체교섭의 가능성을 승인하였다. 이 법의 합헌성을 인정한 '헌법위원회'(Conseil constitutionnel)에 따르면,"단체교섭은 노동조합의 본래적 기능에 속하는 것이긴 하지만, 노동조합만이 단체교섭에 있어서 근로자의 독점적 대표로서의 지위를 누려야만 하는 것은 아니다."[44] 이러한 새로운 교섭 담당자들에 의하여 체결된 기업

44) CC, 6 novembre 1996, Droit social, 1997, p.25.

별 협약은 산별노사공동위원회의 인준을 받아야만 하였다. 이 인준은 선출직 대표 또는 위임된 근로자가 체결한 협약에 진정한 단체협약으로서의 효력을 부여하는 것이었으며, 특히 법이 이른바 기업별 불이익변경협약의 체결로 실시할 수 있도록 한 노동유연화의 가능성을 실현시킬 수 있도록 허용하는 것이었다. 하지만 다소 복잡한 방식으로 설계된 이 새로운 제도는 그다지 큰 성공을 거두지 못하였던 것으로 평가된다.[45]

2000년 1월 19일 법은 노동조합대표위원이 없는 기업에서의 단체교섭 담당자로 우선 노동조합에 의하여 위임 받은 근로자를 택하였다. 왜냐하면 그것이 선출직 종업원대표에 의한 것보다 간단한 방식이었기 때문이다. 위임 받은 근로자에 의하여 체결된 기업별 협약은 해당 기업 종업원 전체의 인준투표에서 과반수의 찬성을 획득해야만 비로소 유효한 것이 될 수 있었다. 한편, 위임 받은 근로자가 없는 경우에는 근로자 50인 미만의 기업에서는 고충처리위원이 단체교섭을 하도록 하고, 근로자 11인 미만의 기업에서는 종업원 총투표를 실시하도록 하였다. 1996년 법과 달리 2000년 법은 기업위원회 근로자위원에 의한 단체교섭의 가능성을 인정하지 않았다. 2000년 법의 입법자는 50인 이상의 기업에서는 전국 단위의 노동조합이 적극적으로 근로자를 위임하는 쪽을 기대한 것이라고 생각할 수 있다. 그 결과 이 시스템은 하나의 약점을 안게 되었다. 노동조합대표위원이 없는 50인 이상의 기업에서 어떤 근로자도 위임되지 못한 경우, 법의 틀 속으로 들어갈 수 있는 단체교섭은 교섭할 대표

45) Raphaël Hadas-Lebel, Pour un dialogue social efficace et légitime: Représentativité et financement des organisations professionnelles et syndicales- Rapport au Premier ministre, 2006, p.52.

가 없기 때문에 불가능해지고 만다는 약점이다.

2004년 5월 4일의 이른바 피용 법은 노동조합대표위원이 없는 기업에서 선출직 종업원대표 또는 위임 받은 근로자에 의한 단체교섭을 일반적이고 항시적인 제도로 자리매김하면서 개혁을 일단 마무리 지었다. 2004년 법이 이전의 1996년 법이나 2000년 법과 구별되는 점은 다음과 같다.

첫째, 노동조합대표위원이 없는 경우에 교섭 담당자로 나서는 자들의 우선순위를 명확하게 하였다. 1996년 법은 선출직 종업원대표들 사이의 우선순위를 규정하지 않았으며, 2000년 법은 위임 받은 근로자를 1순위로 정했다. 반면에 2004년 법은 기업위원회 근로자위원을 1순위로 하고, 기업위원회가 없는 경우에는 고충처리위원을 2순위로 하며, 고충처리위원도 없는 경우에 마지막으로 위임 받은 근로자가 나서도록 하였다.

둘째, 새로운 교섭 담당자에 의하여 체결된 기업별 협약의 유효 요건에 관한 것이다. 1996년 법은 선출직 종업원대표가 체결한 협약이든 위임 받은 근로자가 체결한 협약이든 모두 산별노사공동위원회의 승인을 얻도록 하였으며, 2000년 법은 산별노사공동위원회의 승인 대신 종업원 인준투표를 통한 승인을 얻도록 하였다. 2004년 법은 선출직 종업원대표가 체결한 협약의 경우에는 산업별 협약으로 정한 다수대표제에 의하여 승인되도록 하였고, 위임 받은 근로자가 체결한 협약은 종업원 인준투표를 통하여 과반수의 승인을 얻도록 하였다.

프랑스의 제도는 기업별 교섭권을 대표적 노동조합(노동조합대표위원)에 부여하고, 그러한 노동조합이 없는 경우에는 기업위원회 또는 고충처리위원 또는 위임받는 근로자가 협상할 수 있도록 허용하고 있다.

5. 종합적 평가

가. 이상 4개국의 종업원대표시스템을 도식적으로 비교해 보면 미국과 독일을 양극단으로 하고 프랑스와 영국이 그 중간 형임을 알 수 있다. 다시 말해 독일의 경우 노동조합은 초경영적 토대 위에서만 설립될 수 있도록 하고, 사업장 차원에서는 아예 노동조합이 들어올 수 없게 하고 있다. 이에 반해 미국은 사업장 차원에서도 노동조합만을 유일한 대표로 제도화하고, 어용화 내지 사용자의 지배 개입 가능성을 염려하여 여타의 노사협의회를 불온시하고 있다. 프랑스는 노동조합과 종업원대표와의 병존 가능성을 열어 놓고 이 양자의 관계를 어떻게 설정하는지를 놓고 입법자가 고심하고 있다. 영국은 노동조합을 중심으로 하면서도 인정된 노동조합이 없는 경우를 대비하여 제한된 영역에서 종업원대표를 실험하고 있다.

나. 유럽의 여러 국가들 사이에서 왜 사업장 내 근로자대표 형태가 다양하게 전개되었을까? 이에 대한 大內伸哉의 분석은 흥미롭다.[46] 大內伸哉는 1960년대까지 사업장 내 의사결정은 노동조합이 아닌 종업원대표를 중심으로 행해졌고, 그 이후 기업 외부에 존재하던 산별노조가 기업 내부로 침투했다는 가설을 제시한다. '내부이동 가설'에 따라 프랑스는 초기업별 노조가 법률의 힘으로 기업 내부로의 진출에 성공한 반면 독일은 실패했다는 것이다. 노동조합의 조직률과 사회적 영향력 또는 기존 법제도의 존재 양식과 규범구조 등의 차이가 서로 다른 모델을 취하게 된 배경이라는 것이다. 독일, 프랑스는 서로 다른 제도를 택하게 되었지만 연혁적인 측면에서 공통점을 발견할 수 있는바,

---

46) 이하의 내용은 大內伸哉, 勞働者代表法制に關する研究 , 有斐閣, 2007. pp.62~63 참조.

산별체제의 한계를 극복하기 위해 사업장 차원의 대표에 적극적으로 관심을 가지게 되었고, 제도 형성 과정에서 종업원대표의 민주적 정통성을 확보하는 작업이 입법론의 주요 관심사가 된다고 풀이한다.[47] 미국도 일찍이 사업장 차원의 근로자대표가 존재했지만 기업 외부에 존재하는 산별, 직종별 노조가 기업에 침투함으로써 사업장대표는 사라지게 되었는바, 이 경우 민주적 정통성 또는 대표성이 다수결 원칙에 따른 배타적 교섭대표제를 통해 담보되었다는 점을 상기하면 내부이동 가설은 나름대로의 설득력을 지닌다고 볼 수 있다. 영국은 앞에서 살펴본 바와 같이 노사자치주의 내지 임의주의(voluntarism)의 전통에 따라 법이 침묵하였지만, 최근의 강제적 승인제도의 도입 등에서 보는 바와 같이 사업장 차원에서의 대표성에 관해 실정법이 예민한 관심을 보이고 있다.

다. 우리나라의 경우 근로자대표가 (i) 근기법상의 과반수근로자대표, (ii) 근참법상 근로자위원, (iii) 노조법상 교섭대표노동조합의 중층적 구조로 이루어져 있어 외형상 프랑스의 모델과 유사하다고 볼 수 있다.[48] 그러나 과반수노조(종업원 전체의 과반수)가 존재하는 경우 과반수노조가 위의 (i), (ii), (iii)의 지위를 독점하기 때문에 미국의 모델과 유사한 측면이 있다.
반면, 과반수노조가 존재하지 않는 경우에는 제도적으로 근로자

---

47) 大內伸哉, 위의 논문, 2007, 63면 참조.

48) 프랑스는 외형상 우리와 유사하지만 조합대표와 종업원대표의 차이점이 그다지 명확하지 않다는 점에 주의를 요한다. 실제 단체교섭과 노사협의의 경계선은 명확하지 않아 조합대표위원이 없는 기업에서는, 종업원대표와 기업 간에 비전형협약(accords atypiques)이 체결되는 사례도 적지 않다. 특히 2004. 5. 4.법에서는 한 발 더 나아가 조합대표위원이 존재하지 않는 경우에는 종업원대표에게도 협약체결 권한을 인정하고 있다. 단체교섭 권한을 대표적 노동조합이 독점하는 원칙은 이제는 프랑스 법에 존재하지 않게 되었다.

대표나 노사협의회는 노동조합과 아무런 연관성이 없고 노조의 힘을 이용할 길은 봉쇄되어 있다. 그럼에도 독일과 같이 대표로서의 자주성과 실체성을 담보할 만한 절차규정이 없어 사용자 주도로 운용될 위험성을 내포하고 있다. 앞서 소개한 노사협의회의 실태조사를 보면 이 점이 확연히 드러난다. 우리나라의 상황에서는 과반수노조가 존재하지 않는 경우에 근로자대표제도의 문제점이 특히 부각되며, 이를 어떻게 해결할 것인지가 주요 관심사가 되는 이유이다.

라. 大內伸哉의 '내부이동 가설'은 우리에게 직접적으로 유용하지는 않을 것이다. 왜냐하면 우리나라의 경우 기업별 노조가 주종을 이루었고 외국과 달리 기업별 노조가 사업장 내의 근로조건 형성에 주도적인 역할을 해왔기 때문에, 산별체제에서의 사업장 내 공동화를 방지하기 위한 입론인 내부이동 가설을 적용하기에는 노사관계의 지형이 상이하기 때문이다. 그러나 사업장 차원에서의 종업원 내지 근로자대표의 요체가, 역사적 경로와 현재적 법제도가 어떠하든, 민주적 정통성 내지 대표성의 확보에 있다는 점은 공통적이다. 근로자들의 관심이 전통적인 근로조건인 임금, 근로시간을 넘어 고용안정으로 옮아가고 있다는 사실과 산별체제로 급속히 이행하고 있는 우리의 현실을 감안하면, 우리의 노동운동 관심사는 '외부로의 확산'에 모아져야 하지 않을까 싶다. 이 경우 사업장 차원의 의사결정시스템은 법률에 의해 강한 대표성이 담보되는 방식으로 재설계되어야 할 것으로 보인다. 적어도 사업장 차원에서는 임의적인 단체인 노동조합에 전적으로 의존하기보다는 상설적인 법정기구의 역할을 강화하는 방안을 모색하는 것이 외국의 예에 비추어 보면 오히려 보편적인 현상이라 보아야 할 것이다.

Ⅴ. 발전적 대안의 모색: 상설적인 종업원위원회 설치의 제안

1. 종업원위원회 모델의 제안

가. 상당수의 연구자들이 상시적인 대표시스템 모델을 제시하고 있다. 눈에 띄는 공통점은 노사동수로 구성되는 협의체(committee) 모델을 선호하고 있다는 점이다.[49] 필자도 종전의 견해는 협의체 모델이었으나 지금은 입장을 바꾸어 종업원들만으로 구성되는 위원회방식(work council)을 제안하고자 한다.

노사협의회는 노사동수의 회의체 기관으로 협의와 의결 기능을 수행하고 있으나, 여기에 참여하는 근로자위원들을 근로자대표기관으로 볼 수 있는지가 불분명하다. 근로자들의 선거 또는 과반수노동조합의 위촉을 통해 선출된다는 점에서 대표기관으로서의 형식적 정당성은 인정될 수 있으나, 대표기관이라 함은 적어도 피대표자의 이익을 위해 그의 의사를 대신 결정하고 반영할 수 있는 절차적 시스템과 독립적 활동을 보장받아야 할 것인데, 노사협의회의 근로자대표는 그러한 독립성을 보장받지 못하고 있고, 의결절차상으로도 근로자 측의 의결을 실현시키거나 사용자 측의 일방적 조치를 저지시킬 법적 권한들(동의권, 거부권, 이의제기권 등)을 가지고 있지 못하다.[50] 그간의 경험을 보면 실제 노사협의회는 어떠한 '주체'로 상정되기보다는 법상의 경영참여 기능을 수행하기 위한 '형식'으로 관념되어 왔다고 볼 수 있다.[51] 그 결과 노사협의회는 근로조건 결정권을 가지는

49) 임무송(2012)이 제기하는 노사위원회도 명칭과 달리 협의체 모델을 전제하고 있다.

50) 신권철, 위의 논문, 2013, 8면 참조.

51) 신권철, 위의 논문, 2013, 10면 참조.

독립된 실체[52]로 인정되기 어렵다. 협의 및 의결 사항과 관련하여 근참법상 이행의무와 처벌규정을 두고 있으나, 이행의무와 관련하여 노사협의회 또는 근로자대표가 사법상 청구를 행할 수 있는지에 대해서는 의문이 있다. 근참법상의 참여권은 사법상의 권리침해에 대한 손해배상이나 방해배제로 구성하기가 어렵고, 현행 근참법도 이 점을 고려하고 있지 않다.

이에 반해서 근기법상의 근로자대표와 사용자가 체결한 서면합의나 집단협정의 경우에는 직·간접적으로 당해 사업장의 근로조건을 결정 내지 변경하는 효력이 인정된다.[53] 단체협약과의 규범적 위계 또는 개별 근로자의 개별적 동의 내지 취업규칙의 변경이 필요한지의 여부와 관련하여 입장의 대립이 있지만, 적어도 계약 주체로서의 실체성은 전제되어 있다고 할 수 있다. 새로이 구상하고자 하는 대표시스템은 경영참여의 기제로서뿐만 아니라 사업장 차원의 근로조건 결정주체로서의 역할을 부여하고자 하기 때문에 위원회 방식이 더 효과적일 것으로 보인다. 요컨대 독일의 종업원위원회 내지 사업장위원회와 같이 종업원

---

52) 일부 견해들에 따르면, 근참법 제19조가 근로조건과 관련된 협의사항을 의결할 수 있도록 하고 있고, 제23조 및 제30조가 의결사항의 이행 및 벌칙까지 규정하고 있는 이상 노사협의회가 근로조건에 대한 사항을 의결할 수 있고, 의결된 사항은 개별 근로자의 동의를 매개로 하지 않고 직접 효력을 발생시킨다는 견해(박제성[2008], pp.18~19)도 있으나, 현행법상의 해석상 무리가 있다. 노동부 행정 해석처럼 원칙적으로 근로조건에 관한 사항은 단체교섭에서 다루어져야 하고, 노사협의회에서 근로조건 변경을 합의(노사 68120-121, 93. 4. 30.(노동부, 『근참법 질의회시집』, 2001. 11, p.78)) 하였더라도 그것이 노사협의회법(현 명칭 근참법)상의 합의사항이라 할 수는 없을 것이다. 다만, 단체교섭의 연장선상에서 노사협의회가 보충 교섭을 행하고 노사대표자가 서명 날인한 경우 그 효력을 인정한 사례(대법원 2005. 3. 11. 선고 2003다27429 판결)가 있으나, 이는 의결사항으로서의 효력이 아니라 단체협약으로서의 효력을 인정한 것에 불과하다.

53) 임무송(2012), p.193.

들만으로 구성되는 단체로 관념하여 강한 실체성(entity)을 부여하는 것이 필요할 것이다.

나. 독립된 실체 내지 대표로 인정받기 위한 최소한의 요건은 다음과 같다.[54] 노동조합은 원칙적으로 구성원들의 임의적 가입을 통해 그 대표성을 보장받지만, 종업원위원회는 가입의사를 묻지 않고 법에 의하여 강제된 제도이기 때문에 집단자치의 실현을 위한 제반 요건을 법정할 필요가 있기 때문이다.

첫째, 대표로서의 정통성이 확보되어야 한다.
둘째, 선출절차 및 운영에 있어 민주성이 확보되어야 한다.
셋째, 사용자로부터 독립성이 확보되어야 한다.
넷째, 사용자와의 대등성이 확보되어야 한다.
다섯째, 조직으로서의 상설성과 지속성이 보장되어야 한다.

이러한 요건을 구체적으로 어떻게 제도화할 것인지는 향후 논의를 기대한다. 이하에서는 위원회의 역할과 기능에 관한 필자의 기본구상을 제시하고자 한다.

2. 종업원위원회의 역할에 대한 기본구상

기존의 근로기준법상 근로자대표와 근참법상 노사협의의 기능을 통합하면, 종업원위원회는 집단협정의 체결 주체로서의 지위를 가지면서 협의 권한과 의결 권한, 고충처리 권한 등을 행사하게 될 것이다. 이를 분설하면 다음과 같다.

첫째, 집단협정의 체결 주체와 관련해서는 근로기준법, 근로자퇴직급여보장법, 파견근로자 보호 등에 관한 법률, 산업안전보건법, 고용상 연령차별 금지 및 고령자 고용촉진에 관한 법

54) 이하의 내용은 임무송(2012), p.216 이하의 아이디어를 참조하였다.

률, 고용정책기본법에서 서면합의권, 동의권 관련 조항과 근참법상의 의결사항 조항이 여기에 포함될 수 있을 것이다. 근참법상의 의결사항은 노사 협조적 질서 형성을 염두에 둔 것이어서 서면합의와 성격이 조금 다르기 때문에 그 실효성 확보를 위한 실무적 작업이 필요할 것이다(예컨대 강제중재제도의 도입 등).

둘째, 협의 기능이 있어야 한다. 근참법상의 협의사항과 근기법상 등에서의 협의사항이 여기에 포함될 것이다. 협의사항을 이행하지 않는 경우에 대비하여 그 실효성을 확보하기 위한 개선책을 강구하여야 할 것이다. 셋째, 근참법상의 보고사항과 산업안전보건법상 등의 보고사항이 여기에 필요할 것이다. 넷째, 사용자의 의견청취의무와 정보제공의무 등이 규정되어야 한다.

3. 단계적 접근의 필요성

필자의 종래 견해는 과반수노조가 없는 사업장부터 별도의 종업원대표시스템을 도입하자고 주장하였다. 과반수노조가 존재하는 경우에는 현행법상으로도 노동조합이 근기법상의 근로자대표, 근참법상의 노사협의회 기능을 수행하기 때문에 운영상의 통일성을 기대할 수 있고, 노조의 힘을 바탕으로 종업원 전체의 이익을 효과적으로 반영할 수 있다는 사정을 주된 논거로 삼았다. 과반수노조가 존재하지 않거나 무노조 사업장의 경우 대표성의 문제가 심각하기 때문에 이를 보완하기 위해 우선 단기적으로는 과반수노조가 존재하지 않는 경우에 대비하여 종업원대표시스템을 설계할 것을 제안하였다. 현실 적합성과 수용성을 고려한 일종의 전략적 선택이었다.

그러나 종업원위원회 방식을 채택하면서 이 입장을 바꾸고자 한다. 무엇보다도 과반수노조라 하여 왜 비조합원의 발언권을 봉쇄해야 하는지에 대해 원리적 정당성을 찾기 힘들기 때문이다. 과반수의 여부는 변동적이고 우연적인 사실이라 제도의 안정적 운영에 방해가 될 뿐만 아니라, 작금의 노사협의회 운영 실태를 볼 때 취약노동자의 보호에 중대한 흠결이 발견되기도 한다. 하도급업체 근로자 또는 파견근로자의 참여 확대를 위해서도 노동조합이라는 매개물은 법리적으로도 현실적으로도 도움이 되지 않는다.

Ⅵ. 맺으며

1. 사업장 차원에서 상설적인 법정 종업원대표시스템의 도입이 필요한 이유는 다음과 같이 요약할 수 있을 것이다.

첫째, 노동조합은 임의로 가입하는 자에 의해 구성되는 것이므로 조합원만을 대표하는 것이 기본 원리이고, 비조합원을 대표하는 것은 원리적으로 적합하지 않다.

둘째, 노동조합은 임의로 결성되는 단체이므로 기업 내에 상시 존재한다고 할 수 없다. 무노조 사업장이 오히려 다수이고 향후 복수 노조와 산별화가 진행될 경우 사업장 내 대표 노조의 기반은 약화될 것으로 예상된다.

셋째, 기업 내 종업원의 지위와 밀접히 연관되어 통일적인 규제를 필요로 하는 사항이 많은데, 지금까지 사용자가 일방적으로 작성하는 취업규칙에 의존하고 있어 계약당사자의 의사가 적절히 반영되지 못할 뿐만 아니라, 현행법의 해석상 권리분쟁이나 경영사항을 단체교섭의 대상에서 제외시키고자 하는 경향이 강하기 때문에 단체협약의 규제력이 약해지고 있다.

제 외국의 예를 비추어 종업원대표를 제도화하기 위해서는 입법이 개입하는 것이 보편적인데, 그 정당성을 부여받기 위해서는 종업원대표가 종업원 전체를 대표하는 정통성을 가질 수 있어야 한다. 노조의 경우 이러한 정통성은 조합원의 의사에 기초한 수권에서 나온다. 반면, 종업원대표제의 경우 근로자가 종업원집단의 일원이라는 이유만으로 대표-피대표 관계가 설정되어 버리므로 종업원대표가 대표로서의 정통성을 가지기 위해서는 집단적 수권을 통해서 그 대표성 내지 정통성을 인정받아야 할 것이다. 그리고 그 정통성은 바로 민주적인 선거를 통해서 구현될 수밖에 없고 이 점이 입법에 충분히 반영되어야 할 것이다. 제4절의 비교법적 검토를 통해 분석한 바와 같이 사업장 내 근로자대표시스템의 정비에 있어 역사적 경로와 현재의 법제도가 상이함에도 불구하고 입법자가 대표의 민주적 정통성에 비상한 관심을 가지는 것도 바로 이러한 연유에서이다. 본고에서 기존의 입장을 바꾸어 노사동수의 회의체 방식인 노사협의회보다는 독일식의 종업원위원회 방식을 제안하는 것도 같은 맥락이다.

2. 종업원위원회가 설치될 경우 그 권한을 어느 정도 허용할 것인지는 입법정책상의 문제이긴 하지만 노동조합의 근로3권을 침해하지 않는 범위에서 설계되어야 할 것이다. 왜냐하면 헌법의 개정 없이 해석론으로 노동조합중심론을 부정하기는 어렵기 때문이다. ILO가 다원적인 의사소통 채널을 권장하고 있으면서도, 종업원대표제가 기존 노동조합을 약화 또는 대체하거나 새로운 노동조합의 결성을 방해하지 말 것을 줄곧 강조해 오고 있다.[55] 이를 위해 종업원대표의 기능을 단체교섭의 대상 사항에 포함되지 않거나 근로조건의 결정과 관련해 다른 제도로써

55) ILO, 제135호 '근로자대표에 관한 협약' 제5조 제154호, '단체교섭에 관한 협약' 제3조 제2항 참조.

일반적으로 다루어지지 않는 상호 관심사로 국한할 것을 권고한다.[56] 이러한 점들을 감안하면 현행의 근참법 제5조에서 명시하고 있듯이 종업원위원회가 노동조합의 단체교섭 기능을 위축시키는 방식으로 설계되어서는 안 될 것이다.

종업원위원회가 상설될 경우 현행의 유니온숍 제도나 사업장 차원의 일반적 구속력 제도는 재검토가 요구되고 취업규칙제도도 근원적인 개선이 필요하다. 유니온숍 제도는 개인의 소극적 단결권 내지 단결선택의 자유를 침해하여 위헌성이 논란되는 점은 물론, 과거 노동조합 외의 다른 대안에 대한 발상이 존재하지 않던 시절에 단결강제의 일환으로 인정되던 것이고, 현재 선진 제국에서 그 합법성을 인정하는 예가 오히려 극소수에 불과하다는 점을 고려하면 전향적인 개선이 필요하다. 사업장 차원에서 상설적인 종업원위원회가 존재하게 되면 종업원의 근로조건 개선을 위해 노조에 가입할 것을 강제하는 방식보다는 종업원위원회의 대표성을 강화하는 방안을 모색하는 것이 보다 합리적이다.

사업장 차원의 일반적 구속력 제도는 그 취지가 불분명할 뿐만 아니라 비조합원의 무임승차를 조장하는 문제점을 안고 있다. 또한 근로조건 통일화를 그 제도적 취지로 이해한다 하더라도 상설적인 종업원위원회에 그 기능을 맡기면 되므로 굳이 이러한 법적 의제를 행할 필요는 없을 것이다. 사용자가 일방적으로 작성하는 취업규칙에 법규범성을 인정하는 것 자체가 원리적으로 문제가 있다. 이 제도는 과거 종업원의 대표시스템이 제대로 작동하지 못할 경우에 대비하여 국가가 후견자적 견지에서 근로조건 유지 개선을 도모하기 위해 안출된 제도라는 점, 그럼

56) ILO, 1952년 기업단위의 사용자와 근로자 간 협의와 협조에 관한 권고(제94호) 제1조.

에도 불구하고 현실적으로는 사용자의 주도에 의해 당사자의 계약의사가 무시되기 일쑤라는 점 등을 고려하면 종업원위원회가 집단협정을 통해 근로조건을 형성하도록 하는 것이 바람직하고 또한 이러한 접근은 보편적인 현상이다.

근로자 목소리를 반영하기 위한 새로운 방안의 모색으로 '근로자위원회'가 주도하여 체결하는 사업장협정의 도입 제안,[57] 최근 서울시에서 추진하고 있는 '근로자이사제도' 등이 활발히 논의되고 있으며 이와 관련된 쟁점들의 후속검토가 필요하다.[58]

---

57) 김홍영, "취업규칙 관련 법리의 문제점과 대안: 근로자위원회의 사업장협정 도입 모색", 서울대 노동법연구회 춘계학술대회 자료집, 2016.

58) 송강직, "노동자 경영참가와 노사관계 차원의 경제민주화", 서울대 공익인권법센터 경제민주화 심포지움 자료집, 2016.

≪11≫

노동3권 보장의 충실화를 위한 노동조합법 개선

<조용만>*

Ⅰ. 서 론

노사관계는 근로자와 사용자를 당사자로 하는 노동관계로서 개별적 노사관계와 집단적 노사관계로 양분된다. 많은 경우 노사관계에서 발생하는 갈등은 경제적인 것이다. 노사갈등의 해결이 주로 평화적인 수단에 의해 이루어지는가 여부에 따라 노사관계모델을 크게 대립적 모델과 협조적 모델로 구분한다. 우리나라의 노사관계, 특히 노동조합이 조직화되어 있는 영역에서 노사관계는 대립적인 성격이 강한 반면에 미조직 영역에서 노사관계는 노동 배제적이고 자본 일방적인 특성을 띄고 있다.

참여정부 이후 근로조건의 개선과 사회적 소수자 보호를 위한 제도 개선이 지속적으로 이루어졌지만 비정규직과 사내하도급 등에 따른 사회적 양극화의 문제가 심화되고 있고, 사업장단위 복수노조의 전면 허용에도 불구하고 낮은 조직률과 정규직 중심의 노사관계 속에서 사회적 문제의 해결은 지체되고 있다.

---

* 이 글은 2015년 고용노동부의 연구용역 보고서 「중장기 노사관계 제도개선 과제 발굴」의 내용 중 일부를 수정·발췌한 것이다.

특히 최근의 저성장 경제 기조 하에서 구조조정 등에 따른 불이익이 사회적 취약계층에 집중되고 있다.

노사관계는 상대방의 인식과 태도 여하에 크게 영향을 받는 상대적 관계이다. 대립적인 노사관계가 형성된 데에는 사용자측도 그 원인을 제공하였다. 불투명한 경영관행, 권위주의적 인사노무관리, 노동조합을 대화의 상대방으로 인정하지 않으려는 전근대적 태도, 음성적인 부당노동행위 등이 그 예다. 노동계 역시 합리적이고 사회적 책임을 다하는 노동운동에 충실하지 못하였다. 이런 상황에서 정부가 노사관계에 잘못 개입하는 경우 노사 양 쪽으로부터 그 중립성 내지 공정성에 대한 공격을 받게 된다. 특히 정부의 지나친 노사관계 개입은 노사의 자율적 문제해결 능력을 감소시키고, 노사 모두가 정부에 기대어 노사갈등을 해결하려는 의존적 경향을 강화시킨다. 그렇지만 정부가 노사관계문제에 대하여 완전히 손을 놓고 방관하는 것은 지나치게 높은 사회적 대가와 비용을 부담하는 일이 되기 때문에 그 또한 바람직하다고 보기 어렵다. 따라서 정부는 무엇보다 합리적이고 공정한 법제도를 마련하고, 이를 일관되게 집행하여야 한다. 법제도가 대립적 노사관계를 확대재생산하는 빌미가 되어서는 아니 된다.

바람직한 노사관계의 확립을 위하여 우리가 지향하여야 할 목표는 어떤 노사관계 모델을 추구하는가에 따라 그 의견이 다를 수 있으나, 여기서는 '자율과 책임의 노사관계 실현', '사회통합적 노사관계의 실현', '안정적 노사관계의 실현'이라는 3가지 목표를 제시하고자 한다.

첫째, 억압과 통제의 노사관계가 구시대의 것이라면 자율과 책임의 노사관계는 신시대의 요구이다. 자율과 책임의 노사관계는 정부의 개입을 최소화하고 노사자치를 신장하며, 근로자 개인과 노동조합의 선택권과 자율권을 최대한 보장하되 그에 따른 책임을 스스로 부담할 수 있도록 제도적 장치를 개선할 것을 요한다.

둘째, 사회적 양극화가 심화되고 있는 현시대적 상황에서 사회통합적 노사관계는 비정규직 근로자 등 사회적 취약계층이 한편에서는 노동기본권 보호의 틀 내로, 다른 한편에서는 노사 상생·협력의 틀 내로 폭넓게 포섭될 수 있도록 관련 제도의 개선에 관한 모색을 요구한다.

셋째, 저성장 시대를 맞이하고 있는 상황에서 과거의 대립적이고 소모적인 노사관계 전통과의 단절이 요구되는 바, 안정적 노사관계는 노사 및 노조 간의 이해대립과 갈등에 따른 사회적 비용을 줄이고, 다층적이고 복잡한 절차와 제도를 간소화하여 예측 가능성을 제고하며, 집단적 노사관계의 질서를 파괴하는 부당노동행위의 실효적인 예방·제거를 통해 노사관계의 질서를 신속하게 정상화할 수 있도록 제도를 개선할 것을 요한다.

Ⅱ. 자율과 책임의 노사관계 실현을 위한 과제

1. 노조설립의 자유

가. 현행 제도의 검토

노동조합 및 노동관계조정법(이하 '노조법'이라 한다)은 노동조합의 정의와 함께 노동조합으로 보지 아니하는 결격사유 5가지를 열거하고 있고(제2조 제4호), 근로자의 자유로운 노동조합의 조직과 가입 원칙을 규정하고 있다(제5조). 그러나 행정관청에 노동조합의 설립을 신고하고 행정관청으로부터 노동조합

결격사유 해당 여부에 관한 심사를 거쳐 신고증을 교부받은 노동조합(제10조 및 제12조)에 대해서만 노조법상의 노동조합으로 보아서 법인격의 취득(제6조), 노동조합이라는 명칭의 사용과 노동위원회에 대한 노동쟁의의 조정 및 부당노동행위의 구제신청(제7조), 조세면제(제8조) 등 각종 법적 보호와 서비스를 향유할 수 있도록 하고 있다.

노조법이 노동조합의 설립에 관하여 신고주의를 택하고 있는 취지는 소관 행정당국으로 하여금 노동조합에 대한 효율적인 조직체계의 정비·관리를 통하여 노동조합이 자주성과 민주성을 갖춘 조직으로 존속할 수 있도록 노동조합을 보호·육성하고 그 지도·감독에 철저를 기하게 하기 위한 노동정책적인 고려에서 마련된 것이라고 판례는 본다.[1)]

그렇지만 과거 복수노조가 금지되었던 시절에 노조설립 신고제도와 심사제도는 자주적인 노동조합의 설립을 억제하는 수단으로 악용되었다는 비판이 있었고, 복수노조가 허용되고 있는 현재에도 노조설립에 대한 행정관청의 사전적이고 직접적인 개입과 실질적 심사로 인해 노조자유설립 원칙에 대한 저해의 우려가 지속되고 있으며, 노동조합 설립제도 운영 기관(행정관청)과 노동분쟁 해결제도 담당 기관(노동위원회)의 이원화에 따른 문제(행정관청의 전문성 결여, 제도 운영의 통일성 및 효율성의 저하 등)가 제기되고 있어 현행의 노조설립제도를 계속 유지해야 할 것인지에 대한 재검토가 필요하다.

나. 개선의 과제와 방향

노동조합의 설립에 대하여 행정관청이 사전에 개입하지 않고 자유롭게 설립할 수 있도록 하되 노동조합에 대한 보호와 구

---

1) 대법원 1997. 10.14. 선고 96누9829 판결.

제가 문제되는 경우에 노동전문기관(노동위원회)이 사후적으로 노동조합 해당 여부를 사후적으로 심사하는 일본[2]이나 미국[3]과 같은 제도가 자유설립원칙에 가장 부합한다고 볼 수 있다. 다만, 이러한 제도는 노동조합의 지위가 문제될 때마다 수시로 자격심사절차를 거쳐야 하는 부담을 낳고, 이로 인해 심사가 형식에 그치거나 본래의 목적인 노동조합의 보호와 구제가 지연되는 문제점을 초래할 수 있다.

행정관청과는 구별되는 독립된 전문기관이 노동조합의 설립에 관한 신고 내지 등록 업무를 담당하고 노동조합 인증서를 발급하는 영국과 같은 제도는 위에서 언급한 사후적 심사제도의 문제점을 방지할 수 있는 이점을 가지나, 행정관청과 구별되는 독립된 전문기관을 어떻게 창설할 것인가 하는 문제를 해결해야 하고, 노동위원회로 하여금 노조설립에 관한 업무를 담당하도록 하는 경우 현행 제도에 비해 전문성과 신뢰성을 제고할 수 있으나 실질적인 사전 심사가 이루어지는 경우에는 노동조합의 자유

---

2) 일본의 노동조합법은 노동조합의 정의와 더불어 노동조합에 해당하지 않는 경우를 4가지로 열거하고 있으나(제2조), 근로자단체가 노조법상 노동조합으로 인정되기 위해서는 제2조의 요건을 충족하는 것만으로 충분하고 그 외에 행정관청에 대한 신고 등을 요하지 않는다. 그러나 노동조합이 노동위원회에 증거를 제출하여 노조법 제2조와 제5조 제2항(규약의 필요적 기재사항)의 규정에 적합하다는 것을 입증하지 않으면 노조법이 규정하는 절차에 참여할 자격이 없고, 또한 노조법이 규정하는 구제를 받지 못하는 것으로 되어 있고(제5조 제1항), 이를 자격심사제도라고 한다.

3) 연방노동관계법(NLRA) 등에서 노동단체에 관한 정의규정을 두고 있지만 노동단체의 설립 자체를 규율하는 법률 규정은 존재하지 않는다. 다만, 연방노동위원회(NLRB)에 의한 배타적 교섭대표 인준 과정에서 노동단체에 해당하는지 여부에 대한 심사가 이루어질 수 있고, 부당노동행위 구제제도를 통해 NLRB는 사용자의 지배를 받는 어용노조에 대해 해산 명령을 내리는 방식으로 대처한다. 이승욱·조용만, 『노동조합 설립신고제도 개선 및 민주적 운영 제고방안』, 노동부 학술연구용역보고서, 2009. 8, 139면 참조.

설립에 대한 사전적 제약이라는 현행 제도상의 문제는 여전히 남게 된다.

따라서 노동위원회에 의한 실질적인 사전 심사를 최소화하면서 사후적인 자격심사제도의 장점을 최대한 살릴 수 있는 방향으로 노조설립제도를 개선하는 것이 바람직할 것이다. 예컨대, 노조법 제2조 제4호 본문에서 규정하고 있는 노동조합의 정의에 해당하지 않는다고 볼 수 있는 특별하고도 예외적인 경우를 제외하고 노동위원회는 노동조합의 설립 신고 내지 등록을 수리하되, 위 제4호 단서에 규정하는 노동조합 결격사유에 해당하는지 여부에 대한 실질적 심사는 노동조합에 대한 보호와 구제가 문제되는 사안별로 사후적으로 행하는 방안을 제도개선의 과제로 검토할 필요가 있다.

2. 단결선택의 자유

가. 현행 제도의 검토

노조법 제81조 제2호 단서는 일정한 요건의 충족하는 경우 특정 노동조합의 조합원이 될 것을 고용조건으로 하는 단체협약(이른바 유니언숍협정)의 체결을 허용하고 있다. 헌법재판소는 노동조합의 적극적 단결권이 근로자 개인의 단결하지 않을 자유보다 중시된다는 점에 근거해 위 규정이 단결하지 않을 자유의 본질적 내용을 침해하는 것으로 단정할 수 없고, 근로자의 단결권을 보장한 헌법 제33조 제1항에 위반되지 않으며, 나아가 소수노조 및 그에 가입하였거나 가입하려고 하는 근로자에 대한 차별적 취급의 합리적 이유가 있어 평등권을 침해하지 않는다는 입장을 취한 바 있다.[4)]

4) 헌재 2005. 11. 24. 2002헌바95·96, 2003헌바9 병합.

현행 유니언숍제도가 헌법에 위배되는 제도에 해당하지는 않더라도 복수노조가 전면적으로 허용되는 상황에서 이 제도를 유지하는 것이 복수노조체계에 온전히 부합할 수 있는지 의문이고, 나아가 노동조합의 자율적 노력에 의한 단결강화가 노사관계 정책적 측면에서 더 바람직하다는 점에서 재검토를 요한다.

나. 개선의 과제와 방향

현행 유니온숍제도가 ILO의 결사의 자유 원칙에 반하는 것으로 보기는 어렵다.[5] 외국의 사례에서 보면 일정한 요건 하에서 유니언숍을 법률적으로 허용하는 국가(미국,[6] 일본[7])와 이를 금지하는 국가(프랑스,[8] 영국[9])가 병존하고 있다. 결국 우리의

---

5) ILO는 법이 허용하는 단결강제와 법이 강제하는 단결강제를 구분하여 후자는 결사의 자유 원칙에 반하는 것으로 보지만, 단체협약에 의한 단결강제의 인정 여부는 회원국의 재량사항으로서 단결강제가 허용되는 상황과 금지되는 상황 양자 모두 결사의 자유 원칙에 부합하는 것으로 간주될 수 있다고 본다. ILO, *Freedom of Association: Digest of decisions and principles of the Freedom of Association Committee of the Governing Body of the ILO*, Fourth(revised) edition, 1996, para. 321 and 323.

6) 미국의 연방노동관계법은 일정한 요건(교섭대표노조에 의한 체결 등) 하에 조합원일 것을 고용조건으로 하는 유니언숍협정을 허용하고 있으나(제8조 (a)(3) 단서), 교섭대표노조의 유니언숍협정 체결권한을 일정 기간 동안 박탈하기 위한 선거의 실시를 인정하고 하고 있으며, 주법에 의한 유니언숍협정의 금지도 허용하고 있다(제14조 (b)).

7) 일본의 노동조합법 제7조 제1호 단서는 노동조합이 특정 사업장에 고용된 근로자의 과반수를 대표하고 있는 경우에 근로자가 그 노동조합의 조합원이 될 것을 고용조건으로 하는 단체협약의 체결은 부당노동행위에 해당하지 않는 것으로 규정하고 있다.

8) 프랑스에서 단결할 자유와 더불어 단결하지 아니 할 자유가 헌법상의 원칙으로 인정되며, 노동법전은 근로자가 자신의 선택하는 노동조합에 자유롭게 가입할 권리(L.2141-1조)와 함께 언제든지 탈퇴할 수 있는 권리(L.2141-2조)를 보장하고 있고, 사용자가 어떤 노동조합에 대해 우대하거나 반대하는 압력수단을 사용하는 것은 금지되므로(L.2141-7조) 단결을 강제하기 위한 숍협정의 체결은 위법하다.

9) 영국에서 근로자의 채용 전후를 불문하고 조합원일 것을 요구하는 숍제도는

경우 유니언숍제도를 계속 유지할 것인지 여부는 중장기적으로 바람직한 노사관계의 실현을 위해 어떤 선택이 정책적으로 보다 타당한가 하는 판단에 의해 결정될 수밖에 없을 것으로 보인다.

유니언숍제도는 사용자의 고용권한에 의지해 특정 노조의 단결력을 강화하는 것으로서 노동조합의 자율적 노력에 의한 단결강화를 저해하고, 유니언숍협정을 체결할 수 있는 근로자 대다수를 조직하고 있는 지배적인 노동조합이 반드시 자주적인 노동조합이라고 단정할 수 없으며, 근로자 개인의 단결선택권 및 직업선택의 자유와 기본적으로 충돌한다는 점에서 그 제도의 존폐를 장기적 관점에서 재검토하는 것이 바람직하다.

3. 노동조합의 민주적 운영

가. 현행 제도의 검토

노조법은 노동조합의 민주적 운영을 보장하기 위해 조합규약의 필요적 기재사항(제11조), 총회의 개최 및 의결사항(제15조, 제16조), 조합원에 대한 차별대우의 금지(제9조), 노동조합의 모든 문제에 균등하게 참여할 조합원의 권리(제22조), 임원의 선거(제23조), 회계감사(제25조), 결산결과와 운영상황의 공개(제26조), 노동조합의 위법한 결의·처분에 대한 행정관청의 시정명령(제21조) 등을 규정하고 있다.

그렇지만 불투명한 조합재정의 관리, 조합통제권의 남용 등 부정적 측면이 일부 노정되고 있다. 노동조합의 대표자나 임원

커먼로(Common law)상 부당한 영업제한에 해당하는 것으로 해석되었고, 노동조합 및 노동관계통합법은 노동조합의 조합원인가 혹은 아닌가에 따라 고용을 거부하는 것을 위법으로 규정하고 있고(제137조), 유니언숍협정에 근거해 근로자가 노동조합에 가입하지 않는 것으로 이유로 해고하는 것은 불공정해고에 해당한다(제152조).

또는 일부 조합원에 의한 독단적인 조합운영을 방지하고, 조합원의 평등에 기초한 조합운영을 제도적으로 촉진할 필요가 있다.

나. 개선의 과제와 방향

노동조합의 민주적 운영을 촉진하기 위한 법제도 개선의 기본 관점을 제시하면 다음과 같다. 첫째, 노동조합이 스스로 민주적 규칙을 결정하여 준수하도록 제도화하여야 한다. 둘째, 비민주적인 조합운영의 요소가 있다면 우선 노조 내부에서 스스로 이를 시정할 수 있도록 제도화하여야 한다. 셋째, 비민주적인 조합운영을 시정하기 위한 외부적 개입이 적절하고 불가피한 경우에도 신뢰할 수 있는 공정한 기구와 절차에 의하도록 제도화하여야 한다.

현행 노조법은 조합재정의 조성·운영 관련 조합회계기록이나 자료에 대한 조합원의 접근·열람권을 보장하고 있지 않으며, 특히 조합원의 열람요구를 노동조합이 거부하는 경우에 대한 해결책이 부재하다. 또한 조합회계감사와 관련하여 회계감사원의 자격, 선임방법, 임기 등에 대해 아무런 규정을 두고 있지 않다. 이러한 입법태도는 조합재정의 민주적 관리·운영 내지 조합회계의 투명성 확보라는 측면에서 미흡하다고 평가할 수 있다. 따라서 조합회계기록과 자료에 대한 조합원의 열람권을 인정하고 그 실현을 가능케 하는 절차를 마련하며, 나아가 조합원의 열람권이 부당하게 거부된 경우에 대한 구제책을 마련할 필요가 있다. 또한 조합회계감사원의 자격과 선임절차 및 임기에 관한 최소한의 기준을 법으로 정할 필요가 있다.

조합의 통제권 행사와 관련하여 조합원의 방어권을 보장하고 통제처분 절차의 공정성을 확보하는 방안을 마련할 필요가 있다. 통제처분의 대상이 되는 행위와 통제처분의 종류 등은 법으로 명시하기보다는 노동조합이 규약 등에서 자율적으로 정할 수 있도록 하는 것이 바람직하다. 그리고 노동조합의 노조법 내지 규약 위반의 행위에 대하여 조합원이 진정, 신고, 소제기, 증언, 증거제출 등을 이유로 하는 노동조합의 통제처분이나 기타 불이익한 취급을 금지하고 그 위반에 대해 구제하는 규정을 신설하는 방안을 강구할 필요가 있다.

Ⅲ. 사회통합적 노사관계 실현을 위한 과제

1. 노동조합 가입범위에 대한 부당한 제한의 규제

가. 현행 제도의 검토

현행 노조법 제9조(차별대우의 금지)는 "노동조합의 조합원은 어떠한 경우에도 인종, 종교, 성별, 연령, 신체적 조건, 고용형태, 정당 또는 신분에 의하여 차별대우를 받지 아니한다."고 규정하고 있다. 이 규정에 대하여 조합가입 후의 차별대우를 금지하는 것일 뿐만 아니라 조합가입에 있어서도 차별대우를 금지하는 것으로 해석하는 견해[10]와 조합원에 대해서만 차별대우를 금지하고 있으므로 조합원 신분을 획득하기 이전단계까지 확대하여 해석하기는 어렵다는 견해[11]가 대립하고 있어 고용형태를 이유로 하는 노동조합에의 가입 제한이 노조법 위반에 해당하는지가 불분명한 상황이다.

나. 개선의 과제와 방향

현행 노조법은 고용형태 등을 이유로 조합원이 차별대우를

---

10) 김형배, 『노동법』, 박영사, 2015, 847면.
11) 하갑래, 『집단적노동관계법』, 중앙경제, 2013, 136면.

받지 않는 것으로 규정하고 있으나, 고용형태에 근거한 조합가입의 제한이 허용되는지가 불분명하고 정규직 근로자에 한정하여 조합원자격을 인정하는 조합규약에 대하여 행정관청이 시정명령을 내린 사례도 없는 것으로 보인다.

복수노조의 허용으로 비정규직 근로자들도 노동조합을 설립할 수 있으나 비정규직 근로자들이 정규직 근로자들과 구별되는 별도의 교섭단위를 구성하는 것으로 노동위원회에 의해 인정되지 않는 한 비정규직 노조가 교섭대표노동조합이 될 가능성은 현실적으로 거의 없다. 따라서 비정규직 근로자도 자신이 원하는 경우 정규직 중심의 노동조합에 가입할 수 있도록 합리적 이유 없이 고용형태를 이유로 하는 조합가입의 제한하는 것을 금지하는 방안을 고려할 필요가 있다.

2. 공정대표의무 위반에 대한 신청권자의 범위 확대

가. 현행 제도의 검토

현행 노조법은 교섭창구 단일화 절차에 참여한 노동조합 또는 그 조합원 간에 합리적 이유 없이 차별을 하여서는 아니 되는 공정대표의무를 교섭대표노조와 사용자에게 부과하고 있고(제29조의4 제1항),[12] 공정대표의무 위반 시 교섭창구 단일화 절차에 참여한 노동조합은 3개월 내에 노동위원회에 그 시정을 신청할 수 있도록 하고 있다(같은 조 제2항).

공정대표의무 위반에 따른 시정의 신청권자는 교섭창구 단

12) 이에 관한 문헌으로 송강직, “교섭대표노동조합의 공정대표의무”, 『노동법연구』 제34호, 서울대학교 노동법연구회, 2013, 245면 이하 ; 조상균, “복수노조하의 조합간 차별과 공정대표의무”, 『노동법학』 제52호, 한국노동법학회, 2014, 297면 이하 ; 조용만, 『공정대표의무 위반 사건 관련 쟁점 연구』, 중앙노동위원회 학술연구용역보고서, 2013. 9. 등이 있다.

일화 절차에 참여한 노동조합으로서 교섭대표노조가 아닌 모든 노동조합이고, 조합원이든 비조합원이든 근로자 개인 또는 교섭창구 단일화 절차에 참여하지 않은 노동조합은 신청권자가 될 수 없다.

나. 개선의 과제와 방향

공정대표의무는 교섭대표노조와 사용자 간 교섭과정에서 불합리하거나 불성실한 교섭을 예방하고, 단체협약 체결 후에는 그 내용이나 적용에서 불합리한 차별을 시정할 수 있는 유용한 제도이다. 그러나 사업 또는 사업장 내 비정규직 등 소수근로자들을 대표하는 노동조합이 존재하지 않거나 소수근로자들을 대표하는 노동조합이 존재하더라도 산별노조 등 초기업단위 노동조합의 지부 내지 분회로서 설립신고를 하지 않은 조직인 경우[13]에는 소수근로자들에 대한 불합리한 차별이 존재하더라도 소수근로자 개인 또는 그 대표조직인 지부 내지 분회가 공정대

13) 산별노조 등 초기업 단위 노동조합의 지부 또는 분회의 경우 노조법 시행령에 따라 설립신고를 한 경우에 교섭의 당사자가 될 수 있고, 설립신고를 하지 않은 내부조직인 지부나 분회는 공정대표의무 위반 시정신청을 할 수 있는 신청인으로서의 당사자 적격이 없다는 것이 노동위원회의 입장이다. "노조법 제29조의4의 규정에 의한 교섭창구단일화 절차에 참여 할 수 있는 노동조합은 같은 법 제10조 및 제12조의 규정에 의한 노동조합의 설립요건 및 절차에 따른 적법한 노동조합이라야 하며, 산업별·직종별 등 초기업적 노동조합의 지부 또는 분회의 경우에는 그 지부 또는 분회가 근로조건의 결정권이 있는 독립적 사업 또는 사업장에 같은 법 시행령 제7조(산하 조직의 신고)의 규정에 의거 설립신고를 한 경우에는 교섭의 당사자가 될 수 있을 것이다. 그러나 이 사건 신청노동조합은 … (중략) … 전국민주택시노동조합과 별도로 노조법 시행령 제7조의 규정에 의한 노동조합(분회) 설립신고를 하지 않았던 바, 이 사건 신청노동조합은 전국민주택시노동조합의 규약에 의해 설치된 내부조직에 불과한 분회일 뿐이어서 이 사건 공정대표 의무 위반 시정을 요청할 수 있는 당사자로 부적합하다 할 것이다." (중노위 2012. 11. 1. 2012공정5)

표의무 위반으로서 그 시정을 신청할 수 없는 제도적 한계가 존재한다.

배타적 교섭대표제와 공정대표의무제도를 시행하고 있는 대표적인 국가인 미국과 캐나다에서 공정대표의무 위반에 대한 구제를 신청할 수 있는 자는 교섭단위 내 근로자 개인인 점, 정규직 노동조합은 비정규직 등 소수근로자에게 조합 가입자격을 부여하는데 소극적인 점, 비정규직 근로자들은 고용의 불안정성으로 말미암아 자신들의 노동조합을 설립하기가 현실적으로 쉽지 않는 점 등을 고려할 때, 교섭대표노조와 사용자의 공정대표의무 위반에 대하여 근로자 개인도 노동위원회에 그 시정을 신청할 수 있도록 신청권자의 범위를 확대하는 제도 개선을 모색할 필요가 있다.

위와 같은 신청권자의 범위 확대는 공정대표의무제도가 기간제법과 파견법에 근거한 차별적 처우 시정제도와 상호 보완적 관계에서 운영될 수 있도록 함으로써, 궁극적으로는 차별 시정의 범위와 수단 확대에 따른 실효성 있는 구제를 촉진하는데 기여한다.

3. 지역적 구속력 제도의 활성화

가. 현행 제도의 검토

노조법에 따르면, 지역적 구속력은 행정관청이 하나의 지역에서 지배적인 단체협약(동종 근로자의 3분의 2 이상이 하나의 단체협약의 적용을 받는 경우)을 그 협약 당사자가 아닌 다른 동종의 근로자와 그 사용자에 대하여도 적용할 수 있도록 하는 제도(제36조)로서,[14] 그 취지는 사용자 간 불공정 경쟁의 방

---

14) 이에 관한 연구로 이흥재, “단체협약 효력확장의 요건 - ‘동종의 근로자’와

지,[15] 소수근로자의 보호 및 단체협약의 실효성 확보[16] 등에 있다고 본다.

기업별 교섭과 협약이 지배적인 우리의 경우 일정 지역에서 집단교섭 내지 통일교섭을 하는 운수업 등의 경우를 제외하고 지역적 구속력 규정은 실제로 거의 적용되고 있지 않는 실정이어서 사회통합적 기능을 가지는 지역적 구속력 제도가 활성화될 수 있도록 개선을 모색할 필요가 있다.

나. 개선의 과제와 방향

지역적 구속력은 하나의 지역에서 동종 근로자 다수에게 적용되는 단체협약상의 근로조건을 같은 지역 내 동종의 비조합원 근로자와 그 사용자에게 적용함으로써 단체협약의 규범성을 높이고 공정한 근로조건을 확보할 수 있는 사회통합적 측면에서 유용한 제도이다. 그런데 기업별 교섭과 협약이 주축을 이루고 있는 현황에서 동종 근로자 2/3 이상을 요구하고 있는 현행 기준은 비교법적 관점에서 볼 때 과도한 것으로 보이므로 그 기준을 완화하여 제도의 활성화를 기할 필요가 있다.

또한 행정관청이 노동위원회의 의결을 얻어서 해당 단체협약의 규범적 부분 가운데에서 효력확장에 적합하지 않은 협약조항을 지역적 구속력 결정에서 제외할 수 있도록 한다면 해당 지역의 상황에 따라 제도를 유연하게 운영할 수 있기 때문에 제도의 실효성과 활용도를 제고할 수 있을 것이다.

그 외에도 행정관청이 단체협약 당사자의 신청에 의하지 않

'하나의 단체협약'을 중심으로", 『노동법의 쟁점과 과제』, 김유성교수화갑기념논문집, 법문사, 2000 ; 조용만·박지순, 『노사관계 변화에 따른 단체협약 효력확장제도 연구』, 노동부 학술연구용역보고서, 2006. 9.

15) 임종률, 『노동법』, 박영사, 2015, 173면.

16) 김유성, 『노동법 II - 집단적 노사관계법』, 법문사, 1999, 198-199면.

고 직권으로 지역적 구속력을 결정하고자 하는 경우에는 단체협약 당사자나 지역적 구속력 결정의 적용을 받게 될 근로자와 사용자가 노동위원회의 의결과정에서 의견을 제시할 수 있도록 제도의 보완을 모색할 필요가 있다.

4. 직접적인 고용관계가 없는 근로자의 노사협의회 참여

가. 현행 제도의 검토

노사협의회의 설치와 운영에 관한 사항을 규정하고 있는 근로자참여 및 협력증진에 관한 법률(이하 '근참법'이라 한다)에서 근로자와 사용자에 관한 정의는 근로기준법상의 정의와 동일하다(제3조 제2호 및 제3호).

파견 및 사내하도급 관련 분쟁이 증가하고 있지만 파견기업 내지 하청기업의 사용자와 근로자가 사용기업 또는 원청기업의 노사협의회에 참여하여 상호 협력을 통해 자율적으로 분쟁을 예방하고 고충처리 등으로 파견근로자 및 사내하청 근로자의 지위를 개선할 수 있는 길이 제도적으로 보장되고 있지 않다.

나. 개선의 과제와 방향

사용사업주는 파견근로자에 대하여 지휘명령을 행하고 파견근로자의 근로조건 일부에 대한 사용자로서의 법적 책임을 부담하고 있는 점, 원청기업은 사내하청 근로자의 임금 등 기본적 근로조건에 관하여 실질적인 영향력 내지 지배력을 행사할 수 있는 지위에 있을 뿐만 아니라 사내하청 근로자를 원청의 사업조직에 편입하여 원청 근로자와 함께 노동공동체를 구성·운영함으로써 경제적 이윤을 추구하고 있는 점 등을 고려할 때, 파견사업주와 파견근로자를 대표하는 자, 하청사업주와 사내하청 근로자를 대표하는 자가 사용사업주 또는 원청기업의 노사협의회에 참여할 수 있는 제도적 방안을 강구할 필요가 있다.

우선, 근참법상의 근로자 및 사용자 개념을 확대하여 해당 사업과 직접적인 고용관계가 없는 파견근로자, 사내하청 근로자 및 그 사용자가 근로자대표 내지 사용자대표로서 해당 사업의 노사협의회에 참여할 수 있도록 하는 방안을 생각해 볼 수 있다. 다만, 이 방안의 경우 파견근로나 사내하청 근로와 무관한 해당 사업에 고유한 사항에 대해서까지 외부인의 참여를 제도적으로 보장할 필요가 있는가라는 의문이 제기될 수 있다.

다음으로, 근참법상의 근로자 개념을 현행과 같이 두되 사용사업주 내지 원청기업의 사업장에서 일정 기간 이상 근로한 파견근로자와 사내하청 근로자에게는 예외적으로 선거권을 부여하여 사용사업주 내지 원청기업의 종업원대표를 통해 고충처리 및 지위개선을 도모할 수 있도록 하거나 또는 적어도 파견근로자 내지 사내하청 근로자를 대표하는 자가 노사협의회에 참여하여 자신들에 관한 문제에 대해 의견을 개진할 수 있는 기회를 부여하는 방향으로 제도 개선을 모색할 수 있을 것이다.

Ⅳ. 안정적 노사관계 실현을 위한 과제

1. 노동조합 내지 교섭대표노조의 대표성 확대

가. 현행 제도의 검토

노조법 제29조(교섭 및 체결권한) 등에 근거해 노동조합 또는 교섭대표노동조합이 체결한 단체협약의 규범적 효력(같은 법 제33조)은 원칙적으로 조합원들에게만 미치도록 되어 있고, 예외적으로 일반적 구속력(같은 법 제35조) 및 지역적 구속력(같은 법 제36조)에 의해 단체협약의 규범적 부분이 비조합원들에게 확장 적용될 수 있도록 하고 있다.

현행 제도와 관련하여 노동조합의 조직대상과 단체협약의 적용범위가 반드시 일치하여야 하는지, 교섭대표노조가 조합원들만을 대표한다면 굳이 특정 노동조합에게 교섭권을 독점시킬 필요가 있는지, 노동조합 및 교섭대표노조의 조합원 대표성 제도로 인해 노동규범(단체협약, 취업규칙 및 근로계약) 간 효력의 충돌을 낳고 비정규직 등 취약근로자를 단체협약의 틀 내로 포섭하는데 취약하여 노사관계의 불안정성을 야기하고 있는 것은 아닌지, 교섭대표노조의 결정을 둘러싼 노사 및 노조 간의 갈등과 같은 교섭비용의 최소화에 현실적으로 기여하고 있는지 등에 관한 의문이 제기되므로 단체교섭 및 단체협약 제도가 안정적인 노사관계의 실현에 기여할 수 있도록 제도개선을 모색할 필요가 있다.

나. 개선의 과제와 방향

비교법적 관점에서 볼 때, 단결활동 보장 차원에서의 노동조합의 대표성(조합원 대표성)과 교섭권 보장 차원에서의 노동조합의 대표성(조합원 대표성 또는 교섭단위 내 모든 근로자 대표성)을 반드시 일치시켜야 할 논리적 내지 제도적 필연성이 있는 것은 아니다. 복수노조 하에서 자율교섭제도를 취하고 있는 일본의 경우를 제외하고, 어떤 형태로든 특정 노동조합 내지 일부 노동조합들에게만 교섭권을 부여하여 사용자 또는 사용자단체와의 교섭창구를 단일화하고 있는 국가들(미국, 프랑스)에서 노동조합은 조합원 여부와 관계없이 단체협약이 적용되는 교섭단위 내 모든 근로자를 대표하여 교섭하는 체계를 취하고 있다.

노동조합 또는 교섭대표노조가 교섭단위 내의 모든 근로자들을 대표하여 교섭하고, 교섭결과 체결된 단체협약의 효력 역시 그 적용범위에 해당하는 모든 근로자들에게 미치도록 제도를 개선하면, 노동규범(단체협약, 취업규칙 및 근로계약) 간 안정적인 위계질서의 확립과 통일적인 근로조건의 형성을 가능케 하고, 현행 사업장 단위 일반적 구속력제도의 한계 때문에 단체협약 효력확장의 적용을 받을 수 없는 조합원자격이 없는 비정규직 근로자 등을 단체협약의 틀 내로 포섭할 수 있으며, 교섭대표노조의 결정을 둘러싼 노사 및 노조 간 갈등을 줄일 수 있는 이점이 있다. 다만, 이러한 이점에도 불구하고 위와 같은 제도의 개선은 비조합원 및 교섭대표노조가 아닌 노동조합의 단체협약 무임승차의 문제를 야기하므로 이를 해결하기 위한 방안에 대한 고민은 필요하다.

2. 단체협약의 최장 유효기간 조정

가. 현행 제도의 검토

노조법에 따르면 단체협약의 유효기간은 2년을 초과할 수 없다(노조법 제32조). 그 취지는 사회경제적 상황 및 노사관계의 변화를 단체협약에 수시로 반영할 수 있도록 하고자 하는데 있다.[17] 단체교섭의 실태를 보면, 기업별교섭이든 초기업단위 교섭이든 통상적으로 일반단체협약은 2년, 임금협약은 1년을 단위로 체결되고 있다.

단체협약에 유효기간을 설정할 것인지, 설정하는 경우 어느 정도의 기간으로 정할 것인지는 본래 단체협약 당사자가 자주적으로 판단하여 결정해야 할 문제이다. 단체협약의 유효기간이 지나치게 길면 협약 당사자가 장기협약에 부당하게 구속될 우려

---

17) 임종률, 앞의 책, 176면.

가 있는 반면 유효기간이 지나치게 짧으면 단체교섭관계의 안정성과 단체협약의 법규범성을 해할 우려가 있기 때문에 이러한 두 가지 측면을 고려하여 적정한 유효기간을 정할 필요가 있다.

나. 개선의 과제와 방향

단체협약의 최장 유효기간을 2년으로 제한하고 있는 현행 제도는 외국의 사례에 비해 그 기간이 짧으며,[18] 노사관계의 안정화 및 단체협약의 법규범성 강화에 부정적인 영향을 줄 수 있다. 또한 현행 제도는 다분히 기업별협약에 초점을 둔 것으로서 다양한 레벨에서의 교섭 촉진과 협약제도의 발전을 저해할 우려가 있다. 특히 산별협약 등 초기업단위 단체협약은 해당 산업 내지 직종에 공통하는 직업규범으로서 기업별협약에 비해 장기적 적용이 요구된다. 따라서 단체협약의 최장 유효기간을 두되 그 기간을 현행보다 연장하는 방향으로 제도 개선을 모색하는 것이 바람직하다. 이와 관련 과거 노사관계제도선진화연구위원회는 개선방안으로 "협약기간은 자율로 정하되 3년을 초과하는 협약에 대해서는 3년 경과 후 6개월 이전 일방의 해지 통지 인정"(다수의견), "최장 유효기간을 현행 2년에서 3년으로 변경"(소수의견)을 제안한 바 있다.[19]

18) 일본의 노동조합법은 단체협약의 유효기간은 3년을 초과할 수 없도록 규정하고 있다(제15조). 프랑스에서 단체협약은 유기 또는 무기로 체결될 수 있고, 다만 단체협약에 그 유효기간에 관한 명문의 규정이 없는 경우에 그 유효기간을 5년으로 하고 있다(노동법전 L.2222-4조).

19) 노사관계제도선진화연구위원회, 『노사관계법·제도 선진화 방안』, 2003. 11, 31면.

3. 부당노동행위제도의 실효성 강화

가. 현행 제도의 검토

노조법은 제81조에서 부당노동행위의 유형을 5가지로 규정하고 있고, 제82조 이하에서 노동위원회 구제신청, 조사 및 심문, 구제명령 등에 관한 사항을 규정하고 있다.[20] 노조법에서는 부당노동행위의 주체를 사용자로 명시하고 있으나 대법원은 지배개입의 부당노동행위와 관련하여 직접적인 근로계약관계가 없는 원청 사업주의 부당노동행위 주체성을 인정한 바 있다.[21]

부당노동행위제도는 사용자의 노동3권 침해행위를 예방, 제거하여 노사관계의 질서를 신속하게 안정화할 수 있는 유용한 제도이나 부당노동행위 입증의 어려움, 구제명령의 제한성, 부당노동행위 책임주체의 협소성 등 실무적, 제도적 여러 요인으로 인해 그 실효성이 저하되고 있기에 이러한 문제를 해결하기 위한 제도개선을 모색할 필요가 있다.

나. 개선의 과제와 방향

근로자나 노동조합이 부당노동행위 입증자료에 대한 접근이 용이하지 않고, 특히 부당해고와 부당노동행위 구제를 동시에 구할 경우 부당해고를 인정하면서도 부당노동행위의 인정에는 소극적인 실무적 경향과 이로 인해 부당노동행위 관련 사안에 대한 노동위원회의 직권조사가 불충분하게 이루어지는 상황에서 부당노동행위 입증책임을 전적으로 근로자나 노동조합에게 부담케 하는 것은 부당노동행위제도의 실효성을 저하시키는 주된 원인이 된다. 따라서 부당노동행위 신청인의 입증책임을

20) 이에 관한 문헌으로 문무기 외, 『부당노동행위제도 연구』, 한국노동연구원, 2005.

21) 대법원 2010. 3. 25. 선고 2007두9991 판결.

완화하거나 신청인과 피신청인 간 입증책임을 배분하는 방향으로 제도개선을 모색할 필요가 있다.

노조법은 부당노동행위에 대한 구제명령의 내용을 구체적으로 규정하고 있지 않는데, 부당노동행위의 유형에 따라 사안별로 적절하고 실효적인 구제명령을 내릴 수 있도록 구제명령의 구체적 내용(예, 부당노동행위의 중지와 금지 등 부작위명령, 공고문 게시명령, 원직복직 등 원상회복명령과 배상명령, 기업시설의 제공명령 등)을 예시하고, 구제명령 시에는 공고문게시명령(부당노동행위와 구제명령의 내용, 구제명령 이행 및 재발방지의 약속 등)이 필수적으로 수반될 수 있도록 법적 근거를 마련하는 방향으로 제도개선을 모색할 필요가 있다.

간접고용에 따른 노사관계의 불안정이 심화되고 있으므로 직접적인 고용관계에 있지 않지만 근로자의 고용이나 기본적 근로조건, 단결활동에 관하여 실질적인 영향력 내지 지배력을 행사할 수 있는 지위에 있는 제3자(원청 사용자, 사업양수 예정인 등)가 자신의 지위를 이용하여 부당노동행위를 직접 행하거나 지시, 관여 등 간접적으로 행한 경우에는 직접 고용관계에 있는 사용자와 더불어 부당노동행위에 대한 공동책임을 부담하게 하는 방향으로 제도개선을 모색할 필요가 있다.

≪12≫
쟁의행위에 대한 손해배상·가압류 제한에 관한 입법론

<강문대>*

Ⅰ. 쟁의행위에 대한 손해배상·가압류 제한에 관한 입법론 마련의 취지

파업을 비롯한 노동조합의 쟁의행위와 관련해서 사용자의 손해배상 청구가 증가하고 있고, 그 중에는 노동조합 활동에 적극적인 간부에 대한 선별 청구 등 노동조합의 활동을 무력화시키기 위한 권리남용적인 것도 적지 않게 발견되고 있다. 그런데도 법원은 쟁의행위에 대한 손해배상 청구를 단체행동권 보장의 취지에 맞게 적절하게 제한하거나 규제하지 못하고 있는 실정이고 이로 인해 근로자들의 자살, 가족의 붕괴, 노조의 와해, 노사갈등의 고조 등 다양하고 중요한 사회 문제들이 자주 발생하고 있다.

파업 등 쟁의행위에 대한 사용자의 권한 남용적인 손해배상 청구와 법원의 광범위한 인용은 단체행동권을 기본권으로 정하

---

* 이 글은 (사) 노동법연구소 해밀의 2014년 공동심포지엄 〈파업과 손해 그리고 질문들〉 (2014. 10. 31.)에서 발표된 글이다.

고 있는 헌법 제33조 제1항을 형해화 시키고, 단체행동권 보장의 당연한 효과로서 「노동조합 및 노동관계조정법」 제3조가 확인하고 있는 민사면책의 원칙을 무의미하게 만들고 있다는 비판을 받고 있다. 사용자와 법원의 이런 태도는 「노동조합 및 노동관계조정법」의 관련 규정 중에 헌법의 취지에 부합하지 않는 조항이 있기 때문이라는 지적이 끊임없이 이어지고 있다.

따라서 노동자들의 단체행동권을 실질적으로 보장하기 위해서는 관련 법령을 개정할 필요성이 크다. 이에 지난 10년 간 제기돼 온 입법안들을 살펴보고 현 시기 가장 적합한 입법안이 무엇인지를 고찰해 보고자 한다.

Ⅱ. 입법안과 관련된 주요 쟁점들

1) 노동쟁의 대상의 확대

노동쟁의의 정의에 경영해고와 노사관계에 관한 사항을 명시하는 문제

2) 손해배상 청구의 물적 대상 제한

손해배상의 청구 원인이 될 수 있는 쟁의행위의 유형을 제한하는 문제

3) 손해배상 청구의 인적 대상 제한

쟁의행위 등 노동조합의 행위와 관련해서는 개별 근로자와 신원보증인에 대한 손해배상의 청구를 금지하는 문제

4) 손해배상의 범위를 직접 손해에 한정

손해배상의 범위를 파업 등 쟁의행위에서의 '위법성'과 직접적으로 인과관계가 있는 손해로 제한하는 문제

5) 손해배상액의 경감 청구

손해배상이 인정되는 경우에도 제반 사정을 감안하여 배상액의 경감을 청구할 수 있도록 하는 문제

6) 노동조합에 대한 손해배상액의 제한

조합원수를 기준으로 노동조합에 대한 손해배상액의 상한을 정하는 문제

Ⅲ. 지금까지 제기된 입법안들

입법안	제출 의원	개 정 안	비 고
민사 집행법	16대 오세훈 의원 17대 정부	(가)압류가 금지되는 채권인 급여의 1/2이 최저임금액에 미치지 못할 경우 최저임금액까지 (가)압류가 금지되는 것으로 함.	- 개정안이 국회에서 의결되어 관련법이 개정되었음. - 쟁의행위에 대한 손해배상 청구 문제를 근본적으로 해결한 것은 아니지만 사용자 측이 노동자에 대해 (가)압류할 수 있는 채권의 범위를 일부나마 제한하여 노동자가 극도의 생계의 위협을 받는 문제는 다소 해결되었음(현재 월 150만원까지는 금지됨).
	19대 은수미 의원	사용자가 노동조합을 상대로 업무방해에 의한 손해를 이유로 노동조합재산에 대하여 가압류를 신청할 경우 가압류를 하지 아니하면 판결을 집행할 수 없거나 판결 집행이 매우 곤란할 경우 등 가압류의 필요성을 엄격히 심사하여 그 필요성이 없는 경우 가압류를 명하지 않을 수 있도록 하였음.	- 노동조합에 대한 손해배상의 경우에만 가압류의 보전의 필요성을 특별히 엄격히 심사하는 것이 적절한가에 관한 비판이 제기될 수 있음. - 그리고 가압류를 일정 정도 제한하는 것으로 쟁의행위에 대한 손해배상 청구 문제를 해결하기에는 미흡함.

신원보증법	16대 오세훈 의원	신원보증인이 손해배상 책임을 지게 되는 피용자(노동자)의 행위를 강도죄 등 형사상 범죄로 제한하여 피용자의 쟁위행위는 책임 사유에서 제외되는 것으로 함.	- 이 개정안은 당시 국회에서 의결되지 못하였음. 신원보증인의 책임을 일정 부분 제한할 수 있는 방안이기는 함.
형법	18대 조승수 의원	노조법에 따른 단체교섭 또는 쟁의행위에 대하여는 업무방해죄가 성립되지 않는 것으로 함.	- 노조의 단체행동에 대해서는 업무방해죄가 성립되지 않는 것으로 한 것임. - 같은 취지가 19대 심상정 의원의 노조법 개정안에 반영되어 있음.
	19대 박영선 의원	위력에 의한 업무방해죄를 없애고(위계, 허위사실 유포에 의한 업무방해죄만 인정), 업무방해죄를 친고죄로 함.	- 위력에 의한 업무방해죄가 악용되고 있는 점을 감안하여 이 구성요건을 아예 없앤 것임. 그렇게 될 경우 노조의 단체행동에 대해 위력에 의한 업무방해죄가 적용될 여지도 없음. - 이 문제는 노조의 단체행동과 관련해서만 논의될 수 있는 것이 아니므로 형사정책적인 검토가 필요함.
노조법	17대 김영주 의원	사용자가 쟁의행위와 관련한 폭력 또는 파괴행위로 인하여 손해를 입은 경우에는 그 직접 손해에 한하여 노동조합 또는 근로자에게 손해배상을 청구할 수 있도록 함 (안 제3조 제2항 신설). 근로자의 신원보증인에게는 손해배상 청구와 관련된 가압류 행사를 금지함. (안 제3조 제3항 신설). 사용자가가 압류신청을 한 경우에는 노동조합 또는 근로자에게 소명할 수 있는 기회를 주도록 함 (안 제3조 제4항 신설).	- 쟁의행위와 관련된 손해배상의 사유 및 손해의 책임을 제한한 것임. 현실적으로 고려할 수 있는 가장 유력한 대안들 중의 하나임. - 노동조합에 대한 손해배상의 경우에만 가압류를 금지하고 압류의 절차를 엄격히 하는 것이 적절한가에 관한 비판이 제기될 수 있음.

17대 단병호 의원 19대 심상정 의원	사용자가 단체교섭 또는 쟁의행위 그 밖에 노동조합 활동으로 인하여 사용자가 손해를 입은 경우에도 그 손해가 폭력이나 파괴행위로 인하여 발생한 것이 아닌 한 노동조합과 근로자에 대하여 손해배상 청구를 할 수 없게 함. 폭력이나 파괴행위가 노동조합의 의사결정을 수행하는 과정에서 행해진 때에는 사용자는 근로자에 대해서는 손해배상 청구를 할 수 없도록 하고 손해배상의 범위에 영업 손실로 인한 손해 및 제3자에 대한 채무불이행으로 인한 손해는 포함되지 않도록 함. 신원보증인은 단체교섭 또는 쟁의행위 그 밖에 노동조합 활동으로 인하여 발생한 손해에 대하여는 배상할 책임이 없는 것으로 함. 단체교섭 또는 쟁의행위 그 밖에 노동조합 활동으로 인해 발생한 손해배상 청구권의 강제집행을 보전하기 위하여서는 가압류를 할 수 없는 것으로 함.	- 쟁의행위와 관련된 손해배상의 사유를 폭력과 파괴행위로 제한하였음. - 폭력이나 파괴행위가 있은 경우에도 근로자가 노조의 의사결정을 수행하는 과정에서 그런 행위를 행한 경우에는 그 근로자에게는 손해배상 청구를 할 수 없도록 하는 것임. - 폭력이나 파괴행위로 인한 노조의 손해배상 책임도 일정 범위로 제한한 것임. - 신원보증인에 대해서는 일체의 배상책임이 없는 것으로 하였음. - 노조활동에 대해서는 가압류를 전면적으로 금지하였음.
19대 김경협 의원	노동쟁의 정의를 노동조합과 사용자 간에 임금·근로시간·복지·해고 기타 대우 등 근로조건과 근로자의 경제적·사회적 지위 향상의 결정에 관한 주장의 불일치로 인하여 발생한 분쟁상태를 말하는 것으로 확대함.	- 쟁의행위의 정당성 범위를 넓혀 손해배상 책임을 부담할 원인을 제거하자는 것임.
20대 강병원 의원	위 17대 단병호 의원과 19대 심상정 의원이 제출한 안과 거의 동일한 안을 제출함. 거기에 아래 내용이 덧붙여짐.	- 기존안에 손배해상액의 상한과 경감 청구를 추가하였음.

		노동조합의 단체교섭, 쟁의행위, 그 밖의 노동조합 활동으로 인하여 발생된 손해가 예외적으로 폭력이나 파괴를 주되게 동반하여 손해배상이 인정되는 경우에도 손해배상 및 가압류로 말미암아 노동조합의 존립이 불가능하게 되는 경우에는 그러한 손해배상 청구 및 가압류 신청은 권리남용으로서 허용되지 아니하며, 구체적인 기준은 사업 또는 사업장별 조합원 수, 조합비, 그 밖에 노동조합의 재정규모 등을 고려하여 노동조합에 대한 손해배상액의 상한을 대통령령으로 정하도록 함. 노동조합의 단체교섭, 쟁의행위, 그 밖의 노동조합 활동으로 인하여 발생된 손해가 예외적으로 폭력이나 파괴를 주되게 동반하여 손해배상이 인정되는 경우, 또는 노동조합의 통제에서 일탈한 개별적인 행위로 인하여 예외적으로 개인에 대한 손해배상의 책임이 인정되는 경우에 손해배상 의무자는 법원에 손해배상액의 경감을 청구할 수 있고, 법원은 쟁의행위 등의 원인과 경위, 사용자 영업의 규모, 시장 상황 등 사용자 피해 확대의 원인, 피해 확대를 방지하기 위한 사용자의 노력 유무, 배상의무자의 경제상태, 각 당사자가 손해의 발생 및 확대에 실질적으로 기여한 정도, 그 밖에 손해의 공평한 분담을 위해 고려해야 할 사정을 고려하여 그 손해배상액을 경감할 수 있도록 함.	

독립된 법안 (노동쟁의의 민사적 책임 제한에 관한 법률안)	19대 전순옥 의원	"노동쟁의 관련 행위가 다음 각 호의 요건을 모두 충족한 경우에 한하여 사용자 또는 사용자단체는 근로자 또는 노동조합에 대하여 청구권을 행사할 수 있다. 1. 노동쟁의 관련 행위의 목적이 정당하지 않을 것 2. 노동쟁의 관련 행위의 방법이 사회상규에 반하여 현저히 부당할 것 3. 노동쟁의 관련 행위로 인하여 얻는 근로자 및 노동조합의 이익에 비하여 사용자 및 사용자단체가 받는 피해가 현저히 클 것"	- 정당한 쟁의행위로 인정되는 '목적'의 범위가 좁게 인정되고 있는 상황에서 청구권 금지의 요인으로 '목적정당성'을 요구하는 것은 부적절한 면이 있어 보임. - 청구권 금지의 요인으로 제시된 다른 두 사유도 내용이 너무 추상적이고 협소하여 실효성 있는 요인이라고 보기 어려움. - 쟁의행위에 대한 손해배상의 금지에 관한 내용을 노조법이 아닌 특별법으로 규율할 필요성도 크다고 할 수 없음.

Ⅳ. 제안 개정안 및 제안 이유

1. 노동쟁의 대상의 확대

가. 개정안의 내용

현　　행	개 정 안
〈노동조합 및 노동관계조정법〉 제2조(정의) 5. "노동쟁의"라 함은 노동조합과 사용자 또는 사용자단체(이하 "노동관계 당사자"라 한다)간에 임금·근로시간·복지·해고 기타 대우 등 근로조건의 결정에 관한 주장의 불일치로 인하여 발생한 분쟁상태를 말한다.	〈노동조합 및 노동관계조정법〉 제2조(정의) 5. "노동쟁의"라 함은 노동조합과 사용자 또는 사용자단체(이하 "노동관계 당사자"라 한다)간에 임금·근로시간·복지·해고(근로기준법 제24조에 따른 해고를 포함한다) 기타 대우 등 근로조건 및 노동관계 당사자 사이의 관계에 관한 주장의 불일치로 인하여

이 경우 주장의 불일치라 함은 당사자 간에 합의를 위한 노력을 계속하여도 더 이상 자주적 교섭에 의한 합의의 여지가 없는 경우를 말한다.	발생한 분쟁상태를 말한다. (이하 삭제)

나. 개정취지

○ 지금까지 노동조합의 쟁의행위 등이 위법한 것으로 인정되어 손해배상 책임까지 지게 된 사례들은 대부분 쟁의행위의 목적이 정리해고 반대 등 '경영권의 행사'[1]에 관한 것이거나 해고 조합원 복직 등 '권리분쟁'에 관한 것이거나 집단적 노사관계에 대한 것이었음.

- 위와 같은 사례들이 위법한 것으로 인정된 이유는, 쟁의행위의 원인이 되는 '노동쟁의'의 개념이 매우 협소했기 때문임.

○ 현행법상 '노동쟁의'의 정의 조항은 "근로조건의 유지·개선과 근로자의 경제적·사회적 지위의 향상을 도모"한다는 노조법의 목적에 비추어 보더라도 그 범위가 너무 좁고, 헌법상 기본권으로 보장되고 있는 '단체행동권'을 지나치게 축소하고 있으며, 기존에 권리분쟁까지 포함하던 조항[2][3]을 충분한 논의

---

1) 정리해고나 사업조직의 통폐합 등 기업의 구조조정의 실시 여부는 경영주체의 고도의 경영상 결단에 속하는 사항으로서 이는 원칙적으로 단체교섭의 대상이 될 수 없고, 그것이 긴박한 경영상의 필요나 합리적 이유 없이 불순한 의도로 추진되는 등의 특별한 사정이 없는 한, 노동조합이 실질적으로 그 실시 자체를 반대하기 위하여 쟁의행위에 나아간다면, 비록 그 실시로 인하여 근로자들의 지위나 근로조건의 변경이 필연적으로 수반된다고 하더라도 그 쟁의행위는 목적의 정당성을 인정할 수 없다(대법원 2011. 1.27. 선고 2010도11030 판결 등).

2) 구 노동쟁의조정법의 조항은 "이 법에서 노동쟁의라 함은 임금·근로시간·후생·해고 기타 대우 등 근로조건에 관한 노동관계 당사자 간의 주장의 불일치로 인한 분쟁상태를 말한다"였다.

3) 구법 해석과 관련하여서도 "노동쟁의조정법 제2조의 노동쟁의의 정의에서

나 설명을 거치지 않은 채 성급하게 개정하여 권리분쟁을 전면 배제시켰고(1997년), 현재 논란이 되고 있는 근로시간 면제한도(타임오프) 등 단결권과 밀접한 관계에 있고 당연히 단체교섭을 통해 해결해야 할 노동조합 활동 관련 사항도 제외되어 있어[4] 개정의 필요성이 큼.

○ 노동조합 활동에 대한 손해배상 문제를 근본적으로 해결하기 위해서는 노동쟁의의 정의 규정을 개정할 필요성이 있음.

- 이에 노동쟁의의 대상 사안에 근로기준법 제24조에 따른

말하는 "노동조건에 관한 노동관계 당사자간의 주장"이란 개별적 노동관계와 단체적 노동관계의 어느 것에 관한 주장이라도 포함하는 것이고, 그것은 단체협약이나 근로계약상의 권리의 주장(권리쟁의)과 그것들에 관한 새로운 합의의 형성을 꾀하기 위한 주장(이익쟁의)을 모두 포함하는 것이므로 중재위원회의 중재대상에는 이익분쟁과 권리분쟁이 모두 포함된다(대법원 1990.9.28. 선고 90도602 판결)"는 판결과 "휴직 및 해고자의 복직요구와 같은 권리분쟁은 노동위원회의 중재에 의한 해결방법으로는 적절하지 아니하므로 위 분쟁사항에 대하여 노동위원회가 사법적 절차에 의하여 해결하라는 취지의 재정을 할 수 있다(대법원 1994. 1. 11. 선고 93누11883 판결)"는 판결이 혼재하기는 하였다.

4) 다만 현행법 하에서도, "중재절차는 원칙적으로 노동쟁의가 발생한 경우에 노동쟁의의 대상이 된 사항에 대하여 행하여지는 것이고, 노동조합및노동관계조정법 제2조 제5호에서는 노동쟁의를 '노동조합과 사용자 또는 사용자단체 간에 임금·근로시간·복지·해고 기타 대우 등 근로조건의 결정에 관한 주장의 불일치로 인하여 발생한 분쟁상태'라고 규정하고 있으므로 근로조건 이외의 사항에 관한 노동관계 당사자 사이의 주장의 불일치로 인한 분쟁상태는 근로조건의 결정에 관한 분쟁이 아니어서 현행법상의 노동쟁의라고 할 수 없고, 특별한 사정이 없는 한 이러한 사항은 중재재정의 대상으로 할 수 없다(대법원 2003. 7. 25. 선고 2001두4818 판결)"고 한 사례가 있는가 하면 "단체교섭의 대상이 되는 단체교섭사항에 해당하는지 여부는 헌법 제33조 제1항과 노동조합및노동관계조정법 제29조에서 근로자에게 단체교섭권을 보장한 취지에 비추어 판단하여야 하므로 일반적으로 구성원인 근로자의 노동조건 기타 근로자의 대우 또는 당해 단체적 노사관계의 운영에 관한 사항으로 사용자가 처분할 수 있는 사항은 단체교섭의 대상인 단체교섭사항에 해당한다(대법원 2003.12.26. 선고 2003두8906 판결)"고 한 사례도 있다.

해고, 즉 이른바 정리해고와 집단적 노사관계에 관한 사항도 포함시키고, 노동쟁의의 양태를 '결정'에 관한 사항으로 한정하지 않아 권리분쟁의 경우에도 노동쟁의의 범위에 속하는 것으로 하였음.

2. 손해배상 청구의 물적 대상 제한

가. 개정안의 내용

현 행	개 정 안
〈노동조합 및 노동관계조정법〉 제3조(손해배상 청구의 제한) 사용자는 이 법에 의한 단체교섭 또는 쟁의행위로 인하여 손해를 입은 경우에 노동조합 또는 근로자에 대하여 그 배상을 청구할 수 없다.	〈노동조합 및 노동관계조정법〉 제3조(손해배상 청구의 제한) ① 사용자는 단체교섭, 쟁의행위, 그 밖의 노동조합의 활동으로 인하여 손해를 입은 경우에 노동조합 또는 근로자에 대하여 그 배상을 청구할 수 없다. 다만 노동조합 또는 근로자의 행위가 다음 각호에 해당하는 경우에는 그러하지 아니하다. 1. 제2조 제4호의 목적을 현저히 벗어난 경우 2. 폭력이나 파괴를 주되게 동반한 경우

나. 개정취지

○ 노동조합의 쟁의행위에 조그만 위법이라도 있을 경우 사용자는 엄청난 금액의 손해배상을 청구하고 있고 그에 대해 법원은 그 청구를 대부분 인정하고 있는 실정임. 그로 인해 근로자의 노동3권은 헌법 속의 장식물로 전락해 있고, 근로자는 경제적으로 엄청난 고통을 받고 있음.

○ 이러한 실태를 개선하기 위해서는 노동조합의 단체교섭, 쟁의행위, 그 밖의 노동조합의 활동에 대해서는 사용자는 노동조합

또는 근로자에 대하여 원칙적으로 손해배상을 청구할 수 없도록 해야 함. 이렇게 해야만 근로자의 노동3권이 온전히 보장될 수 있음.

○ 그러나 노동조합의 단체교섭, 쟁의행위, 그 밖의 노동조합의 활동이 노조법 제2조 제4호의 목적, 즉 "근로조건의 유지·개선 기타 근로자의 경제적·사회적 지위의 향상을 도모"하는 목적을 현저히 벗어난 경우와 폭력이나 파괴를 주되게 동반한 경우에까지 그렇게 하기에는 현실적으로 어려운 측면이 있음. 이에 현 시기에 있어서는 노사의 입장을 다소간 절충하여 노조의 쟁의행위에 대해서는 원칙적으로는 손해배상을 할 수 없는 것으로 하되 다만 위 단서 사유가 존재하는 경우에는 그렇게 하지 않는 것으로 하는 것이 필요함.

- 이렇게 하는 경우에도 위 목적을 현저히 벗어나지 않은 경우와 폭력이나 파괴가 부수적으로 수반된 경우에는 손해배상이 제한되므로 근로자의 노동3권이 지나치게 제한되는 것은 아니라고 할 수 있음.

다. 개정안에 대한 국회 전문위원의 검토 의견

<제17대 국회 김영주 의원 / 단병호 의원 입법안에 대해>

"폭력·파괴행위가 수반된 쟁의행위 외의 정당성 없는 쟁의행위까지 배상책임을 면제하는 것은 직장점거·정문봉쇄 등 타 근로자의 근로를 방해하거나 사용자의 조업을 방해하는 쟁의행위, 사용자 권한 밖인 정치파업 등에 대해서도 사용자가 손해를 감수토록 하는 결과가 되어 노동권보호에만 치우쳐 불법행위로 인한 사용자의 재산권 침해 등 다른 기본권을 조화롭게 보호하지 못하는 측면이 있을 수 있고, 특히 입법을 통한 책임제한이 불법행위에 대한 면책으로 연결될 수 있는 것은 바람직하지 않은 면이 있는 것으로 보임."

"이 조항은 불법행위에 의한 손해이고 또한 사용자의 귀책사유가 없는 경우에도 노동조합의 의사결정수행과정에서 행해진 경우에는 손해배상청구를 배제하는 점에서 사용자를 지나치게 불리한 입장에 서게 하는 입법이란 비판이 제기될 소지가 있다 하겠음.”

<19대 심상정 의원 입법안에 대해>

“개정 내용것이 입증되지 않는 이상 상당인과관계가 인정되는 손해에 대하여는 당연히 배상을 청구할 수 있다은 타인의 위법행위로 손해를 입은 경우에는 정당행위 등에 해당한다는 는 우리 손해배상체계의 원칙[5)]에 배치되는 부분은 없는지 면밀한 검토가 있어야 할 것으로 판단됨.”

3. 손해배상 청구의 인적 대상 제한

가. 개정안의 내용

현 행	개 정 안
〈노동조합 및 노동관계조정법〉 〈신 설〉	〈노동조합 및 노동관계조정법〉 제3조(손해배상 청구의 제한) ② 사용자는 제1항 단서의 규정에 따른 행위라도 그것이 노동조합에 의해 주도된 경우에는 노동조합의 임원이나 조합원 그 밖에 근로자와 그 신원보증인에 대하여 그 손해의 배상이나 그 가압류를 청구할 수 없다. 다만 제1항 단서 각호의 행위를 기획하거나 주도한 노동조합의 임원이나 조합원 그 밖에 근로자에 대하여는 그러하지 아니하다.

5) 「민법」제750조 (불법행위의 내용) 고의 또는 과실로 인한 위법행위로 타인에게 손해를 가한 자는 그 손해를 배상할 책임이 있다.

나. 개정취지

○ 기본적으로 쟁의행위란 근로자 단체의 결의 및 그 조직에 의하여 실행되는데, 이러한 쟁의행위의 단체적 실재는 쟁의행위의 정당성 여부와 관계없이 존재함. 개별 근로자의 노무제공 거부행위는 노조법상 아무런 제재를 받지 않지만 그것이 집단적 형태를 띠고 실행되는 경우에는 쟁의행위로서 파악되어 노동조합법상 관련 규정을 준수할 것을 요구받는다는 것도 이와 같은 점 때문임.

○ 따라서 단체적 실재가 이루어지는데 개입할 수 없는 평조합원은 제3조 제1항 단서 소정의 쟁의행위(이하 '위법 쟁의행위'라 한다)로 인한 손해배상책임을 부담해서는 안 됨. 평조합원이 해당 쟁의행위의 위법성 여부를 판단할 수 있는 지위에 있지 않으며 교섭기간이나 쟁의기간 중 급박하게 변동되는 교섭 안건이나 교섭의 진행 경위를 파악할 수 없다는 점에서 그렇게 하는 것이 타당함. 평조합원은 노동조합의 단체적 의사를 구성하는 기구나 단위가 될 수 없고, 평조합원의 쟁의행위에 대한 의사표시는 노조에 대한 지지 의사의 표시 또는 쟁의행위에 대한 개인적인 의견 표명에 불과하다고 보아야 함.

○ 위와 같은 쟁의행위의 단체적 실재에 비추어 보면, 노동조합의 간부라 하여도 그에게 무조건 위법 쟁의행위에 따른 손해배상 책임을 부담하게 해서는 안 됨. 쟁의행위의 의사 결정 과정에 적극적으로 참여하지 않은 채 단지 실무만을 담당한 조합의 하급 간부들이나 실제 쟁의행위의 개시 여부를 결정하는 절차에 참여하지 않은 간부들에게까지 손해배상 책임을 부담하게 하는 것은 온당하지 않기 때문임.

○ 결국, 위법 쟁의행위에 대한 손해배상 책임 주체는 평조

합원 또는 조합 간부라는 지위라는 형식적 기준보다는 해당 위법 쟁의행위를 기획·주도한 사람이라는 실질적 기준에 따라 판단하는 것이 타당함. 원칙적으로, 위법한 쟁의행위에 대해 손해배상 책임을 부담하는 간부는 그 쟁의행위를 기획하거나 주도한 노동조합 간부에 한정되는 것으로 보아야 함. 다만, 노동조합의 공식적인 조직을 대체하는 기구가 별도로 존재하고 그 기구가 쟁의행위에 대한 조합 의사를 형성한 경우에, 그 기구에 참여하여 적극적으로 위법 쟁의행위를 기획하거나 주도한 평조합원은 위법 쟁의행위에 따른 손해배상 책임을 면할 수는 없다고 보아야 할 것임.

다. 개정안에 대한 국회 전문위원의 검토 의견

<제17대 국회 김영주 의원 / 단병호 의원 입법안에 대해>

“노조지시를 수행하는 과정에서의 폭력·파괴로 손해가 발생한 경우 노조에만 책임을 지게 하는 것은 개인책임의 원리에 맞지 않은 면이 있으므로 신중한 접근이 필요한 것으로 보임.”

“현행 신원보증제도가 신원보증인에게 신원보증 당시 예측할 수 없는 경우까지 포함해 광범위한 책임을 지우는 문제점이 있고 노사관계의 직접 당사자가 아닌 신원보증인에게 노조활동과 관련한 손해배상에 대해서까지 손해배상 책임을 지우는 것은 보증인에게 지나치게 가혹한 부담을 지우는 것이 되므로 면책권을 주어 이를 보호하려는 취지로 이해됨. 다만, 신원보증법 등의 민사상 일반절차에 관하여 쟁의행위에 대해서만 특례를 인정하는 것은 다른 법률분야와의 형평성 및 법체계상 논란이 있을 수 있다고 보여짐.“

<19대 심상정 의원 입법안에 대해>

“노조의 의사결정을 수행하는 과정에서 폭력이나 파괴행위로 인해 발생한 손해에 대해 근로자에게 배상청구를 할 수 없도록 하는 것은, 노조가 배상책임을 지도록 함으로써 근로자를 두

텁게 보호하려는 취지는 인정되나, 사용자의 귀책사유가 없음에도 '노조의 의사 결정 수행'을 이유로 책임을 면제한다면 사용자의 재산권을 지나치게 제한하는 결과를 야기할 수 있음.

4. 손해배상의 범위를 직접 손해에 한정

가. 개정안의 내용

현 행	개 정 안
〈노동조합 및 노동관계조정법〉 〈신 설〉	〈노동조합 및 노동관계조정법〉 제3조(손해배상 청구의 제한) [1안] ③ 제1항 단서에 의하여 청구할 수 있는 손해는 노동조합의 활동이 제1항 단서에 해당함을 직접적인 원인으로 하여 증가된 손해로 한정된다. [2안] ③ 제1항 단서에 의하여 청구할 수 있는 손해에는 사용자가 제3자에 대하여 부담할 수 있는 손해는 포함하지 아니한다.

나 개정취지

○ (1안) 사용자는 쟁의행위가 정당한 경우에도 영업손실 및 지출된 고정비를 회수하지 못하는 위험을 부담하는데, 이는 본래 경영에 내재된 위험임. 쟁의행위 정당성 여부에 따라 사용자가 본래 부담하는 경영상 위험 정도가 달라지는 것은 타당하지 않으므로 사용자가 제1항 단서에 따라 손해배상을 청구할 수 있는 경우에도 제1항 단서에 해당함을 직접적인 원인으로 하여 증가된 손해에 대해서만 배상을 청구할 수 있도록 함이 타당함[6].

6) 정당성을 결한 쟁의행위로 사용자가 제3자에 대하여 손해배상책임을 부담하고 노동조합 등에게 구상권을 행사할 경우, 구상권 행사의 범위는 정당성

❍ (2안) 쟁의행위로 인하여 생산차질이 발생한 경우 사용자가 거래관계에 있던 제3자에게 채무불이행책임 등을 부담하는 경우가 발생할 수 있음. 이 경우 사용자는 노동조합 등에게 구상금을 청구할 여지가 있는데, 이는 손해 유형상 간접손해에 속할 뿐 아니라 쟁의행위가 정당한 경우에도 부담할 수 있는 책임이므로 이를 배제함이 타당함.

다. 개정안에 대한 국회 전문위원의 검토 의견

<제17대 국회 김영주 의원 / 단병호 의원 입법안에 대해>

“직접손해에 대해서만 배상책임을 지도록 하는 것은 폭력에 기인한 치료비 및 장비파괴로 인한 수리비 등을 제외하고는 쟁의행위와 인과관계가 있는 손해에 대해서는 배상청구를 할 수 없는 결과, 사용자의 재산권 보호에는 소홀하여 타당하지 않은 측면이 있을 뿐 아니라 법원의 판례[7]와도 일치하지 않는 문제가 있음.”

“손해배상의 범위에 영업손실로 인한 손해 및 제3자에 대한 채무불이행으로 인한 손해를 제외하는 것은 폭력·파괴행위와 인과관계가 있는 손해에 대해서도 배상청구를 할 수 없는 결과 사용자의 재산권 보호에 소홀하여 형평을 잃은 측면이 있다 하겠음. 법원의 판례는 쟁의행위로 인한 직접피해와 더불어 그 행위와 상당인과관계가 있는 모든 손해(매출손실, 고정비용 등 포함)를 배상해야 한다는 입장임. 특히 손해배상의 범위와 관련하

을 결한 쟁의행위로 증가된 손해액으로 한정하는 것이 타당하다는 견해. 長淵滿男, "쟁의행위와 제3자", 『現代勞動法講座』1980,353面 (홍기갑, 쟁의행위와 제3자의 손해, 노동법학(11호), 2000, 129면에서 재인용)

7) 대판 1994. 3.25 93다 32828 : 정당성이 없는 쟁의행위는 불법행위를 구성하고 이로 말미암아 손해를 입은 사용자는 노동조합이나 근로자에 대하여 그 손해배상을 청구할 수 있다.

여 판례는 영업이익의 상실·감소, 쟁의행위기간에 대응하는 인건비의 지출, 쟁의행위에 수반된 작위에 의하여 발생한 물품훼손 등의 적극적 손해, 신용·명예 등 무형적 이익의 침해 등에 관하여 개별적·구체적인 상황에서 노사당사자의 행위 등을 감안하여 판단하고 있음. 따라서 이를 법률로 규정하여 제한하는 것은 개개 사안에서 구체적 타당성을 결하는 경우를 다소 발생시킬 소지가 있는 것으로 사료됨."

5. 손해배상액의 경감 청구

가. 개정안의 내용

현 행	개 정 안
〈노동조합 및 노동관계조정법〉 〈신 설〉	〈노동조합 및 노동관계조정법〉 제3조의 2(손해배상액의 경감청구) ① 전조의 규정에 의한 손해배상 의무자는 법원에 손해배상액의 경감을 청구할 수 있다. ② 법원은 제1항의 청구가 있는 경우 다음 각 호의 사정을 고려하여 그 손해배상액을 경감할 수 있다. 1. 쟁의행위 등의 원인과 경위 2. 사용자 영업의 규모, 시장 상황 등 사용자 피해 확대의 원인 3. 피해 확대를 방지하기 위한 사용자의 노력 4. 배상의무자의 경제상태 5. 그 밖에 손해배상액을 결정할 때 고려할 사정

나. 개정취지

❍ 민법 제765조[8] 및 실화책임에관한법률 제3조[9] 등에는 불법행위 책임이 인정되는 경우에도 일정한 경우 법원이 배상액을 감경할 수 있도록 하는 조항이 마련되어 있음. 특히 실화책임에관한법률[10]의 경우 화재피해의 확대 여부와 규모는 실화자가 통제하기 어렵다는 점을 고려하여 손해배상액수를 경감할 수 있는 규정을 두고 있음.

❍ 쟁의행위의 경우에도 시장상황, 사업의 규모 등에 따라

---

8) 민법 제765조(배상액의 경감청구) ① 본장의 규정에 의한 배상의무자는 그 손해가 고의 또는 중대한 과실에 의한 것이 아니고 그 배상으로 인하여 배상자의 생계에 중대한 영향을 미치게 될 경우에는 법원에 그 배상액의 경감을 청구할 수 있다.
② 법원은 전항의 청구가 있는 때에는 채권자 및 채무자의 경제상태와 손해의 원인 등을 참작하여 배상액을 경감할 수 있다.

9) 실화책임에관한법률 제3조(손해배상액의 경감) ① 실화가 중대한 과실로 인한 것이 아닌 경우 그로 인한 손해의 배상의무자(이하 "배상의무자"라 한다)는 법원에 손해배상액의 경감을 청구할 수 있다.
② 법원은 제1항의 청구가 있을 경우에는 다음 각 호의 사정을 고려하여 그 손해배상액을 경감할 수 있다.
1. 화재의 원인과 규모
2. 피해의 대상과 정도
3. 연소(延燒) 및 피해 확대의 원인
4. 피해 확대를 방지하기 위한 실화자의 노력
5. 배상의무자 및 피해자의 경제상태
6. 그 밖에 손해배상액을 결정할 때 고려할 사정

10) 불의 특성으로 인하여 화재가 발생한 경우에는 불이 생긴 곳의 물건을 태울 뿐만 아니라 부근의 건물 기타 물건도 연소(연소)함으로써 그 피해가 예상외로 확대되는 경우가 많고, 화재피해의 확대 여부와 규모는 실화자가 통제하기 어려운 대기의 습도와 바람의 세기 등의 여건에 따라 달라질 수 있으므로, 입법자는 경과실로 인한 실화자를 지나치게 가혹한 손해배상책임으로부터 구제하기 위하여 실화책임법을 제정한 것이고, 오늘날에 있어서도 이러한 실화책임법의 필요성은 여전히 존속하고 있다고 할 수 있다.(헌법재판소 2004헌가25결정)

손해액수가 크게 차이가 날 수 있는바, 시장상황, 사업의 규모 등에 따른 위험부담은 본래 경영자가 부담하고 있던 것이므로 불법파업임을 이유로 이를 전부 노동조합 측에 지우는 것은 형평의 원칙상 타당하지 않음. 또한 쟁의행위 원인과 배상의무자의 경제적 상태도 충분히 고려할 필요가 있음. 따라서 제3조 제1항에 의하여 손해를 인정하는 경우에도 배상의무자의 청구가 있는 경우 쟁의행위 원인, 사용자의 영업 규모 등을 고려하여 책임을 감경할 수 있도록 하는 것이 타당함.

6. 손해배상액의 제한

가. 개정안의 내용

<table>
<tr><th>현 행</th><th>개 정 안</th></tr>
<tr><td>〈노동조합 및 노동관계조정법〉

〈신 설〉</td><td>〈노동조합 및 노동관계조정법〉

제8조의 2(손해배상액의 제한) 노동조합 (또는 근로자)에 대해서는 아래 표의 액수를 초과하는 손해의 배상을 청구할 수 없다.
<table><tr><th>조합원수</th><th>금액</th></tr><tr><td>●●●</td><td>●●●</td></tr><tr><td>△△△</td><td>△△△</td></tr></table></td></tr>
</table>

나. 개정취지

○ 노동조합은 근로자에 대한 노동기본권 보장을 위한 필요적 기구이자, 사실상 기본권인 단체교섭권과 단체행동권의 주체이며, 다른 노동권의 행사를 위한 실질적인 담보로서 역할하고 있음. 이러한 헌법 실현적이고 기본권 보장적인 기구인 노동

조합이 유지되기 위해서는 최소한도의 물적 토대가 필수적임. 그런데 최근에 쟁의행위 등 노동조합의 행위를 이유로 하는 손해배상 소송이 권한 남용적으로 제기되고 있고, 법원도 이런 청구를 쉽게 받아들임으로써 대다수 관련 노동조합의 재정이 위기 상황에 처하거나, 심할 경우 노동조합 그 자체가 와해되거나 붕괴되는 극단적인 상황도 종종 발생하고 있음. 이런 상황과 위협으로부터 노동조합을 보호하기 위해서는 영국의 입법례[11]를 참조하여 조합원 인원수를 기준으로 노동조합의 손해배상 책임의 상한을 정하는 것이 바람직함.

---

11) 영국 TULRCA 1992 제2장 노동조합의 지위와 재산
제22조 불법행위 소송에서 노동조합에 대한 불법행위 손해배상액의 상한
(1) 본 조는 다음의 경우를 제외하고, 노동조합에 대한 불법행위 소송에 적용된다.
(a) 고의(nuisance), 과실(negligence) 또는 의무 위반으로 인한 개인적 상해에 관한 소송
(b) 재산의 점유, 소유, 및 사용에 관련된 의무 위반에 대한 소송
(c) (제조물책임에 관한) 1987년 소비자 보호법 제1장을 근거로 제기된 소송
(2) 불법행위 소송에서 손해배상이라는 방식에 의하여 노동조합에게 배상되어야 하는 금액은 다음 표의 최고액을 넘지 못한다.

조합원 수	Maximum award of damages
5,000명 미만	£10,000 (약 1,740만원)
5,000명 이상 25,000명 미만	£50,000 (약 8,700만원)
25,000명 이상 100,000명 미만	£125,000 (약 2억 1,730만원)
100,000명 이상	£250,000 (약 4억 3,050만원)

Ⅴ. 입법(안) 신·구문 대조표

현 행	개 정 안
〈노동조합 및 노동관계조정법〉 제2조(정의) 5. "노동쟁의"라 함은 노동조합과 사용자 또는 사용자단체(이하 "노동관계 당사자"라 한다)간에 임금·근로시간·복지·해고 기타 대우 등 근로조건의 결정에 관한 주장의 불일치로 인하여 발생한 분쟁상태를 말한다. 이 경우 주장의 불일치라 함은 당사자 간에 합의를 위한 노력을 계속하여도 더 이상 자주적 교섭에 의한 합의의 여지가 없는 경우를 말한다.	〈노동조합 및 노동관계조정법〉 제2조(정의) 5. "노동쟁의"라 함은 노동조합과 사용자 또는 사용자단체(이하 "노동관계 당사자"라 한다)간에 임금·근로시간·복지·해고(근로기준법 제24조에 따른 해고를 포함한다) 기타 대우 등 근로조건 및 노동관계 당사자 사이의 관계에 관한 주장의 불일치로 인하여 발생한 분쟁상태를 말한다. (이하 삭제)
제3조(손해배상 청구의 제한) 사용자는 이 법에 의한 단체교섭 또는 쟁의행위로 인하여 손해를 입은 경우에 노동조합 또는 근로자에 대하여 그 배상을 청구할 수 없다.	제3조(손해배상 청구의 제한) ① 사용자는 단체교섭, 쟁의행위, 그 밖의 노동조합의 활동으로 인하여 손해를 입은 경우에 노동조합 또는 근로자에 대하여 그 배상을 청구할 수 없다. 다만 노동조합 또는 근로자의 행위가 다음 각호에 해당하는 경우에는 그러하지 아니하다. 1. 제2조 제4호의 목적을 현저히 벗어난 경우 2. 폭력이나 파괴를 주되게 동반한 경우
〈신 설〉	제3조(손해배상 청구의 제한) ② 사용자는 제1항 단서의 규정에 따른 행위라도 그것이 노동조합에 의해 주도된 경우에는 노동조합의 임원이나 조합원 그 밖에 근로자와 그 신원보증인에 대하여 그 손해의 배상이나 그 가압류를 청구할 수 없다. 다만 제1항 단서 각호의 행위를 기획하거나 주도한 노동조합의 임

<table>
<tr><td></td><td>원이나 조합원 그 밖에 근로자에 대하여는 그러하지 아니하다.</td></tr>
<tr><td>〈신 설〉</td><td>제3조(손해배상 청구의 제한)
[1안] ③ 제1항 단서에 의하여 청구할 수 있는 손해는 노동조합의 활동이 제1항 단서에 해당함을 직접적인 원인으로 하여 증가된 손해로 한정된다.
[2안] ③ 제1항 단서에 의하여 청구할 수 있는 손해에는 사용자가 제3자에 대하여 부담할 수 있는 손해는 포함하지 아니한다.</td></tr>
<tr><td>〈신 설〉</td><td>제3조의 2(손해배상액의 경감청구)
① 전조의 규정에 의한 손해배상 의무자는 법원에 손해배상액의 경감을 청구할 수 있다.
② 법원은 제1항의 청구가 있는 경우 다음 각 호의 사정을 고려하여 그 손해배상액을 경감할 수 있다.
1. 쟁의행위 등의 원인과 경위
2. 사용자 영업의 규모, 시장 상황 등 사용자 피해 확대의 원인
3. 피해 확대를 방지하기 위한 사용자의 노력
4. 배상의무자의 경제상태
5. 그 밖에 손해배상액을 결정할 때 고려할 사정</td></tr>
<tr><td>〈신 설〉</td><td>제8조의 2(손해배상액의 제한) 노동조합 (또는 근로자)에 대해서는 아래 표의 액수를 초과하는 손해의 배상을 청구할 수 없다
<table><tr><th>조합원수</th><th>금액</th></tr><tr><td>●●●</td><td>●●●</td></tr><tr><td>△△△</td><td>△△△</td></tr></table></td></tr>
</table>

필 진

이철수 (서울대학교 법학전문대학원 교수, 고용복지법센터 소장)
강문대 (민변 노동위원회 위원장, 법률사무소 로그 변호사)
강성태 (한양대학교 법학전문대학원 교수)
김홍영 (성균관대학교 법학전문대학원 교수)
도재형 (이화여자대학교 법학전문대학원 교수)
안상훈 (서울대학교 사회복지학과 교수)
정진우 (서울과학기술대학교 안전공학과 교수)
조용만 (건국대학교 법학전문대학원 교수)
허재준 (한국노동연구원 선임연구위원)

전환기의 노동과제

초판인쇄 2017. 5. 2
초판발행 2017. 5. 8

편저자 이 철 수
발행인 황 인 욱

발행처 **도서출판 오 래**
서울특별시마포구 토정로 222 406호
전화: 02-797-8786,8787; 070-4109-9966
Fax: 02-797-9911
신고:제302-2010-000029호(2010.3.17)

ISBN 979-11-5829-029-0 93330

http://www.orebook.com
email orebook@naver.com

정가 20,000원